KB108789

세상에서 가장 쉬운 코딩책

세상에서 가장 쉬운
코딩책

위캔코딩 지음

6개월 만에 비전공자에서 개발자가 된

위캔코딩의 기초 코딩 수업

이 책을 먼저 본 후원자분들의 한 마디

제가 코딩에 관심 많은 디자이너인데 설명도 자세하게 되어 있고, 무엇보다 구현코드 모음집을 주셔서 좋았어요. **_구슬* 님**

친절한 창작자 님 덕분에 코딩을 더 신나게 공부할 수 있을 것 같아요. 전자책의 퀄리티도 엄청나고, 후원자들을 위해서 카페를 만들어 주셨어요. ZOOM 수업도 진행하겠다고 해주셔서 기대가 됩니다. 이 창작자 님의 다음 텀블벅 프로젝트가 기다려집니다. **_곰돌* 님**

무엇보다 후원자 분들의 문의 성심성의껏 대응해 주시고 직접 네이버 카페 운영으로 지속적인 지원도 해주셔서 신뢰가 갑니다! **_귤* 님**

파일을 받고 한번 쭉 보는데 정말 애정과 책임감을 갖고 집필하신 것 같다고 느꼈어요. (중략) 계속 옆에서 봐 주는 선생님처럼 그림으로도, 글로도, 쉽게 풀어서 설명해 주셔서 재밌게 공부할 수 있을 것 같아요. **_졔* 님**

시중에 있던 다른 책들과 달리 코딩을 그림과 비유를 통해서 접근해서 더 특별했고 이해가 잘 되었던 책입니다. **_강뤼선* 님**

개발자로 진로를 재설정하고 나서 가장 막막하고 궁금했던 점들이 상세하게 쓰여 있어서 감동이었어요. **_크* 님**

현직 개발자 지인도 감탄한 서적으로 유용합니다. **_류시아* 님**

예전부터 배워야지 생각은 했지만 코딩에 ㅋ도 몰랐던 비전공자입니다. 그림과 재미있는 예시로 술술 읽었습니다. 몇 번씩 읽으면서 공부해 보려고 합니다. **_쿠키* 님**

현직 개발자들의 추천사

새로운 것을 배우는 일에 있어서 가장 큰 장애물은 분야에 대한 낯섦도 있지만, '어디서 어떻게 배워야 하는지'를 모른다는 점입니다. 이 책은 다양한 시각 자료, 적절한 예시와 함께 코딩을 쉽게 풀어냅니다. 뿐만 아니라 비전공자인 저자가 개발자로 커리어전환을 하면서 준비했던 과정들이 상세히 담겨 있습니다. 비개발자, 비전공자들도 책의 실습을 따라가다 보면 그동안 막연했던 코딩에 대해 알게 되고, 나아가 새로운 커리어를 꿈꿀 수 있을 것입니다.

_이석재 님, LINE Biz Plus 서버 개발자

딱딱한 백과사전 두께의 프로그래밍 서적으로 코딩에 입문하는 시대는 지났습니다. 이 책에서는 어렵고 낯선 프로그래밍 개념들을 친숙한 예시에 빗대어 설명해 비전공자도 코딩을 쉽고 빠르게 이해할 수 있습니다. 개발자의 길을 시작하려는 독자들에게 이 책을 추천합니다.

_박정호 님, NHN 다이퀘스트 백엔드 개발자

이 책을 처음 접했을 때의 신선함이 아직도 잊히지 않습니다. 비유와 그림으로 코딩 용어를 풀어낸 것을 보면서 저자가 '비전공자들의 어려움을 십분 이해하고 있구나'라고 느꼈습니다. 코딩에 관심 있는 모든 이들에게 좋은 코딩 안내서가 되어줄 것입니다.

_이주영 님, 모비젠 백엔드 개발자

이 책은 친숙한 일러스트로 코딩 기초를 쉽게 설명할 뿐만 아니라 커리어전환을 위해 무엇이 필요한지, 취업까지 어떻게 연계되는지 알려주고 있습니다. 타 분야의 공부를 시작하는 사람에게 내용을 깊게 알려주기보다는 큰 흐름을 먼저 이해시키는 것이 중요하다고 생각하는 저로서는, 이 책이 웹 개발의 기초와 흐름을 파악하는 데에 더할 나위 없이 좋은 입문서라고 자신합니다. 비전공자이지만 개발자의 길을 눈앞에 두고 방황하는 독자에게 이 책을 권합니다.

_임지영 님, L사 웹 풀스택 개발자

개발의 기본부터 심화까지 차곡차곡 쌓아 올려주는 부분이 그 어떤 책보다 좋았습니다. 개발자의 길로 첫 걸음을 내딛는 미래 산업의 일꾼들에게 좋은 지침서가 될 것이라 확신합니다.

_가가 님, 삼성전자 임베디드 소프트웨어 개발자

프롤로그

넥스트스텝을 준비하는 당신을 위한 세상에서 가장 쉬운 코딩책

코딩은 내 인생을 바꾼 터닝포인트

"이게 코딩 기본서가 맞나? 대체 무슨 소리인지." 2020년 5월, 제가 코딩을 배우기 시작했을 때 시중에 출간된 기본서를 보면서 했던 말입니다. 난생처음 코딩이라는 것을 접한 비전공자로서는 좌절한 순간이었습니다. 근무하던 회사에서 미래가 보이지 않아 과감히 사표를 던지고 나왔는데, '개발자가 되어야겠다'는 결심은 지렁이 같은 코드들을 보면서 크게 흔들렸죠.

그로부터 3년 후. 지금의 저는 완전히 다른 사람이 되었습니다. 6개월 간 코딩과 개발에 대해 배워 약 1,000만 원 가까이 연봉을 올려 개발자로 커리어점프를 했습니다. 여기서 멈추지 않고 지금은 AI 빅데이터 MBA에 진학했고, 석사과정을 밟고 있습니다. 의류학을 전공하고 패션회사를 다녔던 과거에는 상상도 하지 못했던 길을 걷고 있는 것입니다. 그리고 이 길을 걷다 보니 과거와는 달리 눈앞에 제 성장가능성과 미래가 보이기 시작했습니다. 코딩 공부 하나로 인생이 완전히 바뀐 것입니다.

코딩 입문서보다 쉬운 코딩책

'코딩'이라는 단어를 들었을 때 어떤 생각이 드나요? '어려울 것 같다', '복잡하다'가 가장 먼저 떠오를 것입니다. 코드는 영어로 되어 있고, 용어도 어려워서 그럴 수 있습니다. 하지만 저는 코딩과 개발을 쉽게 풀어 쓴 책의 부재 때문에 생긴 인식이라고 생각합니다. 파라미터, 참조변수, 매개변수, 스코프 등 어려운 단어들을 충분히 쉽게 설명할 수 있음에도 불구하고 대부분의 책이 불친절하게 보였습니다.

아무리 뒤져봐도 비전공자도 쉽게 이해할 만큼, 초보자의 눈높이에 맞춰 설명하는 책을 찾을려야 찾을 수 없었습니다. 다른 코딩 입문서보다도 쉬운 코딩책이 필요하다고 생각했고, 이것이 이 책의 집필을 결심하게 된 이유입니다. 코딩과 개발을 어렵게 생각하는 비전공자를 위해 제가 공부했던 방식을 공유하고 싶었습니다. 또한 제가 걸었던 개발자의 길을 원하는 사람들에게 가이드를 주고 싶었습니다. 제가 느꼈던 어려움과 시행착오를 똑같이 겪는 사람들이 없으면 했습니다.

비전공자 눈높이에 맞춘 설명과 예시 수록

그렇게 '쉽게 배우는 코딩, 비전공자가 개발자가 되는 법' 전자책을 집필했고 펀딩 프로젝트를 시작했습니다. 결과적으로는 2022년 3월 텀블벅 11,688%, 7월 와디즈 2,276%로 펀딩에 성공했습니다. IT시대인 만큼 코딩과 개발자에 대한 관심이 뜨거운 것을 확인할 수 있었습니다. 반드시 개발자로 이직하지 않더라도 IT기업에서 일하는 사람이나 코딩 용어를 알고 싶은 수요가 많은 상황이라는 것도 느꼈습니다.

이 책은 텀블벅과 와디즈 펀딩 프로젝트에서 진행했던 내용을 재정비한 것입니다. 일러스트를 새로 그리고, 사례를 업데이트했습니다. 코딩 내용 구성도 수정했고 부록에 맛보기용 코딩테스트 문제도 실었습니다. 1~3강에서는 코딩의 기초적인 용어를 알아보며 개발이라는 문턱을 유연하게 넘을 수 있게 합니다. 4~5강에서는 개발 심화와 쿼리에 대해 다루고 있습니다. 특히 왕초보도 직접 코딩을 따라할 수 있도록 차근차근 구성했습니다. 포켓몬빵, MBTI 테스트 만들기 등 친근

한 사례를 들어 코딩에 대한 장벽을 낮췄습니다.

6~10강에서는 자기소개서 작성, 면접 준비, 포트폴리오 제작법 등 개발자 취직과 이직의 A to Z를 담았습니다. 또한 개발자 지인들의 사례로 개발자와 IT업계의 현실을 미리 체험할 수 있게 했습니다.

부록에는 두 가지 내용이 있습니다. 한 가지는 빅데이터와 AI 관련 내용입니다. 코딩을 배워 개발자로, 그리고 다시 개발자에서 데이터 사이언티스트로 커리어를 개척하고 있는 저의 테크트리를 소개합니다. 나머지는 요즘 핫한 코딩테스트에 대한 내용입니다. IT기업의 입사시험과 같은 것이죠. 입문 난이도의 문제를 풀면서 코딩테스트가 무엇인지, 어떻게 해결하는지 등을 미리 체험할 수 있습니다.

디지털 시대의 필수 능력, 코딩

2025년부터 초등학교에서도 의무적으로 코딩을 배우는 시간이 늘어난다고 합니다. 비전공자가 코딩을 배워 IT기업에 취직하는 일이 늘고 있고 또한 업무 자동화 등을 위해 코딩을 배우는 일반 직장인도 늘어나고 있죠. 앞으로도 코딩의 인기는 계속 높아질 것입니다. 디지털 시대를 확대해 나가는 컴퓨터와 프로그래밍을 구성하는 게 바로 수많은 코드이기 때문입니다. 넥스트스텝을 준비하는 직장인이라면 이제 코딩을 알아야 합니다.

타분야로 취업했지만 커리어의 미래가 보이지 않아 답답한 직장인, 개발자가 되었지만 개념 정리가 잘 안 되어 있는 주니어 개발자, 개발자들과 일하기 위해 코딩과 IT 지식을 알아야 하는 디자이너와 PM, 초등학교에서 코딩을 배우는 아이를 위해 어느 정도 지식을 갖고 있어야 하는 부모님 등이 책을 보며 좀 더 쉽게 코딩 기초를 습득할 수 있을 것입니다.

이 책의 특징

1 코딩을 아주 쉽게 설명합니다.

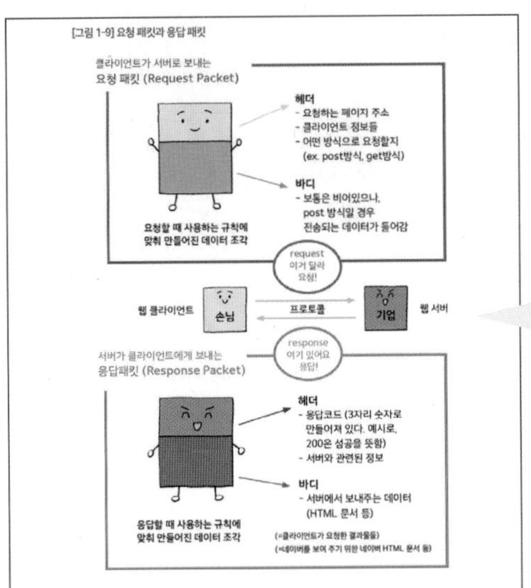

영어와 부호로 이루어진 코드가 어려울 수 있습니다. 따라서 코딩을 예시와 그림으로 쉽게 설명합니다.

코딩 초보자의 입장에서는 별도의 프로그램을 설치하는 것도 번거로울 수 있습니다. 따라서 웹사이트에서 코딩을 할 수 있는 방법 위주로 설명합니다.

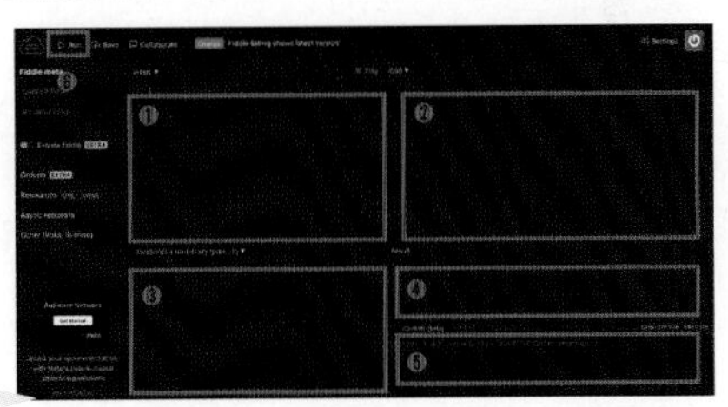

처음부터 이 화면을 다 외우지 않아도 됩니다. 그래도 UIUser Interface가 다섯 구역으로 되어 있어서 바로 익숙해질 거예요. 각 창은 마우스로 크기 조절이 가능합니다. 각 구역을 설명하면 다음과 같습니다.

❶ HTML: 기본적인 태그를 작성할 수 있는 곳이에요.

❷ CSS: 태그를 예쁘게 꾸며 주는 CSS를 작성하는 곳이에요.

❸ JavaScript: 자바스크립트와 같은 프로그래밍 언어로 실행 코드를 작성하는 곳입니다. 우측의 ▼를 누르면 다른 언어로도 작성이 가능합니다만, 우리는 자바스크립트만 사용하겠습니다.

❹ Result: HTML과 CSS의 태그 결과물을 화면에 보여 줍니다.

❺ Console: 콘솔 창입니다. JavaScript의 실행 코드 결과물을 보여 줍니다. 자바스크립트

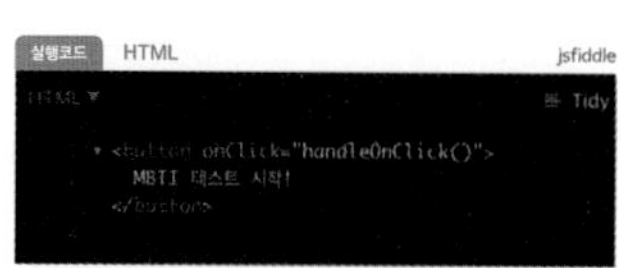

실행결과

MBTI 테스트 시작!

↑ 버튼을 누르면 테스트 시작

조금 어려울 수도 있지만, 구현 코드를 통해 테스트해 보면 재미있을 거예요. '위캔코딩' 카페에 해당 코드를 올려 놓았습니다. 하지만 가장 좋은 것은 직접 다시 짜 보면서 코딩을 터득하는 것입니다. 자바스크립트에 내장되어 있는 기능(confirm)을 사용해서 "취소"와 "확인"으로만 구현한 게 아쉽지만 취소가 "아니요"라고 생각하고 확인이 "예"라고 여겨 주세요.

덧붙여서 가끔 이 사이트가 혼자 새로고침이 되어 확인 버튼을 누르지도 않았는데 확인 버튼이 눌려서 올바른 결과가 안 나올 때가 있어요. 그걸 방지하기 위해서 다음과 같이 'jsfiddle 사이트 → setting → Auto-save code' 절차를 밟아 주면 됩니다. 이렇게 하면 자동 저장을 막기 때문에 테스트를 하는 도중 새로고침이 되지 않습니다. 진행하다가 막힌다면 콘솔을 찍어 보면서 어디가 문제가 있는지 확인해 보면 됩니다.

MBTI 테스트, 포켓몬 빵 찾기 등 재미있는 예제들로 코딩에 대한 심리적 장벽을 낮췄습니다.

1) 작고 귀여운 용돈

#산술연산자 #Math #객체만들기

① 문제 설명

매달 받는 용돈이 정해져 있는 코린이 친구는 어느 날 평소에는 먹지 못하던 피카츄의 치즈 케이크 빵이 편의점에 입고되었다는 소식을 들었습니다. 생각보다 많은 양이 입고되어 피카츄의 치즈 케이크를 사려고 합니다.

피카츄의 치즈 케이크는 하나당 1,500원입니다. 매개변수로 money가 주어질 때, 코린이가 구매할 수 있는 빵의 개수와 잔돈을 순서대로 객체 형태로 담아 리턴하도록 solution 함수를 완성해 보세요.

② 제한사항

money는 정수이고, 출력결과도 정수입니다. money는 0보다 크고 50,000보다 작거나 같습니다.

0 < money <= 50,000

③ 입출력 예시

money	8000
result	{ 구매개수: 5, 남는돈: 500 }

부록에 간단한 코딩테스트 문제를 담아 IT기업으로 취직하기 위한 한 걸음을 뗄 수 있도록 도와줍니다.

비전공자가 개발자로 커리어점프 할 수 있는 방법을 담았습니다.

[표 6-1] 개발자 적성 체크리스트

- □ '방 탈출 게임'처럼 정해진 문제를 두고 풀어 내는 것에 성취감을 느낀다.
- □ 문제를 풀 때 다양한 방법을 시도하고 이 과정을 즐긴다.
- □ 협업보다는 혼자 일하는 것이 편하지만, 커뮤니케이션이 어렵지는 않다.
- □ 영업과 같은 활동적인 일보다는 사무실에서 하루 종일 앉아 일하는 게 좋다.
- □ 모르는 것을 공부하거나 자기계발하는 것을 좋아한다.
- □ 하나의 일이 풀리지 않으면 해결할 때까지 매달리는 편이다.
- □ 누군가를 설득해야 할 때 경험이나 감정으로 설득하는 게 아니라 정확한 자료를 준비해 말하는 편이다.
- □ MBTI가 INTP다(실제 개발자 성향은 INTP, INFP, INTJ, INFJ, ENFP 순으로 많다).
- □ 내 손으로 무언가 만들어 결과물을 만들어 내는 것에서 성취감을 느낀다.
- □ 문제가 생기거나 어떤 결과를 봤을 때, 근원을 찾아가 원인을 분석하는 것을 좋아한다.

'몇 개 이상이 맞아야 한다'는 가이드라인은 따로 없습니다. 다만 체크된 항목이 많을수록 개발자가 적성에 맞을 확률이 높다고 보면 됩니다. 그리고 개발자

비전공자가 어떻게 개발자가 될 수 있었는지 방법론 등 꿀팁을 풀었습니다.

이처럼 같은 직무더라도 SI 업체인지 솔루션 업체인지에 따라 일을 진행하는 형태가 매우 다릅니다. 자신이 지원하고자 하는 업체가 SI 업체인지 아니면 자체적인 솔루션을 기반으로 개발하는 곳인지를 파악해야 합니다. 하지만 모든 회사를 이분법적으로 나누기는 힘듭니다. 솔루션을 기반으로 개발하는 회사에서도 어떤 부서는 출장을 자주 다니는 SI 업체의 특성을 가지고 있을 수도 있습니다. 이러한 부분은 잡플래닛과 같은 웹사이트에서는 확인하기 힘들 수 있으니, 면접을 볼 때 직접 물어보는 것도 좋습니다.

[표 10-1] SI 업체와 솔루션 업체 차이

구분	SI 업체	솔루션 업체
사업 형태	고객사가 원하는 프로그램을 대신 만들어 주는 형태	회사만의 솔루션 프로그램을 제작한 후에 이를 다양한 고객사에게 파는 형태
장점	- 다양한 프로젝트를 경험할 수 있다. - 이직이 쉽고 일자리가 비교적 많다.	- 고정된 사무실에서 근무할 가능성이 높다. - 자체적인 솔루션을 가지고 있기 때문에 SI 업체에 비해서는 고객사로 인한 스트레스가 덜할 수 있다.

개발자 지인들의 생생한 이야기를 담아 개발자와 IT기업의 현실에 대해 살펴볼 수 있습니다.

3. MBA? 일반대학원?

AI 빅데이터 분야는 MBA 과정과 일반대학원으로 나뉩니다. 저도 지원 당시에 어떤 차이점이 있는지 잘 몰랐습니다만, 자세히 찾아 보니 MBA와 일반대학원은 많이 달랐습니다. 따라서 대학원에 진학하려면 '내가 원하는 것이 무엇인지' 정확히 알고 지원해야 합니다. MBA 과정은 직장인에 초점을 맞춘 커리큘럼을 갖고 있고, 일반대학원은 대학 학과의 연장선으로 더 깊은 배움을 원하는 학생을 위한 커리큘럼을 갖고 있습니다.

MBA부터 어떤 특징이 있는지 알아보겠습니다.

1) MBA 과정

MBA Master of Business Administration 경영학 석사학위를 뜻합니다. 따라서 일반 대학원은 학문 위주로 수업이 구성되지만, MBA는 학문뿐만 아니라 실무 능력, 경영 능력을 함께 가르칩니다. 경영학 관련 강의들(재무관리, 인사조직, 경영통계 등)을

부록의 'AI 빅데이터 대학원 테크트리'를 통해 빅데이터 대학원에서 무엇을 배울 수 있는지, 그리고 개발자 이외에도 코딩을 배우면 어떤 미래를 선택할 수 있는지 커리어 가이드를 보여줍니다.

3 이 책의 독자는 다음과 같습니다.

코딩이 배우고 싶지만 어려워서 포기했던 비개발자들

개발자로 커리어전환을 하고 싶은 비전공자들

프로그래밍의 기초를 재밌게 배우고 싶은 프로 배움러들

다양한 예제로 코딩을 접하고 싶은 현직자들

4 기초적인 언어 및 기술을 다룹니다.

■ HTML

우리가 흔히 보는 웹사이트는 대부분 HTMLHypertext Markup Language을 뼈대 삼아 만들어졌다고 해도 과언이 아닙니다. 그만큼 기본적인 것이고, 반드시 알아야 할 내용입니다. 본문에서는 HTML 문서 및 HTML 태그를 쉽게 설명합니다.

■ CSS

HTML 문서가 웹사이트의 기본 골격이라고 한다면, CSSCascading Style Sheets는 HTML 문서를 예쁘게 꾸며 주는 역할을 담당합니다. 뼈대만 있으면 앙상하고 재미 없어 보이기 때문에 웹사이트를 꾸미는 일은 중요합니다.

특히 이 책에서는 CSS 선택자, CSS를 실제로 적용해 보면서 HTML을 어떻게 꾸밀 수 있는지 설명합니다.

■ 자바스크립트

HTML과 CSS가 웹사이트의 보이는 부분을 나타내는 요소라고 하면, 자바스크립트JavaScript는 웹사이트를 실제로 움직이게 하는, 즉 웹사이트에 활기를 주는 프로그래밍 언어 중 하나입니다. 이벤트나 함수를 작성하여 실제적인 기능을 갖추는 것이죠.

웹사이트에 아이디와 비밀번호를 입력하고 로그인 버튼을 클릭해서 로그인해 본 적 있으시죠? 여기서 사용자가 로그인을 원활히 할 수 있도록 도와주는 게 자바스크립트의 역할 중 하나입니다. 만약 로그인 버튼에 아무런 장치를 하지 않는다면 우리가 아무리 아이디와 비밀번호를 입력하고 버튼을 클릭해도 로그인된 웹 페이지로 넘어가지 않을 것입니다. 즉, 자바스크립트로 버튼 클릭 이벤트를 지정하지 않는다면 버튼을 눌러도 아무런 반응이 없는 것이죠. 자바스크립트는 보통 웹 프론트엔드 기술과 함께 사용합니다. 이 책에서는 자바스크립트의 기초 문법에 대해서 다룹니다.

■ 자바

자바Java는 백엔드 기술과 함께 많이 쓰는 프로그래밍 언어입니다. 이 책에서는 자바의 기초 문법을 다룹니다.

■ SQL

프로그래밍은 코딩을 해서 프로그램을 만드는 것을 뜻합니다. 프로그램과는 별개로, 방대한 데이터를 다룰 수 있도록 데이터베이스를 사용하게 되는데 이 데이터베이스를 다룰 수 있도록 작성하는 것이 SQLStructured Query Language 문입니다. 이 책에서는 기초 문법을 다루고 있습니다. 더 나아가 조인join이 무엇인지에 대해서 배울 수 있습니다.

5 예제 코드 및 자료를 이용할 수 있습니다.

책의 모든 예제 코드들은 '위캔코딩' 카페에 업로드되어 있습니다. 일일이 타이핑 하지 않고 제공되는 코드들을 이용하면 더욱 쉽게 코딩을 할 수 있습니다.

위캔코딩 카페 QR

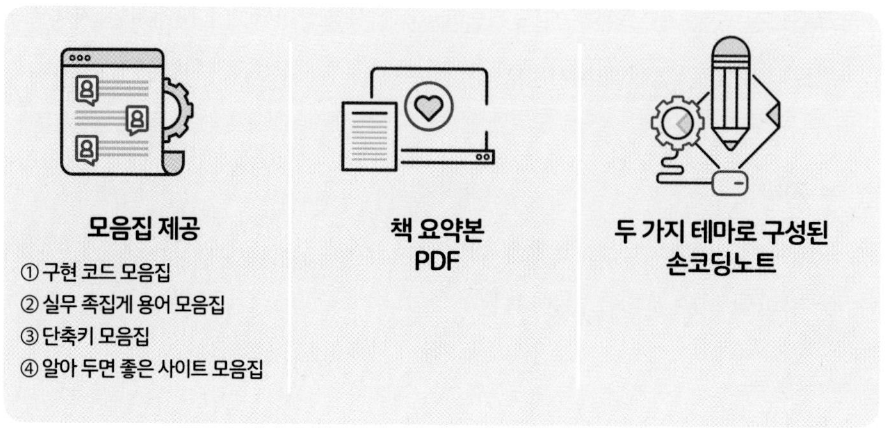

모음집 제공
① 구현 코드 모음집
② 실무 족집게 용어 모음집
③ 단축키 모음집
④ 알아 두면 좋은 사이트 모음집
책 요약본
PDF
두 가지 테마로 구성된
손코딩노트

학습 로드맵

1 코딩의 기본기를 쌓는 단계

START!

1 코딩과 친해지기
프로그래밍/크롬 개발자 도구/웹사이트 익히기

2 프론트엔드 이해하기
HTML/CSS/JavaScript

3 프로그래밍 언어의 기본 문법 파악하기
변수와 데이터 타입/함수/연산자, 조건문, 반복문

2 코딩과 개발 심화 단계

4 프로그래밍 언어의 심화 문법 익히기
클래스와 인터페이스/예외처리

5 쿼리로 데이터 다루기
프로그래밍과 DBMS/조인으로 테이블 연결하기

6 내게 맞는 개발자 찾기
개발자 성향 체크리스트/여러 개발자 직무 파악하기

3 개발자가 되는 테크트리

7 개발자의 길로 들어서기
프로그래밍 공부법/정보처리기사 한 번에 취득하는 법

8 비전공자도 통과하는 이력서 작성하기
이력서와 자기소개서 작성법

9 비전공자의 포트폴리오 만들기
깃허브 포트폴리오 제작/CS 면접 준비

10 현직 개발자들의 이야기 듣기
비전공자 출신 개발자들의 사례/SI, 솔루션업체 등 알아보기

MAKE IT!

차례

3강 오늘 배워 내일 써먹는 개발 기초

심화편 한 단계 업! 코딩 심화 스킬을 익히자

4강 비전공자도 쉽게 이해하는 개발 심화

5강 눈으로 바로 배우는 쿼리

실전편 비전공자, 개발자로 커리어전환하다

6강 6개월만 공부하면 정말 개발자가 될 수 있다

7강 커리어전환을 위해 본격적으로 해야 할 일

8강 통과하는 이력서, 탈락하는 이력서

코딩 두뇌 패치하기

코딩을 시작하기 전 두뇌와 마인드 셋팅을 위한 글입니다. 코딩을 잘 배울 수 있는 두뇌로 업그레이드를 위한 하나의 과정이라고 생각하고 편하게 읽어 보세요.

1 컴퓨터와 대화한다는 생각을 갖자

프로그래밍 언어는 종류도 많고 또한 영어와 기호로 이루어져 있어 많은 사람들이 코딩이라는 것을 어렵게 느끼고 있습니다. 하지만 코딩은 전체적인 흐름을 읽는 것이라고 생각하면 한결 쉽게 접근할 수 있습니다. 마치 컴퓨터와 대화를 한다고 생각하면 됩니다. 한 가지 예시를 보여드리겠습니다. 코딩을 할 때 많이 쓰는 함수 기본 구조인데요, 앞으로 더 자세히 설명을 할 부분이니 여기서는 가볍게 읽어보세요. 아래는 '숫자 더하기'를 위한 공식이라고 볼 수 있습니다. 그리고 컴퓨터에게 '나 이 값이랑 저 값이랑 더할 거니까 좀 도와 줄래?'라고 말을 걸기 위해 함수를 만든 것입니다.

```
더하는 함수( 값1, 값2 ) { return 값1 + 값2; }
```

해석하자면 이렇습니다. 더하는 함수는 괄호 안의 값1과 값2을 받습니다. 그리고 이 숫자를 더한 값을 우리에게 돌려줍니다(return). 즉, '값을 준다'를 return이라고 보면 됩니다. 여기서 세미콜론(;) 기호는 코드의 끝에 써주는 것입니다. 마치 문장의 끝부분에 찍어주는 마침표(.)와 비슷해요.

하나를 더 보겠습니다.

결과의 값을 담는 바구니 = 더하는 함수(3,5);

앞에서는 함수를 만들었다면 여기서는 더하는 함수에 3과 5를 넣어 사용하고 있네요. 그리고 3과 5를 더한 값(결괏값)이 다른 데로 도망가지 못하게 바구니에 넣는 장면입니다. 참고로 등호 =는 '같다'라는 의미가 아니라 오른쪽의 결과물을 왼쪽에 넣어준다는 의미의 기호입니다.

여기서 결과의 값을 담는 바구니에는 어떤 값이 담길까요? 3과 5를 더했으니 8이 담겨질 것입니다. 그런데 여기서 문제가 하나 있습니다. 바구니는 투명 바구니가 아니어서 담긴 값이 보이지 않아요. 그래서 컴퓨터에게 이 값을 보여 달라고 이야기해야 합니다. '바구니 안의 값을 보여줘!'라는 의미인 거죠. 다음과 같은 언어를 사용합니다.

- **자바스크립트에서는 console.log(결과의 값을 담는 바구니);**
- **자바에서는 System.out.println(결과의 값을 담는 바구니);**

이렇게 컴퓨터에게 이 값을 보여 달라고 요청하면, 컴퓨터는 콘솔이라는 공간에 값을 보여줍니다. 여기서는 8이라는 숫자가 나오겠네요. 다시금 정리하면 더하기 함수를 만들고, 함수를 실행하고, 결과값을 담아 컴퓨터에게 보여달라고 요청하여 값을 마주하게 된 것입니다.

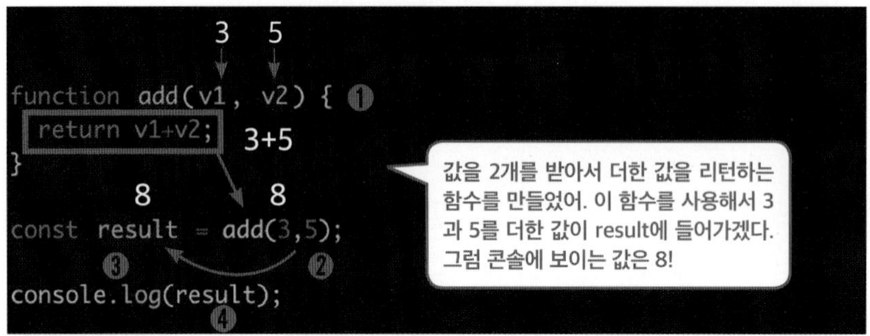

❶ 더하기 함수를 만들고

❷ 만들어 놓은 더하기 함수를 실행하여 리턴(return)된 8이라는

❸ 결괏값을 담아

❹ 이를 컴퓨터에게 보여 달라고 요청합니다.

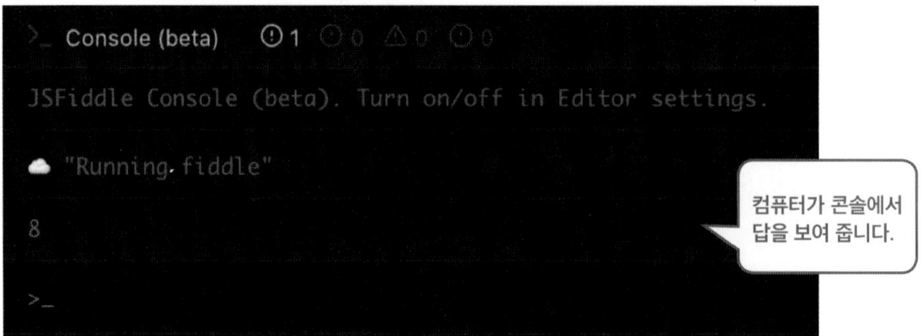

더하는 함수를 만들고 3+5의 결과물을 보여 주는 과정입니다. 생각보다 어렵지 않죠? 컴퓨터와 대화한다고 생각하면 됩니다. 앞으로 책에서 차근차근 설명할 테니 절대 걱정하지 마세요. 예제에서 쓰인 함수 및 변수 등과 같은 코딩의 기초 문법들도 설명할 것입니다. 정리된 그림을 보면서 한 번 더 복습하겠습니다.

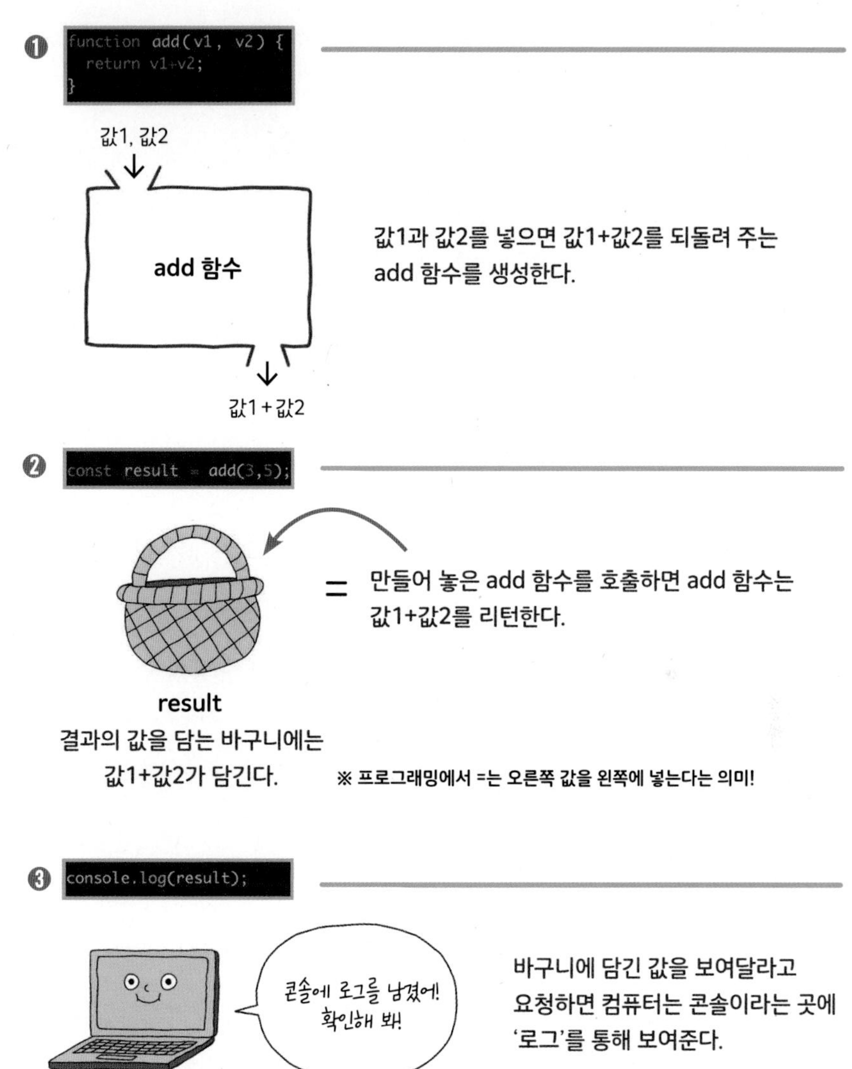

❶
function add(v1, v2) {
  return v1+v2;
}
값1, 값2
add 함수
값1+값2
값1과 값2를 넣으면 값1+값2를 되돌려 주는
add 함수를 생성한다.
❷
const result = add(3,5);
=
만들어 놓은 add 함수를 호출하면 add 함수는
값1+값2를 리턴한다.
result
결과의 값을 담는 바구니에는
값1+값2가 담긴다.
※ 프로그래밍에서 =는 오른쪽 값을 왼쪽에 넣는다는 의미!
❸
console.log(result);
콘솔에 로그를 남겼어!
확인해 봐!
바구니에 담긴 값을 보여달라고
요청하면 컴퓨터는 콘솔이라는 곳에
'로그'를 통해 보여준다.
※ 로그는 기록을 남긴다는 의미입니다. 블로그와 브이로그에도 쓰는 단어예요.

여기서 대입연산자(=)를 짚고 넘어가려고 합니다. = 연산자는 값을 왼쪽에 대

입해준다는 의미입니다. 처음 코딩을 접하면 헷갈릴 수 있습니다. 당연히 우리는 = 연산자를 '둘은 같다(등호)'라는 의미로 배웠기 때문이에요.

'1+3 = 4' 즉, '일 더하기 삼은 사!'라고 말이죠. 헌데 프로그래밍에서는 대입 연산자 뒤에 있는 값을 앞에 넣어준다고 생각하니 헷갈릴 수 밖에 없습니다. 저는 이에 대한 나름의 해결책을 찾았는데요, 대입연산자를 <- 기호로 나타내는 방법입니다. 다음과 같이 말이죠.

× < – 1;

R이라는 프로그램에서는 변수에 값을 넣을 때 화살표처럼 생긴 연산자를 사용하기도 합니다. 정말 직관적이지 않나요? 물론 대부분의 프로그래밍이 대입연산자를 = 기호로 사용하지만 헷갈리는 분들은 R에서 사용하는 방식을 기억하고 사용해도 됩니다.

2 문과 출신 비전공자가 코딩을 잘하는 이유

코딩이 필수 과목으로 자리잡고 있지만, 비전공자는 어렵다는 생각 때문에 배움에 자신감이 떨어질 수 있습니다. 하지만 코딩은 이해력과 분석력만 있다면 쉽게 배울 수 있습니다. 제가 지금 회사에 입사했을 때, 팀장님에게 교육을 받는 시간이 있었는데요. 그때 팀장님께서 이런 이야기를 한 적이 있습니다.

"프로그래밍은 생각보다 언어 이해도가 높은 문과생들이 잘합니다. 프로그래밍 언어를 마치 외국어 해석하듯이 분석하는 능력 때문에 그런 것 같아요."

당시에는 이 이야기를 듣고도 그러려니 했지만, 비전공자 출신 개발자가 많아지는 추세에다가 생각보다 코딩을 잘 습득하는 사람들도 많아지는 걸 보면서 납득하게 되었습니다. 실제 토스toss는 IT기업이지만, 비전공자가 35퍼센트나 있는 개발팀이 존재하기도 합니다. 프로그래밍 언어 또한 컴퓨터의 언어이기 때문에 언어적 센스가 있는 사람이 코딩을 잘하는 건 당연한 이치입니다. 따라서 문과생들이 생각보다 코딩을 잘하는 것도 당연한 이야기가 됩니다.

```
function add(v1, v2) {
  return v1+v2;
}

const result = add(3,5);

console.log(result);
```

값을 2개를 받아서 더한 값을 리턴해주는 함수를 만들었네!

이 함수를 사용해서 3과 5를 더한 값이 result에 들어가겠네! 그럼 콘솔에 보여지는 값은 8 !

값을 2개를 받아서 더한 값을 리턴하는 함수를 만들었네!
이 함수를 사용해서 3과 5를 더한 값이 result에 들어가겠군.
그럼 콘솔에 보여지는 값은 8!

코딩은 해석만 잘해도 반은 한 것입니다. 문법과 단어를 기반으로 의미를 해석하고 의사표현을 하는 영어와 한국어처럼, 컴퓨터와 소통하는 컴퓨터 언어도 마찬가지입니다. 프로그래밍 언어로 컴퓨터와 대화를 하며 원하는 결과를 도출합니다. 하나의 언어를 습득하고 해석한다는 마음가짐으로 코딩을 시작해 보길 바랍니다.

❸ 책에서 사용하는 웹 IDE

이 책에서 사용할 웹사이트를 소개하겠습니다. 별도의 프로그램 설치 없이 통합 개발 환경Integrated Development Environment, IDE을 할 수 있는 웹 IDE에서 진행합니다. 사실 초보자의 입장에서는 여러 프로그램을 설치하는 것만 해도 벌써부터 머리가 아플 수 있습니다. 따라서 웹사이트만 열면 코딩을 할 수 있도록 했습니다.

1) 자바스크립트는 jsfiddle

jsfiddle QR

CodeSandbox QR

jsfiddle은 프론트엔드와 관련된 것들을 코딩할 수 있는 곳이에요. 대표적으로 자바스크립트, CSS, HTML을 코드로 작성할 수 있습니다. 따로 로그인하지 않아도 다룰 수 있는 툴이라 정말 간단하게 코딩해서 결과를 확인해야 할 때 유용하게 사용되는 웹사이트입니다. 이 책에서는 4강, 5강을 제외하고는 대부분의 파트에서 jsfiddle을 사용합니다.

화면 구성은 다음과 같습니다.

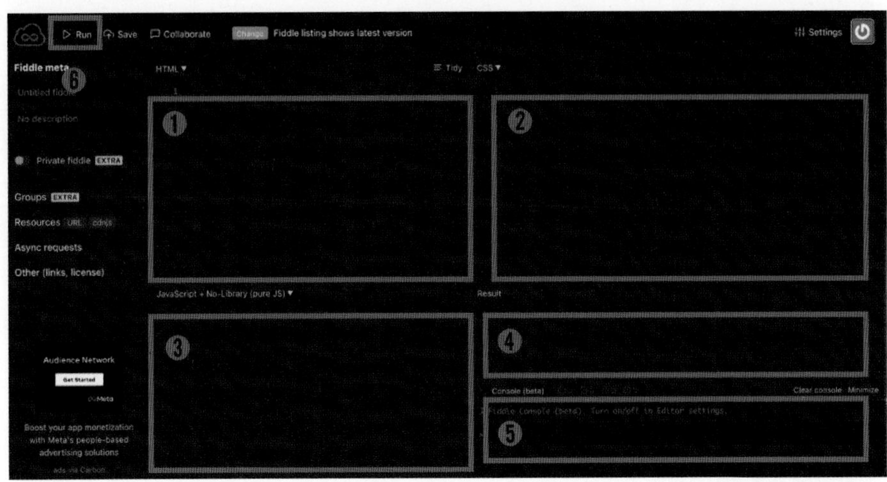

처음부터 이 화면을 다 외우지 않아도 됩니다. 그래도 UIUser Interface가 다섯 구역으로 되어 있어서 바로 익숙해질 거에요. 각 창은 마우스로 크기 조절이 가능합니다. 각 구역을 설명하면 다음과 같습니다.

❶ HTML: 기본적인 태그를 작성할 수 있는 곳이에요.

❷ CSS: 태그를 예쁘게 꾸며 주는 CSS를 작성하는 곳이에요.

❸ JavaScript: 자바스크립트와 같은 프로그래밍 언어로 실행 코드를 작성하는 곳입니다. 우측의 ▼를 누르면 다른 언어로도 작성이 가능합니다만, 우리는 자바스크립트만 사용하겠습니다.

❹ Result: HTML과 CSS의 태그 결과물을 화면에 보여 줍니다.

❺ Console: 콘솔 창입니다. JavaScript의 실행 코드 결과물을 보여 줍니다. 자바스크립트에서는 console.log를 사용하여 콘솔로 값을 볼 수 있습니다.

❻ **Run: '실행한다.'는 의미로, 결과물을 보기 위해 누르는 버튼입니다. 사실 저장 단축키 (ctrl+s)를 누르기만 해도 실행이 되기 때문에 잘 쓰지는 않습니다.**

가끔 렉이 걸려 안 들어가질 때가 있습니다만 잠시 켜놓고 기다리면 됩니다. 만약 너무 느려서 다른 것을 사용하고 싶으시면 '코드샌드박스'도 아주 좋은 웹 IDE 입니다. 하지만 초보자가 접근하기에는 조금 어려울 수도 있습니다.

2) 자바는 compilejava

compileJava QR

자바는 자바스크립트와 이름은 유사하지만 다른 프로그래밍 언어입니다. 자바스크립트는 웹 프론트엔드에서 많이 사용되는 프로그래밍 언어이지만, 자바는 스프링 프레임워크와 함께 웹 백엔드에서 많이 사용되는 언어입니다.

이 책에서는 예제를 자바스크립트와 자바로 코딩했습니다. 자바 웹IDE 중에서 다루기 편한 웹사이트는 compileJava입니다. 4강의 클래스를 다루는 곳에서 주로 사용합니다.

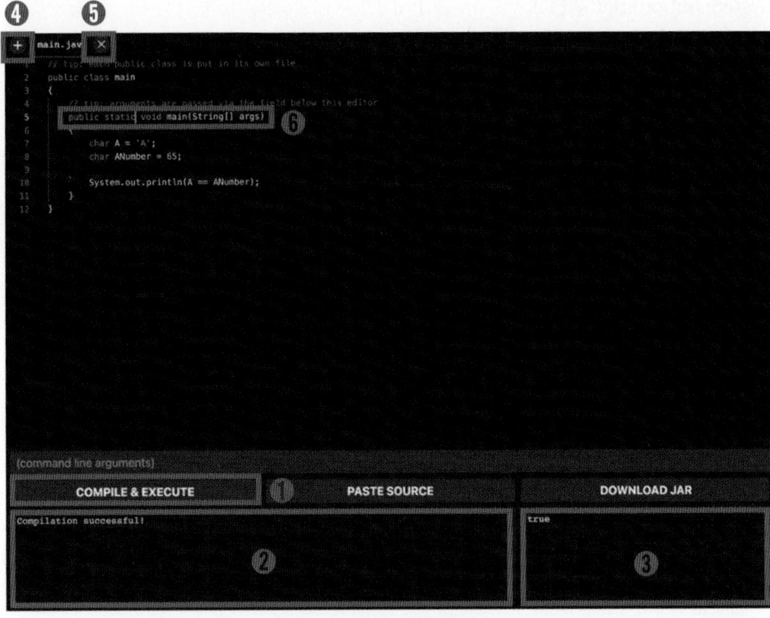

❶ 코드 작성 후에 이 버튼을 누르면 실행이 됩니다.

❷ 성공하면 'Compilation successful!'이라고 뜨고, 실패하면 어디에서 오류가 났는지 보여주는 창입니다.

❸ 출력 결과물을 보여주는 콘솔창입니다. 자바에서는 System.out.println 혹은 System.out.print로 원하는 값을 콘솔로 나타낼 수 있습니다. 두 개의 차이는 줄 바꿈 여부입니다. System.out.println는 줄 바꿈이 실행되고, System.out.print는 줄 바꿈 없이 일렬로 보입니다.

```
System.out.println("위캔");
System.out.println("코딩");
→ 위캔
  코딩

System.out.print("위캔");
System.out.print("코딩");
→ 위캔코딩
```

❹ 파일을 추가합니다. 파일 추가 버튼을 누르면 "main1.java" 이름으로 생성됩니다. 파일명을 더블 클릭하면 바꿀 수 있습니다.

❺ 파일을 삭제합니다.

❻ 메인 함수입니다. 일단은 '이런 것이 있구나!' 정도로만 알아주세요. 작성한 코드를 실행할 때 메인 함수를 씁니다. 특별한 말이 없으면 대부분 여기서 실행한 것입니다. 따라서 이 부분에 코드를 넣어서 콘솔을 확인해 보세요.

3) SQL은 dbfiddle

dbfiddle QR

SQL은 데이터베이스를 다루기 위해 사용되는 질의문이며, 이 책에서는 DML, DDL, 조인을 다룹니다. 데이터베이스를 관리하는 DBMS는 대표적으로 오라클, MySQL 등이 있습니다. 이 책에서는 postgreSQL을 사용하지만 SQL 문법은 국제적으로 공인된 표준이 있기 때문에 DBMS마다 지원하는 SQL 문이 대부분 비슷합니다. postgreSQL만 잘 알아도 오라클을 어느 정도 알 수 있다는 의미입니다. 이 책에서 사용하는 웹IDE는 dbfiddle이며 비슷한 웹사이트로 sqlfiddle이 있습니다. 주로 5강에서 사용합니다. 화면을 살펴보면 다음과 같습니다.

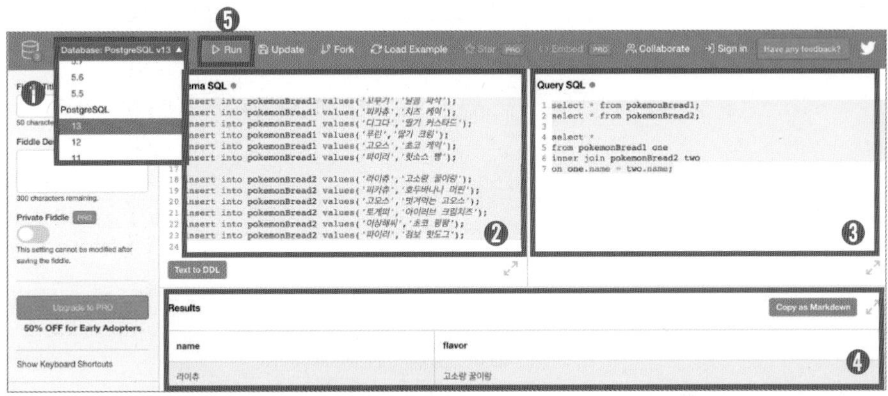

❶ **DBMS 설정: DBMS를 선택할 수 있습니다. 이 책에서는 PostgreSQL로 설정해 주세요.**

❷ **Schema SQL: 테이블을 생성하고 세팅하기 위한 공간입니다. 웹 IDE의 특징인데, 일반 프로그램들(DBeaver, Oracle 등)은 두 곳으로 나누지 않고 하나의 공간에서 Schema SQL과 Query SQL을 작성합니다.**

❸ **Query SQL: Schema SQL 공간에서 만든 테이블의 데이터를 다루는 공간입니다.**

❹ **Results: 쿼리를 실행한 결과물을 보여 줍니다. 특히 정보를 보여 주는 select 문일 때에는 테이블 형태로 나옵니다.**

❺ **Run: 쿼리가 실행됩니다.**

코딩 공부에 본격적으로 들어가기 전 코딩 용어, 화면 등을 눈으로 조금은 익히셨나요? 아직은 낯설게 느껴질 수 있습니다. 하지만 일단 이 내용을 본 순간, 코딩할 수 있는 두뇌로 한 단계 업그레이드되었다고 볼 수 있습니다. 차근차근 기초부터 설명할 예정이니 어렵다고 겁먹지 말고 책장을 넘기면 됩니다. 이제 코딩의 기초부터 배우러 가볼까요?

기초편

코딩의 기초를 배워보자

1강 진짜 쉽게 설명하는 코딩

2강 단번에 배우는 프론트엔드

3강 오늘 배워 내일 써먹는 개발 기초

1강

진짜 쉽게 설명하는 코딩

1 프로그래밍에 대해 알아보자

1. 프로그래밍할 때 고려할 다섯 가지 키워드

프로그래밍Programming은 하나의 프로그램을 만드는 것입니다. 각 국가에서 의사소통하는 언어가 다르듯 프로그래밍을 하기 위해서는 컴퓨터가 알아들을 수 있는 언어를 사용해야 합니다. 여기서 컴퓨터가 알아들을 수 있는 언어를 '프로그래밍 언어'라고 지칭합니다.

프로그래밍 언어의 종류는 자바, 자바스크립트, 파이썬, C 등 다양합니다. 컴퓨터에서 프로그래밍을 하기 위해서 프로그래밍 언어로 코드를 작성하는데, 이를 '코딩을 한다'라고 표현합니다.

그렇다면 코딩해서 프로그램을 만드는 이유가 무엇일까요? 가장 큰 이유는 효율적이기 때문입니다. 효율적인 프로그램을 제작하여 편리하고 빠르게 원하는 결과물을 만들어낼 수 있습니다. 그렇기에 코딩에 있어서 '속도', '편리성', '효율성'은 굉장히 중요한 키워드입니다. 더 나아가 프로그램은 혼자 만드는 경우보다는 협업하여 만드는 경우가 많습니다. 그러니 여러 사람이 자신이 작성한 코드를 쉽게 읽을 수 있어야 합니다. 여기서 '가독성'도 중요한 키워드로 떠오르게 됩니다.

그럼 단순히 빠르고 효율적인 프로그램이 좋은 프로그램일까요? 빠르기만 하고 버그가 많거나 보안이 취약한 프로그램은 아무도 쓰고 싶지 않을 거예요. 따라서 '안전성'도 중요하게 여겨집니다. 속도, 편리성, 효율성, 가독성, 안전성 이 다섯 가지의 키워드는 코딩을 시작하기 전에 알아 두면 좋은 키워드입니다.

2. 데이터를 보기 좋게 가공하는 것

프로그래밍과 데이터는 어떤 상관이 있을까요? 사실 데이터를 가공하여 사용자에게 보기 좋게 보여 주는 것이 프로그래밍의 궁극적인 목적입니다. 여기서 '데이터 가공'이라는 중요한 키워드가 보이네요. 쇼핑몰 인기 아이템 TOP 10 리스트를 예로 들어보겠습니다. 고객이 쇼핑몰 사장님에게 인기 아이템만 모아 놓은 리스트를 요청했다고 합시다. 사장님은 인기 아이템 정보를 제공하기 위해서는 모든 아이템이 얼마나 팔렸는지 데이터를 봐야 합니다. 헌데 이 많은 데이터를 언제 하나씩 보고 정리할까요? 막막해집니다. 여기서 프로그래밍이 사장님을 도울 수 있습니다.

먼저 모든 아이템 품목별로 몇 개가 팔렸는지 추리는 작업을 통해 일차적으로 데이터를 가공하고, 팔린 순서대로 정렬하여 상위 10개까지만 추려내는 작업을 통해 이차적으로 데이터를 가공합니다. 마지막으로, 이 데이터들을 보기 좋게 시각화합니다. 그러면 최종적으로 인기 아이템 TOP 10 차트가 만들어집니다. 여기서 모든 아이템들의 데이터는 가공할 날것의 데이터이고, 인기 아이템 TOP 10은 가공된 데이터라고 할 수 있네요.

이렇듯 프로그래밍을 통해 무수한 데이터를 간편히 정리할 수 있죠. 가공되지 않은 날것의 데이터를 입맛대로 가공하여 결과물을 보여 주는 게 바로 프로그래밍의 주된 목적입니다. 참 효율적이죠?

[그림 1-1] 프로그래밍으로 쇼핑몰 TOP 10 리스트를 만드는 과정

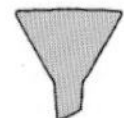

프로그래밍할 때 사용되는 데이터는 적을 수도 있고, 생각보다 더 방대할 수도 있습니다. 만약 많은 데이터를 가공하려고 하는 경우 똑같은 작업을 여러 번 수행해야 한다면 정말 효율적이지 못할 것입니다. 데이터의 수가 1,000개일 경우, 똑같은 가공을 1,000번씩 한다고 생각하면 벌써부터 머리가 어지럽죠. 이처럼 프로그래밍을 할 때 반복은 필수적이지만 머리 아픈 작업입니다.

이에 대한 해결책은 바로 코딩에 있습니다. 예로, 코딩을 할 때 일정한 명령을 부여하는 함수를 만들거나 반복문을 사용하여 반복 작업을 효율적으로 줄일 수 있어요. 앞서 예시로 보았던 add 함수에 숫자를 넣어 같은 식을 반복할 수 있습니다. 코드를 보겠습니다.

```
function add(V1, V2) {
   return V1+V2;
}
```

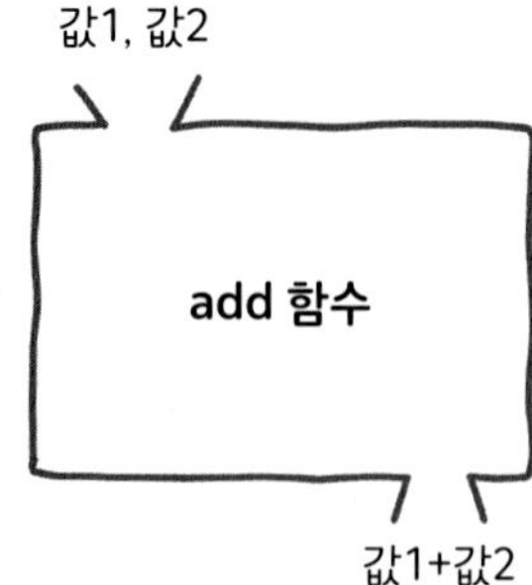

값1과 값2가 들어갔을 때 값1+값2를 리턴하는 add 함수가 선언되어 있네요. 우리는 더하는 작업을 할 때마다 이 함수를 호출하며 반복 작업을 수행할 수 있습니다.

예시로 add(1000, 300);의 결괏값은 1300이겠죠? 이처럼 잘 만든 함수 하나만 있어도 무수히 많은 결과를 도출할 수 있습니다. add 함수는 단순히 더하기 연산을 하는 함수이지만, 정말 어려운 연산을 계속 반복해서 해야 한다면 더욱 더 함수가 필요하겠죠? 어려운 연산을 할 때마다 복잡한 식을 계속 작성하는 것은 효율적이지 못하니까요. 함수는 한 번만 선언하면 계속해서 호출하면서 원하는 행동을 하게 할 수 있기에 효율적이라고 볼 수 있습니다.

함수 만드는 일을 '선언한다'로, 이를 사용하는 것을 '호출한다'라고 표현합니다.

2 코딩할 때 필요한 최소한의 지식

1. 우리가 보고 있는 화면의 모든 것, 웹 프론트엔드

우리가 보고 있는 웹사이트 화면의 모든 것이 프론트엔드Frontend에 속합니다. 웹사이트의 로그인 버튼, 스크롤, 로딩 화면 등 모니터에 보이는 모든 컴포넌트Component들이 해당됩니다. 그리고 이 컴포넌트들은 단순히 보이는 것을 넘어 컴퓨터와 사용자를 서로 이어주는 인터페이스Interface 역할을 톡톡히 수행합니다. 예로 로그인 버튼을 눌렀을 때 그다음 과정으로 넘어가게 해주는 것처럼요.

프론트엔드에서는 관련 기술로 HTML, CSS, 자바스크립트, 리액트 등을 사용합니다.

2. 서버의 관리자, 웹 백엔드

우리는 인터넷을 사용하다가 종종 "서버가 마비됐어!", "이 페이지는 왜 이렇게 느린 거야?" 같은 이야기를 하죠. 이런 말들이 나오게 만드는 분야가 다름 아닌 백엔드Backend입니다. 프론트엔드가 우리 눈에 직관적으로 보이는 영역을 개발하는 것이라면, 백엔드는 눈에 보이지 않는 서버에서 작용하는 기술들을 다룹니다. 넓은 의미로 서버 및 클라우드 관리, 데이터베이스 관리, API 개발 등을 합니다. 백엔드 개발자는 데이터베이스를 활용한 개발을 진행하기 때문에, 데이터베이스 질의어인 쿼리Query를 다룹니다. 눈에 보이는 웹사이트 화면 그 너머를 구성하는 것이라 보면 되겠네요.

백엔드에서는 관련 기술로 클라우드(예, AWS), 쿼리(예, 오라클), 자바, 파이썬 등을 사용합니다.

3. 객체지향 프로그래밍 vs. 절차지향 프로그래밍

객체지향 프로그래밍과 절차지향 프로그래밍에 대해 간략히 소개하겠습니다. 객체지향 프로그래밍은 명령과 데이터로 구성된 낱낱개의 객체를 중심으로 기술하는 프로그래밍 기법입니다. 절차지향 프로그래밍은 '시간적 흐름대로, 순차적으로' 코딩을 한다는 의미입니다.

사실 객체지향 프로그래밍은 공부할 양이 상당합니다. 그만큼 중요한 이론이고 요즘 가장 널리 쓰고 있는 프로그래밍 언어들의 토대가 되는 것이죠. 대표적으로 자바와 파이썬으로 현재 사용되는 언어들이 대부분 객체지향 프로그래밍 언어라고 생각하면 됩니다. 그러니까 한마디로 요즘 프로그래밍 언어의 대세라고 할 수 있습니다. 지금 많이 쓰이고는 있지만 사실 객체지향 프로그래밍이 프로그래밍 기법의 근본은 아닙니다. 과거에는 절차지향 프로그래밍 언어를 주로 사용했죠.

대표적인 절차지향 언어로는 C 언어가 있는데, C 언어는 '프로그래밍 언어의 조상'이라고 부를 정도로 많은 프로그래밍 언어에 영향을 미쳤습니다. 그런데 왜 오늘날에는 C 언어보다 객체지향 프로그래밍에 걸맞은 언어를 주로 사용하게 되었을까요? 그리고 절차지향 프로그래밍이란 무엇일까요?

객체지향과 절차지향에서 '지향'이라는 단어를 먼저 살펴봅시다. 엄밀히 말해 지향은 어디까지나 단순히 '그런 경향이 있다'는 것을 의미하죠. 따라서 자바가 객체지향일지라도 무조건 객체지향적으로만 사용한다는 게 아닙니다. 어떤 언어든 상관없이 절차지향적으로 코딩할 수 있으며 C 언어 또한 유사 객체지향적인 프로그래밍으로 코딩이 가능합니다. 차이점은 각 언어의 특징에 있습니다. 예로 자바는 객체지향 프로그래밍 기법을 잘 사용할 수 있게끔 개발되어 있는 언어입니다. 객체지향 프로그래밍은 절차지향 프로그래밍의 단점을 보완하여 한걸음 더 나아간 프로그래밍 기법이라고 생각하면 이해하기 쉽습니다.

이를 카페 운영에 빗대어 설명해 보도록 하겠습니다. '타임 카페'라는 곳은 직원이 3명이며 항상 커피를 판매할 때 다음의 절차를 따릅니다. 이른바 절차지향 프로그래밍 방식을 따르고 있죠.

커피 주문 → 커피 추출 → 컵 준비 → 컵 홀더 끼우고 빨대 준비 → 커피 판매

이 절차는 반드시 지켜야 하며 순서가 틀어지면 안 됩니다. 하나의 순서가 제대로 되지 않으면 커피를 판매할 수 없는 것이죠. 커피 추출이 끝나지 않았다면 미리 컵 홀더를 끼워 놓을 수도 없다는 것을 의미합니다. 무조건 저 순서대로만 커피를 판매해야 한다고 가정하겠습니다. 답답하죠.

손님이 많지 않은 경우라면 절차적인 방법으로도 크게 어려움 없이 빠르게 처리가 되겠죠. 하지만 타임 카페에 손님이 갑자기 몰려들기 시작합니다. 3명의 직원들은 우왕좌왕하고, 서로 동선이 꼬이기 시작합니다. 커피를 받은 손님이 커피의 맛에 대해 불만을 털어놓아도 한 사람이 담당하여 커피만 만드는 것이 아니라 동선이 가까운 데로 움직이기 때문에 바빠서 누가 만들었는지도 모릅니다. 잘못된 커피를 누구에게 탓할 수도 없네요. 점점 난장판이 되어 갑니다.

이러한 단점을 보완하고자 나온 것이 객체지향 프로그래밍입니다. 타임 카페로 돌아가 봅시다. 타임 카페는 손님이 너무 많아지자 절차지향으로 커피를 만들어 판매하는 방식을 바꿨습니다. 한 명은 커피만 만드는 바리스타를, 한 명은 주문만 받는 캐셔cashier의 역할을 부여받았습니다. 또한 사장님은 부자재를 관리하는 것을 전담하여 손님이 없어도 컵을 준비해 놓고 컵 홀더를 미리 끼워 놓는 일을 하기로 했습니다. 이제 타임 카페는 손님이 많아져도 막힘 없이 많은 주문들을 소화해 낼 수 있겠죠? 각자 자리에서 본인의 일을 충실히 할 수 있으니까요.

시간의 흐름과 절차를 중시하는 모양새에서, 각자의 역할을 받는 객체화 및 협력하는 모양새로 바뀐 것입니다. 이것이 바로 객체지향입니다. 바리스타와 캐셔를 하나의 객체라고 생각하면 됩니다. 객체라는 단어가 어렵지 않죠? 아울러 객체는 협력은 하되 자신의 역할에만 집중을 하는 것이 원칙입니다. 이렇게 객체화를 시키면 캐셔가 사정으로 인해 그만두게 되더라도 캐셔의 역할만을 인수인계하여 직원을 쉽게 교체할 수 있습니다. 즉, 대체 가능성이 높아집니다. 또한 역할이 분명하기 때문에 어떤 부분에서 잘못되었는지 쉽게 찾아낼 수 있습니다. 앞서 품질이 좋지 못한 커피에 대해 고객이 컴플레인했을 때, 바리스타에게 책임을 물을 수 있게 되었습니다.

대부분의 회사가 객체지향적으로 운영되고 있죠. 역할에 따라 팀을 구성하고, 팀이 서로 다르더라도 협력하며, 결국엔 매출 달성이라는 하나의 목적을 위해 움직이니까요. 회사의 규모가 클수록 객체지향적으로 운영하는 것이 효율적으로 보입니다. 실제로 컴퓨터가 지금처럼 발달되기 전까지는 절차지향 프로그래밍만으로도 소프트웨어 개발이 원활했지만, 소프트웨어의 발전 속도가 빨라지면서 자연스럽게 코드가 복잡해지기 시작했습니다. 순서도가 꼬이기 시작하면서 알아보기 힘든 스파게티 코드spaghetti code(프로그램 흐름이 복잡하게 뒤엉킨 모습을 스파게티가 엉킨 모습에 비유한 표현)가 생성되기 시작되었고, 이에 대한 대안으로 객체지향 프로그래밍이 출연한 것이죠.

[그림 1-2] 타임 카페로 알아보는 절차지향과 객체지향

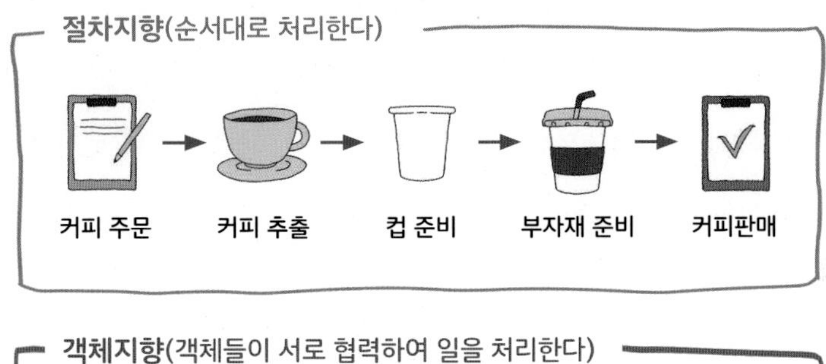

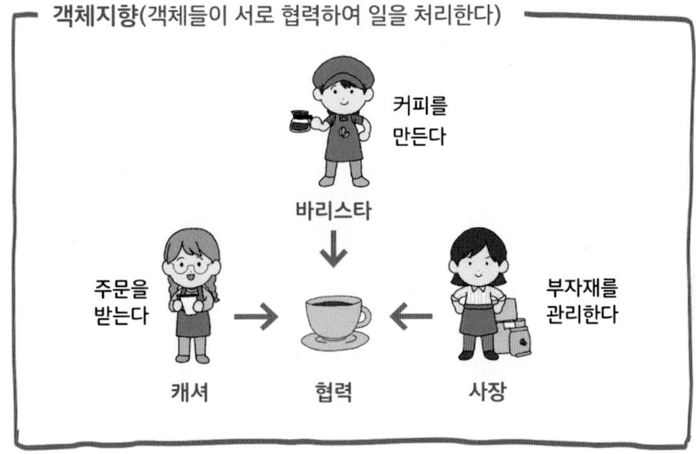

앞서도 이야기했지만 현재 대세는 객체지향 언어입니다. 하지만 여기에도 단점이 존재합니다. 그리고 절차지향 프로그래밍도 장점이 있기에 무조건 나쁜 것도 아닙니다. 경우에 따라서는 절차지향 프로그래밍이 더 효율적일 수도 있습니다. 그렇기에 둘은 서로 반대 개념이 아니며, 함께 섞어서 사용하는 경우도 많습니다.

서로의 장단점을 비교해 보겠습니다. 절차지향 프로그래밍의 장점은 순서대로

일을 처리하기에 실행 속도가 빠르다는 것입니다. 컴퓨터의 처리 구조와 유사하고 이를 빨리 받아들여 속도가 빠릅니다. 그리고 설계하는 데 시간이 많이 걸리지 않으며, 시간 순서대로 움직이기 때문에 프로그램의 흐름을 쉽게 파악할 수 있습니다.

단점으로는 실행 순서가 정해져 있기에 코드의 순서가 바뀌었을 때 같은 결과가 나온다는 보장을 할 수 없습니다. 그리고 객체지향처럼 역할을 중심으로 나누지 않았기 때문에 버그가 발생하면 어디서 버그가 발생했는지 찾기가 힘듭니다. 앞선 예시에서 객체지향 타임 카페에서 커피를 잘못 만들었을 때 바리스타의 잘못이라고 바로 판단했지만, 절차지향 타임 카페처럼 담당자를 기억 못한다면 누가 잘못한 건지 알 수 없었죠.

객체지향 프로그래밍은 버그를 찾기 쉽고 유지·보수에 용이합니다. 코드를 재사용하기도 좋고 보안적인 측면에서도 안정성이 높습니다. 단점으로는 처리 속도가 절차지향보다 느리고 처음 설계할 때 많은 시간을 소요하게 됩니다. 타임 카페는 소규모의 카페이지만 큰 기업일수록 객체와 협력에 대한 설계가 복잡해지는데, 설계를 잘못할 경우 훗날 문제가 생길 수도 있습니다.

4. 객체의 의미

타임 카페를 예시로 객체지향이 어떤 것을 의미하는지 알아보았죠. 객체Object라는 것에 대해서도 간단히 짚어보겠습니다. 객체는 실제 존재하거나 추상적으로 생각할 수 있는 요소 중에서 다른 것과 식별이 가능한 것을 말합니다. 거의 모든 것을 객체로 말할 수 있을 정도입니다. 우리가 생각하는 것보다 더 넓은 개념으로 사용되고 있습니다. 앞서 타임 카페에서는 캐셔, 사장, 바리스타가 있었죠. 다시금 바리스타를 객체로 표현해 볼게요. 바리스타 객체에는 이름name, 연봉salary, 총 만든 커피의 잔 수coffeeNum와 같은 속성이 존재해요. 바리스타는 커피를 추출하는 행동을 하는데 이를 메서드Method라고 합니다. 여기서 메서드 이름은 makeCoffee로 지정하겠습니다.

[그림 1-3] 바리스타 객체의 속성과 메서드

속성
name 히히
salary 200
coffeeNum 200잔
바리스타
메서드
makeCoffee( )
실행코드
javascript
jsfiddle
const barista = {
name: "히히",
salary: 200,
coffeeNum: 200,
makeCoffee() {
this.coffeeNum++;
return "커피를 만들었다!";
}
}
console.log(barista.name);
console.log(barista.salary+' 만원');
console.log(barista.coffeeNum);
console.log(barista.makeCoffee());
console.log(barista.coffeeNum);
실행결과
javascript
jsfiddle
Console (beta)
Clear console
Minimize
"히히"
"200 만원"
200
"커피를 만들었다!"
201

jsfiddle로 직접 코딩하면서 따라와 보세요. 코드에서는 유난히 barista.name처럼 온점(.)을 많이 볼 수 있습니다. 이것은 어떤 의미일까요? name, salary, coffeeNum처럼 각 객체의 속성을 나타낼 때는 '~의'라는 의미로 해석하고, makeCoffee( )처럼 객체의 행위를 나타내는 것을 표현할 때는 '~가 ~를 한다.' 라고 해석하면 쉬울 거예요.

다음의 박스를 보면서 한 번 더 정리해 봅시다.

barista.name	바리스타의 이름
barista.salary	바리스타의 연봉
barista.coffeeNum	바리스타의 만든 커피 수
barista.makeCoffee()	바리스타가 커피를 만듭니다. 커피를 만들면 coffeeNum을 증가시킵니다. 그리고 "커피를 만들었다!"라는 문자열을 리턴합니다.

5. 공급자와 수요자, 웹 서버와 웹 클라이언트

(1) 웹 서버, 웹 클라이언트의 의미

[그림 1-4] 서버와 클라이언트

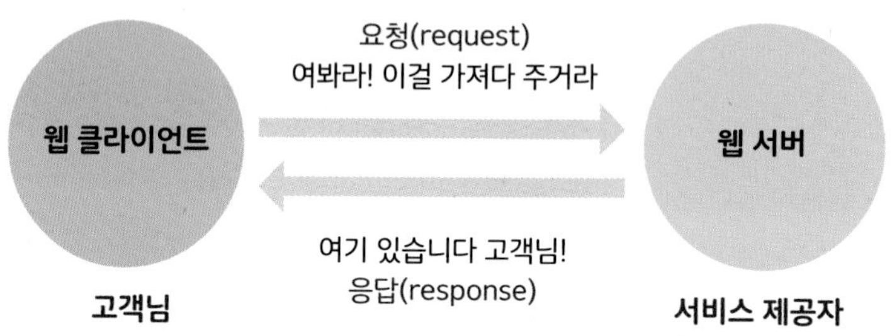

우리는 자본주의 경제체제 안에서 살아가고 있습니다. 자본주의 사회에서 중

요한 키워드는 바로 공급과 수요죠. 시장의 수요가 있어야 공급이 생겨나고, 공급이 있어야 각종 물건과 서비스의 구매가 일어나듯 이 두 용어는 자본주의에서 굉장히 중요합니다. 그리고 놀랍게도 공급과 수요 의미는 인터넷에도 적용할 수 있습니다. 바로 서버server와 클라이언트client입니다. 예로, 네이버Naver를 사용한다면 우리의 컴퓨터는 모두 네이버 서비스를 이용하는 일종의 클라이언트입니다. 즉, 네이버라는 서비스를 사용하는 고객인 것이죠. 여기서 네이버는 서비스 공급자이며 이를 웹 서버라고 합니다. 서버는 제공한다는 뜻을 가진 'serve'에 'er'을 붙인 단어입니다.

네이버 기업은 클라이언트에게 웹 서비스를 제공하기 위해 서버 프로그램을 만드는데, 이를 웹 서버라고 합니다. 따라서 네이버 서비스를 이용하는 컴퓨터는 웹 클라이언트가 됩니다. 그리고 웹 클라이언트가 사용하는 대표적인 프로그램은 크롬과 같은 웹 브라우저입니다. 웹 브라우저에서 네이버 서비스를 이용하기 위해 네이버 URLUniform Resource Locator을 웹 브라우저 주소 창에 넣게 되면 어떤 일이 일어날까요? 웹 클라이언트는 웹 서버에 "네이버 웹 페이지를 나에게 보내줘!"라고 요청request합니다. 웹 서버는 웹 클라이언트가 보낸 요청을 바탕으로 응답response을 하고 클라이언트의 컴퓨터로 해당 웹 페이지를 보내줍니다. 그렇게 우리는 네이버 서비스를 이용할 수 있게 되죠.

[그림 1-5] 웹 클라이언트와 웹 서버와의 관계

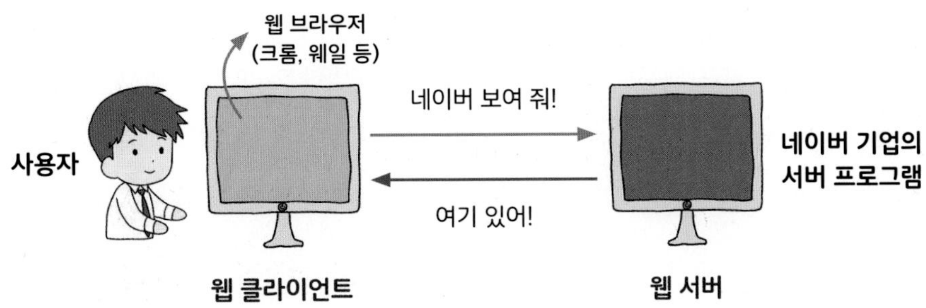

[그림 1-6] 웹 브라우저와 웹 클라이언트

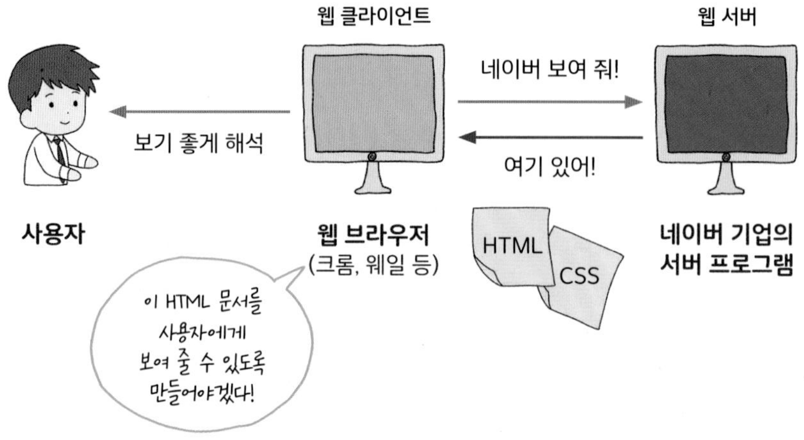

여기서 잠시 헷갈릴 수 있는 웹 클라이언트와 웹 브라우저를 살펴보겠습니다. 클라이언트는 서비스를 제공받는 쪽을 의미하며 웹 브라우저는 웹 클라이언트가 사용하는 프로그램입니다. 웹 브라우저의 주요 기능은 사용자가 원하는 정보를 웹 서버에 요청하고 HTML 언어를 해독해 줍니다. 따라서 웹 서버가 제공하는 웹 서비스를 사용자가 볼 수 있게 바꾸어주는 프로그램이라고 생각하면 쉽습니다. 대표적으로 구글 크롬Google Chrome과 네이버 웨일Naver Whale이 있습니다.

(2) 데이터 택배, 패킷

웹 서버와 웹 클라이언트는 요청하고 응답하는 과정에서 서로 데이터를 주고받는 일이 많습니다. 이 주고받는 데이터 뭉치를 패킷packet이라고 합니다. 소포처럼 받고, 주는 모양새 때문에 패킷이라는 이름이 붙었다고 하네요. 패킷을 주고받는 행위를 '패킷 교환'이라고 부릅니다. 패킷은 크게 헤더header와 바디body로 구성되어 있습니다. 웹 클라이언트가 웹 서버에게 요청할 때는 '요청 패킷', 웹 서버가 웹 클라이언트에게 응답할 때는 '응답 패킷'을 건네주는데요, 각각 헤더와 바디에 들어가는 정보가 다릅니다.

[그림 1-7] 요청 패킷과 응답 패킷

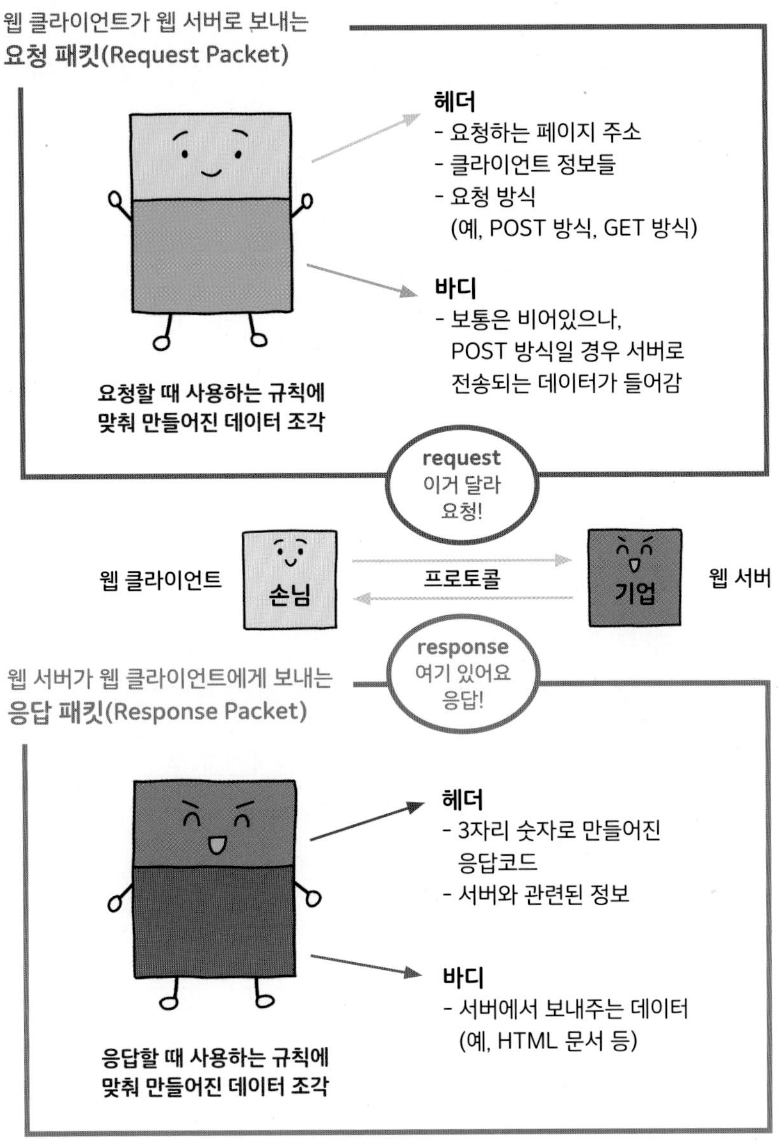
웹 클라이언트가 웹 서버로 보내는
요청 패킷(Request Packet)
헤더
- 요청하는 페이지 주소
- 클라이언트 정보들
- 요청 방식
(예, POST 방식, GET 방식)
바디
- 보통은 비어있으나,
POST 방식일 경우 서버로
전송되는 데이터가 들어감
요청할 때 사용하는 규칙에
맞춰 만들어진 데이터 조각
request
이거 달라
요청!
웹 클라이언트
손님
프로토콜
기업
웹 서버
response
여기 있어요
응답!
웹 서버가 웹 클라이언트에게 보내는
응답 패킷(Response Packet)
헤더
- 3자리 숫자로 만들어진
응답코드
- 서버와 관련된 정보
바디
- 서버에서 보내주는 데이터
(예, HTML 문서 등)
응답할 때 사용하는 규칙에
맞춰 만들어진 데이터 조각

예로, 무역을 할 때 수입하는 회사에서 작성하는 서류와 수출하는 회사에서 작성하는 서류의 구성이 서로 다른 것과 마찬가지죠. 요청 패킷과 응답 패킷은 외우려고 하기보다는 "요청과 응답을 할 때 서로 이러한 정보들을 나누는구나." 정도로 이해하면 됩니다.

먼저 요청 패킷request packet을 살펴보면 헤더에는 요청하는 페이지 주소, 웹 클라이언트 정보, 어떤 방식으로 요청할지에 대한 정보가 담겨 있습니다. 그리고 어떤 방식으로 요청할 것인지에 따라 바디의 존재 여부가 달라집니다. 보통은 바디가 없지만 POST 방식일 경우 바디가 존재하며 이 바디에 데이터를 담아서 웹 서버에게 요청합니다.

응답 패킷response packet에는 헤더와 바디가 존재합니다. 헤더에서는 응답 코드를 통해 응답이 잘 되었는지, 잘 되지 않았다면 이유가 무엇인지를 숫자로 보여줍니다. 예로 웹 화면에 응답 코드가 404로 나타나면 '웹 서버에서 요청한 것을 찾을 수 없어서' 에러가 난 상황이죠. 그리고 그 밖의 웹 서버와 관련된 정보를 보여줍니다. 바디에는 웹 서버에서 웹 클라이언트로 보내는 데이터들이 담겨 있습니다(HTML 문서와 같은 것들입니다). 웹 브라우저는 이 바디에서 보내는 HTML 문서를 읽어 웹 페이지를 구성하고, 이것을 사용자들에게 보여 주는 것입니다.

패킷이 어떤 것인지 감이 오셨나요? 그렇다면 패킷 교환할 때를 한 번 상상해 보세요. 게임에서 아이템을 교환할 때도 어떠한 규칙이 존재합니다. 규칙 없이 중구난방으로 소통한다면 서로 무슨 말을 하는 건지 도통 알아들을 수 없겠죠.

패킷도 교환하는 과정에서 '이건 서로 꼭 지키자!'라는 규칙을 만들었는데 이를 프로토콜protocol이라고 합니다. 프로토콜에는 여러 종류가 있지만, 웹 서버와 웹 클라이언트가 소통할 때 사용하는 것은 HTTP 프로토콜입니다. 우리가 URL을 작성할 때, 앞에 HTTP를 붙이는 것은 'HTTP 프로토콜을 사용하여 데이터를 통신하겠어'라는 의미를 담고 있습니다.

여러분은 '응답하라!'라는 말을 들으면 어떤 것이 떠오르나요? 저는 드라마 〈

응답하라 1988〉이 먼저 생각이 나는데요. 드라마 〈응답하라〉 시리즈는 과거를 잘 재현해서 많은 시청자들에게 향수를 불러일으키기도 했죠. 이 드라마 이름과 웹 서버, 웹 클라이언트의 소통 방식을 연결해 볼 수 있어요. 빗대어 보자면 현재 볼 수 없는 과거 1988년도의 에피소드를 요청했고, 드라마 화면에서는 이에 응답하여 1988년의 에피소드를 보여 준 것입니다. 조금 억지스러울 수 있겠지만 외우기에는 쉽겠죠? 웹 클라이언트(즉, 서비스를 이용하는 손님, 브라우저)가 웹 서버(즉, 서비스를 제공해 주는 기업, 개인)에게 요청을 하고, 웹 서버는 이에 응답하여 웹 클라이언트가 원하는 제공한다는 사실을 명심해 주세요.

한 가지 덧붙이자면 웹 서버가 주로 정보를 제공하는 입장이지만 웹 클라이언트가 정보를 제공해야 할 때도 있습니다. 우리가 음식을 주문할 때를 생각해 보죠. 음식을 시킬 때 "이 파스타와 리조또도 주세요."라는 정보와 함께 요리를 요청합니다. 또한 결제를 요청할 때도 단순히 카드만 긁는 것이 아니라 우리의 멤버십 정보, 현금영수증 번호 등을 입력하죠. 이처럼 요청할 때에도 웹 클라이언트가 서버에 보내 줘야 하는 정보가 있을 수가 있어요. 이와 관련해서는 뒤에서 자세히 설명하겠습니다.

6. 정보를 보내는 GET과 POST 방식

앞서 이야기한 것처럼 웹 클라이언트가 웹 서버에게 요청만 하는 것이 아니라 특정 정보를 보내 줘야 할 때가 있습니다. 대표적으로 로그인하는 경우입니다. 로그인할 때 웹 클라이언트 측에서 자신의 아이디와 비밀번호를 서버에 보내야 웹 서버가 이를 파악하여 그에 맞는 페이지를 보여 줄 수 있기 때문이에요.

웹 클라이언트가 웹 서버에게 필요한 정보를 보낼 때는 한 가지 방식만 존재하는 것이 아닙니다. 무려 아홉 가지 방법이 있는데, 이를 HTTP 메서드라고 말합니다. HTTP 메서드 중에서 주로 쓰이는 메서드는 GET, PATCH, POST, DELETE, PUT입니다. 처음부터 이 메서드들을 다 알 필요는 없습니다. 대표적으로 많이 쓰이고 있는 GET 방식과 POST 방식에 대해서 알아보겠습니다.

(1) GET 방식

GET 방식은 요청 정보를 URL에 담아 보내는 방식을 말합니다. 예로, 아이디가 wecan, 비밀번호가 1234일 때 www.example.com/login?id=wecan&password=1234처럼 말이죠. 여기서 '?'부터는 어떤 정보가 담겨 있는지 알리는 시작점이라고 볼 수 있습니다. 그리고 id=wecan과 같이 키와 값이 쌍으로 있네요. 또한 id=wecan 뒤에 & 표기를 넣고, password=1234가 들어간 것처럼 1개 이상의 정보들이 존재하면 & 기호를 이용하여 이를 연결해 줍니다. GET 방식으로 요청할 경우 단순히 URL에 데이터를 담아 보내기 때문에 요청 패킷에 바디가 존재하지 않고 오로지 헤더만 존재합니다. 따라서 데이터를 보내는 데에 한계가 있고 POST 방식에 비해서 보안이 취약합니다. URL에 정보가 그대로 나타나 있기 때문입니다.

GET 방식은 빠르다는 장점이 있습니다. 이는 캐싱 전략을 사용하기 때문인데, 캐싱 전략은 '한 번 보고 기억해뒀다가 그다음부터는 기억한 것을 토대로 행동한다.'는 것이라 생각하면 어렵지 않습니다.

(2) POST 방식

POST 방식은 요청 정보를 바디에 담아 보내는 것을 말합니다. 따라서 GET 방식과는 다르게 헤더와 바디가 모두 존재합니다. 바디에 데이터를 넣어서 보내기 때문에 데이터 양에 제한이 없습니다. 다만 캐싱 전략을 사용하지 않기 때문에 GET에 비해서는 상대적으로 느리다고 볼 수 있습니다. 조금 어렵지만 중요한 개념이니 기억하면 좋습니다. 이해가 쉽도록 그림을 보겠습니다.

www.example.com이라는 웹사이트에 로그인을 한다고 해봅시다. 아이디는 wecan, 비밀번호는 1234입니다. 우리는 웹사이트를 이용하는 고객이므로 웹 클라이언트가 될 것이고, 이 사이트를 제공하는 제공자는 웹 서버가 되겠죠.

[그림 1-8] GET 방식과 POST 방식

GET 방식 vs. POST 방식

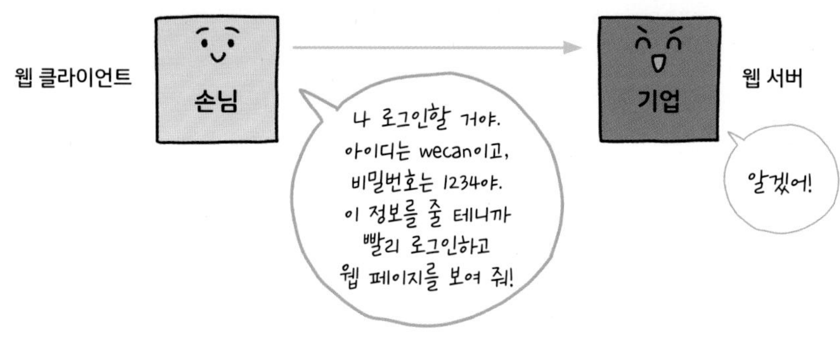

웹 클라이언트
손님
기업
웹 서버
나 로그인할 거야.
아이디는 wecan이고,
비밀번호는 1234야.
이 정보를 줄 테니까
빨리 로그인하고
웹 페이지를 보여 줘!
알겠어!

GET 방식으로 보낼게

Request Packet

www.example.com/login?id=wecan&password=1234

장점 | 기억하여 재사용하는 캐싱 전략을 사용하여 빠르다.

단점 | URL로만 데이터를 전달하기에, 보내는 데이터 양의 한계가 있을 수 있다.

헤더만 존재하는 경우가 대다수

URL만 보내기 때문에 머리만 있어도 된다(헤더만 존재)

POST 방식으로 보낼게

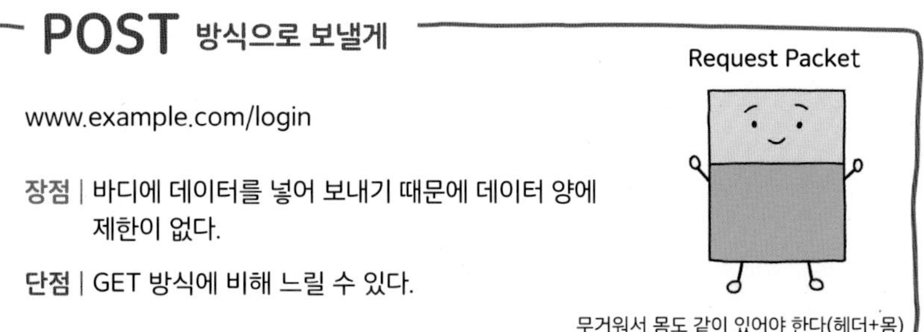

로그인을 하기 위해서는 아이디와 비밀번호 정보를 웹 서버에게 보내야 하는데요, 이때 GET 방식과 POST 방식을 사용할 수 있습니다. GET 방식은 URL에 정보를 포함하여 함께 보내는 것이고, POST 방식은 패킷의 바디에 정보를 담아 보낸다고 이해하면 됩니다.

7. 징검다리 역할을 하는 API

API는 개발에서 빼놓을 수 없는 정말 중요한 것입니다. API는 Application Programming Interface의 약자입니다. 애플리케이션은 많이 들어 보셨죠? 사용자들이 쓰는 응용프로그램이에요. API를 해석하면 애플리케이션을 프로그래밍할 때 사용하는 인터페이스라고 설명할 수 있겠네요. 일단 Open API부터 예시를 통해 살펴보겠습니다.

'부동산 지인' 애플리케이션은 기준일을 중심으로 하여 지역, 아파트, 거래량 TOP 10의 리스트와 전국적인 거래량은 어느 정도인지 알려 주는 부동산 애플리케이션입니다. 자, 그럼 잠시 생각해 볼게요. '부동산 지인'을 개발한다고 했을 때 필요한 데이터가 무엇일까요? 서울은 물론이고 창원, 대구, 제주도 등 전국의 부동산 데이터가 필요해요. 그럼 이걸 개발하신 분은 전국을 모두 돌아다니면서 이 데이터들을 수집했을까요? 당연히 아니겠지요. 방방곡곡 다니며 하나하나 자료를 수집하고 애플리케이션을 개발하려면 수십 년은 걸릴 거예요. 그렇다면 어떻게 전국의 부동산을 볼 수 있는 앱을 개발했을까요?

이때 사용되는 것이 바로 Open API입니다. 국토교통부에서 제공하는 Open API를 참고하여 제작한 것이죠. 이는 자료 출처에도 표기되어 있습니다. 그렇다면 직접 국토교통부 API를 확인해 볼까요? 대표적으로 '국토교통부 자료'를 살펴보겠습니다.

[그림 1-9] 국토교통부 아파트 매매 Open API 정보

OpenAPI 정보 메타데이터 다운로드

데이터 개선요청 | 오류신고 및 문의

분류체계	일반공공행정 - 일반행정
제공기관	국토교통부
관리부서명	한국부동산원
관리부서 전화번호	
API 유형	REST
데이터포맷	XML
활용신청	12608
키워드	주택,아파트,실거래가

Open API는 누구나 사용할 수 있게 허락된 API라는 의미에서 Open이라는 단어가 붙었어요. 간단히 살펴보면 API 유형, 데이터 포맷, 이용 허락 범위 등 API에 대한 정보들이 들어가 있습니다. 또한 사용자가 보기 쉽게끔 공공 데이터 Open API 활용 가이드도 있죠.

그럼 우선 공공 데이터 Open API 활용법을 훑어보도록 하겠습니다. 요청변수와 출력 결과가 있습니다. 하나씩 차근차근 살펴볼게요.

[그림 1-10] 국토교통부 Open API

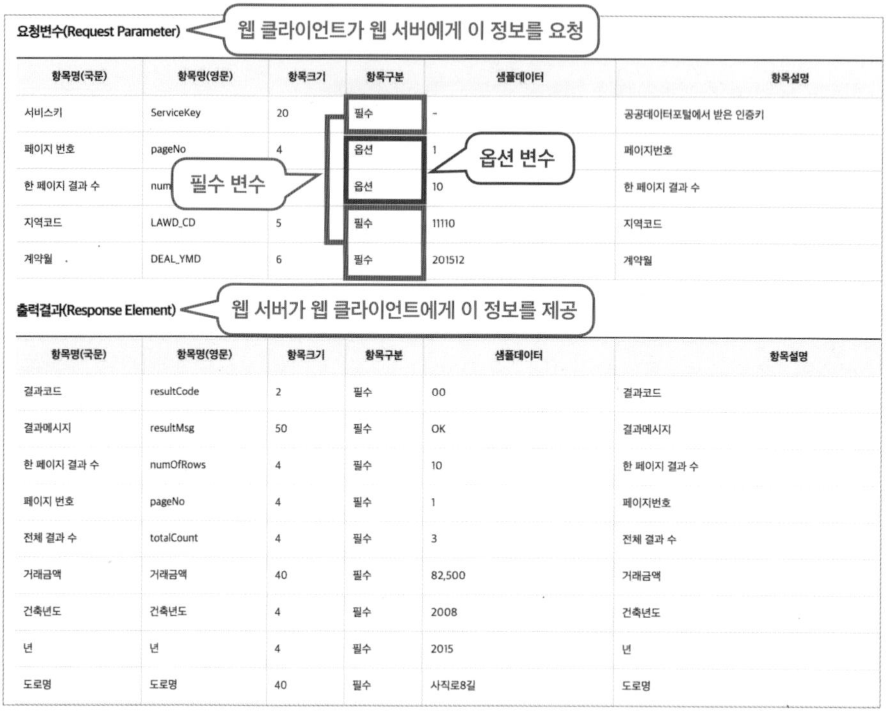

요청변수(Request Parameter) ← 웹 클라이언트가 웹 서버에게 이 정보를 요청

항목명(국문)	항목명(영문)	항목크기	항목구분	샘플데이터	항목설명
서비스키	ServiceKey	20	필수	-	공공데이터포털에서 받은 인증키
페이지 번호	pageNo	4	옵션	1	페이지번호
한 페이지 결과 수	num		옵션	10	한 페이지 결과 수
지역코드	LAWD_CD	5	필수	11110	지역코드
계약월	DEAL_YMD	6	필수	201512	계약월

필수 변수

옵션 변수

출력결과(Response Element) ← 웹 서버가 웹 클라이언트에게 이 정보를 제공

항목명(국문)	항목명(영문)	항목크기	항목구분	샘플데이터	항목설명
결과코드	resultCode	2	필수	00	결과코드
결과메시지	resultMsg	50	필수	OK	결과메시지
한 페이지 결과 수	numOfRows	4	필수	10	한 페이지 결과 수
페이지 번호	pageNo	4	필수	1	페이지번호
전체 결과 수	totalCount	4	필수	3	전체 결과 수
거래금액	거래금액	40	필수	82,500	거래금액
건축년도	건축년도	4	필수	2008	건축년도
년	년	4	필수	2015	년
도로명	도로명	40	필수	사직로8길	도로명

(1) 요청변수

요청변수Request Parameter는 웹 클라이언트가 웹 서버에게 보내는 정보를 의미합니다. 우리가 로그인하기 위해 아이디와 비밀번호라는 2개의 변수를 담아 보내는 것처럼 웹 서버에 요청할 때 담아 보내는 정보라고 생각하면 됩니다. 여기에서는 총 5개의 요청변수를 담아 보낼 수 있어요. 예를 들어, 5번째 '계약월'에 202208을 넣고 검색하면 2022년 08월에 계약된 데이터들을 보여 줍니다. 같은 방식으로 202211을 넣으면 2022년 11월 데이터들을 보여 주죠. 이렇게 사용자가 원하는 대로 값을 변경하여 넣을 수 있기 때문에 요청변수라고 부르는 것입니다. 요청변수에는 필수로 넣어야 하는 변수(서비스키, 지역 코드, 계약 월)와 넣어도 되고 안 넣어도 되는 옵션변수(페이지 번호, 한 페이지 결과 수)가 있습니다.

(2) 출력결과

요청변수를 알맞게 입력하여 해당 API를 호출하면 그 결과물이 출력결과에 담겨서 웹 클라이언트에게 되돌아갑니다. 요청변수에 알맞는 결과물과 함께 결과가 잘 이루어졌는지 말해 주는 결과 코드와 결과 메시지를 포함하죠. 예시에서 본다면 거래금액, 건축년도 등 아파트 실거래 세부 정보를 파악할 수 있습니다.

어디서 많이 본 형태 아닌가요? 웹 클라이언트가 웹 서버에게 정보를 달라고 요청하고, 이에 대한 결과물을 받는 것과 비슷한 구조를 가지고 있죠. 원하는 요청변수를 넣어 Open API 호출을 통해(웹 클라이언트가 웹 서버에게) 데이터를 요청하고, 이에 응답하여 결과물을(웹 서버가 웹 클라이언트에게) 보내 주면 결과 화면이 나타나는 거죠. 실제 개발하는 입장에서는 Open API를 사용하면 개발이 편해집니다. 만약 Open API가 없다면 원하는 기능을 갖춘 API를 일일이 개발해야 할 것입니다.

[그림 1-11] 카카오 우편번호 Open API

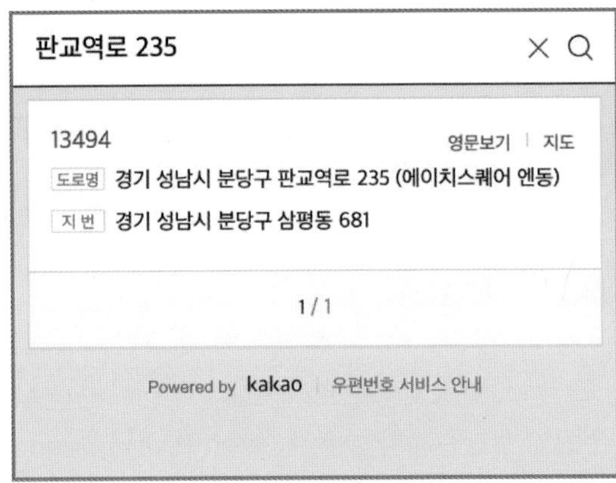

또 다른 예를 들겠습니다. 우리가 회원가입할 때 우편번호를 찾는 경우가 있죠. 어떤 사이트인지 상관없이 회원가입할 때 [그림 1-11] 같은 카카오 우편번호

찾기 화면을 본 적 있으실 거예요. 이제는 왜 사이트가 달라도 똑같은 화면을 볼 수 있는지 아시겠죠? 바로 카카오(다음)에서 우편번호 Open API를 제작하여 무료로 배포했고, 다른 여러 사이트가 해당 Open API를 사용했기 때문이에요. 이처럼 기업 혹은 공공기관에서 직접 Open API를 제작하고 경우에 따라 무료·유료로 배포하기도 합니다. 이 Open API를 바탕으로 또다른 애플리케이션을 개발할 수 있죠.

[그림 1-12] 여러 가지 Open API

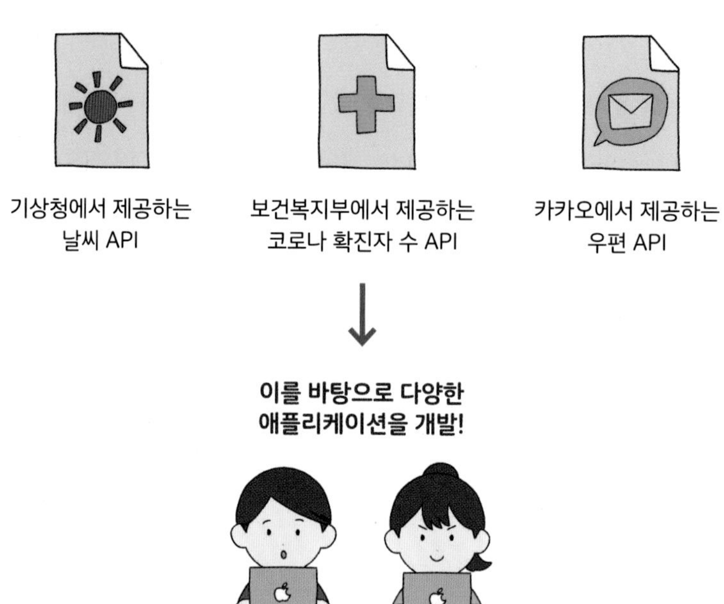

다시 돌아와 API가 정확히 어떤 뜻인지 보겠습니다. Application Programming Interface에서 Interface(인터페이스)라는 말을 살펴볼게요.

[그림 1-13] 사람과 에어컨을 이어주는 리모컨

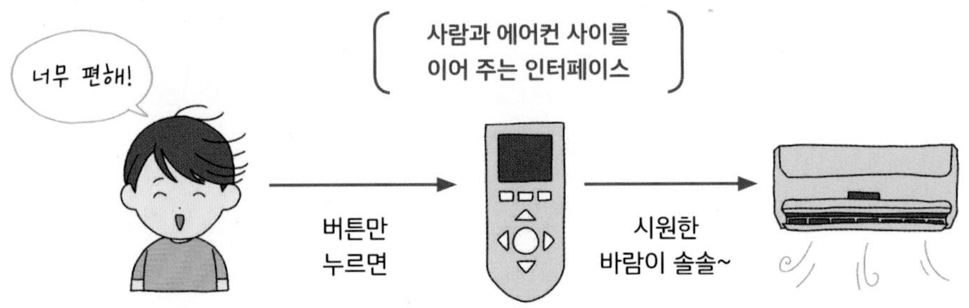

여름철 더울 때 에어컨을 많이 사용하는데요. 에어컨을 켜고 끌 때 사용하는 리모컨도 인터페이스라는 것을 알고 계셨나요? 보통 에어컨 본체에서 직접 끄고 켜기보다 리모컨으로 에어컨의 동작을 제어합니다. 여기서 리모컨은 사람과 에어컨을 이어주는 인터페이스 역할을 톡톡히 하고 있는 것이죠. 그럼 이를 API에 대입하여 생각해 볼게요.

우리는 국토교통부의 Open API를 통해 직접 방방곡곡 전국 투어를 하지 않아도 전국적으로 아파트 매매가 어떻게 이루어지고 있는지 확인할 수 있습니다. 단순히 내가 궁금해 하는 요청변수만 넣어서 보냈을 뿐인데 말이죠. 따라서 리모컨과 API는 매우 비슷한 역할을 수행하고 있다고 볼 수 있습니다. 앞에서 API에 대해 설명할 때 'API는 애플리케이션을 프로그래밍할 때 사용되는 인터페이스'라고 이야기했는데요. 이를 그림으로 나타내면 다음과 같습니다.

[그림 1-14] 사용자와 서버를 이어주는 API

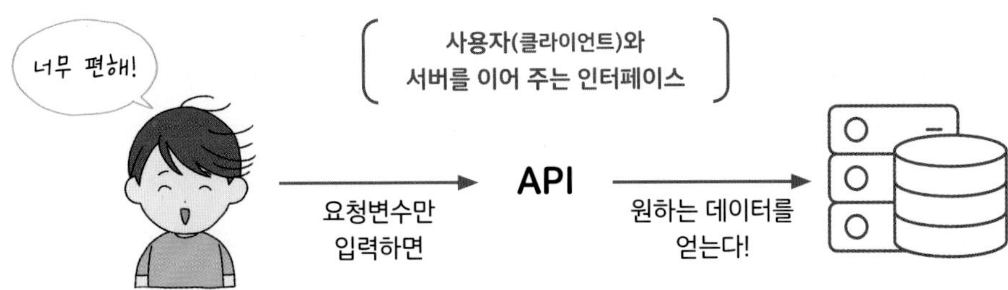

우리가 최종적으로 얻고자 하는 데이터는 이를 보유하고 있는 서버에서 API를 통해 손쉽게 가져올 수 있습니다. 마치 우리가 에어컨에서 시원한 바람을 손쉽게 가져오고자 리모컨을 사용하는 것처럼요. 조금 더 나아가자면 Open API는 누구든지 쓸 수 있게 개방된 API를 말하며, IT 회사에서 자체적으로 만들어 사용하는 API는 대체로 REST API를 토대로 설계된 API를 사용합니다. 벌써부터 REST API까지 알아둘 필요는 없고, API 정도만 무엇인지 알고 넘어가면 됩니다.

IT 회사에서는 개발자들끼리 "고객의 정보를 가져오는 API 하나만 따 주세요. 아니면 API 하나 만들어 주세요." 이런 대화를 많이 합니다. 무슨 뜻일까요? 앞에서 이야기한 것에 대입해서 해석하면 다음과 같습니다.

"고객의 정보를 얻고 싶은데 제가 직접적으로 가져오기는 힘들어요. 데이터베이스에서 고객 정보를 가져오는 로직을 직접 만들어서 API를 통해 손쉽게 결과물을 가져올 수 있게 해 주세요."

조금 이해가 되셨나요? API를 만들어달라는 의미는 바로 이 의미였답니다.

이번에는 웹 개발자의 입장에서 API의 역할을 살펴보겠습니다. 웹 페이지 내에 고객의 주소를 가져오는 기능이 추가되어야 한다고 가정하겠습니다. 예로, '주소 가져오기' 버튼만 누르면 해당 고객의 주소 정보를 가져올 수 있어야 합니다. 이 상황에서 웹 프론트엔드 개발자와 웹 백엔드 개발자가 해야 하는 역할이 무엇일까요?

[그림 1-15] 프론트엔드와 백엔드를 이어주는 API

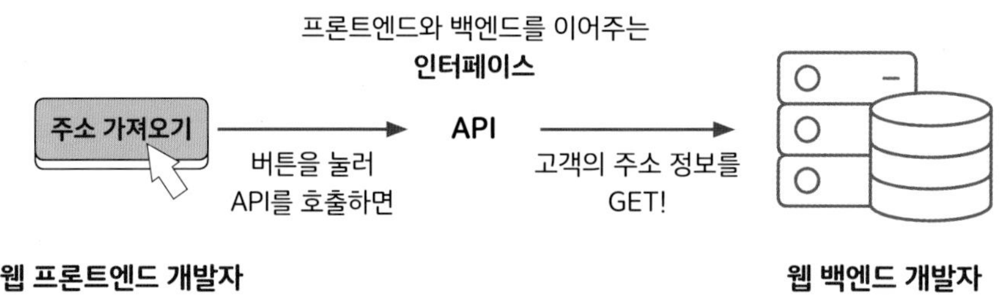

'주소 가져오기' 버튼은 눈에 보이는 영역이므로 웹 프론트엔드 영역이고, 고객 정보 데이터를 다루는 곳은 눈에 보이지 않는 영역이므로 웹 백엔드에서 다루는 기술입니다. 따라서 웹 프론트엔드 개발자는 버튼을 만들고 웹 백엔드 개발자는 해당 고객 정보 중에서 주소 정보를 가져오는 로직을 개발합니다.

웹 프론트엔드 개발자는 버튼을 만들고, 이 버튼이 클릭될 경우에 고객의 주소 정보를 불러올 수 있게 해야 합니다. 하지만 고객의 주소 정보를 가져오는 것은 데이터를 다루는 영역입니다. 이는 보통 백엔드 개발자가 담당하는 분야입니다. 따라서 웹 프론트엔드 개발자가 이에 관여할 필요는 없겠죠. 이럴 때 사용되는 것이 API입니다.

웹 프론트엔드 개발자는 웹 백엔드 개발자가 미리 만들어 둔 '해당 고객의 주소 정보를 가져오는 API'를 가져다가 쓰면 됩니다. 버튼을 클릭할 경우 이 API가 호출하게끔만 하면 되죠. 이렇게 하면 웹 프론트엔드 개발자는 고객의 정보를 직접 가져오지 않고 API를 통해 고객의 주소 정보를 가져오게 할 수 있습니다.

이처럼 웹 프론트엔드와 웹 백엔드 사이에는 API라는 연결고리가 있다고 볼 수 있습니다. API를 만들어 주는 사람은 백엔드 개발자이고 API를 가져다 쓰는 사람은 프론트엔드 개발자 입니다. 이를 다 할 수 있는 개발자를 풀스택**Full Stack** 개발자라고도 부릅니다.

③ 개발자의 절친, 크롬 개발자 도구

1. 크롬 개발자 도구를 쓰는 이유

개발자가 가장 많이 이용하는 브라우저는 구글 크롬 브라우저입니다. 다양한 이유가 있지만, 대표적으로 '크롬 개발자 도구'를 사용할 수 있기 때문입니다. 크롬 개발자 도구는 가히 혁신적이라고 할 수 있습니다. 특히 웹 개발 분야와 웹 디자인 분야에서 많이 사용하기 때문에 웹 개발자, 웹 디자이너, 웹 퍼블리셔 직업군이 많이 이용합니다. 개발자 도구를 사용하는 이유를 한 마디로 표현하자면 다음과 같습니다.

"컴퓨터와 소통하고 싶어. 이 화면 디자인은 이렇게 고쳐 보는 건 어떨까? 그리고 또 저 부분이 마음에 안 드는데. 어디에서 오류가 나는 건지 확인해서 고치고 싶어."

크롬 개발자 도구는 개발하고 있는 웹과 소통하는 장소라고 할 수 있습니다. 잘 쓰면 작업 시간도 줄어들고, 효율도 높일 수 있죠. 실제로 어떤 역할을 하는지 체험해 봅시다. 지금 바로 컴퓨터를 켜 보세요. 그리고 크롬 브라우저를 열고 네이버에 접속해 보세요. 보지 못했던 세상이 펼쳐집니다.

2. 웹 페이지의 요소를 볼 수 있는 Elements 탭

웹 페이지 요소들을 볼 수도, 원하는 대로 변경할 수도 있는 Elements 탭을 사용하여 네이버의 화면을 바꿔 보겠습니다. 이를 통해 앞으로 배우게 될 HTML 문서와 HTML 태그를 직접 체험하는 동시에 크롬 개발자 도구를 익혀 보겠습니다.

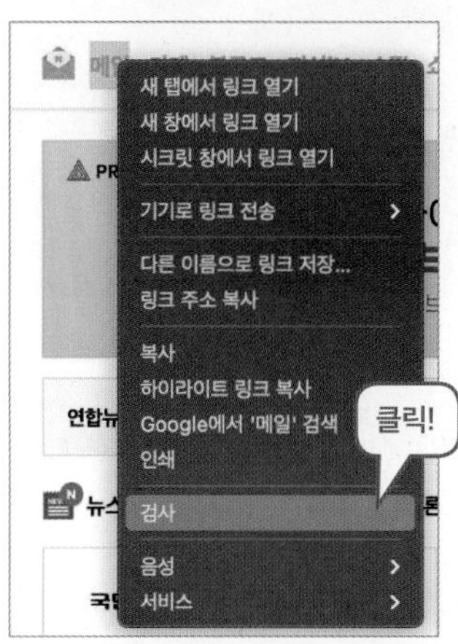

먼저 '메일' 버튼에 마우스를 놓고 오른쪽 클릭을 해 보세요. 그리고 '검사'를 눌러 보세요. 짠! 오른쪽에 개발자 도구가 뜨게 됩니다. 갑자기 숨은 무언가가 드러나는 것 같네요(해당 네이버 UI는 2024년 기준으로 변경되었으며, 크롬 개발자 도구를 어떤 식으로 사용하는지 확인하고자 참고로 봐주세요. 114쪽처럼 직접 따라하며 익히는 '실전과제'는 변경된 UI로 수록되어 있습니다.).

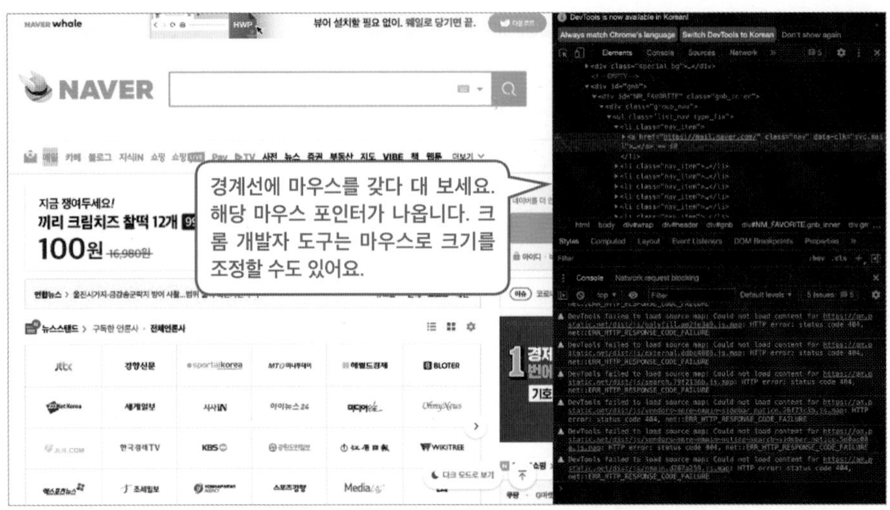

화면이 두 개로 분할되고 오른쪽에 크롬 개발자 도구가 보이고 있네요. 이 공간은 더 늘릴 수도, 줄일 수도 있습니다. 경계선에 마우스를 가져가 보면, ↔ 모양으로 바뀌게 됩니다. 공간을 늘려 보겠습니다.

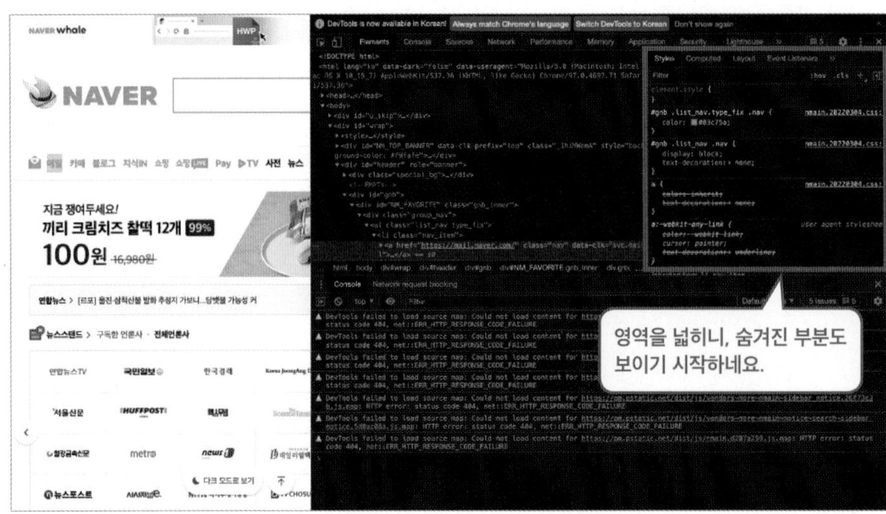

영역을 넓히니, 숨겨진 부분도 보이기 시작하네요.

공간을 넓히니 여러 탭이 눈앞에 보입니다. 이처럼 공간이 넓을 때와 좁을 때 보이는 기능이 다르죠. 즉, 우리가 사용할 수 있는 기능들의 개수가 달라지는 것을 알 수 있습니다.

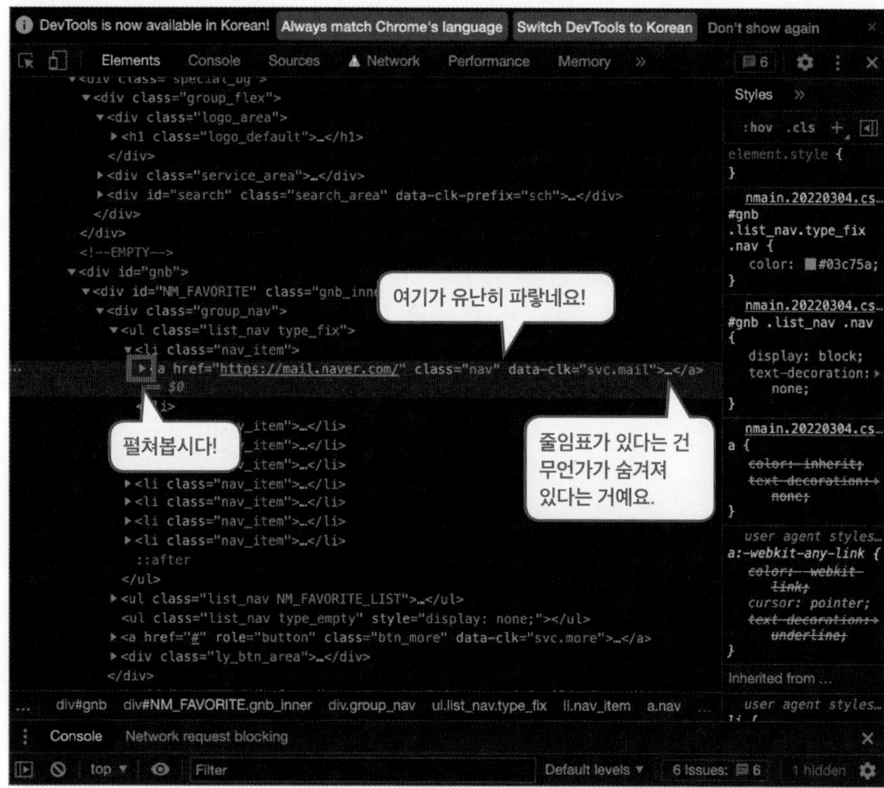

다시 돌아와 크롬 개발자 도구 화면을 살펴보겠습니다. 자동으로 Elements 탭 화면이 보이며, 유난히 파란 부분으로 되어 있는 곳이 있을 것입니다. 이 부분이 조금 전 우리가 검사 버튼을 누른 '메일' 부분입니다. 자세히 살펴보니 우리가 선택한 메일 부분의 태그는 이렇게 생겼네요(태그는 나중에 배우게 되니 걱정 말고 따라오세요).

```
<a href=https://mail.naver.com/" class="nav" data-clk="svc.mail"> …
</a>
```

여기 줄임표 …가 있네요. 줄임표는 이 태그 안에 무언가가 숨겨져 있다는 뜻입니다. 왼쪽의 ▶ 표시를 눌러서 펼쳐 봅시다.

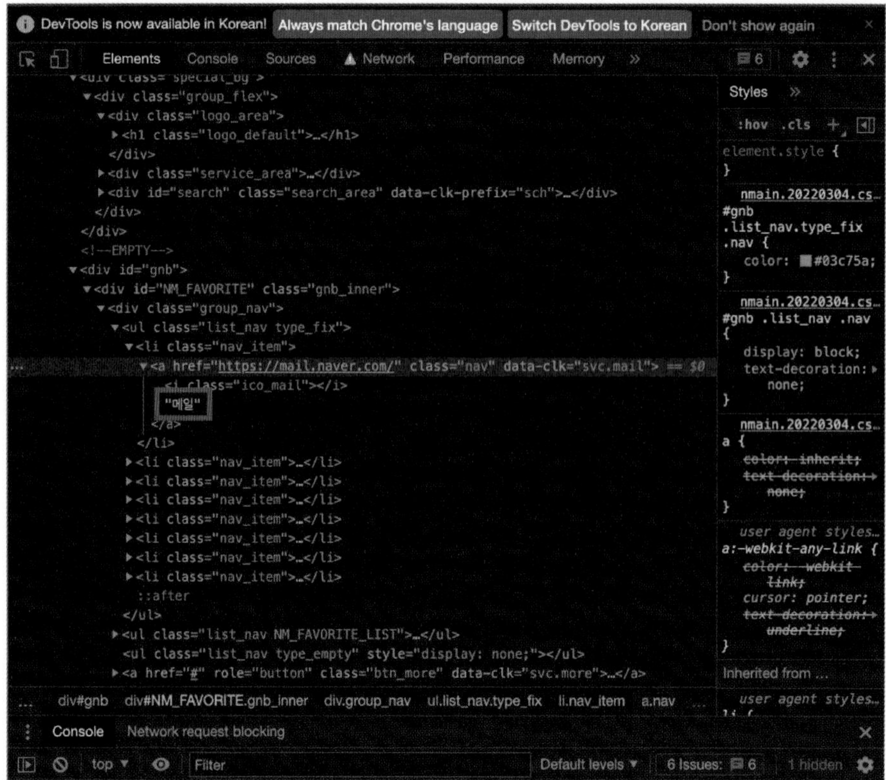

보이지 않던 "메일"이 등장했습니다. 우리가 "메일" 버튼의 오른쪽 클릭해서 검사했기 때문에 해당 부분을 보여 준 것입니다. 그리고 아까는 보이지 않던 태그들도 보이네요.

```
<a href=https://mail.naver.com/" class="nav" data-clk="svc.mail">
    <i class="ico_mail"></i>
    "메일"
</a>
```

붉은색 영역처럼 〈a〉 태그 내부에 있는 아이들은 〈a〉 태그의 자식children이라고 표현하기도 하는데, 2강에서 설명할 예정입니다. 그럼 한 단계 더 재미있는 실험을 해 봅시다.

"메일" 부분을 더블 클릭하면 텍스트가 선택됩니다.

```
▼<a href="https://mail.naver.com/" class="nav" data-clk="svc.mail">
    <i class="ico_mail"></i>
    "메일" == $0
  </a>
```

이 텍스트 부분을 지우고, "안녕하세요"라는 글자를 입력합시다.

```
▼<a href="https://mail.naver.com/" class="nav" data-clk="svc.mail">
    <i class="ico_mail"></i>
    "안녕하세요" == $0
  </a>
```

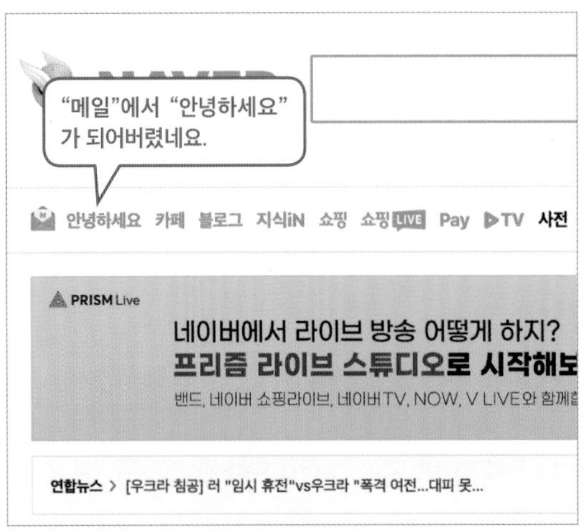

이후 네이버 웹사이트 화면으로 돌아가 보겠습니다. '메일'이라는 글자가 '안녕하세요'로 바뀌었네요. 간단한 작업이지만 네이버의 HTML 문서를 조작한 것입니다. 평소에 보지 못했던 화면을 보는 것과 동시에 네이버의 화면까지 조작하다니, 참 신기하죠? 예제에서 보았던 HTML에 대해서는 2강에서 자세히 다루겠습니다.

3. 컴퓨터와 소통하는 Console 탭

21쪽의 console.log(결과의 값을 담는 바구니);를 설명하면서 컴퓨터가 결괏값을 알려주는 예제, 기억하시나요? 콘솔이라는 것은 컴퓨터와 내가 이야기를 나눌 수 있는 소중한 공간입니다. 콘솔이 없다면 에러가 발생해도 어디서 에러가 나왔는지 확인할 수 없기에 개발을 할 때 무척 힘들 거예요. 개발 툴인 VS Code나 이클립스로 개발할 때 보통 크롬 브라우저를 기본으로 개발하게 되는데요, 개발자는 무조건 이 콘솔창을 켜 놓고 개발한다고 보면 됩니다. 개발을 하던 중에 어딘가 막히기 시작했고 이 데이터가 과연 원하는 데이터가 맞는지 갸우뚱하기 시작하면 저는 일단 무작정 콘솔부터 확인해 봅니다. 바로 이런 식으로 말이죠.

```
componentDidMount() {
    console.log("확인해보기) this.state.item :", this.state.items)
}
```

Item이 잘 넘어왔는지 궁금해.
items들을 보여 줘!

개발을 하던 도중에 원하는 데이터가 온전하게 잘 들어가 있는지 확인하고 싶을 때 콘솔을 소환합니다. 즉, 콘솔에 로그를 남기는 작업을 통해 확인할 수 있죠. 참고로 위의 화면은 VS Code 코딩 프로그램으로 작성한 자바스크립트 코드입니다.

```
확인해보기) this.state.item :                          ExampleBasic.jsx:115
▼(3) [{…}, {…}, {…}] i
  ▶0: {key: 0, labelText: '2020 사업 계획서 레퍼런스.ppt', value: 0}
  ▶1: {key: 1, labelText: '2021 투자 건의건 레퍼런스.ppt', value: 0}
  ▶2: {key: 2, labelText: '2022 매출 목표 레퍼런스.ppt', value: 0}
   length: 3
  ▶[[Prototype]]: Array(0)
```

응, 총 3개의 데이터가 담긴 배열이 잘 넘어왔어!

↑크롬 개발자 도구 콘솔창에서 확인하려는 데이터를 볼 수 있습니다.

콘솔은 개발을 하면서 컴퓨터와 대화하는 장소라고 생각하면 됩니다. 콘솔에서 단순히 정보를 보는 것 말고도 다양한 작업을 해 볼 수 있습니다. 컴퓨터에게 계산을 요청한다든지, 웹사이트에 경고창을 띄운다든지 등 여러 가지 기능이 있습니다.

- **콘솔에서 할 수 있는 다양한 활동**

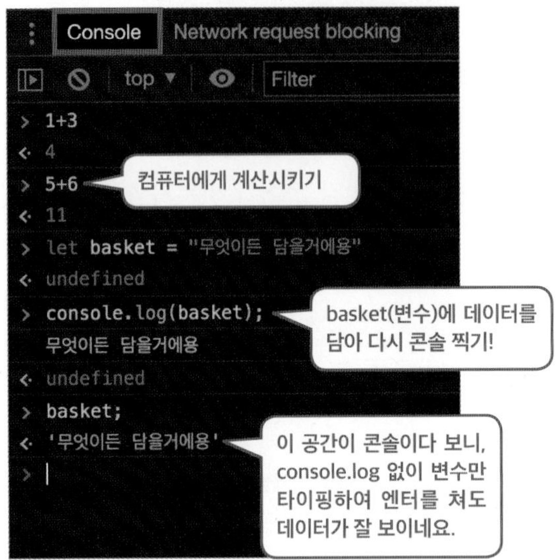

↑콘솔에서 해보는 여러 작업들

추가로 콘솔창에 다음과 같이 입력해 보세요. 그러면 경고창을 보이게 할 수 있습니다.

4. 그 밖의 기능들

크롬 개발자 도구의 기타 기능들을 알아보려고 합니다. 이 내용들이 어렵다면 살포시 넘어가도 됩니다. 간략히 설명하겠습니다.

• 모바일 및 태블릿 화면으로 보기

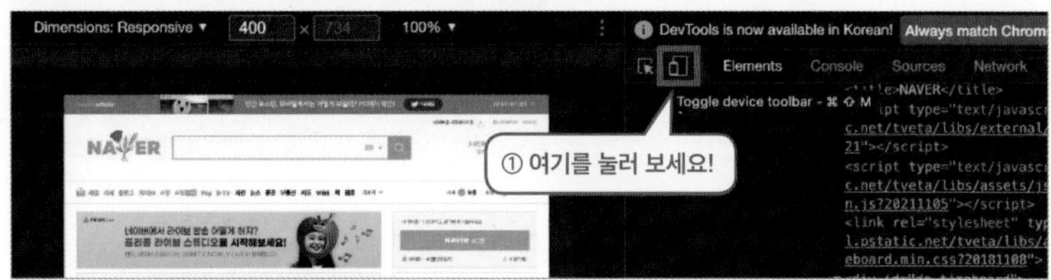

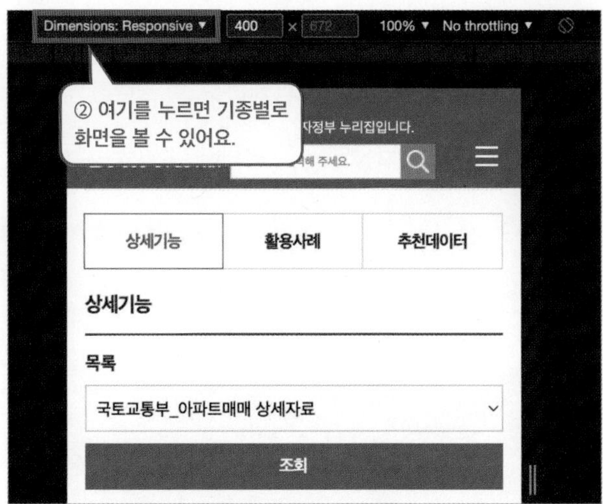

• 화면을 훑어보기 좋은 관찰 모드

기존에는 검사하고자 하는 요소에 마우스 오른쪽 버튼을 클릭해서 요소 검사를 했는데, 이 버튼을 누르고 화면을 마우스로 휘적거려 보세요. 화면 요소들을 훑어보기 좋아집니다.

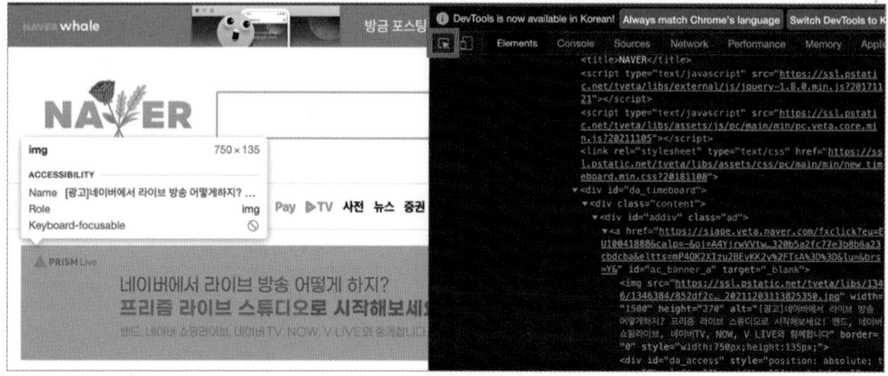

- **Network 탭**

Network 탭에서는 웹 페이지에 포함된 모든 자원들resources이 로딩되는 시간, 자원 파일 크기, 상태 코드, 자원 타입, 파일명 등의 정보를 확인할 수 있습니다. 앞에서 클라이언트와 서버는 요청하고 응답하는 관계라고 말씀드렸는데요. 클라이언트의 요청에 서버가 응답할 때, 잘 응답했는지를 나타내는 일종의 코드로 확인할 수 있습니다.

[그림 1-16] Network 탭

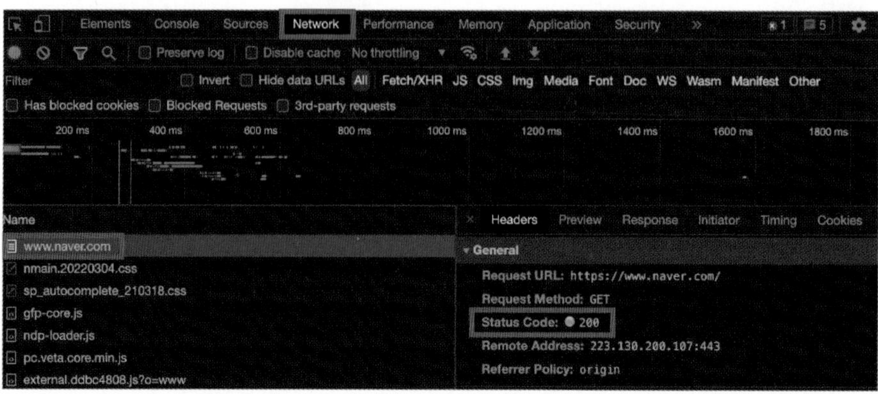

상태 코드Status Code가 200이면 성공적으로 HTTP 응답과 요청이 잘 이루어졌다는 뜻입니다. 상태 코드가 200이기 때문에 네이버가 우리에게 보여지는 것입니다. 상태 코드는 100에서 599까지 존재하는데요, 외우기보다는 오류가 발생했을 때 이 오류가 어떻게 난 것인지 파악할 수 있으면 됩니다. 상태 코드는 인터넷에서 검색하여 확인할 수 있습니다. 간단하게 다음과 같이 나눌 수 있습니다. 만약 400번대의 응답 코드를 보인다면 클라이언트에서 서버로 요청할 때 무언가 잘못되어 '클라이언트 오류 응답'을 보이는 것입니다.

① 정보 응답(100~199)

② 성공적인 응답(200~299)

③ 리디렉션 메시지(300~399)

④ 클라이언트 오류 응답(400~499)

⑤ 서버 오류 응답(500~599)

- **Sources 탭**

웹 페이지에 포함된 모든 자원들을 왼쪽 탭에서 찾아 열어 볼 수 있습니다. CSS, 자바스크립트 파일, 동영상, 이미지 등을 살펴볼 수 있습니다.

[그림 1-16] Sources 탭

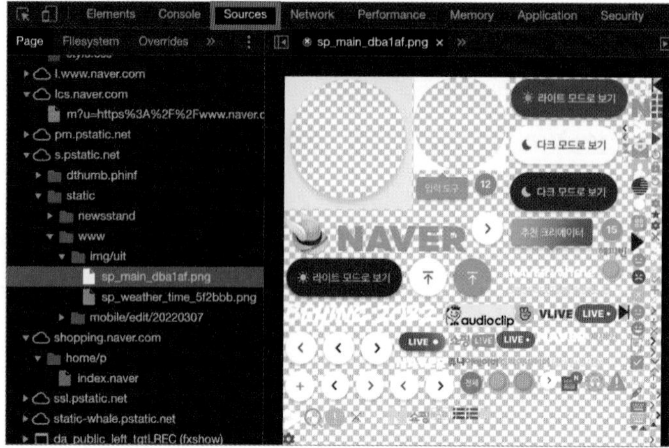

- **Application 탭**

실행 중인 코드의 프로세스, 스토리지(로컬, 세션), 쿠키, 캐시 정보를 표시합니다.

[그림 1-17] Application 탭

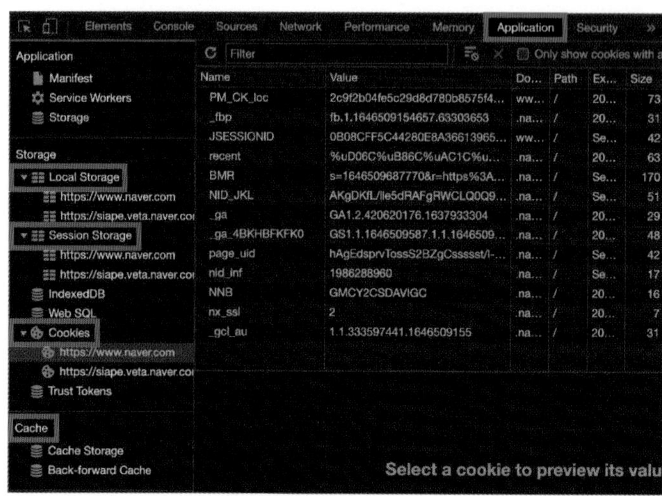

그 밖에도 메모리 사용량을 모니터링하는 Memory 탭, 페이지 로딩 성능을 측정하는 Performance 탭 등이 있습니다.

쉬는 시간

1강 핵심 키워드

① **프로그래밍**

#속도 #편리성 #효율성 #가독성 #안전성 #반복 #함수 #데이터 가공

② **객체지향 프로그래밍**

#객체에게 #역할을 부여하고 #협력화

③ **객체**

#속성attribute #메서드method

④ **서버와 클라이언트**

#데이터를 달라고 요청하는 클라이언트 #데이터를 보내주는 서버

⑤ **GET과 POST**

#웹 클라이언트가 #웹 서버에게 요청할 때 #정보를 담는 방식

#GET은 #URL에 담아 요청 #헤더

#POST는 #바디에 담아 요청 #헤더 #바디

⑥ **API**

#요청변수를 보내어 #원하는 결과물을 얻을 수 있는 #편리한 인터페이스

1강 스낵 정보

① **코드를 작성하는 방법**

다음 강부터는 코드를 본격적으로 작성해 볼 것입니다. 이와 관련하여 코드를 작성할 때 간단하게 알아 두면 좋은 팁들을 소개하겠습니다.

- **들여쓰기**: 다들 들여쓰기는 아실 거예요. 윈도우 기준으로 대문자 · 소문자 버튼 바로 위, 맥 기준

으로 한영 전환 버튼 바로 위에 있는 'Tab' 입니다. 코드를 짤 때 들여쓰기는 매우 중요합니다.

[그림 1-18] 들여쓰기

```
function add(n1, n2) {
    return n1+n2;
}
```

- **내어쓰기**: 'Shift+들여쓰기(Shift+Tab)'를 함께 눌러 주면 내어쓰기가 가능합니다.
- **코드의 끝은 세미콜론**: 코드의 마지막 부분에는 세미콜론(;)을 넣어 코드를 마무리해야 합니다. 언어마다 조금씩 다르기는 하지만 대부분은 코드의 끝에 세미콜론을 써 줍니다. 파이썬은 세미콜론을 쓰지 않는다는 특징이 있어요.
- **코드 찾기**: 가끔 내가 작성한 코드가 너무 길어져서 어떤 한 단어를 찾고 싶은데 보이지가 않을 때가 있어요. 그럴 때는 'Ctrl+f'를 누른 뒤에 자신이 원하는 코드를 작성하면 됩니다.
- **주석 전환**: 주석은 코딩에서 정말 중요합니다. 코드는 영어로 이루어져 있기 때문에, 코드가 길어지면 읽는 사람 입장에서 파악하기 힘들 때가 있죠. 이를 방지하기 위해 주석을 달아 주거나 프로그래밍을 하는 중에 자기가 짠 코드를 이해하기 힘들 때 달기도 합니다. 주석은 코드로 실행이 되지 않고, 한 줄 주석과 여러 줄 주석으로 나뉩니다. 자바와 자바스크립트 기준으로 설명하겠습니다.

[그림 1-19] 한 줄 주석

```
// 주석을 달아봅니다!
function add(n1, n2) {
    return n1+n2;
}
```

한 줄 주석을 다는 방법은 처음부터 //로 시작하여 작성하는 방법이 있고, 기존에 작성했던 코드를 주석으로 변경하기 위해서는 주석으로 변환하고 싶은 코드에 'Ctrl+/'를 누르면 코드가 주석으로 변환이 됩니다.

여러 줄 주석을 다는 방법은 처음에 /* 로 시작하여 주석을 마무리하고 싶은 부분에 */를 달아 줍니다. 혹은 기존에 작성했던 코드 중에서 주석으로 변환하고 싶은 부분을 블록 처리해 주고 그 상태에서 'Ctrl+/'을 누르면 여러 줄 주석이 자동으로 됩니다. 주석을 다는 단축키는 전부 'Ctrl+/' 로 동일합니다. 코드를 주석으로 전환하거나 주석을 코드로 전환할 때 모두 같은 단축키를 사용합니다.

[그림 1-20] 여러 줄 주석 블록

```
function add(n1, n2) {
  return n1+n2;
}
```

↑주석으로 전환할 코드를 블록 처리합니다.

[그림 1-21] 여러 줄 주석 변환

```
/* function add(n1, n2) {
  return n1+n2;
} */
```

↑그 상태에서, Ctrl+/를 누르면 코드가 바뀝니다. 여러 줄 주석으로 변했죠.

[그림 1-22] HTML 주석

```
<!-- <button>
  주석으로 전환해볼까요?
</button> -->
```

↑HTML 문서에서는 조금 특이하게 ⟨!-- 주석 내용 --⟩으로 주석을 작성합니다.

② 벌레를 잡기 위해 쉬는 포인트, 디버깅과 브레이크포인트

코드는 흐름이라는 것이 존재합니다. 위에서 아래로, 코드를 짠 순서대로 진행이 되지만 함수를 여러 가지를 호출하거나 코드가 길어질 경우에는 코드의 흐름을 정확하게 파악하기 힘들 수도 있어요. 만약 코딩을 하다가 에러가 발생했을 때 코드의 흐름을 살펴보면 도움이 될 수 있습니다.

코딩을 하는 도중 버그가 났을 경우 이에 대한 원인을 파악하고 해결해 가는 것을 디버깅Debugging이라고 합니다. 버그Bug는 대부분 아실 거예요. 컴퓨터에서 프로그래밍 오류가 있을 때 발생합니다. 버그를 찾아 오류를 고치는 것이 디버깅이며, 디버깅을 하는 과정에서 브레이크포인트는 유용하게 쓰일 수 있습니다.

[그림 1-23] 디버깅 과정

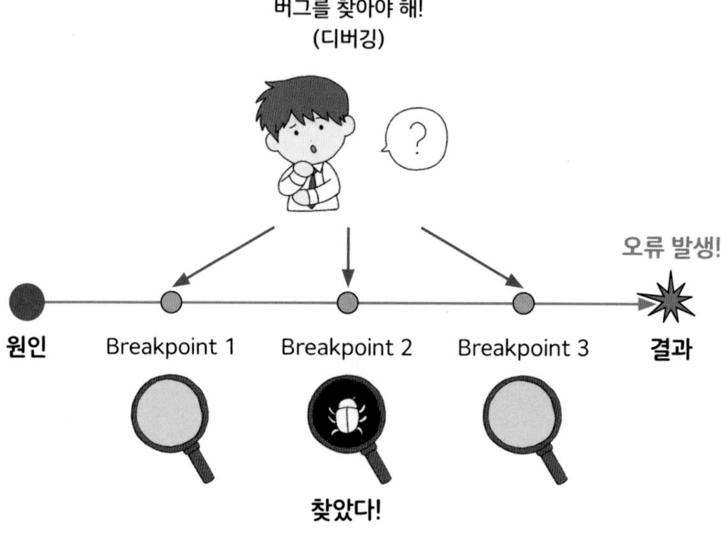

브레이크포인트Breakpoint는 코드의 흐름을 알기 위해 중단점을 넣어 주는 것이에요. 하나의 사건이 일어났을 때 의심이 가는 곳을 찍어 보고, 해당 부분에서 잠시 멈춘 뒤에 그에 맞는 값을 본다고 생각하시면 됩니다. 코드를 전부 다 훑어보기에는 너무 방대할 수도 있어서 보통은 의심이 가는 부분에 브레이크포인트를 걸어 주고 디버깅을 합니다. 또한 꼭 디버깅이 아니더라도, 코드의 흐름이 궁금할 때 브레이크포인트를 걸어 확인하는 경우가 많습니다.

이 책에서는 디버깅을 다룬 예제는 없지만, 중요한 개념이므로 짚고 넘어가길 바랍니다.

1강 참고 웹사이트

1. 인프런: 무료 강의와 질 좋은 강의도 많은 사이트입니다. 저 또한 구입해서 들은 강의가 있으며 개발 강의는 인프런이 가장 많습니다. 원하는 프로그래밍 언어, 난이도에 맞게 강좌를 구매할 수 있으며 가격도 저렴한 편입니다.

인프런 QR

2. 패스트캠퍼스: 강좌를 패키지 단위로 많이 판매하기 때문에 관심 분야에 대해 한 번에 배우기 쉽습니다. 예를 들어, 프론트엔드 패키지라고 하면 css, 리액트, 자바스크립트, 타입스크립트 등을 함께 묶어 패키지로 판매합니다. 기초를 모르는 분들에게 입문용으로 추천하며 가격은 패키지 단위로 파는 것치고는 비싸지 않은 편입니다.

패스트캠퍼스 QR

3. 생활코딩: 무료 코딩 사이트로 가장 유명합니다. 다소 어렵게 설명돼 있는 것도 있고 오래된 지식들도 있으나 참고용으로 살펴보기 좋습니다.

생활코딩 QR

4. 노마드코더: 클론 코딩을 통해 배운다는 콘셉트를 가진 웹사이트입니다. 이를테면 트위터, 유튜브와 같이 유명한 사이트를 따라 해서 만드는 것입니다. 어느 정도 기초 문법을 아는 분들에게 추천합니다. 무료 강의도 제공하고 있습니다.

노마드코더 QR

5. 위키독스: 개발과 관련한 무료 전자책들이 모여 있는 공간입니다.

위키독스 QR

6. 위캔코딩 카페: 파이썬으로 네이버 뉴스 API를 직접 사용하여 원하는 키워드에 맞는 뉴스를 볼 수 있는 예제를 볼 수 있습니다.

위캔코딩 카페 QR

7. 유데미: 해외 개발자들의 강의를 들을 수 있는 대표적인 인터넷 강의 웹사이트입니다. 유명한 강의나 많은 사람들이 듣는 강의는 한국어 자막을 제공하기도 합니다. 강의 품질이 좋고 종류도 다양하며 가격도 저렴한 편입니다.

유데미 QR

2강

단번에 배우는 프론트엔드

1 웹을 이루는 기본 뼈대, HTML

1. HTML과 마크업

HTML 문서는 HTML 태그로 작성된 문서입니다. HTML은 웹의 기초, '뼈대'라고도 합니다. 우리가 HTML 문서를 통해 웹 화면을 보고 있다고 해도 과언이 아니죠. 확장자로는 .jpg, .pdf처럼 .html을 사용하고 있어요. HTML는 Hyper Text Markup Language의 약어입니다. 먼저 Hyper Text(하이퍼 텍스트)는 사용자가 하나의 문서에서 다른 문서로 자유롭게 찾아갈 수 있다는 의미죠. 'Hyper'가 '초월하다'라는 의미를 갖고 있으니까요. 문서 사이를 제약 없이 돌아다니는 모양을 생각하면 되겠네요.

Markup Language(마크업 언어)는 자세히 살펴볼 필요가 있습니다. 마크업이라는 것은 우리가 실생활에서도 사용하고 있어요. 예시를 들어보겠습니다.

예시 1

이 부분은 중요하네? **굵은 글씨로 쓰고 밑줄 치고 별표 찍어야겠다!**

예시 2

목차

1. 진짜 쉽게 설명하는 코딩

1) 프로그래밍에 대해 알아보자

2) 개발할 때 필요한 최소한의 지식

(1) 웹 프론트엔드

(2) 웹 백엔드

3) .. 이하 생략

눈치채셨나요? 예시 1은 중요한 부분을 밑줄 치고 별이라는 마크를 남겼어요. 예시 2는 목차가 잘 보일 수 있도록 숫자라는 마크를 넣고, 공백(들여쓰기)을 통해 뭐가 어디에 속해 있는지 쉽게 계층 구조를 확인할 수 있도록 했습니다. 만약 이 마크들이 없다면 사용자는 읽기가 불편하겠죠. 이렇게 보기 쉽게끔 마크를 남겨 두는 작업을 마크업이라고 생각해 주세요.

예시 2의 작업에서는 워드파일로 작업했는데요, 이번에는 컴퓨터가 알아들을 수 있도록 실제 HTML 방식으로 나타내겠습니다. 토끼와 여우 예제로 왜 HTML이 마크업 언어인지, 그리고 HTML 태그는 무엇인지 설명할게요.

[그림 2-1] 박스 안의 토끼와 여우

회색 박스에는 귀여운 토끼와 여우가 한 마리씩 들어가 있습니다. 이 상황을 단순히 한글로 된 텍스트로만 표현해 봅시다.

회색 박스

토끼

여우

음, 이걸 어떻게 해야 잘 표현할 수 있을까요? 일단 박스 안에 토끼와 여우가 있다는 상황을 표현해 보고 싶어요. 들여쓰기를 하겠습니다.

회색 박스

    토끼

    여우

들여쓰기를 하니 박스 안에 있는 느낌이 들긴 하는데, 그래도 한눈에 와닿지 않네요. 그럼 맨 아랫부분을 회색 박스로 다시 막아 놓으면 어떤가요? 아까보다는 회색 박스 안에 토끼와 여우가 있는 것처럼 보입니다.

회색 박스

    토끼

    여우

회색 박스

이 텍스트를 더 보기 좋게 〈 〉〈/〉 부호를 사용해서 시작과 끝을 알려주도록 해 보겠습니다.

<회색 박스>

토끼

여우

</회색 박스>

회색 박스 안에 토끼와 여우가 있는 상황을 오로지 텍스트로만 이를 구현했어요. 어, 근데 이 모양 어디서 본 것 같지 않아요? 바로 HTML에서 사용하는 모양이네요. HTML은 이처럼 마크업 언어이기 때문에 요소Element의 계층 관계를 파악하기 쉽습니다. 나름 컴퓨터가 텍스트만으로도 요소들을 보기 좋게 표현하려고 노력한다고 보면 됩니다. 그럼 박스 말고 토끼와 여우도 HTML식으로 바꿔 보겠습니다.

<회색 박스>

<토끼></토끼>

<여우></여우>

</회색 박스>

토끼랑 여우는 박스처럼 안에 무엇을 갖고 있는 게 아니라 독립적인 개체들인데, 굳이 〈토끼〉〈/토끼〉처럼 두 개의 형태로 표시할 필요가 없을 것 같아요. 이렇게 요소 밑에 또 다른 요소가 있는 게 아니라면 〈토끼/〉처럼 생략이 가능합니다. 요소에 포함된 또 다른 요소를 자식Children이라고 부르는데요, 회색 박스 밑에 있는 요소인 토끼와 여우는 회색 박스의 자식이 되는 것입니다. 그리고 토끼와 여우의 관계는 서로 동등한 위치에 있기에 형제Sibling라고 부릅니다.

[그림 2-2] 토끼와 여우를 HTML 태그로 작성하기

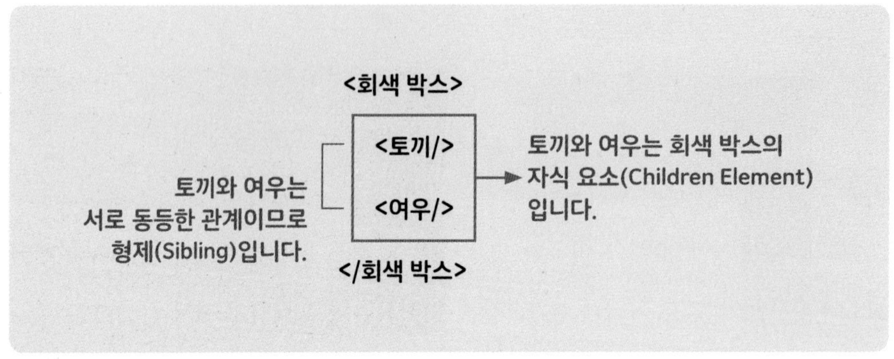

이처럼 태그는 단독으로 존재하기보다는 다른 태그들과 함께 유기적으로 얽혀 있습니다. 태그끼리는 자식, 형제, 부모가 될 수 있는 것이죠. HTML은 태그들의 구조와 관계를 쉽고 명확하게 파악할 수 있다는 점에서 마크업 언어라고 할 수 있습니다.

그럼 토끼와 여우 예제를 기억하면서, 네이버 웹사이트에 있는 버튼 바가 어떻게 구성되어 있는지 확인해보겠습니다. 화면부터 먼저 보겠습니다.

[그림 2-3] 메일 버튼 li 태그

[그림 2-4] 카페 버튼 li 태그

[그림 2-5] 버튼들을 감싸 주는 ul 태그

ul.list_nav.type_fix 380.31 × 30

메일 카페 블로그 지식iN 쇼핑 쇼핑LIVE Pay ▶TV

[그림 2-6] ul 태그로 감싸진 태그

```
▼<ul class="list_nav type_fix"> == $0
  ▶<li class="nav_item">…</li>
  ▶<li class="nav_item">…</li>
  ▶<li class="nav_item">…</li>
  ▶<li class="nav_item">…</li>
  ▶<li class="nav_item">…</li>
  ▶<li class="nav_item">…</li>
  ▶<li class="nav_item">…</li>
  ▶<li class="nav_item">…</li>
   ::after
  </ul>
```

↑ul 태그 밑에 li 태그들이 감싸져 있어요.

li 태그인 메일 버튼과 카페 버튼은 각자 독립적으로 존재하는 것처럼 보이지만, 알고 보면 가장 상단에 ul 태그로 묶여 있음을 알 수 있습니다. 여기서 ul은 '회색 박스'의 역할을 하는 거죠. 그리고 ul 태그 밑에 들여쓰기된 li 태그들은 전부 ul 태그의 자식임을 알 수 있습니다. 마크업 언어이기 때문에 태그들의 계층 관계를 한눈에 보여 주는 것입니다. ul 태그처럼 같은 맥락의 많은 태그들이 있을 때 이를 감싸 주는 태그를 래퍼wrapper 태그라고 부릅니다. wrap은 '감싸다'라는 의미를 가진 동사죠. 래퍼 태그로 감싸는 이유는 나중에 CSSCascading Style Sheets로 내용물들을 꾸미거나 이 태그가 어떻게 구성되어 있는지 쉽게 파악하기 위함이에요. 이리저리 흩어져 있는 장난감들을 큰 장난감 박스에 담아 준다고 여기면 됩니다.

2. 블록 태그와 인라인 태그

앞서 HTML 문서는 HTML 태그로 만들어진 문서라고 이야기했는데요. 이제부터 웹 IDE로 직접 HTML 태그를 작성해 보겠습니다. 웹 IDE는 개발 환경을 설치하지 않고도 코딩을 해 볼 수 있는 웹사이트예요.

단순히 눈으로 보는 것보다 웹 IDE를 켜 놓은 상태에서 함께 책을 읽으며 코드를 직접 작성하면 더욱 빨리 익힐 수 있습니다. 그럼 코드를 작성해 볼까요? 우리는 HTML 문서를 작성할 거니까, jsfiddle의 HTML 공간에서 코딩을 하면 됩니다.

'정부24' 웹사이트로 이동할 수 있게 해볼 거예요. 일단 HTML 공간에 가서 태그를 작성하겠습니다.

실행코드 HTML jsfiddle

```
<a href="https://www.gov.kr/portal/main">정부24</a>
```

↑ HTML 공간에 a 태그를 작성한 후 저장 버튼(Ctrl+s)을 눌러보세요. '정부24' 웹사이트입니다.

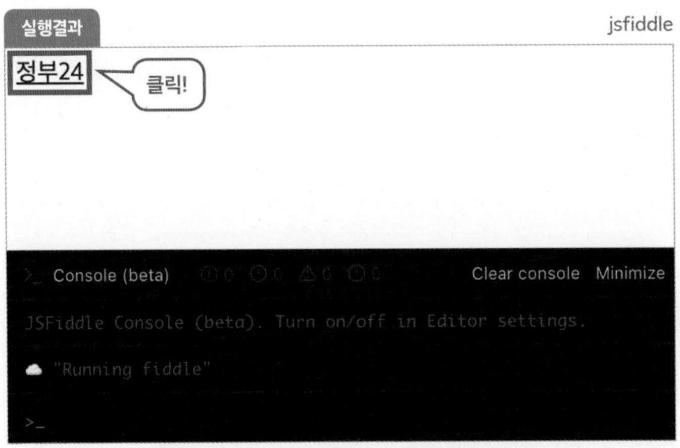

↑ 이런 결과가 뜨는데요, 여기서 '정부24' 글자를 클릭해 보세요.

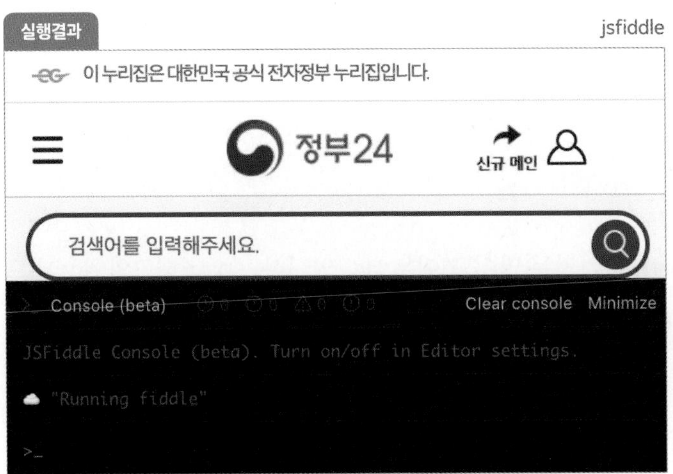

↑ 해당 웹사이트로 이동되네요.

a 태그는 하이퍼링크Hyper Link를 걸 수 있는 태그입니다. 하이퍼링크는 주소와 주소 사이를 쉽게 이동할 수 있도록 되어 있는 것을 말합니다. 위에서 보듯 정부24 글자를 클릭하기만 해도 자동으로 사이트로 진입하게 된 것처럼요. 다른 사이트에도 적용이 가능합니다. 다만 보안 관련 문제로 인해 웹사이트 자체적으로 접

근을 막아 놓은 경우에는 접근하지 못하는데, 네이버와 구글이 그 예입니다. 태그는 a 태그 말고도 많은 종류가 있어요. 이에 대해서도 살펴볼까 합니다. 대표적으로 span, div, button 태그를 입력해 보겠습니다.

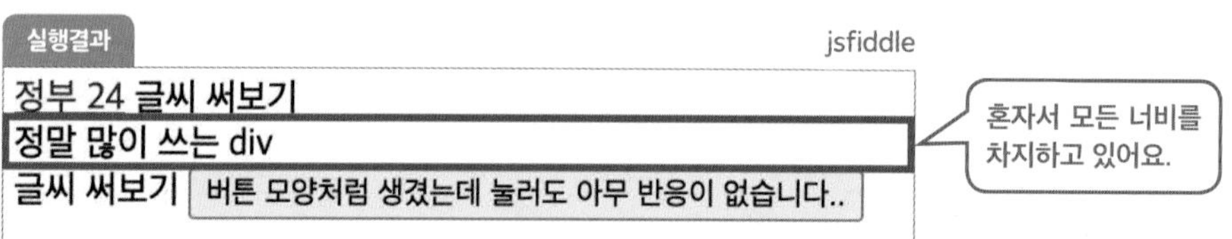

span, div, button 세 가지는 많이 쓰이는 태그입니다. span 태그와 div 태그는 a 태그처럼 특별한 속성을 가지고 있지는 않아서, 단순히 내용물을 담아 주는 요소element의 역할을 수행합니다. button은 버튼 모양처럼 텍스트가 생성되며, 그 위에 마우스를 올려 놓으면 마우스 포인터가 클릭할 수 있게끔 변경됩니다. 여기서 '정말 많이 쓰는 div' 부분을 보겠습니다. 조금 이상하지 않나요? 똑같이 작성했는데도 div 태그는 혼자서 한 줄의 모든 자리를 다 차지하고 있네요. 이해하기 쉽도록 파란색 박스로 표시해 놓았습니다. a, span, button 태그는 서로 자리를 사이 좋게 나눠 가지는데, div 태그 혼자 하나의 줄을 다 차지하고 있습니다.

div 태그처럼 욕심이 많아서 너비 100%를 다 차지하는 태그를 블록block 태그라고 합니다. 화면 구조를 나누기 위한 컨테이너 역할을 톡톡히 소화해내죠. wrapper 태그로도 많이 쓰입니다.

이와는 반대로 span 태그처럼 내용물의 너비가 곧 태그의 너비가 되는 태그는 인라인inline 태그라고 합니다. 일반적인 문자와 같이 굳이 너비를 다 차지하지 않아도 되는 내용물들에 많이 사용됩니다. 모든 태그는 블록 태그 혹은 인라인 태그 둘 중에 하나라고 할 수 있습니다. 중요한 내용이니 알아 두면 좋습니다.

- **실무에서 많이 쓰는 블록 태그**

<div>, <form>, <h1>, <h2>, <h3> … <h6>, <p>, <ul>, <hr>, <table>, <section>, <li>

- **그 밖의 블록 태그**

<article>, <aside>, <audio>, <canvas>, <fieldset>, <footer>, <ol>, <video>, <header>, <pre> 등

- **실무에서 많이 쓰는 인라인 태그**

<span>, <a>, <br>, <button>, <img>, <input>, <script>, <i>, <b>

- **그 밖의 인라인 태그**

<cite>, <small>, <big>, <sub>, <sup>, <textarea>, <em> 등

마지막으로 HTML 태그의 중첩 규칙에 대해 설명해보도록 하겠습니다. 마크업 언어 부분에서 설명했던 토끼와 여우 예제, 기억하시나요? 회색 박스 안에 담긴 토끼와 여우는 회색 박스라는 요소의 자식들이라고 했죠. 그래서 회색 박스는 토끼와 여우를 감싸고 있다고도 표현했습니다.

[그림 2-7] 태그 중첩 규칙

<회색 박스>
<토끼/>
<여우/>
</회색 박스>
둘 다 회색 박스의
자식 요소입니다.

태그는 이처럼 감싸기의 연속입니다. 여기서 꼭 지켜야 하는 규칙이 존재합니다. 바로 인라인 태그는 자식으로 블록 태그를 가질 수 없다는 것입니다. 이것은 인라인 태그와 블록 태그의 특징을 생각해 보면 너무나 당연한 이야기입니다. 인라인 태그는 블록 태그처럼 너비를 100%로 차지하고 있지 않아요. 인라인 태그는 내용물의 크기가 태그의 영역이 되기 때문에 딱 요소의 크기만큼만 공간을 차지하죠. 근데 인라인 태그가 블록 태그를 감쌀 수 있을까요? 그렇게 된다면 인라인 태그가 블록 태그만큼 너비가 100%가 된다는 의미인데, 이것은 인라인 태그의 존재 이유를 없애 버리는 것이 되죠. 그렇기 때문에 인라인 태그는 블록 태그를 감쌀 수 없는 규칙이 있는 것입니다.

3. HTML 태그의 속성

HTML 문서를 살펴보면서 '태그'라는 단어가 많이 나왔죠. 이 태그의 속성을 자세히 보겠습니다. 태그라는 것을 보면 어떤 게 떠오르나요? 저는 식품, 옷 등에 붙어 있는 상품 태그가 먼저 생각이 나는데요. 상품 태그는 상품의 정보를 담고 있는 중요한 매개체이죠. HTML 태그도 상품 태그와 비슷합니다.

[그림 2-8] 태그의 속성

① 제품의 속성이 표시되어 있다.

② 같은 상품이라도 색깔과 사이즈별로 표기가 다르다.

상품 태그에는 해당 물건의 정보와 속성들이 들어가 있습니다. 그리고 같은 상품이라도 색상과 사이즈가 다르면 표기도 다르죠. 이 부분을 명심한 채, HTML 태그 중 input 태그를 살펴볼까요? input 태그는 글을 쓰는 공간을 만들 때 쓰입니다. 직접 태그를 작성한 후 글씨를 써 봅시다.

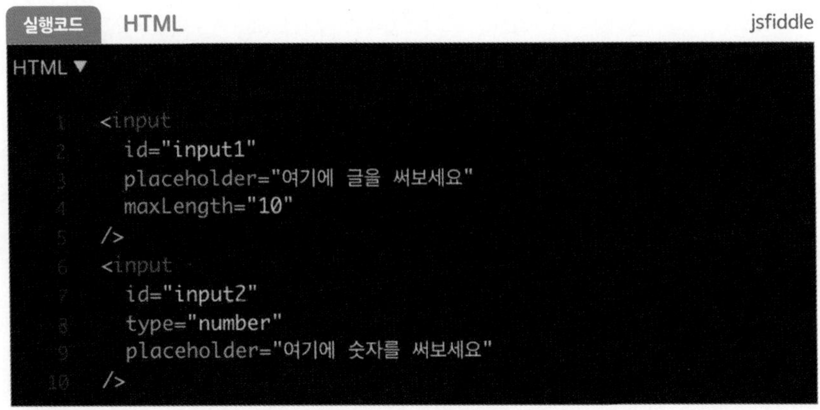

실행코드 HTML jsfiddle

HTML ▼

```
<input
  id="input1"
  placeholder="여기에 글을 써보세요"
  maxLength="10"
/>
<input
  id="input2"
  type="number"
  placeholder="여기에 숫자를 써보세요"
/>
```

실행결과 jsfiddle

여기에 글을 써보세요	여기에 숫자를 써보세요

input 태그는 너비를 100% 차지하지 않고 두 개의 태그가 나란히 놓인 것으로 봐서 인라인 태그네요. 여기에 placeholder가 들어가네요. 이 속성으로 인해 아

무 글자도 입력하지 않으면 "여기에 글을 써보세요" 문자가 흐리게 보입니다. 그 위에 문자를 입력하면 이전의 글자는 지워지고 입력한 문자가 나타납니다.

[그림 2-9] 글자를 입력하면 사라지는 placeholder

사라진다..

↑ 글자를 입력하면 placeholder에서 설정한 문자가 사라지고 입력한 글자가 보입니다.

웹사이트에서 로그인을 할 때 '아이디를 입력하세요' 글자를 본 적 있으시죠? 거기에 아이디를 입력하면 기존 글자는 사라지고요. 바로 이것이 input 태그에 있는 placeholder와 같은 속성이라고 할 수 있습니다. 그리고 첫 번째 input 태그에 많은 글자를 입력해 보세요. 언젠가부터 막혀서 입력이 안 되기 시작할 것입니다.

[그림 2-10] 최대 입력 값을 지정하는 maxLength

max는 10자 입

↑ 10글자가 넘어가면 입력이 막히네요.

저는 '입'에서 끝났네요. 해당 현상은 maxLength라는 속성을 걸어 주었기 때문에 글자 수 제한이 생겨서 입력이 안 된 것이에요. 근데 글자 수를 세어 보니 정확히 10글자가 아닌 것 같네요? 띄어쓰기도 하나의 글자로 취급하기 때문입니다.

[그림 2-11] 글자 수가 포함되는 띄어쓰기

maxmaxmaxm

↑ 띄어쓰기를 하지 않으면 10글자가 입력됩니다.

만약 띄어쓰기를 사용하지 않을 경우 딱 10글자에 맞춰 글자 입력이 가능합니다. 이번에는 type이 number인 두 번째 input 태그에 숫자를 넣어 보겠습니다.

[그림 2-12] type이 number인 input 태그

817

↑숫자를 입력하니 우측에 버튼이 생성됩니다.

우측에 '위아래 버튼'이 생성되었네요. 아무것도 한 것 없이 type만 number로 바꿔 주었는데 말이죠. 여기에 숫자 말고 영어를 입력하면 어떻게 될까요? 네, 입력을 허용하지 않습니다. 이것 또한 type이 number이기 때문에 일어나는 현상이에요. 오로지 숫자만 허락하는 것을 알 수 있습니다.

태그의 속성을 살펴보았는데요, 이처럼 태그는 속성을 가질 수 있으며 태그마다 가질 수 있는 속성의 종류가 다릅니다. 속성값을 영어로 attribute라고 표현하며, 이 속성값들은 태그마다 다르고 고유한 속성을 가진 태그들도 있어요. 예로, 앞서 다뤘던 a 태그의 다른 웹 페이지로 이동할 수 있는 속성이 다른 태그에서는 찾아볼 수 없는 고유한 속성이라고 볼 수 있습니다. table 태그에는 표와 관련된 속성들이 존재하고, button은 버튼과 관련된 속성들을 가지고 있습니다. 이 속성들을 처음부터 다 외우겠다고 생각하는 것보다 자주 쓰이는 태그와 관련된 문서를 보면서 계속 작성하며 익히는 게 좋습니다.

태그의 속성은 많지만, 가장 중요한 것을 꼽자면 단연 id라는 속성입니다. 앞서 코드를 다시금 살펴보면 id라는 속성값을 주었죠. 이 id는 식별을 해 주는 값으로 사용하는 중요한 개념입니다. 대부분의 태그는 id를 속성으로 가질 수 있는데 나중에 CSS나 자바스크립트를 다룰 때도 용이합니다. 모두 같은 태그가 있는 가운데 하나만 특별한 스타일을 주고 싶을 때, id가 없으면 어느 태그에 스타일을 적

용해야 하는지 구분하기 힘들겠죠?

앞서 상품 태그와 HTML 태그가 비슷하다고 말씀드렸는데, HTML의 태그를 그림으로 표현하면 [그림 2-13]과 같습니다. 같은 태그라도 속성을 달리 주면서 다양한 태그를 만들 수 있어요.

[그림 2-13] 상품 태그와 비슷한 HTML 태그

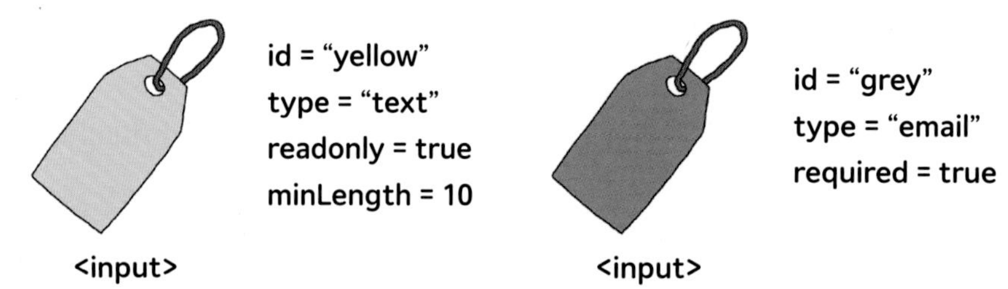

HTML 태그를 한 번 더 정리하고 가도록 하겠습니다.

[그림 2-14] HTML 태그로 작성한 회색 박스 안의 토끼와 여우

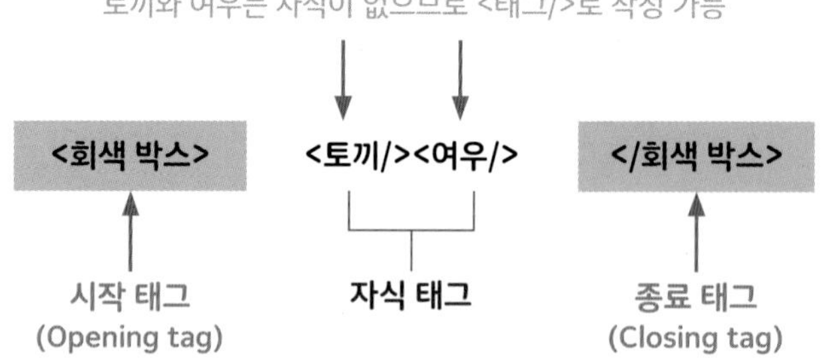

[그림 2-15] HTML 태그의 구조

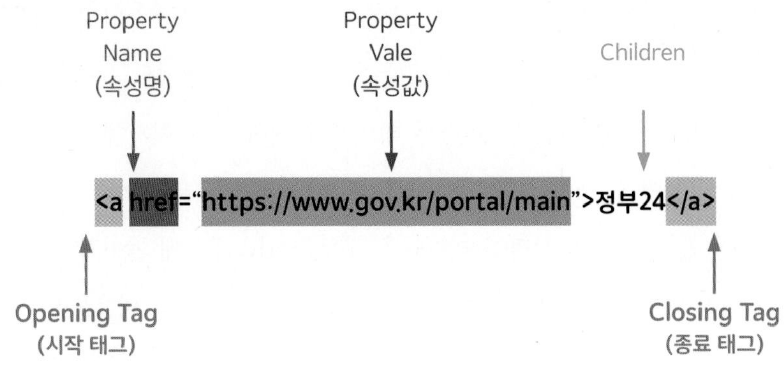

4. HTML 문서의 구조

앞서 요청 패킷과 응답 패킷을 설명하면서 패킷은 헤더와 바디, 즉 머리와 몸으로 나뉜다고 했죠. HTML 문서도 이처럼 크게 머리head와 몸body으로 나눌 수 있습니다. 머리는 몇 가지를 제외하고는 거의 눈에 보이지 않는 태그로 구성되어 있고, 몸은 웹사이트에서 보이는 모든 태그들을 말합니다.

[그림 2-16] HTML 문서

우선 〈!DOCTYPE html〉을 통해 현재 문서가 HTML 문서 타입임을 명시합니다. 다음 줄에는 HTML 태그를 작성하는데, 자식 태그로 크게 head 태그와

body 태그로 나뉘는 것을 볼 수 있습니다.

head 태그에는 웹 브라우저 탭에서 보이는 title, 스크립트, 스타일 시트 등이 들어갑니다. 여기서 title 속성을 제외하고는 사용자에게 직접적으로 보여 줄 만한 건 없습니다. head 태그에는 meta라는 태그가 존재하는데, 여기에는 사람이 아니라 기계가 식별할 수 있는 정보인 메타데이터Meta data를 담습니다.

앞서 배운 블록 태그와 인라인 태그들은 모두 body 태그에 들어갑니다. 사용자(웹 클라이언트)들이 보는 모든 요소들은 전부 body 태그 안의 내용물을 본다고 생각하면 쉽습니다.

HTML 문서의 구조를 익힐 겸 장난을 한 번 쳐 볼까요? head 태그 내부에 있는 title 태그의 내용물을 변경하겠습니다. 그러면 네이버 웹사이트 탭 부분의 명칭이 변경됩니다.

[그림 2-17] HTML 헤더에서 탭 명칭 변경하기

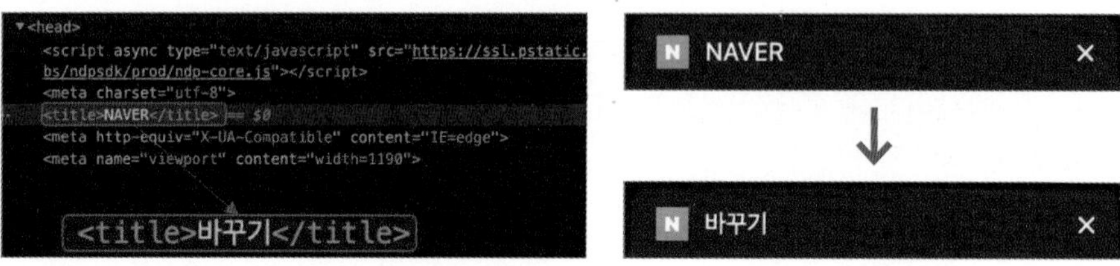

↑ 〈head〉 내부의 'NAVER' 타이틀을 '바꾸기'로 수정해 봅시다. '바꾸기'로 명칭이 수정됩니다.

2 HTML 태그를 꾸며 주는 CSS

1. CSS 선택자

전원주택을 짓는다고 가정해 봅시다. 뼈대를 세우고 자재를 올려서 시멘트를 바르면 집의 형태가 완성되죠. 그런데 이 상태로 바로 입주를 할까요? 아닙니다. 인테리어를 해야죠. 외부나 내부에 아무런 디자인이 없다면 삭막하고 흉흉해 보일 거예요. 마찬가지로 코드를 열심히 작성했는데, 왠지 태그가 너무 밋밋하고 심심할 때가 있습니다. 집을 만드는 것처럼 태그에도 인테리어가 필요하죠. 이 역할을 하는 게 바로 CSS입니다. CSS는 태그를 '꾸며 주는 역할'을 합니다. 태그를 꾸며 준다는 것은 바로 폰트의 크기, 색상, 그림자 등 부가 효과를 디자인한다는 의미입니다.

혹시 웹사이트에 잘못 들어가거나 무언가 에러가 났을 경우 [그림 2-18] 같은 화면을 본 적이 있나요?

[그림 2-18] 깨진 네이버 화면

↑ 에러가 생겨서 골조만 보이는 상태의 네이버 화면

이와 같은 화면은 HTML 태그는 존재하지만 CSS를 정상적으로 불러오지 못했을 때 나타납니다. 이처럼 CSS는 웹사이트의 외적인 부분을 담당하고 있기에 중요합니다. 우리가 눈으로 보고 있는 웹사이트는 HTML과 CSS의 조화로 만들어진 것이죠. HTML은 웹의 골조 역할을 맡고 있고 CSS는 여기에 살을 덧붙여 주는 것이라 보시면 이해하기 쉬울 것입니다.

본격적으로 CSS로 HTML을 어떻게 꾸밀 수 있는지 알아보겠습니다. HTML 태그를 예쁘게 꾸미기 위해서는 먼저 꾸밀 대상을 지명해야 합니다. CSS에서는 이것을 선택자라고 합니다.

(1) 클래스 선택자

선택자는 여러 종류가 있는데, 보통 클래스class라는 선택자를 가장 많이 사용합니다. 기호는 온점(.)을 사용합니다. 그리고 클래스 선택자를 사용하기 위해서는 지명받는 태그도 class라는 속성을 가져야 합니다. 클래스 선택자는 여러 태그에 적용이 가능합니다.

[그림 2-19] 클래스 선택자

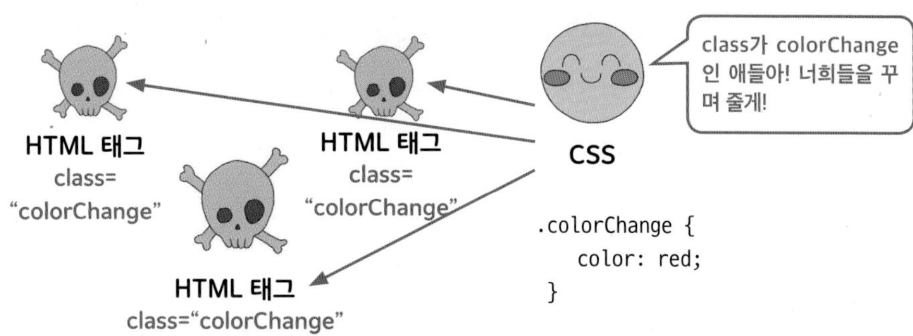

실행코드 HTML, CSS jsfiddle

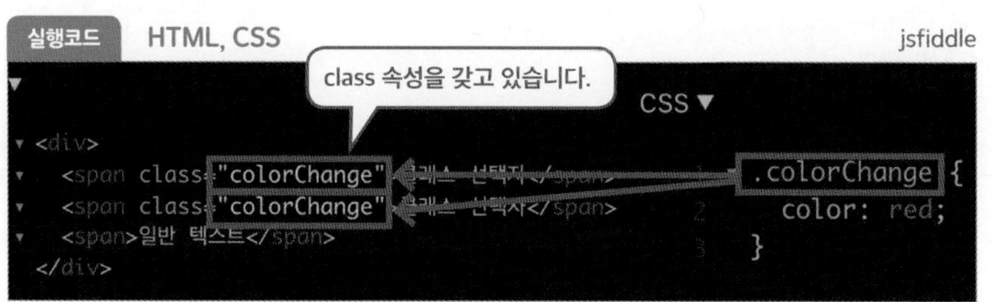

다음과 같이, 3개의 span 태그가 있습니다. 이 중에서 2개의 태그는 class 속성에 “colorChange”를 작성했습니다. 그리고 CSS에도 동일하게 colorChange를 작성했는데, 클래스 선택자이므로 앞에 온점을 추가하여 .colorChange로 작성했습니다. 이 CSS는 폰트 색상을 빨간색으로 변경하는 것입니다.

실행결과 jsfiddle

클래스 선택자 클래스 선택자 **일반 텍스트**

출력 결과, 클래스 선택자로 꾸며 준 2개의 span 태그 폰트 색상이 빨간색으로 수정된 것을 확인할 수 있습니다.

(2) id 선택자

class와 다르게 id 선택자는 고유의 id 속성을 가진 태그를 꾸며 주는 목적으로 사용합니다. id 선택자는 기호로 #을 사용합니다. id 선택자를 쓰기 위해서는 지명받는 태그도 id라는 속성을 가져야 합니다.

[그림 2-20] id 선택자

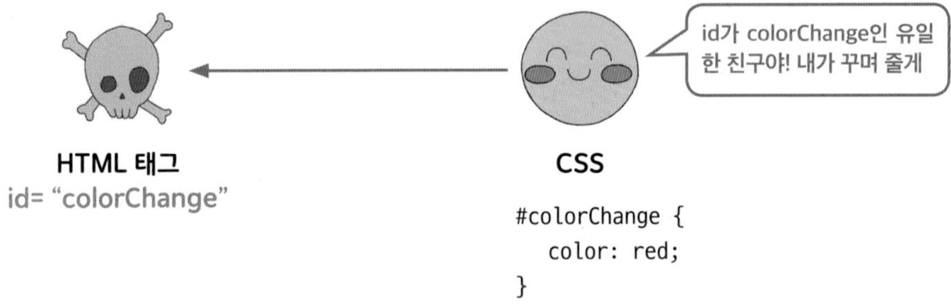

실행코드 HTML, CSS jsfiddle

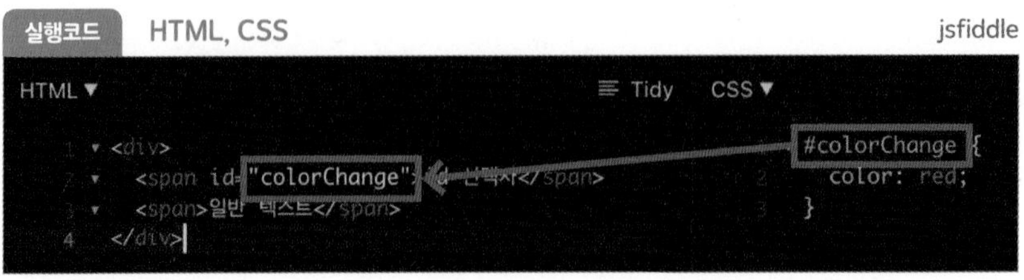

2개의 span 태그 중에서 id 속성이 "colorChange"인 span 태그를 꾸며 보려

고 합니다. id 선택자를 사용할 것이므로 앞에 기호 #을 붙여 #colorChange로 작성합니다.

출력 결과, id 선택자로 꾸민 span 태그의 폰트 색상이 빨간색으로 변경되었음을 확인할 수 있습니다. id 속성을 사용할 때에는 주의해야 할 점이 있습니다.

id 속성은 오직 하나의 값만 존재해야 하기 때문에 만약 HTML 문서 내에 동일한 id 속성값을 가진 HTML 태그가 있을 경우 에러가 발생합니다. 즉, id 속성을 중복하여 사용하면 오류가 발생합니다. 이는 올바른 사용법이 아니므로 id 속성은 반드시 하나의 HTML 문서당 하나만 사용해야 합니다.

[그림 2-21] id 속성 중복 입력

[그림 2-22] id 속성 에러 출력

The id value [colorChange] must be unique.

[그림 2-21] 같이 두 개의 태그에 같은 id 속성값을 넣게 되면, 'id는 유일한 값이어야 한다.'고 에러가 출력되는 것을 확인할 수 있습니다.

(3) 태그 선택자

태그 선택자는 말 그대로 선택한 태그를 모두 꾸며 주는 것입니다. 별다른 기호 없이 태그 종류를 언급하기만 하면 됩니다. 다음 코드에서 보듯, h2 { }는 태그가 h2인 모든 태그들에 CSS 형식을 적용하게 하죠.

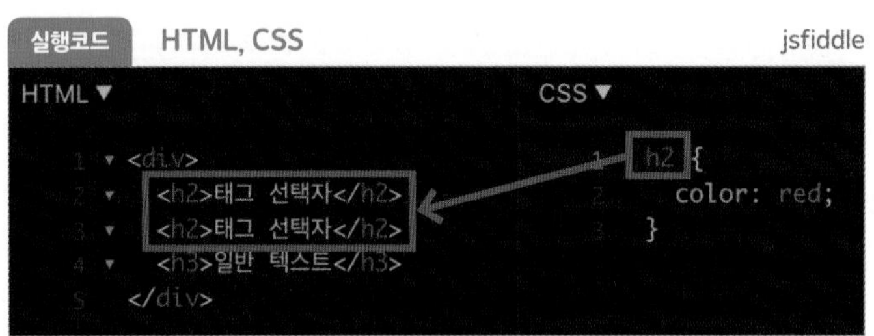

(4) 범용 선택자

범용 선택자는 어떤 것이든 상관없이 모든 태그를 선택하여 꾸며 주는 선택자입니다. 기호로는 *(별표)를 사용합니다.

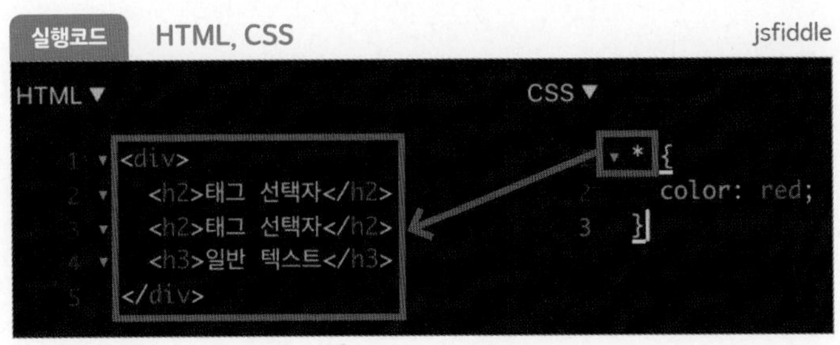

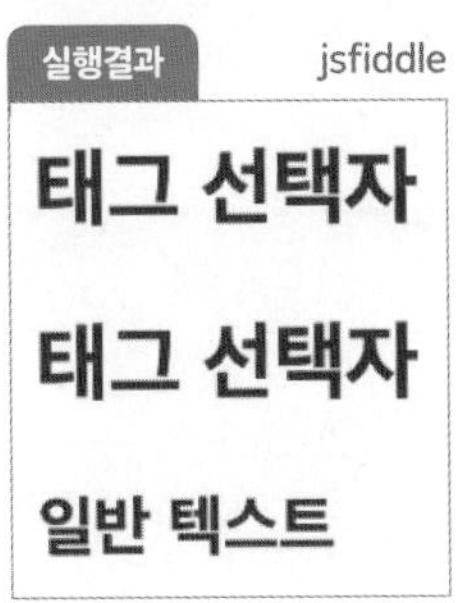

(5) 다중 선택자

다중 선택자는 쉼표(,)를 기호로 사용합니다. 한 가지가 아니라 여러 가지 태그를 선택하여 꾸며 주는 기능을 합니다.

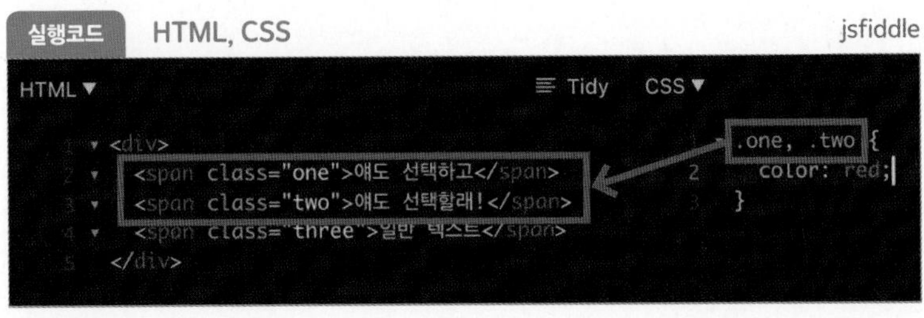

실행결과 jsfiddle

얘도 선택하고 얘도 선택할래! **일반 텍스트**

(6) 자식 선택자

꾸미고 싶은 것 중 자식 태그를 골라서 선택할 수도 있는데, 이를 자식 선택자라고 합니다. 기호는 〉(홑화살 괄호)로 표시하고, 바로 밑에 있는 자식들만 선택하는 기능입니다. 다음의 예시를 봅시다. 여기서 one 〉 h2의 뜻은, one 클래스 속성을 적용한 태그를 기준으로 바로 아래에 있는 모든 h2 태그들을 선택한다는 뜻입니다.

실행코드 HTML, CSS jsfiddle

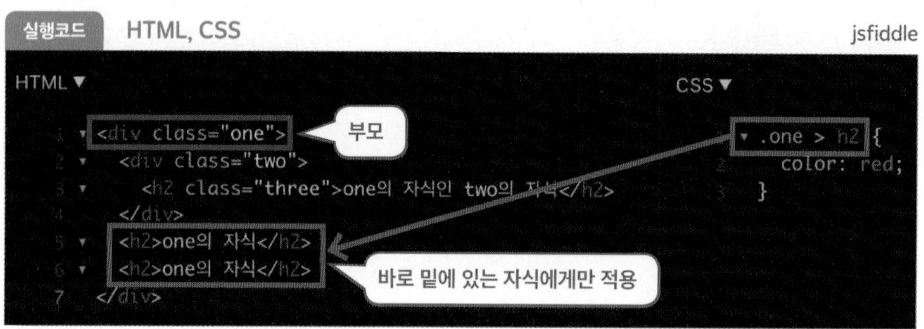

실행결과 jsfiddle

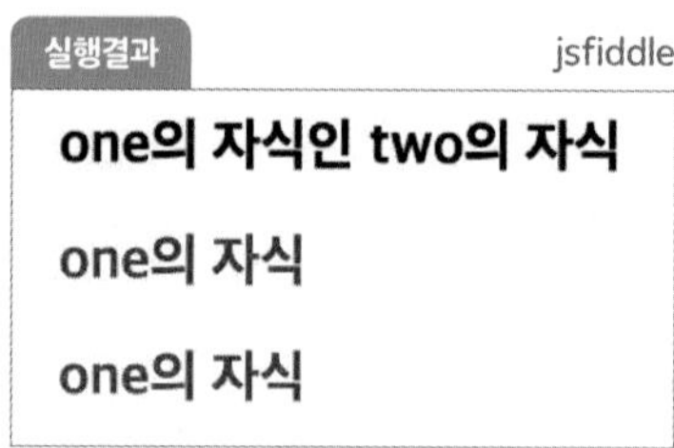

three 클래스 속성을 가진 태그는 CSS가 적용되지 않습니다. three 클래스 속성을 가진 태그는 one 클래스 속성을 가진 태그의 바로 밑에 있는 자식이 아니기 때문이에요. three 클래스 태그는 'one 클래스 태그의 자식인 two 클래스 태그의 자식'이기 때문에 한 다리 더 건너는 관계가 되죠. 마치 손자·손녀인 셈이죠. 자식 선택자는 바로 밑에 있는 자식 관계만 꾸며 준다는 사실, 잊지 마세요.

(7) 후손 선택자

더 아래에 있는 자식까지 모두 꾸미고 싶다면 어떻게 해야 할까요? 이럴 때 사용하는 것이 후손 선택자입니다. 자식 선택자는 바로 밑의 자식만 꾸며 줬다면, 태그의 모든 자식들에게 적용하는 선택자입니다. 기호는 특별히 사용하는 건 없습니다! 띄어쓰기로 연달아 사용하면 됩니다.

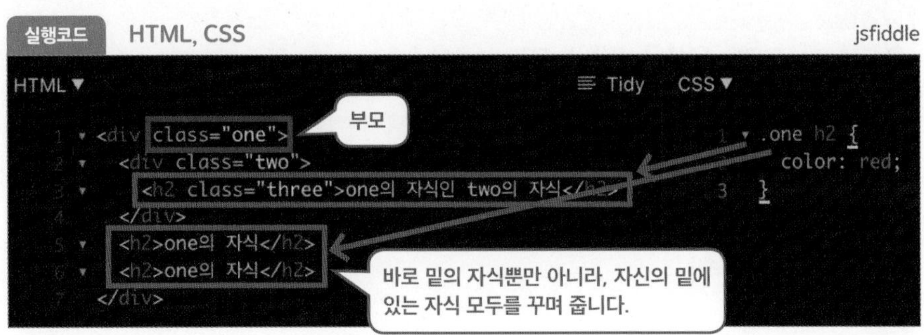

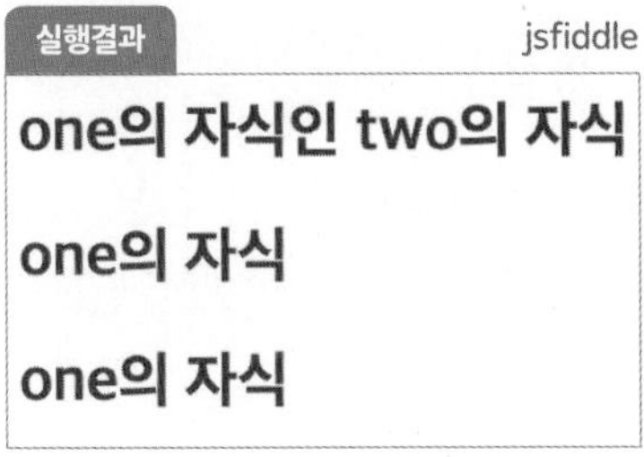

(8) 인라인 스타일

별도의 CSS 태그를 작성하지 않고 직접 적용하는 방법도 있습니다. 이를 인라인 스타일이라고 부르며, 속성으로는 style을 사용합니다. 글자string로 작성합니다.

실행결과 jsfiddle

인라인 CSS 일반 텍스트

2. CSS의 우선순위

HTML과 CSS 파일을 분리하여 사용하는 형식을 보고 '외부 스타일 시트를 사용한다'라고 표현합니다. 코드를 작성할 때 HTML과 CSS를 작성하는 공간이 따로 있었죠? 우리도 외부 스타일 시트를 사용하는 방식을 사용하고 있는 것입니다. 반대로 마지막 예제에서 살펴본 것처럼, 인라인 스타일이라는 것도 있습니다. HTML과 CSS를 분리하지 않고 style 속성에 글자 형태로 CSS를 작성하는 것을 말합니다.

이때 CSS 태그들 사이에서도 우선순위가 적용됩니다. 인라인 스타일로 작성하게 되면, 외부 스타일 시트로 꾸며 주는 방법인 선택자(클래스 선택자, id 선택자 등)를 무시하고 무조건 먼저 적용이 됩니다.

실행코드 HTML jsfiddle

```
HTML ▼

<div>
  <span style="color:red" class="changeColor">인라인 CSS가 1순위</span>
  <span class="changeColor">클래스 선택자</span>
</div>
```

```
실행코드 CSS jsfiddle

CSS ▼

.changeColor {
  color: green;
}
```

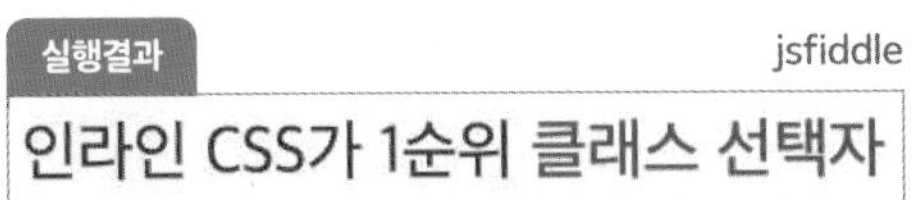

위의 코드에서 두 개의 span 태그 모두 changeColor 클래스를 적용했습니다. 그러나 인라인 스타일이 들어간 첫 번째 span 태그는 changeColor 클래스가 적용되지 않고, style에 넣은 CSS 태그인 빨간색만 적용된 것을 볼 수 있습니다. 이처럼 인라인 스타일은 1순위이기 때문에 모든 태그를 무시하고 우선 적용됩니다.

사실 현업에서는 외부 스타일 시트를 사용할 경우 인라인 스타일을 가급적 쓰지 않으려고 합니다. 각 태그에 하나 하나 적용하는 것은 시간 낭비일 뿐만 아니라 가독성도 떨어지기 때문입니다. 인라인 스타일로 CSS 태그를 넣는 경우는 여러 개의 스타일 시트로 인해 CSS가 충돌할 경우 최우선순위를 정해 주기 위한 목적으로 사용합니다.

실전 과제 네이버의 CSS 조작해 보기

앞서 크롬 개발자 도구를 이용하여 HTML을 조작했던 것, 기억하시나요? 이번에는 웹사이트에 적용된 CSS를 변경해 보려고 합니다. 실제 따라 하면 CSS를 더 빠르게 익힐 수 있습니다.

네이버 웹사이트 메인 화면에 뜨는 '메일, 카페, 블로그' 등 탭의 글자 색을 변경해 보려고 합니다. '메일' 아이콘 위에 마우스 오른쪽 버튼을 누르고 해당 부분의 구글 크롬 개발자 도구를 불러와 봅시다.

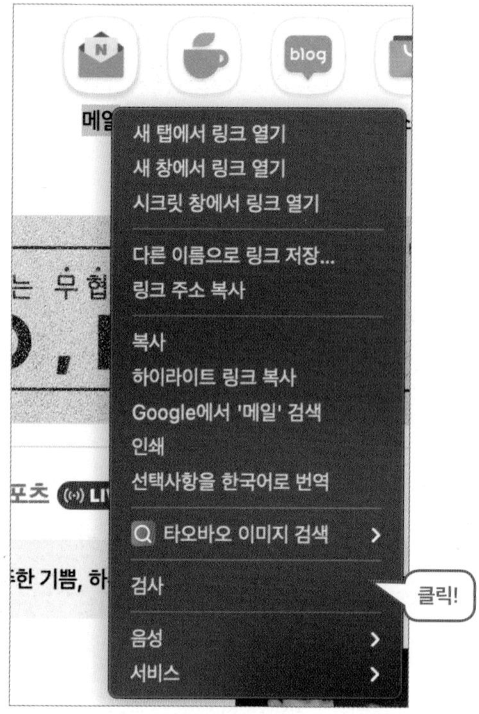

바로 옆에 있는 Styles 탭을 바라봐 주세요. 박스로 별도 표시된 공간의 코드들은 "메일" 버튼 부분과 연관된 CSS입니다. 이제 폰트 색상을 입혀보려고 합니다. class 속성이 "service_name"인 태그에 CSS를 작성할 거예요.

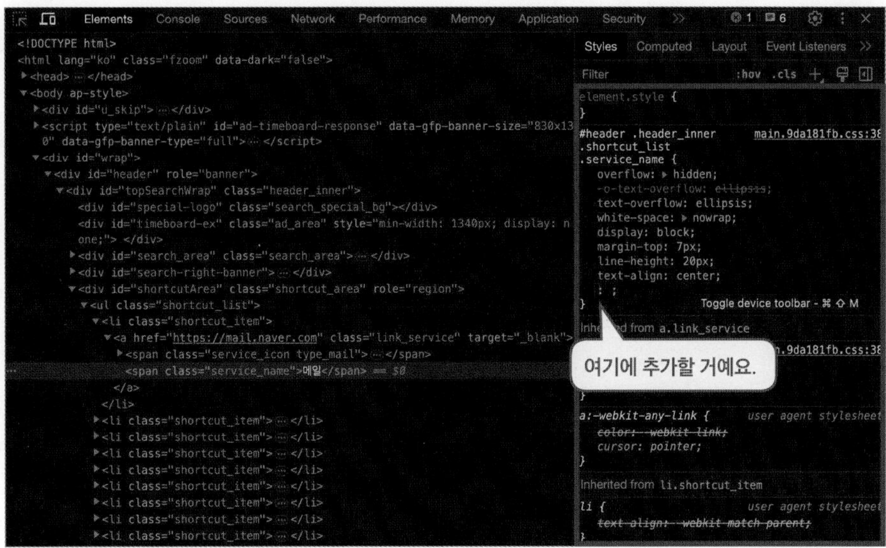
여기에 추가할 거예요.

↑ .service_name 선택자를 가진 CSS 스타일시트에 폰트 색깔을 변경하는 CSS를 추가해보겠습니다.

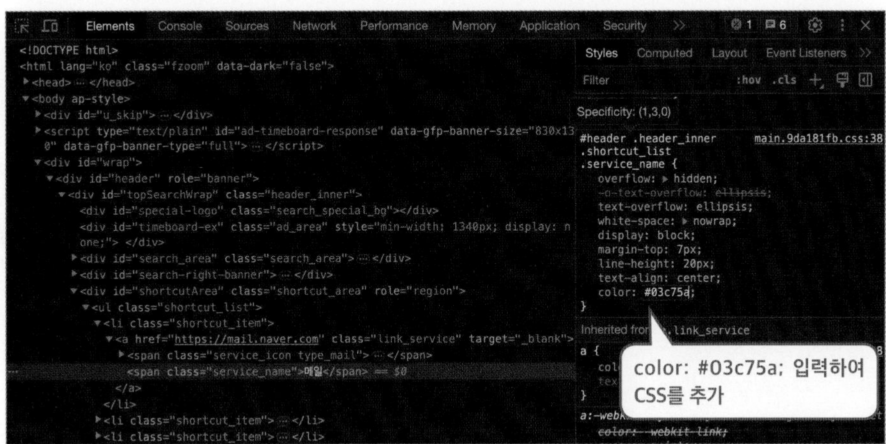
color: #03c75a; 입력하여
CSS를 추가

↑ 가장 마지막 CSS에 커서를 놓은 뒤에 엔터를 치고 color: #03c75a;를 입력해보세요.

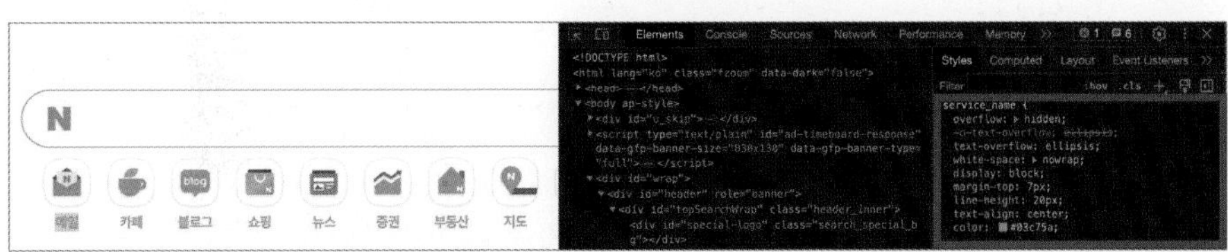

↑ 검은색에서 초록색으로 바뀐 서체들이 보이네요.

일부 서체들이 초록색으로 바뀌었네요. 글자도 크게 키워 볼까요? 다음으로 color: #03c75a;에서 엔터를 치고 font-size: 20px;을 입력해 봅시다.

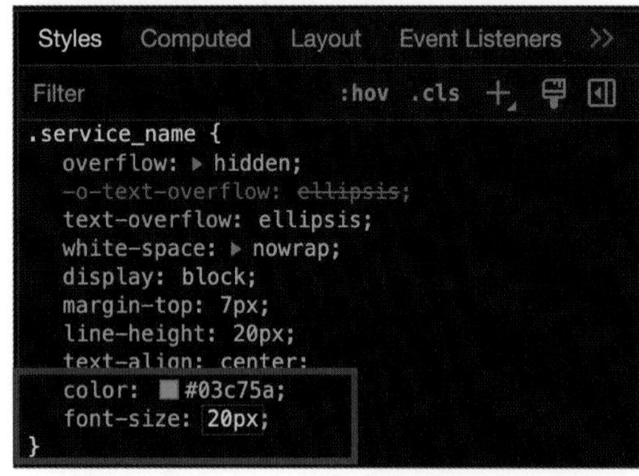

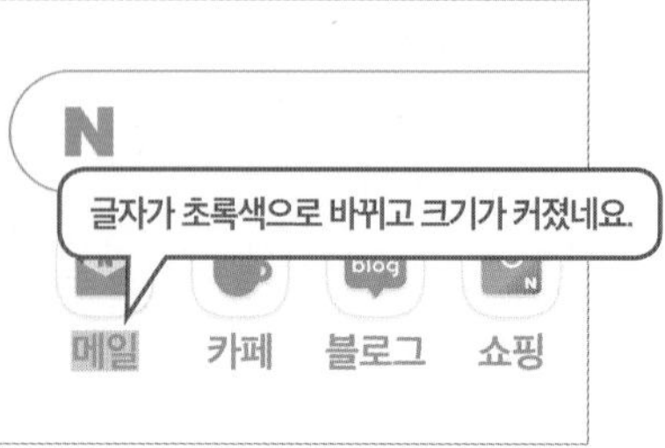

글자 크기가 상당히 커진 것을 확인할 수 있습니다. 옅은 초록색으로 밑줄도 쳐 볼게요. font-size: 20px;에 엔터를 치고, 그 밑에 border-bottom: 4px solid lightgreen;을 작성해 봅니다.

↑ 글자 하단에 옅은 초록색 줄이 생겼습니다.

폰트 색상은 그대로 두고, 아까 적용했던 폰트 사이즈와 밑줄 CSS를 제거해보겠습니다.

```
▸<div id="search_area" class="search_area"> ⋯ </div>
▸<div id="search-right-banner"> ⋯ </div>
▾<div id="shortcutArea" class="shortcut_area" role="region">
  ▾<ul class="shortcut_list">
    ▾<li class="shortcut_item">
      ▾<a href="https://mail.naver.com" class="link_service" target="_blank">
        ▸<span class="service_icon type_mail"> ⋯ </span>
          <span class="service_name">메일</span> == $0
        </a>
      </li>
    ▸<li class="shortcut_item"> ⋯ </li>
    ▸<li class="shortcut_item"> ⋯ </li>
    ▸<li class="shortcut_item"> ⋯ </li>
    ▸<li class="shortcut_item"> ⋯ </li>
    ▸<li class="shortcut_item"> ⋯ </li>
```

```
Filter                                   :hov .cls +
element.style {
}
#header .header_inner                    main.9da181fb.css:38
.shortcut_list .service_name {
  overflow: ▸ hidden;
  -o-text-overflow: ellipsis;
  text-overflow: ellipsis;
  white-space: ▸ nowrap;
  display: block;
  margin-top: 7px;
  line-height: 20px;
  text-align: center;
  color: #03c75a;
  font-size: 20px;
  border-bottom: ▸ 3px solid lightgreen;
}
```

↑ 왼쪽에 있는 체크 표시를 눌러 해제를 할게요.

폰트 사이즈는 원래대로 돌아오고, 밑줄은 사라졌네요. 이처럼 제거하고 싶은 CSS만 직접 선택하여 제거가 가능합니다. 또한 CSS 스타일시트를 더블클릭하여 CSS를 변경해볼 수 있습니다. 예로, font-size: 20px;인 상태에서 20px; 부분을 더블 클릭한 후에 10px;로 바꾸면 font-size가 10px로 변경됩니다.

크롬 개발자 도구로 어떤 웹사이트든 자신의 입맛에 맞게 바꿔 볼 수 있습니다. 여기서 새로고침 버튼을 누르면 모든 HTML이 원상 복구됩니다. 이러한 기능은 화면을 개발하는 프론트엔드 개발자들에게 편리함을 줍니다. 코드를 변경하지 않고 크롬 개발자 도구만으로 자신이 변경하려고 하는 것이 정상적으로 잘 작동되는지 확인해 볼 수 있기 때문이죠. 언제든지 새로고침을 눌러서 되돌릴 수 있기 때문에 더욱 편리합니다.

실전 과제 네이버 로그인 버튼 똑같이 구현하기

네이버 로그인 버튼을 만들면서 CSS를 어떻게 사용하는지에 대해 알아 보겠습니다. jsfiddle로 가서 네이버 웹사이트에서 보이는 로그인 버튼을 똑같이 구현해 보겠습니다.

1. 네이버 웹사이트의 로그인 버튼을 마우스 오른쪽으로 클릭 후 검사를 선택합니다.

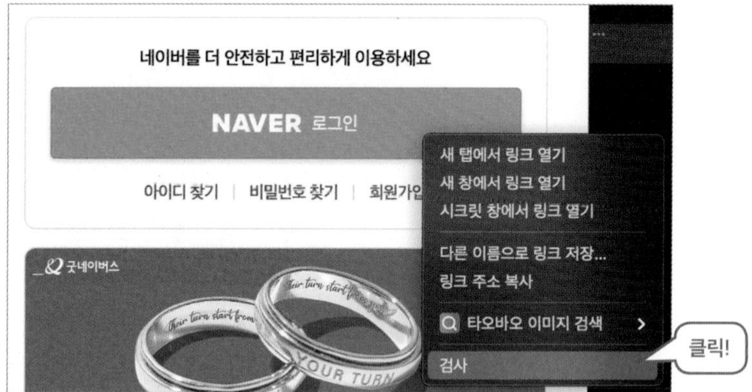

2. HTML 태그 구조를 파악합니다. a 태그 안에 i 태그가 있고, i 태그 안에 span 태그가 있는 구조네요.

```
▼<a href="https://nid.naver.com/nidlogin.login?mode=form&url
  class="MyView-module__link_login___HpHMW"> == $0
  ▼<i class="MyView-module__naver_logo____Y442">
     <span class="blind">NAVER</span>
   </i>
   "로그인"
  </a>
```

3 구조를 그대로 따라하여 HTML 문서의 뼈대를 세웁니다.

```
▼<a href="https://nid.naver.com/nidlog
er.com/" class="MyView-module__link_l
  ▼<i class="MyView-module__naver_logo
      <span class="blind">NAVER</span>
    </i>
    "로그인"
  </a>
```

```
HTML ▼

<a href="#">
  <i>
    <span>NAVER</span>
  </i>
  로그인
</a>
```

href에 #을 넣는 이유는 해당 버튼을 눌렀을 때 이동하는 것을 막기 위해 넣는 것입니다. 버튼을 클릭했을 때 별도로 이동하고 싶은 웹 페이지의 URL을 넣어도 무방합니다.

↑못난이 형태의 네이버 화면

그러면 네이버 로그인 모양이 못난이 형태로 나오게 됩니다. 일단 이렇게 HTML 문서의 뼈대를 세운 것이고, 이제 못난이 모양을 CSS로 꾸밀 거예요.

4 상위 태그부터(a 태그) Styles 탭에 나오는 해당 class가 적용된 CSS를 찾아 복사합니다.

모두 복사

5 a 태그 class 속성에 네이버에서 사용한 이름 그대로(MyView-module__link_login___HpHMW)를 넣습니다. 그다음, 클래스 선택자를 사용할 것이므로 앞에 온점을 넣은 .MyView-module__link_login___HpHMW를 CSS 공간에 작성합니다. 그리고 조금 전 복사한 코드를 넣어서 a 태그를 꾸며 줍니다.

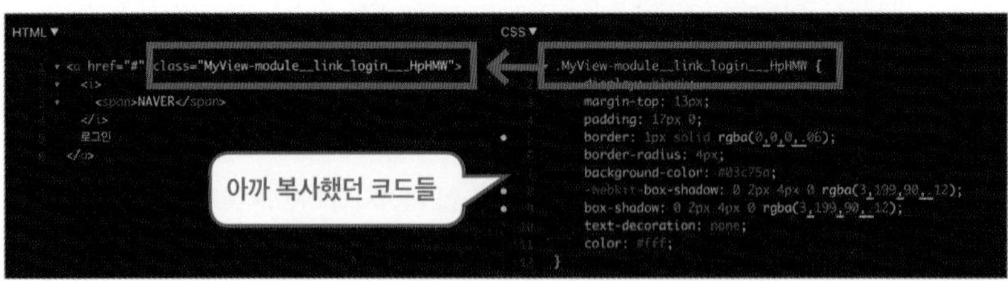

NAVER 로그인

여기까지 진행한 HTML 화면입니다. 뭔가 그럴듯한데요? 상위 태그부터 클론할 예정이니, 이번에는 a 태그 바로 밑에 있는 i 태그를 클릭해서 i 태그에 적용된 CSS 확인해 보겠습니다.

6 같은 방식으로, i 태그에 적용한 MyView-module__naver_logo____Y442의 CSS도 그대로 복사하여 CSS 공간에 붙여넣기 합니다. 클래스 선택자로 작성한 후 i 태그에 class="MyView-module__naver_logo____Y442" 속성을 부여하여 i 태그를 꾸밉니다.

```
.MyView-module__my_login___tOTgr    main.9da181fb.css:34
.MyView-module__naver_logo____Y442
{
    background-image: url(
        https://pm.pstatic.net/resources/asset/… );
    background-size: 433px 412px;
    background-position: ▶ -120px -166px;
    background-repeat: ▶ no-repeat;
    width: 72px;
    height: 14px;
    display: inline-block;
    margin: ▶ 3px 8px 0 0;
    vertical-align: top;
}
```

```
▾ .MyView-module__naver_logo____Y442 {
      background-image: url(https://pm.pstatic.net/
  resources/asset/sp_main.30918f90.png);
      background-size: 422px 405px;
      background-position: -120px -166px;
      background-repeat: no-repeat;
      width: 72px;
      height: 14px;
      display: inline-block;
      margin: 3px 8px 0 0;
      vertical-align: top;
  }
```

i 태그까지 꾸며 주면 다음과 같은 결과물이 나옵니다.

NAVER 로그인

아직은 예쁜 버튼으로 보이지 않지만, 네이버 로고가 나타난 것을 확인할 수 있습니다. 이 네이버 로고는 어떻게 적용할 수 있었을까요? 바로 이 부분을 주목해주세요.

background-image는 배경화면 이미지를 지정하는 것인데요, 이렇게 url로도 이미지를 지정할 수 있습니다. background-image에 삽입되어 있는 url 링크를 복사하여 크롬 url 주소창에 붙여넣기 해보면 바로 이미지가 다운로드됩니다. 이 이미지를 클릭하도록 하겠습니다.

네이버 기업의 많은 아이콘이 모여 있는 하나의 이미지 파일을 얻을 수 있었습니다. 여기서 x축과 y축을 조정하여 위치를 잡아주는 background-position을 통해 'NAVER' 로고가 있는 부분의 범위를 지정하고, 이 부분만 background-image로 넣은 것입니다. 이처럼 하나의 단독 이미지로 적용할 수도 있지만 큰 이미지를 넣은 상태에서 위치 조정을 통해 내가 원하는 부분만을 배경 화면으로 지정할 수도 있죠.

모든 로고가 모여 있는 큰 이미지는 다양한 태그에서 사용할 수 있겠죠? 여러 다른 태그들과 함께 하나의 배경 이미지를 사용하는 경우에는 다중 선택자로 여러 개 선택하여 공통적으로 사용하기도 합니다.

7 로고도 들어갔고, 네이버 로그인 버튼과 동일한 색상으로 버튼이 꾸며졌는데 아직 예쁘게 출력되지 않는 것 같아요. 버튼이 전반적으로 왼쪽으로 쏠린 것 같고 위치가 고정되지 않는 느낌이네요. 흐트러져있는 장난감을 모아주거나 고정시켜주는 장난감 박스 역할을 하는 Wrapper 태그로 감싸보도록 하겠습니다. 다시 크롬 개발자 도구로 돌아가서 HTML 구조를 자세히 보겠습니다.

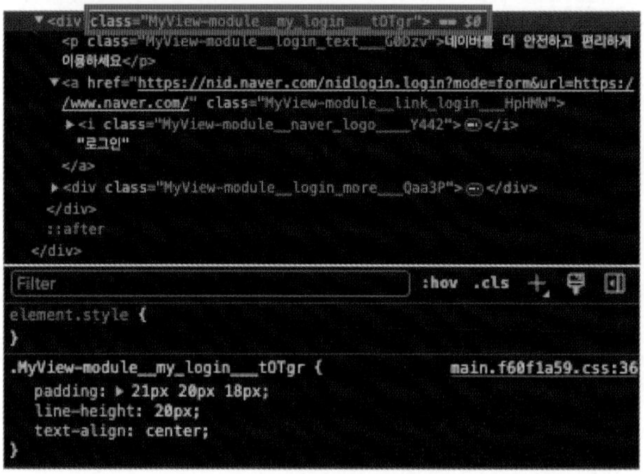

```
▼<div class="MyView-module__my_login___tOTgr"> == $0
    <p class="MyView-module__login_text___G0Dzv">네이버를 더 안전하고 편리하게
    이용하세요</p>
   ▼<a href="https://nid.naver.com/nidlogin.login?mode=form&url=https:/
    /www.naver.com/" class="MyView-module__link_login___HpHMW">
     ▶<i class="MyView-module__naver_logo____Y442">…</i>
      "로그인"
    </a>
   ▶<div class="MyView-module__login_more___Qaa3P">…</div>
  </div>
  ::after
</div>

Filter                                   :hov .cls
element.style {
}
.MyView-module__my_login___tOTgr {                main.f60f1a59.css:36
  padding: ▶ 21px 20px 18px;
  line-height: 20px;
  text-align: center;
}
```

8 .MyView-module__my_login___tOTgr가 적용되어 있는 div 태그가 우리가 지금껏 작성한 a 태그를 감싸주고 있는 것을 확인할 수 있었습니다. 우리는 이 부분만 가져와서 HTML과 CSS를 적용해보도록 하겠습니다.

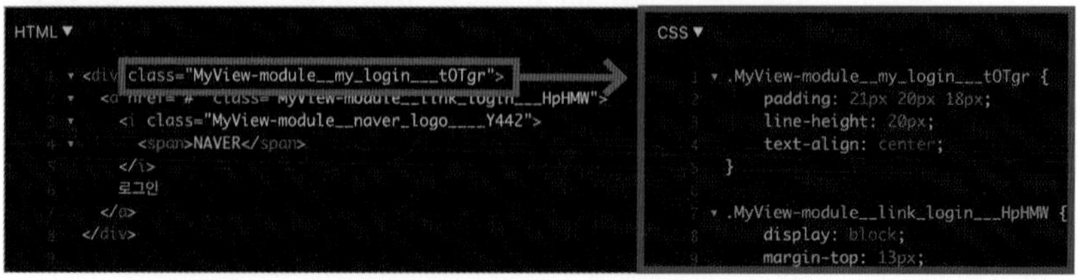

```
HTML ▼
<div class="MyView-module__my_login___tOTgr">
  <a href="#" class="MyView-module__link_login___HpHMW">
    <i class="MyView-module__naver_logo____Y442">
      <span>NAVER</span>
    </i>
    로그인
  </a>
</div>
```

```
CSS ▼
.MyView-module__my_login___tOTgr {
    padding: 21px 20px 18px;
    line-height: 20px;
    text-align: center;
}

.MyView-module__link_login___HpHMW {
    display: block;
    margin-top: 13px;
```

그렇게 하면 다음과 같은 결과물이 나오게 됩니다.

NAVER 로그인

9 i 태그 밑에 있는 span도 똑같은 작업을 해 줍니다. 적용된 .blind 클래스를 같은 방식으로 지정해 봅시다.

```
▼<div class="MyView-module__my_login___tOTgr">
    <p class="MyView-module__login_text___G0Dzv">네이버를 더 안전하고
    편리하게 이용하세요</p>
  ▼<a href="https://nid.naver.com/nidlogin.login?mode=form&url=h
    ttps://www.naver.com/" class="MyView-module__link_login___Hp
    MW">
    ▼<i class="MyView-module__naver_logo____Y442">
        <span class="blind">NAVER</span> == $0
      </i>
      "로그인"
    </a>
  ▶<div class="MyView-module__login_more___Qaa3P">…</div>
  </div>

Filter                                  :hov  .cls  +
element.style {
}
.blind {                                main.9da181fb.css:3
    position: absolute;
    clip: rect(0 0 0 0);
    width: 1px;
    height: 1px;
    margin: ▶ -1px;
    overflow: ▶ hidden;
}
```

HTML ▼ Tidy CSS ▼

```
<div class="MyView-module__my_login___tOTgr">
  <a href="#" class="MyView-module__link_login___HpHMW">
    <i class="MyView-module__naver_logo____Y442">
      <span class="blind">NAVER</span>
    </i>
    로그인
  </a>
</div>
```

```
.blind {
    position: absolute;
    clip: rect(0 0 0 0);
    width: 1px;
    height: 1px;
    margin: -1px;
    overflow: hidden;
}
```

드디어, 캡쳐본이 아닌 내 손으로 코드를 조작해 만든 네이버 로그인 화면이 나왔습니다.

NAVER 로그인

네이버 웹사이트의 UI가 변경되어 코드가 정상적으로 실행되지 않을 때에는 '위캔코딩' 카페에서 변경된 코드와 설명을 보시길 바랍니다.

```
HTML
<div class="MyView-module__my_login___tOTgr">
  <a href="#" class="MyView-module__link_login___HpHMW">
    <i class="MyView-module__naver_logo____Y442">
      <span class="blind">NAVER</span>
    </i>
    로그인
  </a>
</div>
```

```
CSS
.blind {
    position: absolute;
    clip: rect(0 0 0 0);
    width: 1px;
    height: 1px;
```

```
    margin: -1px;
    overflow: hidden;
}

.MyView-module__my_login___tOTgr {
    padding: 21px 20px 18px;
    line-height: 20px;
    text-align: center;
}

.MyView-module__link_login___HpHMW {
    display: block;
    margin-top: 13px;
    padding: 17px 0;
    border: 1px solid rgba(0,0,0,.06);
    border-radius: 4px;
    background-color: #03c75a;
    -webkit-box-shadow: 0 2px 4px 0 rgba(3,199,90,.12);
    box-shadow: 0 2px 4px 0 rgba(3,199,90,.12);
    text-decoration: none;
    color: #fff;
}

.MyView-module__naver_logo____Y442 {
    background-image: url(https://pm.pstatic.net/resources/asset/sp_
    main.30918f90.png);
    background-size: 422px 405px;
    background-position: -120px -166px;
    background-repeat: no-repeat;
    width: 72px;
    height: 14px;
    display: inline-block;
    margin: 3px 8px 0 0;
    vertical-align: top;
}
```

3 컴퓨터가 일으키는 두근두근 이벤트

1. button 태그로 알아보는 이벤트

'깜짝 이벤트'라는 단어를 들었을 때, 두근거리고 무슨 일이 펼쳐질까 어쩐지 설레죠. 이벤트Event는 프로그래밍에서도 사용하고 있는 단어입니다. 이벤트라는 것은 보통 특별한 일로 여겨지지만 프로그래밍에서는 약간 다릅니다. 프로그래밍에서 이벤트는 '사용자가 어떠한 행동을 했을 때 그것을 포착하여 그에 맞는 작업을 하는 일'을 의미합니다.

예로, HTML 태그에서의 이벤트를 봅시다. HTML 군이 이벤트를 준비하고 있습니다. 사용자를 위한 이벤트 내용을 준비하고, 더불어 한 가지 더 조건을 걸어 놓았어요. 사용자가 A라는 행동을 했을 때 이벤트가 벌어지게 말이죠. 즉, 이벤트를 준비한 뒤 대기하고 있다가 사용자가 특정 행동을 했을 때 그에 따른 일종의 사건을 일으키는 것입니다. 정말 깜짝 이벤트와도 같네요. 직접 태그에 이벤트를 걸어서 확인해 보겠습니다.

jsfiddle에서 button 태그를 생성하겠습니다. HTML에서 다음과 같이 태그를 만들어 주세요.

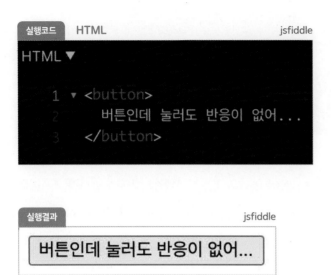

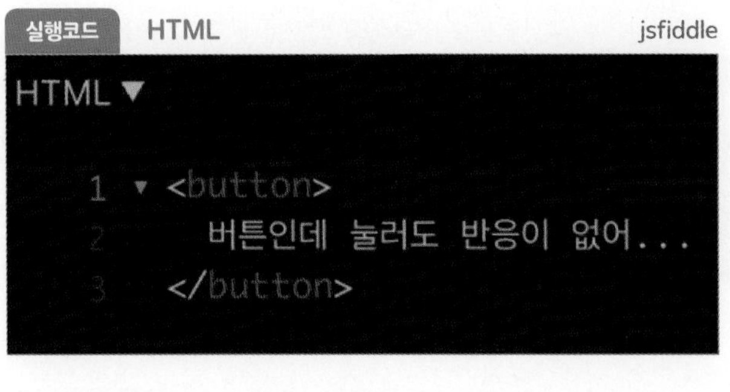

실행결과 jsfiddle

버튼인데 눌러도 반응이 없어...

버튼이 만들어졌습니다. 근데 클릭하면 아무 반응도 없습니다. 왜 그럴까요? 클릭을 했을 때 발동되는 이벤트를 만들지 않았기 때문이에요. 즉, 사용자가 이 태그 버튼 클릭했을 때 내놓을 이벤트를 준비하지 않았던 것이죠. HTML 군이 깜빡했어요. 이제 사용자가 마우스로 버튼을 클릭했을 때 내놓을 것을 만들어야겠네요. 사용자가 클릭했을 때 발동하게 만드는 이벤트는 onClick이라고 부릅니다.

버튼 태그에 onClick을 걸어 볼까요? 우선 onClick을 했을 때 발동될 이벤트의 함수를 만들어 보려고 해요. 함수는 추후 함수 파트에서 자세히 이야기하고 여기서는 간단히 작성하도록 하겠습니다. 다시 정리하자면, 이벤트는 onClick이며 사용자가 클릭했을 때 미리 준비해 놓았던 이벤트를 제공하는 게 목적입니다. javaScript를 작성하는 곳에 다음과 같이 입력하겠습니다.

실행코드 javaScript jsfiddle

JavaScript + No-Library (pure JS) ▼

```
function handleOnclick() {
  window.alert('버튼을 클릭하였습니다!');
}
```

이 코드를 잠깐 보겠습니다. function은 함수를 선언할 때 사용합니다. handle Onclick은 함수의 이름입니다. window.alert은 window 객체의 alert 메서드를 불러오는 것을 말하며, 경고창을 띄우는 메서드예요. handleOnclick이라는 함수가 호출되면 "버튼을 클릭하였습니다!"라는 경고창이 뜨게 되는 스크립트네요.

다시 돌아와 HTML 태그를 작성해 보죠. button 태그에 onClick을 작성하여 이벤트를 걸어 주고, 앞서 자바스크립트에서 선언한 함수인 handleOnclick을 넣어 주세요. 그런 다음 클릭해 보세요.

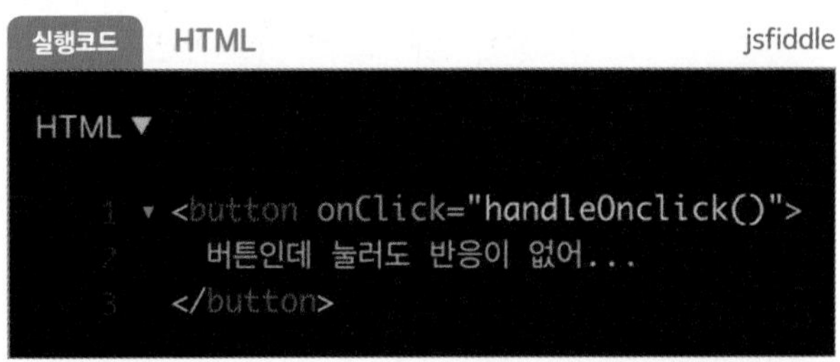
실행코드
HTML
jsfiddle
HTML ▼
<button onClick="handleOnclick()">
버튼인데 눌러도 반응이 없어...
</button>

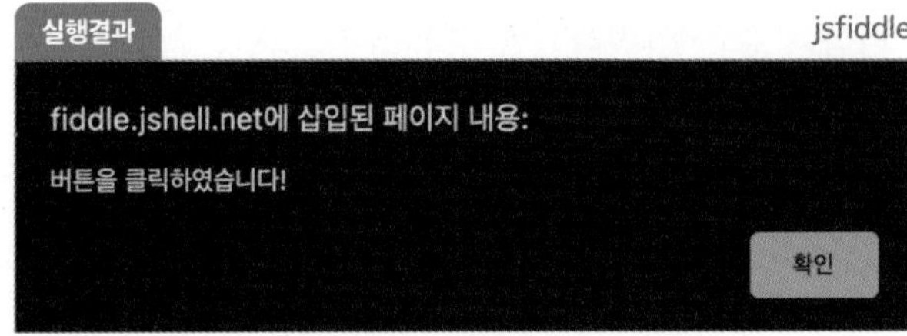
실행결과
jsfiddle
fiddle.jshell.net에 삽입된 페이지 내용:
버튼을 클릭하였습니다!
확인

드디어 사용자가 클릭했을 때 handleOnclick이라는 함수가 호출되고 "버튼을 클릭하였습니다!"라고 경고창window.alert을 띄우네요. 태그에 이벤트를 연결한 것입니다.

> • handleOnclick 함수명의 의미
>
> 보통 이벤트를 다루는 함수명은 '이벤트를 핸들링한다'고 표현하고 handle~로 시작합니다. 개발자들끼리 빠른 이해를 위해 함수 이름에 대해 암묵적으로 지키는 나름의 규칙들이 존재합니다.

실전 과제 현재 시간을 출력하는 버튼 만들기

CURRENT TIME

위 버튼을 누르면 현재 시간을 보여 주는 창이 뜬다고 합니다. 코딩을 통해서 만들었을 텐데, 제작자는 이 기능과 모양은 어떻게 구현했을까요? 지금부터 이 버튼을 실제로 만들어 보겠습니다. 순서대로 잘 따라와 주세요.

1. button 태그를 생성하고 CSS를 넣어서 꾸며 볼게요.

실행코드 HTML jsfiddle

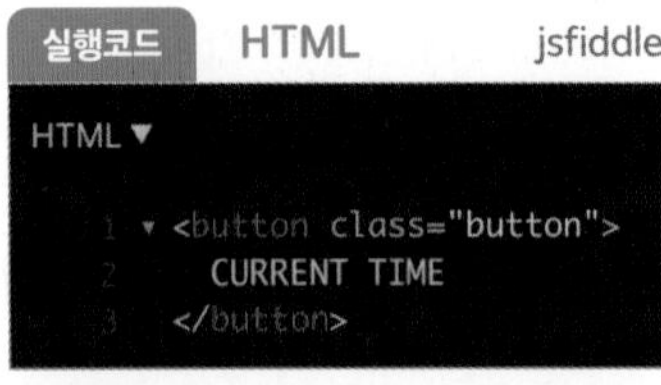

HTML ▼

```
<button class="button">
  CURRENT TIME
</button>
```

실행코드 CSS jsfiddle

CSS ▼

```
.button {
  background-color: black;
  border-radius: 10px;
  border: none;
  color: white;
  cursor: pointer;
  padding: 10px;
  box-shadow: rgba(0, 0, 0, 0.35) 0px 5px 15px;
}
```

먼저 background-color는 배경색을 지정합니다. 색깔은 red, green처럼 지정이 가능합니다. #FFCCFF, rgb(255, 204, 255)와 같은 형태로도 작성이 가능합니다.

border-radius는 모서리를 둥글게 조정합니다. 값이 높을수록 둥글둥글한 모양이 됩니다.

border는 테두리 선을 지정합니다. 여기서는 none이라 테두리를 지정하지 않는다는 뜻이며 button 태그는 기본적으로 아무것도 지정하지 않으면 검은 테두리로 보입니다.

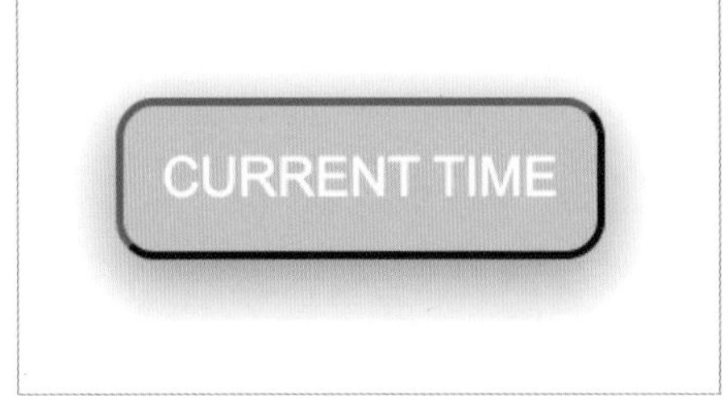

↑ border에 아무것도 지정을 하지 않으면, 자동으로 검은 테두리로 보이는 것을 확인할 수 있습니다.

color는 글자색을 지정할 수 있습니다. 다음으로 cursor는 마우스 커서 모양을 지정합니다.

포인터로 지정하게 되면 버튼에 가까이 마우스를 가져다 두면 마우스가 포인터 모양으로 바뀌게 됩니다.

padding으로는 내부 공간을 부여하여 여백을 지정할 수 있습니다. 현재 예시에서 padding이 없으면 다음과 같이 아무 여백이 없게 됩니다. 비슷한 CSS로 margin이 있습니다. padding이 내부 공간을 부여하였다면, margin은 바깥의 여백을 줄 수 있습니다.

↑ padding을 부여하지 않아, 내부 공간 여백이 없는 모습입니다.

box-shadow는 요소의 테두리를 감싼 그림자 효과를 추가합니다. 사실 box-shadow는 조금 까다로운 CSS이다 보니, 처음부터 box-shaodw가 어떻게 지정되는지 외우기보다는 웹사이트에서 자신이 원하는 box-shadow 코드를 복사하여 사용하는 것을 추천합니다. 참고하기 좋은 웹사이트로 http://getcsssan.com/css-box-shadow-examples가 있습니다.

현재 시간을 어떻게 출력할 수 있을까요? 음, 시간과 관련된 어떤 것을 불러 와야만 할 것 같아요. 우리가 일일이 지금 몇 시인지 파악해서 출력할 수는 없으니까요. 바로 이것을 해결하는 Date 객체가 있습니다. 자바스크립트 내부에 존재하기 때문에 자바스크립트 내부 객체라고도 불러요. 미리 만들어 놓은 내부 객체가 있으면 우리가 따로 뭔가를 해 주지 않아도 이것을 가져다 사용하기만 하면 쉽게 사용할 수 있죠. 이것을 사용해서 함수를 만들겠습니다.

2 onClick 이벤트를 다루는 함수를 생성합니다.

실행코드 javaScript jsfiddle

```
JavaScript + No-Library (pure JS) ▼

function handleOnclick() {
  let today = new Date();

  let hours = today.getHours();
  let minutes = today.getMinutes();
  let seconds = today.getSeconds();

  window.alert("지금 시간은 "+hours+" 시 "+ minutes + " 분 "+seconds + " 초");
}
```

Date 객체를 생성해 사용할 거예요. 여기서 new 연산자를 사용합니다. new 연산자는 기존의 Date 객체를 생성하고 이용하는 것인데요(이것도 나중에 배우니 이런 게 있구나 정도로 넘어가 주세요). 생성한 Date 객체를 today라는 변수에 담아 줍니다.

그러면 이 today 변수를 통해서 Date 객체가 가지고 있는 여러 메서드들을 사용할 수 있게 됩니다. getHours( ), getMinutes( ), getSeconds( )라는 메서드가 존재하는 데 각각 시, 분, 초를 불러올 수 있는 능력을 가지고 있어요. 직관적으로 보여질 수 있게끔 hours, minutes, seconds라는 변수에 각각 담아 주고 이를 window.alert에 넣어 경고창이 출력되게끔 할게요. 문자열을 + 연산자로 서로 연결하여 '지금 시간은 h시 m분 s초'로 나올 수 있게 했습니다. 이로써 handleOnclick 함수는 선언이 끝났고, 이벤트 연결 단계로 넘어가면 됩니다.

3 onClick 속성에 핸들링 함수를 넣어 이벤트를 연결해 주세요.

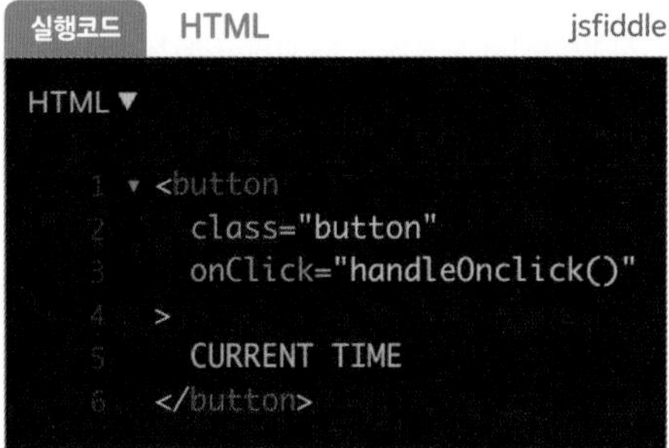

4 완성입니다!

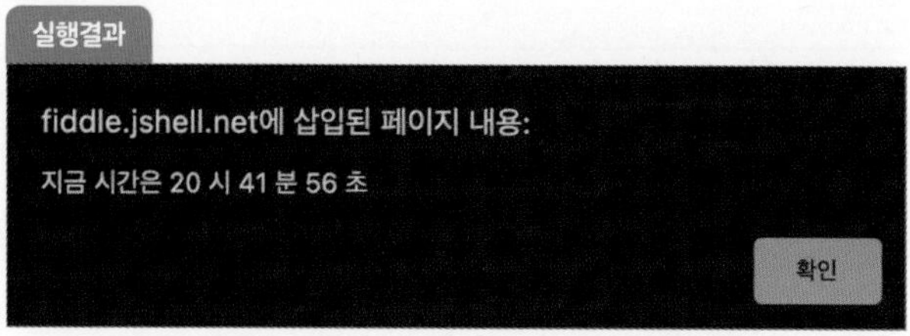
실행결과
fiddle.jshell.net에 삽입된 페이지 내용:
지금 시간은 20 시 41 분 56 초
확인

버튼을 눌러보세요. 누를 때마다 현재 시간이 출력됩니다. 하나의 시계가 완성이 되었네요.

태그에서 이벤트가 어떠한 것인지, 그리고 간단한 onClick 이벤트에 대해서 알아보았습니다.

2. 이벤트의 종류

앞서 button 태그로 이벤트를 알아보았는데요. 사실 이벤트 종류에는 여러 가지가 있습니다. 다양한 이벤트에 대해 소개할 텐데요, 처음부터 다 외우겠다는 생각보다는 눈으로 먼저 익혀 보세요. 그리고 필요할 때 꺼내서 참고하면 됩니다.

(1) 마우스 이벤트

먼저 마우스 이벤트에 대해 알아보겠습니다. 여기서는 onClick과 onMouse Down의 차이에 주의하면 됩니다. onMouseDown은 마우스를 눌렀을 때 발생하고, onClick은 마우스를 누르고 떼었을 때 이벤트가 발생됩니다. 예로, onMouseDown(누를 때) 이벤트가 먼저 호출되고, onMouseUp(떼었을 때) 이벤트가 나타나는 순서이며, 이 두 과정이 다 끝나면 그제야 onClick 이벤트가 발생하게 됩니다.

[표 2-1] 마우스 이벤트 표

이벤트	설명
onClick	요소Element를 마우스로 클릭하였을 때 발생합니다.
onDbclick	요소를 마우스로 두 번 클릭하였을 때 발생합니다.
onMouseOver	요소 위에 마우스를 올려놓았을 때 발생합니다.
onMouseOut	요소 위에 있던 마우스가 벗어날 때 발생합니다.
onMouseDown	요소에 마우스를 눌렀을 때 발생합니다.
onMouseUp	누르던 마우스를 떼었을 때 발생합니다.
onMouseMove	요소 위에서 마우스를 움직일 때마다 발생합니다.
contextmenu	마우스 오른쪽을 클릭했을 때 나오는 메뉴가 나오기 전에 이벤트가 발생합니다.

(2) 키보드 이벤트

키보드 이벤트는 다음과 같습니다. 참고로 키보드 이벤트의 순서는 onKeyDown → onKeyPress → onKeyUp과 같습니다.

[표 2-2] 키보드 이벤트 표

이벤트	설명
onKeydown	키를 눌렀을 때 발생합니다.
onKeyPress	키를 꾸욱 누르고 있을 때 발생합니다.
onKeyUp	키를 떼었을 때 발생합니다.

(3) 기타 이벤트

마우스 이벤트, 키보드 이벤트 이외의 이벤트를 알아보면 다음과 같습니다.

[표 2-3] 기타 이벤트 표

이벤트	설명
onLoad	페이지가 로드될 때 발생합니다.
onAbort	미디어로드(다운로드)가 중단되었을 때 발생합니다.
onUnload	웹 문서를 닫을 때 발생합니다.
onResize	브라우저 창이나 프레임을 변경했을 때 발생합니다.
onScroll	요소의 스크롤이 롤링될 때 발생합니다.

(4) form, input 태그 관련 이벤트

form 이벤트는 〈form〉이라는 태그에서 발생하는 이벤트입니다. 특수성이 강한 태그라 한 번 짚고 넘어가겠습니다. form 태그는 두 눈에 직접적으로 보여지는 태그는 아닙니다. 앞서 웹 클라이언트도 웹 서버에게 정보를 전달할 때가 있다고 했죠? 로그인할 때 사용자(웹 클라이언트)의 아이디 정보와 비밀번호 정보를 서버에게 보내는 것처럼요. 그럴 때 사용하는 게 바로 form 태그입니다.

[표 2-4] form, input 태그 이벤트

이벤트	설명
onFocus	요소에 포커스가 잡혔을 때 발생합니다.
onBlur	요소에 포커스가 벗어나면 발생합니다.
onChange	요소의 값이 변경되면 발생합니다.
onSubmit	'제출하다'의 의미이고, type이 submit인 버튼을 눌렀을 때 발생합니다.
onReset	type이 reset인 버튼을 눌렀을 때 발생합니다.
onSelect	input이나 textarea 요소 안의 텍스트를 드래그하여 선택하면 발생합니다.

사실 form 태그는 여기서 다루기에는 조금 어려운 개념입니다. 프론트엔드에

서 백엔드로 나아가는 개념이기 때문이죠. 그렇지만 현업에서 많이 쓰는 태그이기 때문에 간단히 알아보겠습니다.

보통 로그인할 때, [그림 2-23]과 같은 화면을 볼 수 있습니다. 아이디와 비밀번호를 나 대신 서버로 보내 주는 역할을 하는 게 바로 form 태그입니다.

[그림 2-23] 로그인 화면

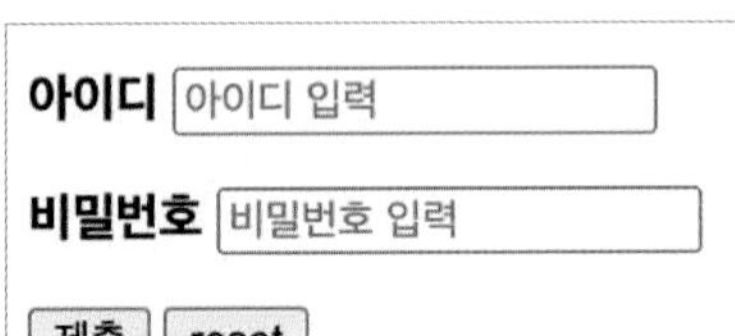

[그림 2-24] form 태그

```
HTML ▼
<form
  onReset="handleOnreset()"
  onSubmit="handleOnsubmit()"
  name="form"
  method="get"
  action=""
>
  <p>
    <strong>아이디</strong>
    <input
      type="text"
      name="name"
      placeholder="아이디 입력"
      onFocus="handleOnfocus()"
      onBlur="handleOnblur()"
      onChange="handleOnchange()"
    />
  </p>
  <p>
    <strong>비밀번호</strong>
    <input
      type="password"
      name="password"
      placeholder="비밀번호 입력"
    />
  </p>
  <p>
    <input type="submit" value="제출" />
    <input type="reset" value="reset" />
  </p>
</form>
```

❶ method 속성

❷ action 속성

다시 말하지만, form은 보여지는 태그가 아니라 정보를 담아 보낼 때 작성하는 틀 같은 거예요. form 안에 넣은 입력 타입의 input 태그(text, password 등)로 아이디와 비밀번호를 받고 타입이 submit(제출하다)인 input을 통해 제출하면 웹 클라이언트에서 웹 서버로 이 정보들이 이동하게 되는 것입니다.

그렇기 때문에 form 태그는 어떤 방식으로 보낼지를 명시하는 ❶ method 속성을 가지고 있습니다(HTTP 메서드인 POST 방식과 GET 방식 기억나시죠?). 그리고 form 태그 내부에서 작성된 데이터를 어느 서버로 전송할 것인지에 대해 URL을 작성해 주는 ❷ action 속성을 가지고 있습니다. 많은 속성들이 존재하지만 대표적으로 작성해야 하는 속성은 이 두 가지라고 할 수 있죠.

지금 예시에서는 action에 이동할 URL을 아무것도 작성하지 않았기 때문에 로그인 화면의 '제출' 버튼을 누르면 해당 URL이 없어 404 에러가 발생해요. jsfiddle 기준으로 Ctrl+s를 누르면 다시 원래대로 돌아옵니다.

3. 이벤트의 타이밍

이벤트 호출에 대해서는 눈으로만 보는 것보다 실제로 이벤트가 호출하는 타이밍이 어떻게 되는지 직접 마우스로 클릭해 보고(마우스 이벤트), 키보드도 눌러 보고(키보드 이벤트) 여러 동작들을 하면서 몸으로 익히는 것을 추천합니다. 특히 코딩에서는 '어떤 동작을 먼저 일으킬 것인지', 즉 이벤트 타이밍이 중요합니다. 만약 사용자가 로그인 버튼을 눌렀는데 로그인 화면으로 넘어가지 않고 뜬금없이 다른 이벤트가 발생하면 당황스러울 테니까요. 웹 사이트가 목적한 순서대로 굴러갈 수 있도록 하기 위해서는 이벤트 발생 시점을 논리적으로 구축할 수 있어야 합니다. 직접 코드를 작성하며 이벤트를 익혀 보겠습니다.

다음 예시에서는 다양한 이벤트 함수를 만들었어요. 콘솔로 찍어 보았습니다.

실행코드 HTML jsfiddle

```
HTML ▼
<form
  onReset="handleOnreset()"
  onSubmit="handleOnsubmit()"
  name="form"
  method="get"
  action=""
>
  <p>
    <strong>아이디</strong>
    <input
      type="text"
      name="name"
      placeholder="아이디 입력"
      onFocus="handleOnfocus()"
      onBlur="handleOnblur()"
      onChange="handleOnchange()"
    />
  </p>
  <p>
    <strong>비밀번호</strong>
    <input
      type="password"
      name="password"
      placeholder="비밀번호 입력"
    />
  </p>
  <p>
    <input type="submit" value="제출" />
    <input type="reset" value="reset" />
  </p>
</form>
```

실행코드 javaScript jsfiddle

```
JavaScript + No-Library (pure JS) ▼
handleOnfocus = () => {
  console.log('focus 이벤트 발생');
}

handleOnblur = () => {
  console.log('blur 이벤트 발생');
}

handleOnchange = () => {
  console.log('change 이벤트 발생');
}

handleOnsubmit = () => {
  console.log('submit 이벤트 발생');
}

handleOnreset = () => {
  console.log('reset 이벤트 발생');
}
```

예를 들어 input 태그에 값을 입력하고 포커스를 다른 곳으로 이동하게 되면 focus → change → blur 순서로 이벤트가 일어나는 것을 확인할 수 있습니다.

실행결과

```
>_ Console (beta)   ⓘ 3  ⓘ 0  ⚠ 0  ⓘ 0
"focus 이벤트 발생"
"change 이벤트 발생"
"blur 이벤트 발생"
```

요소에 포커스가 되면 input 태그의 겉에 있는 선이 파란색으로 변경됩니다. 이 시점에 onFocus 이벤트가 발동됩니다. 그다음 값을 변경하면 onChange 이벤트가 일어나며, input 태그의 포커스를 다른 곳으로 주면 겉에 있는 선의 색이 원래대로 돌아오게 되죠. 그리고 이 시점에 onBlur 이벤트가 발생합니다. 즉, focus → change → blur 순서로 이벤트가 일어나는 것이죠. 더 나아가, 다른 이벤트들도 호출 시점을 파악해 보세요. 제출 버튼을 누르면 onSubmit 이벤트가 발동되고, reset 버튼을 누르면 onReset 이벤트가 발동됩니다.

이처럼 태그에 모든 이벤트를 달아 보고, 호출하면서 여러 가지 이벤트를 직접 체험해 보세요.

쉬는 시간

2강 핵심 키워드

① HTML

#텍스트로만 #계층 관계를 파악할 수 있는 #마크업 언어

② HTML 태그

#블록 태그와 인라인 태그로 나뉨 #블록 태그는 너비를 100%로 갖는 욕심쟁이 #인라인 태그는 내용물의 크기만큼만 너비를 갖는다 #다양한 속성 #태그마다 고유의 속성이 존재할 수 있음

③ HTML 문서

#head와 body로 나뉨 #우리가 화면에서 보는 것들은 #대부분 body 태그

④ CSS

#태그를 꾸미기 위해 사용 #선택자가 있어야 태그를 지목하여 꾸밀 수 있음 #클래스 선택자(.) #id 선택자(#) #태그 선택자(태그명) #범용 선택자(*) #다중 선택자(,로 여러 개를 함께 붙여 사용) #자식 선택자(>) #후손 선택자(띄어쓰기) #인라인 스타일(style 속성) #우선순위는 인라인 스타일이 1등

⑤ 이벤트

#HTML 태그 #이벤트를 준비하듯이 대기하다가 #사용자가 원하는 행동에 걸려들면 #준비했던 이벤트를 제공한다

2강 스낵 정보

- **HTML 태그의 올바른 정리법**

일하다 보면 기다란 태그를 한 줄에 다 넣는 코드도 볼 수 있습니다. 이는 유지 · 보수에도 좋지 않고 가독성도 떨어집니다. 코드가 가로로 길어지면 스크롤을 가로로 해야 하기 때문에 불편하죠. 또한 코드는 원래 위에서 아래로 읽는 것이기 때문에 가로로 길면 좋을 게 없습니다. 차라리 세로 길이가 길어지는 게 낫습니다. 세로로 길어지는 것은 따로 모듈화를 진행하여 코드를 분리시킬 수 있기 때문이에요. 에어비앤비airbnb 코드 스타일을 참고하면 깔끔한 코드 작성 규칙을 확인할 수 있습니다.

[그림 2-25] 에어비앤비 코드 스타일

- JSX 구문에 대해 다음 정렬 스타일을 따르십시오. 에슬린트: `react/jsx-closing-bracket-location` `react/jsx-closing-tag-location`

```
// bad
<Foo superLongParam="bar"
     anotherSuperLongParam="baz" />

// good
<Foo
  superLongParam="bar"
  anotherSuperLongParam="baz"
/>

// if props fit in one line then keep it on the same line
<Foo bar="bar" />

// children get indented normally
<Foo
  superLongParam="bar"
  anotherSuperLongParam="baz"
>
  <Quux />
</Foo>
```

가로로 길어졌을 경우에는 태그의 끝부분을 밑으로 내리고, 자식이 없는 태그의 경우 < 태그 />와 같은 형태로 사용하고 있음을 알 수 있습니다. jsfiddle에서 예시로 작성해 보면 다음과 같습니다.

[그림 2-26] 가로로 긴 코드 BAD

```
HTML ▼

<button class="button" onClick="handleOnclick()">현재 시간</button>
```

[그림 2-27] 세로로 긴 코드 GOOD

```
HTML ▼

<button
  class="button"
  onClick="handleOnclick()"
>
  현재 시간
</button>
```

2강 참고 웹사이트

1. 에어비엔비 코드 스타일 가이드: 어떻게 하면 코드를 깔끔하게 짤 수 있는지에 대한 에어비엔비사의 고찰이 담겨 있습니다. 영어로 되어 있으며 하단에 한국어 번역이 된 깃허브 사이트도 함께 제공되고 있습니다.

에어비앤비
코드 가이드 QR

2. cssreference.io: 많은 종류의 CSS 속성들을 하나의 웹사이트에서 확인할 수 있습니다. 영문으로 되어 있지만 예제가 다양하고 시각적으로 보기 좋습니다.

cssreference.io
QR

3. 블로거 개발성훈님의 CSS 정리 글: 앞서 소개한 웹사이트가 CSS 속성들을 예제로 제공하는 영문 사이트였다면, 이곳은 한국어로 되어 있는 CSS 정리 글 중에 가장 일목요연하고 체계적으로 분류되어 있습니다.

개발성훈 블로그 QR

3강

오늘 배워 내일 써먹는 개발 기초

1 데이터를 담는 바구니, 변수

1. 변수와 데이터 타입

우리는 평소에 변수, 상수라는 말을 종종 씁니다. 변수는 값이 정해지지 않은 수로, 원하면 어떤 것으로든 변할 수 있죠. 반대로 상수는 변하지 않는 '일정한 수'를 말합니다. 프로그래밍에서 변수는 의미하는 바가 하나 더 있습니다. 바로 데이터를 저장하는 공간을 말합니다. 또한 저장되는 값이 계속 바뀔 수 있다는 의미도 담고 있죠. 변수와 대비되는 개념은 상수이며, 이는 변하지 않는 값을 담는 공간입니다(상수에 대해서는 뒤에서 자세히 다루겠습니다). 변수나 상수처럼 데이터를 저장하는 공간이 없다면, 프로그래밍에 사용하는 모든 데이터들은 공중분해가 될 지도 모릅니다. 다음 코드를 보겠습니다.

```
function add(v1, v2) {
  return v1+v2;
}
let result = add(3, 5);
console.log(result);
```

여기서 만약 add(3, 5) 결과를 리턴한 8이라는 값을 result에 넣지 않는다면 프로그램은 함수가 리턴한 결과는 어디론가 날려 버릴 겁니다. 이처럼 변수는 리턴한 결과를 실제로 메모리에 담아 주는 역할을 합니다.

[그림 3-1] 데이터 타입에 따라 달라지는 용량

변수에 들어가는 값이 바뀔 수는 있지만, 바구니의 크기가 소·중·대로 나눠져 있는 것처럼 담을 수 있는 용량은 한정되어 있습니다. 데이터 타입에 따라 용량이 다르죠. 만약 생일 선물용 상자를 사야 한다고 생각해 보세요. 중간 사이즈의 선물을 넣어야 할 때 더 비싼 대형 사이즈의 박스를 살 필요는 없겠죠? 변수도 마찬가지로 작은 데이터를 위해 굳이 큰 메모리의 데이터 공간을 사용할 필요가 없습니다. 그렇기 때문에 데이터 타입이 존재하고 그에 맞는 용량이 정해져 있는 것입니다. 이처럼 변수는 담을 수 있는 용량이 각기 다르고 담을 수 있는 타입도 다릅니다.

화폐에도 단위(원, 달러 등)가 있듯이 컴퓨터의 메모리 크기에도 단위가 있습니다. 가장 기본이 되는 단위는 비트bit라고 부르는데요. 비트코인을 생각하면 외우기 쉽습니다. 비트는 컴퓨터에서 처리하는 정보의 최소 표현 단위입니다. 컴퓨터는 0과 1의 조합으로만 모든 정보를 표현하는데요, 1비트로 0과 1을 표현할 수 있습니다. 하지만 비트는 너무 작은 단위이기 때문에 바이트byte라는 단위를 많이 사용합니다.

우리나라 돈으로 생각해보죠. 1원은 너무 작은 단위이기 때문에, 100원 혹은 1,000원 단위를 많이 사용하는 것과 같습니다. 컴퓨터에서는 8비트를 1바이트로 표현을 합니다. 변수의 데이터 타입에 따라 할당되는 메모리의 크기도 바이트로 표기합니다.

자바를 기준으로 변수의 데이터 타입에 따라 어떻게 용량이 다른지 알아보겠습니다. 이름과 종류를 다 외우려고 하기보다는 '데이터 타입에 따라 용량이 각기 다를 수 있구나.' 정도를 알면 됩니다. 3.14와 같이 소수점이 붙는 타입 중에 double 타입은 8바이트의 크기를 갖습니다. 정수 타입인 int는 4바이트, 문자 하나만 들어가는 char는 2바이트, 참과 거짓으로 표현하는 boolean은 1바이트의 크기를 갖습니다.

[그림 3-2] 데이터 타입에 따라 달라지는 바구니의 크기

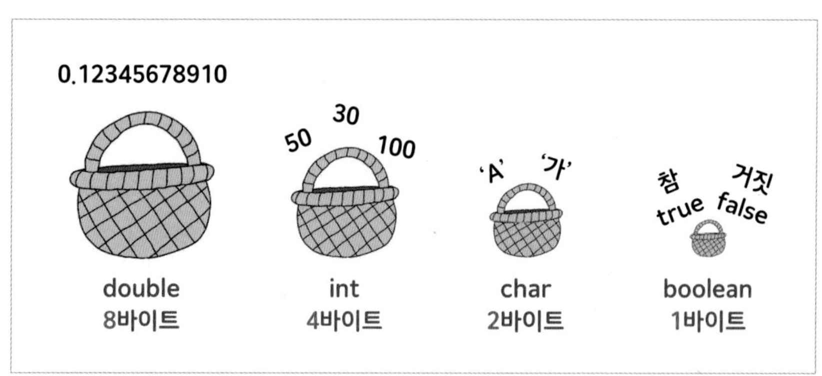

2. 책상과 사물함으로 보는 원시 타입, 참조 타입

저는 프로그래밍 언어를 처음 배울 때 정수는 int, 문자열은 string, 배열은 array 등 데이터 타입의 종류와 이름을 외우기에 급급했어요. 정작 중요한 것은 원시 타입Primitive type과 참조 타입Reference type, 이 두 가지임을 나중에야 알게 되었

습니다. 데이터 타입의 개념이 두 개로 나뉘는 것은 중요하기 때문에 꼭 기억해야 합니다. 원시 타입과 참조 타입은 프로그래밍 언어의 가장 기본 개념입니다.

원시 타입(기본형)은 정말 기본이 되는 데이터 타입이라고 생각하면 됩니다. 참조 타입은 원시 타입을 토대로 만들어진 클래스 또는 객체 같은 것을 말하며 원시 타입을 제외한 모든 데이터 타입을 참조 타입이라고 부릅니다. 원시 타입은 프로그래밍 언어마다 다르지만, 대표적으로 세 가지로 나눌 수 있어요.

① '참이냐 거짓이냐?'처럼 true 혹은 false로만 표현하는 논리형 타입

② 숫자를 표현할 수 있는 숫자형 타입

③ 문자를 표현할 수 있는 문자형 타입

원시 타입의 변수와 참조 타입의 변수는 저장되는 공간이 다릅니다. 원시 타입은 스택stack에 저장되고, 참조 타입은 힙heap에 저장됩니다. 이 개념을 책상 서랍과 사물함에 빗대어 살펴보겠습니다.

학창시절 때의 학교 책상과 사물함을 떠올려보세요. 책상 바로 밑에는 서랍이 있었습니다. 이 공간에는 보통 오늘 공부할 책, 다음 교시의 책과 같이 바로 꺼내 사용할 책들을 넣었죠. 간편하게 꺼내기 좋기 때문이에요. 하지만 큰 책은 들어가지 않을 뿐더러 공간도 좁습니다. 편한 대신 용량 부족의 한계가 있죠.

하지만 교실 뒷편에 있는 사물함은 책상 서랍의 단점을 장점으로 가지고 있습니다. 공간이 책상 서랍보다 더 넓어 무겁고 큰 책을 넣기가 좋죠. 사물함의 단점은 책상 서랍에 비해 거리가 멀어 책을 꺼내는 데 시간이 걸리고, 책을 찾기 위해서는 사물함 번호를 알아야만 찾을 수 있다는 점이 있습니다. 또한 장기 보관하는 책이나 여러 가지 책을 넣는 곳인 만큼 주기적으로 청소해 주지 않으면 더러워지기 쉽습니다.

[그림 3-3] 책상 서랍과 사물함 비교

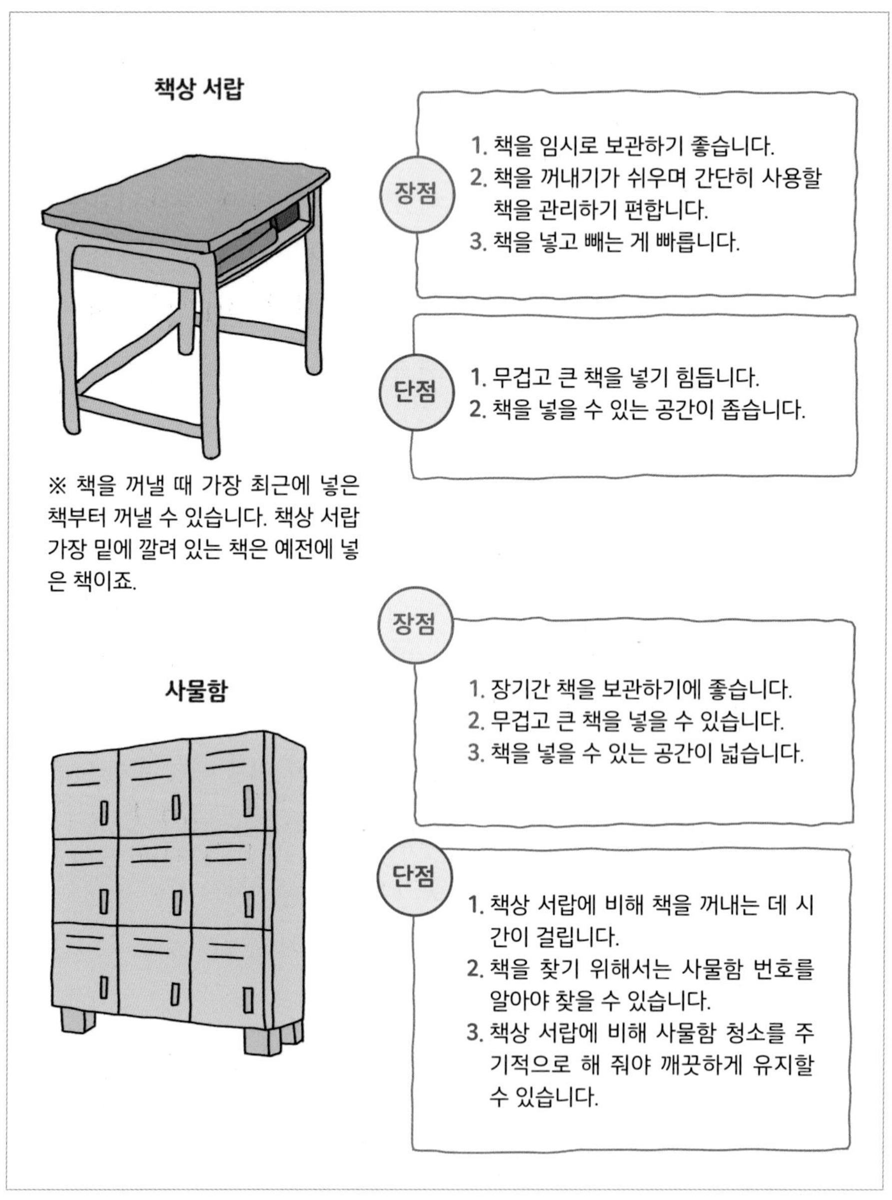

책상 서랍
장점
1. 책을 임시로 보관하기 좋습니다.
2. 책을 꺼내기가 쉬우며 간단히 사용할 책을 관리하기 편합니다.
3. 책을 넣고 빼는 게 빠릅니다.
단점
1. 무겁고 큰 책을 넣기 힘듭니다.
2. 책을 넣을 수 있는 공간이 좁습니다.
※ 책을 꺼낼 때 가장 최근에 넣은 책부터 꺼낼 수 있습니다. 책상 서랍 가장 밑에 깔려 있는 책은 예전에 넣은 책이죠.
사물함
장점
1. 장기간 책을 보관하기에 좋습니다.
2. 무겁고 큰 책을 넣을 수 있습니다.
3. 책을 넣을 수 있는 공간이 넓습니다.
단점
1. 책상 서랍에 비해 책을 꺼내는 데 시간이 걸립니다.
2. 책을 찾기 위해서는 사물함 번호를 알아야 찾을 수 있습니다.
3. 책상 서랍에 비해 사물함 청소를 주기적으로 해 줘야 깨끗하게 유지할 수 있습니다.

이처럼 책상 서랍과 사물함은 각각 장단점이 있는 것을 알 수 있습니다. 컴퓨터 또한 마찬가지입니다. 스택 메모리와 힙 메모리 공간의 장단점이 있고, 그에 따라 효율적으로 데이터를 관리합니다. 스택은 마치 책상 서랍 같고, 힙은 사물함과 같습니다.

[그림 3-4] 책상 서랍, 사물함으로 보는 스택과 힙

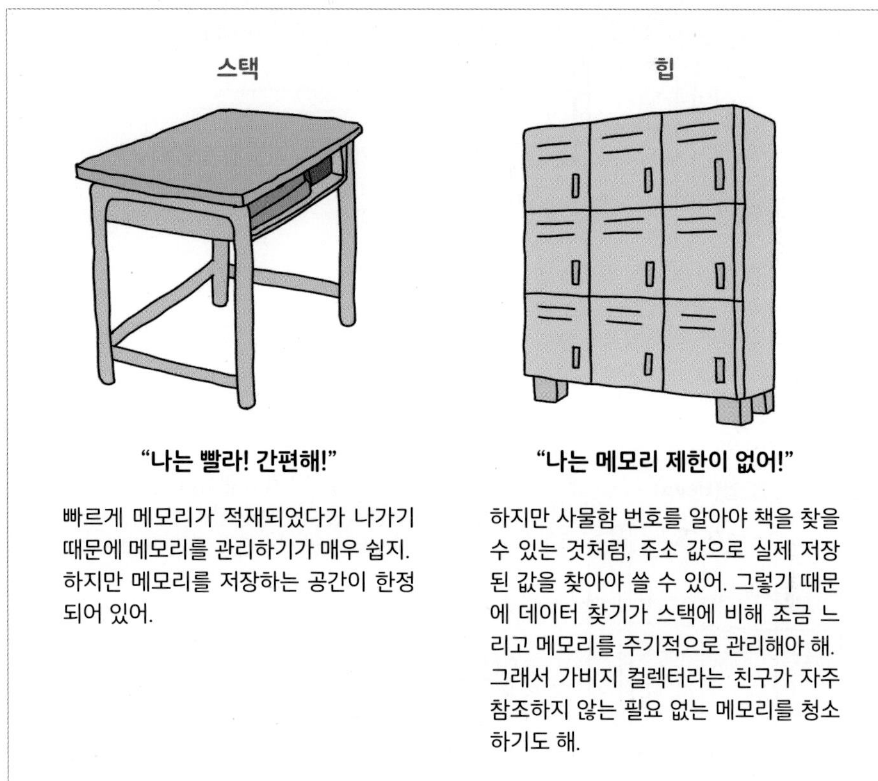

스택
힙
"나는 빨라! 간편해!"
빠르게 메모리가 적재되었다가 나가기 때문에 메모리를 관리하기가 매우 쉽지. 하지만 메모리를 저장하는 공간이 한정되어 있어.
"나는 메모리 제한이 없어!"
하지만 사물함 번호를 알아야 책을 찾을 수 있는 것처럼, 주소 값으로 실제 저장된 값을 찾아야 쓸 수 있어. 그렇기 때문에 데이터 찾기가 스택에 비해 조금 느리고 메모리를 주기적으로 관리해야 해. 그래서 가비지 컬렉터라는 친구가 자주 참조하지 않는 필요 없는 메모리를 청소하기도 해.

어떤가요? 스택과 힙은 책상, 사물함과 비슷하죠. 책상 서랍과 사물함을 스택과 힙으로 대입해 장단점을 정리하면 다음과 같습니다.

[그림 3-5] 스택과 힙의 장단점

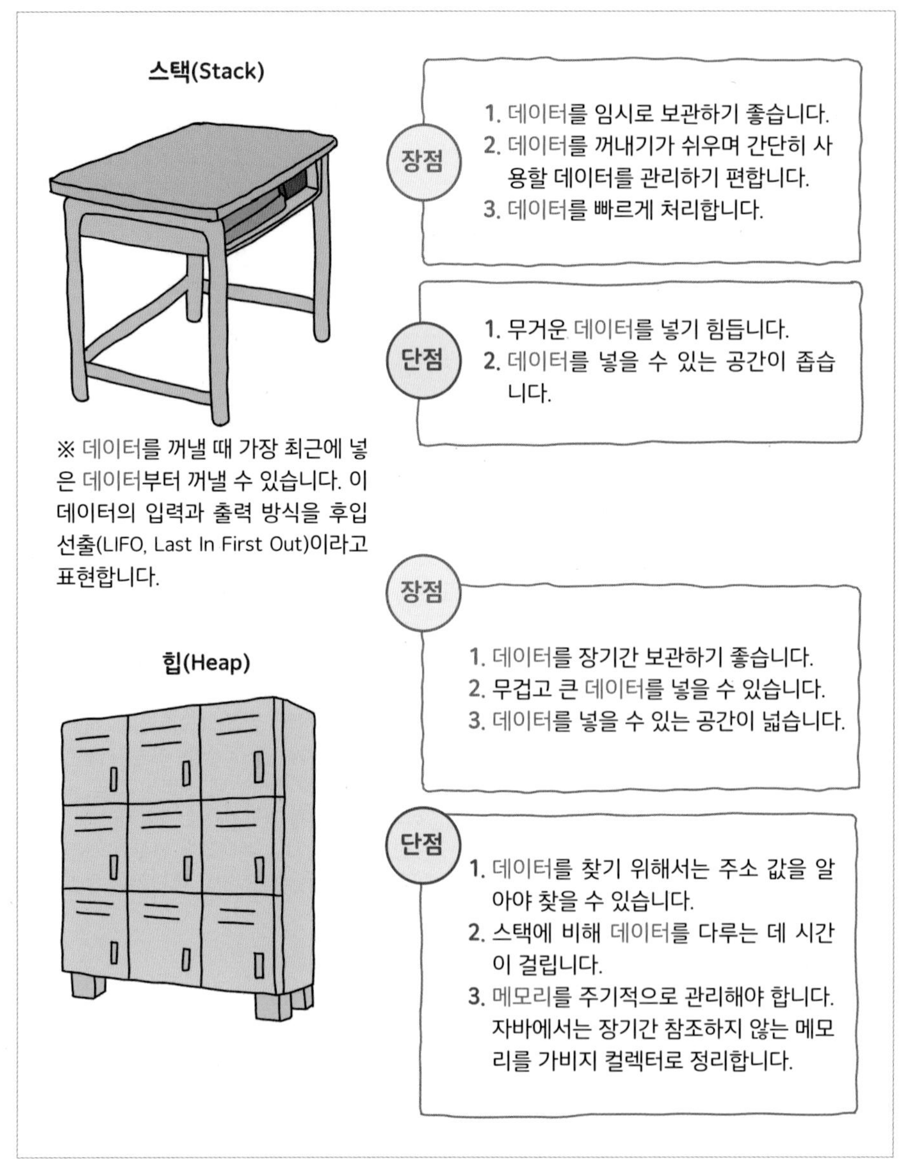

스택(Stack)
장점
1. 데이터를 임시로 보관하기 좋습니다.
2. 데이터를 꺼내기가 쉬우며 간단히 사용할 데이터를 관리하기 편합니다.
3. 데이터를 빠르게 처리합니다.
단점
1. 무거운 데이터를 넣기 힘듭니다.
2. 데이터를 넣을 수 있는 공간이 좁습니다.
※ 데이터를 꺼낼 때 가장 최근에 넣은 데이터부터 꺼낼 수 있습니다. 이 데이터의 입력과 출력 방식을 후입선출(LIFO, Last In First Out)이라고 표현합니다.
힙(Heap)
장점
1. 데이터를 장기간 보관하기 좋습니다.
2. 무겁고 큰 데이터를 넣을 수 있습니다.
3. 데이터를 넣을 수 있는 공간이 넓습니다.
단점
1. 데이터를 찾기 위해서는 주소 값을 알아야 찾을 수 있습니다.
2. 스택에 비해 데이터를 다루는 데 시간이 걸립니다.
3. 메모리를 주기적으로 관리해야 합니다. 자바에서는 장기간 참조하지 않는 메모리를 가비지 컬렉터로 정리합니다.

'컴퓨터가 데이터를 효과적으로 관리하기 위해 스택과 힙 영역으로 나눠서 처리한다는 것은 알겠어. 근데 그게 원시 타입, 참조 타입과 무슨 관련일까?' 하고 의문점이 든다면 오히려 진도를 잘 따라오고 있는 중이니 걱정하지 마세요. 참조 타입은 원시 타입으로 이루어진 객체나 클래스 등을 의미한다고 했는데요. 그렇기 때문에 원시 타입에 비해서 참조 타입은 더 큰 메모리를 차지할 수밖에 없습니다. 원시 타입은 말 그대로 기본 타입이기 때문에 가볍습니다. 따라서 원시 타입은 가벼우면서 빠른 스택(책상 서랍)에 저장되고 참조 타입은 무거우면서 느린 힙(사물함) 영역에 저장됩니다.

여기서 한 가지 더 알아야 할 게 있습니다. 사물함에 보관되어 있는 책을 찾기 위해서는 사물함 번호를 알아야 합니다. 그래야 책을 찾을 수 있어요. 어떤 책이 몇 번 사물함에 보관되어 있는지 즉각 알 수 있다면 책을 찾기가 편할 거예요. 그래서 어떤 책이 몇 번 사물함에 보관되어 있는지 쪽지에 메모를 한다고 해봅시다. 그런 뒤 책상 서랍에 넣어 놓으면 언제든지 쪽지를 보고 사물함에 보관되어 있는 책을 찾을 수 있겠죠.

[그림 3-6] 사물함 번호를 적어 놓은 쪽지를 책상 서랍에 보관

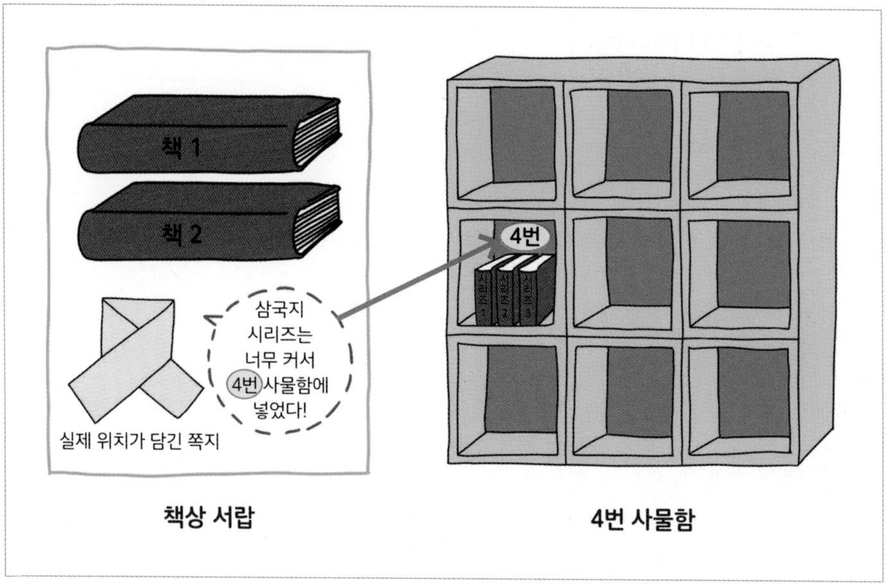

컴퓨터가 이러한 방법을 쓰고 있습니다. 참조 타입의 데이터가 힙에 저장될 때는 언제나 힙에 손쉽게 접근할 수 있도록 힙의 번호(주소 값)를 스택에 저장합니다. 반면, 기본형은 데이터가 단순하고 용량도 적기 때문에 바로 스택에 저장됩니다. 즉, 기본형인 int, boolean 등은 모두 스택에 저장이 됩니다.

[그림 3-7] 힙의 주소 값을 스택에 저장

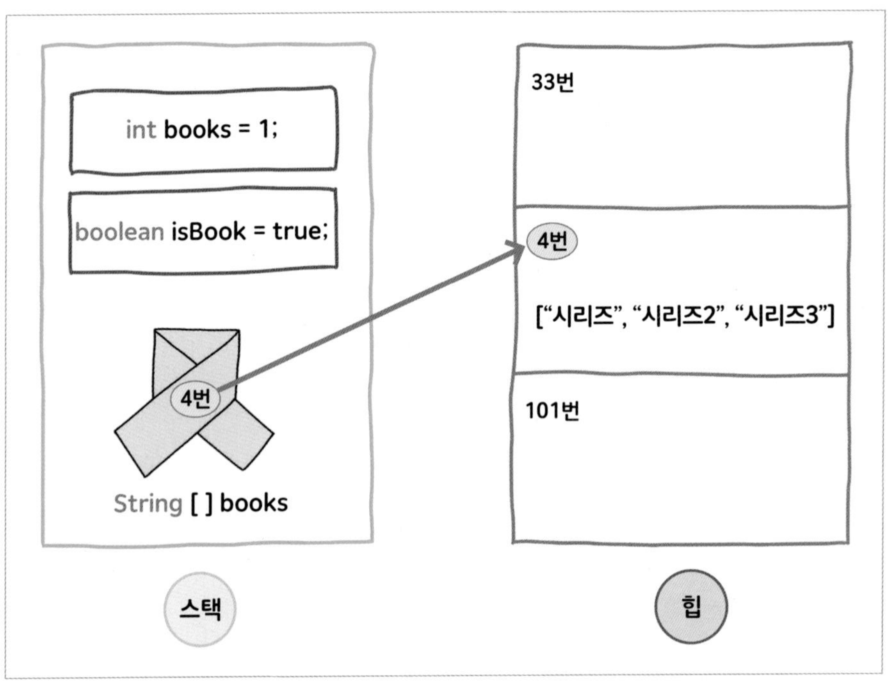

↑ 뒤에서 배울 String[ ] 는 여러 값을 저장하는 '배열'이며 참조 타입입니다.

정리하자면 데이터 타입 중에 기본 타입인 원시 타입은 데이터가 크지 않기 때문에 빠르게 접근할 수 있는 스택에 값이 저장됩니다. 반면, 참조 타입은 데이터의 크기가 크기 때문에 공간이 넓은 힙에 저장해요. 그렇지만 힙의 데이터를 빠르게 찾아낼 수 있도록 참조 타입이 힙에 저장될 때는 힙의 주소 값을 스택에 함께 저장시킵니다. 그리고 스택에 있는 힙의 주소 값을 참조하여 힙의 실제 값을 찾아냅니다.

3. 자바에서의 변수

이제는 데이터 타입에 대해 알아보겠습니다. 이 책에서는 자바와 자바스크립트 두 가지 프로그래밍 언어를 사용하여 예제를 만들었습니다. 프로그래밍 언어는 다르지만 어느 정도 문법과 사용법이 비슷하다는 것을 이야기하고자 두 개의 언어를 함께 언급하는 것이며, 하나의 언어만 알아도 무방합니다. 먼저 타입에 엄격한 자바부터 알아보겠습니다.

(1) 자바의 변수 선언 및 값 할당

[그림 3-8]

```
int num1 = 1;
```

1 2 3

[그림 3-9]

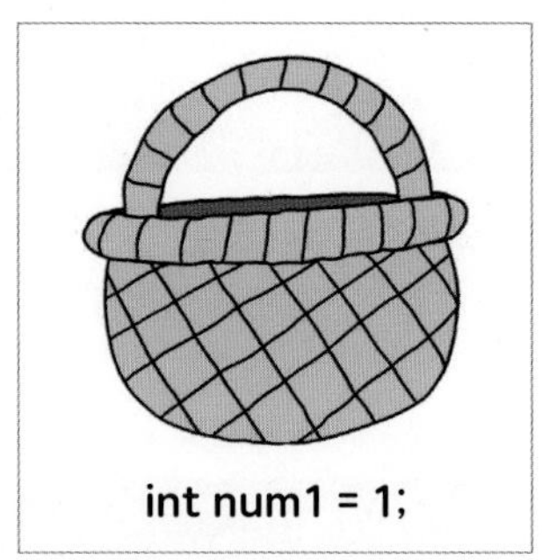

코드와 바구니를 보고 해석해 보겠습니다. 1은 데이터 저장 용량과 데이터 저장 방식을 말해주는 데이터 타입이고, 2는 변수 이름이네요. 3은 변수에 저장할 값, 어려운 말로 리터럴literal이라고 합니다. = 기호는 오른쪽의 값을 왼쪽의 변수에 넣어 준다는 의미임을 잊지 마세요. int num1 = 1; 코드는 변수의 선언과 할당을 동시에 한 것입니다.

- int num1 ; ← 변수 선언, 데이터 타입과 변수명만 입력
- num1 = 1; ← 변수 할당, 변수에 값을 넣어 주는 것

- int num1 =1; ← **변수의 선언과 할당을 동시에 하는 것**

보통 자바에서는 변수의 선언과 할당을 동시에 진행합니다. 그냥 변수 선언만 하게 될 경우 에러가 발생해요. 이 경우 초기화 과정이 필요합니다. 변수에 초깃값을 지정하는 과정을 초기화 과정이라고 합니다.

실행코드 java compilejava

main.java

```java
public class main
{
    public static void main(String[] args)
    {
        int num1;
        System.out.println(num1);
    }
}
```

↑변수를 선언만 했을 경우 에러 발생

실행결과 compilejava

COMPILE & EXECUTE PASTE SOURCE

```
/tmp/compilejava-
CJCbNH/main.java:6: error: variable num1 might not have been initialized
        System.out.println(num1);
                           ^
1 error
```

↑변수 num1은 초기화되어야 합니다.

또한 타입은 변수를 처음 선언할 때만 적어야 합니다. 만약에 동일한 변수인데 값을 바꾸려고 할 경우에 타입을 적으면 에러가 뜹니다.

실행코드 java compilejava

```java
public class main
{
    public static void main(String[] args)
    {
        int num1 = 1;
        System.out.println(num1);

        int num1 = 2;
        System.out.println(num1);
    }
}
```

↑ 같은 변수인데 타입을 다시 붙여서 값을 변경하려고 했을 때

실행결과 compilejava

COMPILE & EXECUTE | PASTE SOURCE

```
/tmp/compilejava-
1KJNhB/main.java:8: error: variable num1 is already defined in method main(String[])
        int num1 = 2;
            ^
1 error
```

↑ 변수 num1은 이미 정의되어 있습니다.

뒷 페이지를 보시면 변수의 선언과 할당을 마친 후에 다시 재할당을 하였습니다. 이제는 오류가 출력되지 않네요.

실행코드 java compilejava

main.java

```java
public class main
{
    public static void main(String[] args)
    {
        int num1 = 1;
        System.out.println(num1);

        num1 = 2;
        System.out.println(num1);
    }
}
```

↑ 동일한 변수에 다른 값을 넣어 주는 것을 재할당한다고 표현합니다.

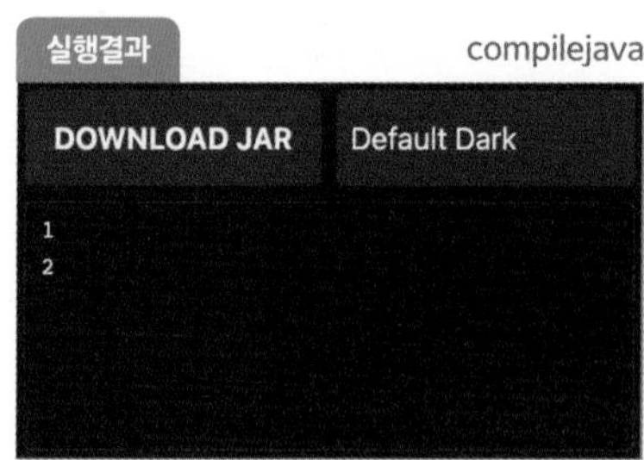

↑ 변수를 올바르게 사용하여 에러가 출력되지 않네요.

(2) 자바의 데이터 타입

• 원시 타입 종류

① 논리형: true 또는 false 두 가지로만 표현하는 논리형입니다. 영어로는 boolean이라고 부릅니다.

② 정수형: int를 가장 많이 씁니다. 표현 가능 범위에 따라 byte, short, int, long 타입도 사용합니다. 예시로 byte는 −128~127까지 표현 가능합니다.

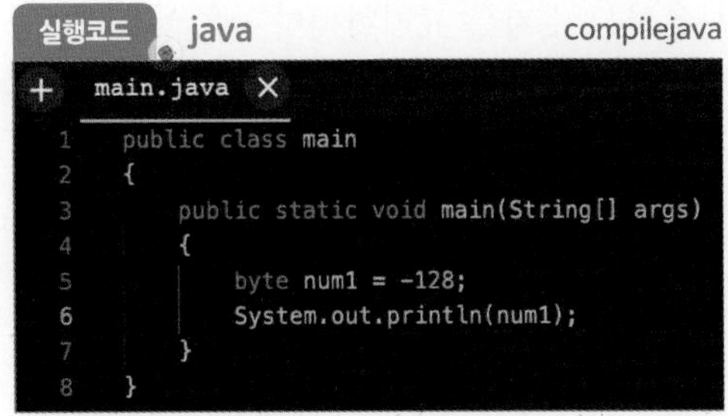

↑ −128은 byte 타입으로 표현 가능합니다.

↑ 표현 가능 범위 내에 있으므로 정상 출력

할당된 값이 −129일 경우 오류가 발생합니다.

실행코드 java compilejava

```java
public class main
{
    public static void main(String[] args)
    {
        byte num1 = -129;
        System.out.println(num1);
    }
}
```

↑ −129는 표현 가능한 범위가 아닙니다.

실행결과 compilejava

COMPILE & EXECUTE | PASTE SOURCE

```
/tmp/compilejava-
maKOHG/main.java:5: error: incompatible types: possible lossy conversion from int to byte
        byte num1 = -129;
                    ^
1 error
```

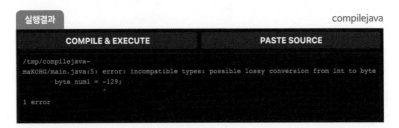

↑ 표현 가능 범위를 넘어섰으므로 오류 발생

③ 실수형: 3.14와 같은 소수점을 사용하는 숫자를 표기합니다.

④ 문자형: 's', 'A'와 같이 작은 따옴표로 표기하며, 문자 한 자리를 표현합니다. 한 자리가 넘어가면 문자열인 String 클래스를 씁니다. String 클래스는 자바의 reference type 중에 하나입니다.

원시 타입과 관련하여 자세히 살펴보면 [표 3-1]과 같습니다.

[표 3-1] 원시 타입 종류

타입		메모리 크기	기본값 (초깃값)	표현 가능 범위
논리형	boolean	1byte	false	true, false
정수형	byte	1byte	0	−128 ~ 127
	short	2byte	0	−32,768 ~ 32,767
	int(기본)	4byte	0	−2,147,483,648 ~ 2,147,483,647
	long	8byte	0L	−9,223,372,036,854,775,808 ~ 9,223,372,036,854,775,807
실수형	float	4byte	0.0F	(3.4×10^{-38}) ~ (3.4×10^{38})의 근삿값
	double(기본)	8byte	0.0	(1.7×10^{-308}) ~ (1.7×10^{308})의 근삿값
문자형	char	2byte (유니코드)	'₩u0000'	0 ~ 65,535

여기서 한 가지 의문이 듭니다. 문자형 표현 가능 범위가 0~65,535인 이유는 무엇일까요? 그 이유는 다음과 같습니다. 컴퓨터는 그저 0과 1만 알고 있기 때문이에요. 컴퓨터는 0과 1이라는 두 개의 숫자만을 사용하는 이진법의 방식으로 작동하고 있습니다.

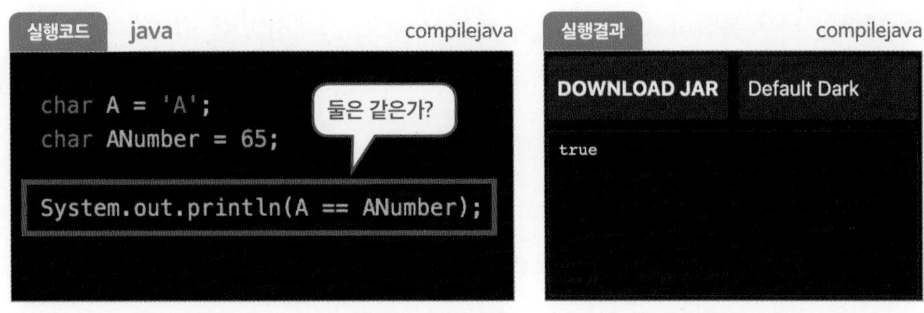

따라서 사실 컴퓨터에게 65라는 숫자는 A와 동일하다고 볼 수 있습니다. 컴퓨터에게 문자를 이해시키기 위해서는 이진법 형식으로 바꿔야 합니다. 그림에서는 우리가 쓰는 일반적인 문자를 컴퓨터가 이해할 수 있도록 돕기 위해 A를 10진법(65)으로 바꾸고, 이것을 다시 이진법(1000001)으로 바꾼 것입니다. 이처럼 컴퓨터가 이해할 수 있도록 만들어 주는 과정을 인코딩encoding이라고 합니다.

[그림 3-10] 인코딩과 디코딩

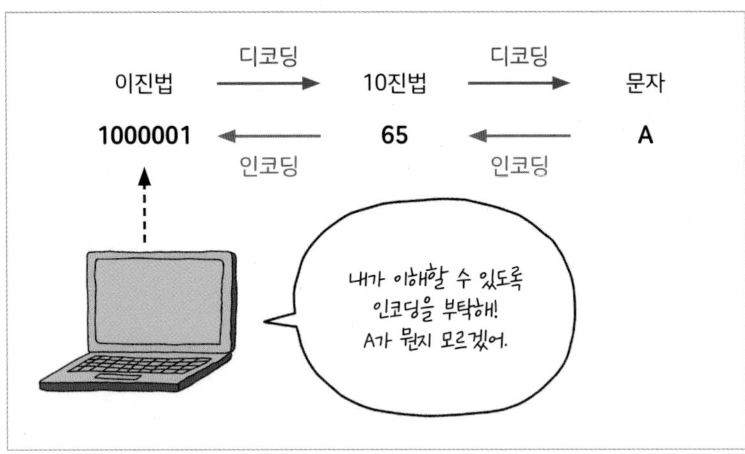

컴퓨터가 문자를 이해할 수 있도록 하는 문자 인코딩은 일정한 규칙을 따라야 합니다. 예를 들어, 어디서는 A를 65로 인식하고 다른 곳에서는 A를 35로 인식하

게 된다면 너무 복잡하고 해석하기도 힘들 거예요. 그래서 만든 규칙을 아스키코드ASCII라고 합니다. 아스키코드는 1바이트의 데이터를 사용합니다. 범용되는 규칙을 사용하여 한숨 돌리나 싶었는데, 아스키코드는 영어만 표현할 수 있다는 치명적인 단점이 존재했어요. 초기에는 영어만 사용해도 무리가 없었으나 점점 다양한 언어를 표기해야 했죠. 해결책으로 나오게 된 것이 유니코드UniCode입니다.

유니코드는 앞에 '유니'라는 말이 들어가는 것처럼, 전 세계 언어의 문자를 정의하기 위해 만든 국제 표준 코드입니다. 유니코드는 문자에 따라 1~4바이트를 사용합니다. 자바의 char 자료형은 0부터 65,535까지의 2바이트 크기가 넘지 않는 데이터를 사용할 수 있기에 기본적으로 2바이트라고 부르고 있습니다. 그리고 이 유니코드를 인코딩하는 방식으로 현재 UTF-8을 가장 많이 사용하고 있습니다. UTF-8 인코딩 방식은 아스키코드로 표현 가능한 것들은 1바이트를 사용하며(알파벳), 가능하지 않은 것들(한글 등)은 2바이트 이상을 사용하는 유연한 방식을 채택하고 있습니다.

본론으로 돌아가 정리하자면 원시 타입은 논리형, 정수형, 실수형, 문자형 네 가지로 나뉘는 것을 알 수 있습니다.

• 참조 타입의 종류

참조 타입은 어떤 것들이 있을까요? 원시 타입을 제외한 모든 타입들이 전부 참조형 타입입니다. 참조형은 기본형을 토대로 만들어진 자료형이에요.

[표 3-2] 참조 타입 종류

타입	메모리 크기	기본값
배열(Array)	4byte(주소 값)	null
클래스(Class)		
열거(Enumeration)		
인터페이스(Interface)		

참조 타입이 단 4바이트인 이유는 무엇일까요? 앞서 참조 타입은 힙에 저장되고 이 주소 값만 스택에 저장하여 필요할 때 꺼내 쓴다고 했습니다. 이처럼 주소 값은 실제 참조 타입의 값들이 저장되어 있는 공간의 주소지입니다. 원시 타입과 다르게 참조 타입은 복잡하고 메모리를 많이 차지할 수 있기 때문에, 더 넓은 공간을 부여받게 됩니다. 그리고 이 공간이 어디 있는지에 대한 주소 값만 기억합니다. 해당 주소 값만 기억하는 공간이 4바이트이기 때문에 이 크기만 차지하게 되는 것입니다.

또한 null은 값이 비어 있음을 의미합니다. '널널하다(널찍하다)' 뜻을 생각하면 외우기 쉽죠. 참조 타입의 기본값(생성한 후 아무것도 넣어 주지 않을 경우)은 null입니다. 이는 참조하는 주소 값이 아무것도 없음을 뜻합니다.

① 자바에서 String 클래스

원시 타입 중에서는 하나의 문자를 표현하는 char 타입이 있어요. 반대로 문자를 여러 개 사용하는 것이 문자열이며, 이를 자바에서는 String 클래스를 사용하여 표현합니다. char는 원시 타입이며 작은따옴표를 사용하고, String 클래스는 참조 타입이며 큰따옴표를 사용합니다.

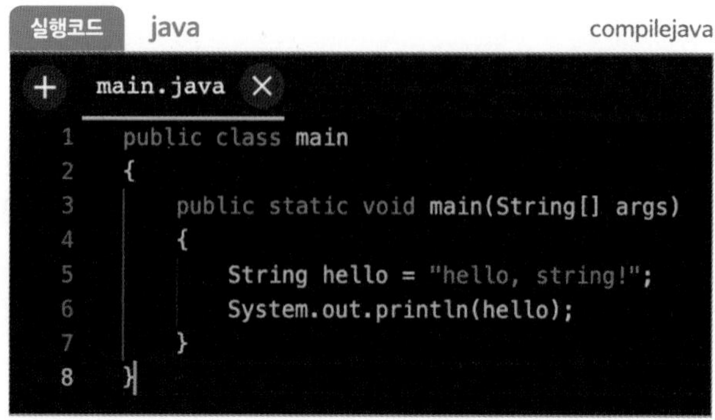

앞서 int number = 1;과 같이 데이터 타입을 선언할 때 소문자(int)로 선언하였는데, String은 앞글자가 대문자(String)로 선언되어 있습니다. String은 클래스이기 때문입니다. 클래스를 사용할 때는 맨 앞자리를 대문자로 써야 하는 게 규칙입니다. 근데 한 가지 의문이 생기네요. 굳이 String이라는 클래스로 제공하는 이유가 무엇이 있을까요? 그리고 단순히 글을 나타내는 것을 보면 기본 타입일 것 같은데, 기본 타입이 아니라 String 클래스를 사용하는 참조 타입이기도 하네요. 그 이유는 String 클래스로 사용하게 되면 얻는 이점이 많기 때문입니다.

먼저, 클래스로 사용하면 유용한 메서드들을 이용할 수 있습니다. 문자열의 길이를 알려주는 length( ) 메서드, 문자열에서 원하는 범위만큼 뽑아주는 substring(int from, int to) 메서드 등 다양한 메서드를 쓸 수 있습니다.

다음으로, 메모리 관리에 효과적입니다. 하나의 문자를 표현하는 char 타입은 2바이트의 메모리를 사용한다고 이야기했죠? 여기서 "가나다라마바사아자차카타파하"(총 14글자)와 같이 굉장히 긴 양을 작성할 수도 있는데, 이 모든 글자가 메모리를 차지하게 된다면(14글자 × 2바이트 = 24바이트) 컴퓨터 성능에 좋지 않을 거예요. 그래서 String은 원시 타입이 아니라 참조 타입을 사용합니다. 참조 타입은 앞에서 모두 4바이트만 차지한다는 것을 알려 드렸죠? 실제 값은 힙에 저장되고 스택에는 주소 값만 저장되기 때문에 주소 값 메모리 크기인 4바이트만 잡히게 됩니다. 즉, String Hangeul = "가나다라마바사아자차카타파하";는 24바이트가 아니라 4바이트가 되는 것입니다.

[그림 3-11] 긴 문자열을 4바이트로 저장

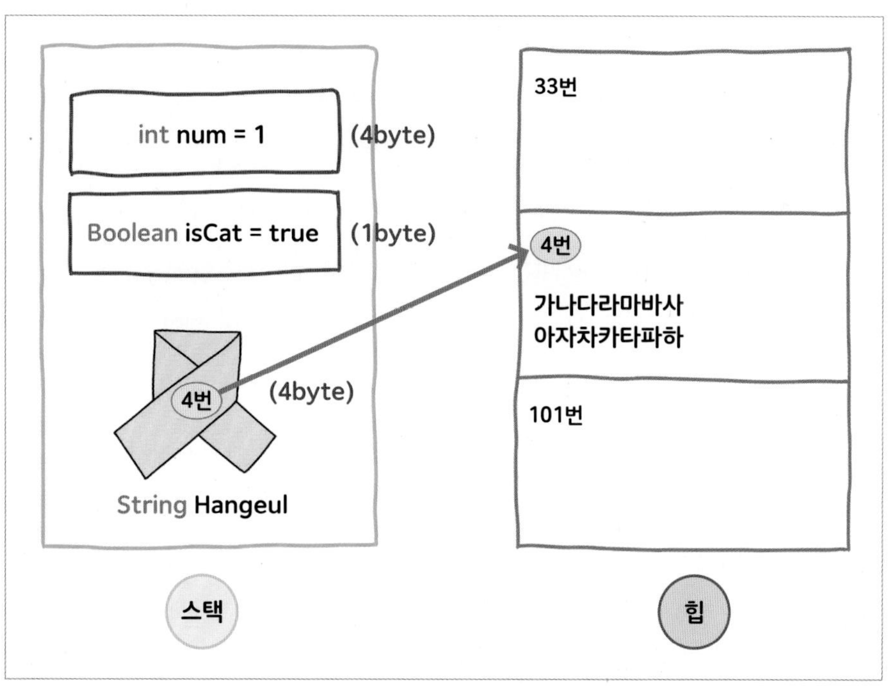

② 자바에서의 배열

무지개라는 것을 표현하고 싶다고 해 봅시다. 어떻게 표현할 수 있을까요? 일곱 가지의 색을 모두 다른 변수에 담는 것은 생각보다 너무 번거로울 것 같아요. 이럴 때 사용하기 좋은 것이 바로 배열입니다. 배열은 하나의 변수에 여러 개의 값을 저장할 수 있어요. 자바에서는 동일한 타입의 데이터를 연속적으로 나열하여 저장한다고 설명하죠. 자바 배열의 길이는 처음 생성할 때의 개수 그대로 고정되어 변동되지 않습니다.

[그림 3-12] rainbow 배열

```
String[] rainbow = {"빨","주","노","초","파","남","보"};
```

1 2 3

무지개니까 레인보우(rainbow) 배열을 만들어 보았습니다. 잠깐 코드부터 해석해 보겠습니다. 1번은 데이터 타입입니다. 대괄호 묶인 [ ]라는 것은 배열이라는 것을 알려주는 기호예요. String으로 이루어진 배열이라는 것을 알려주는 것이죠. 2는 변수 이름이네요. 3번은 배열 값들입니다. { } 기호 안에 콤마로 구별하여 넣어요. 이 배열에 들어가는 값은 데이터 타입에 맞춰 넣어 줘야 해요. 예를 들어 String[ ]인데 {0, 1, "빨", "주"} 이런 식으로 데이터 타입이 섞이면 안 됩니다.

이제 배열에 있는 값 중에서 네 번째에 있는 "초"만 출력하겠습니다. 이럴 때는 어떻게 해야 할까요? 바로 인덱스Index로 접근하면 됩니다. 인덱스라는 것은 쉽게 말하자면 학교에서 사용하는 학번 같은 존재입니다. 어릴 때는 보통 가나다 순으로 1, 2, 3번… 번호를 부여하고 선생님이 "자, 5번 읽어 봐!" 같이 편리하게 학생을 호출할 수 있었죠. 배열도 이처럼 인덱스를 가지고 있는데, 앞에서부터 차례대로 숫자를 매깁니다. 여기서 중요한 점은 0번부터 숫자를 매긴다는 것입니다.

[그림 3-13] 0부터 숫자를 매기는 인덱스

```
  0     1     2     3     4     5     6
{"빨", "주", "노", "초", "파", "남", "보"};
```

↑ 배열의 크기(길이)는 7

따라서 "초"만 출력하기 위해서는 System.out.println(rainbow[3]);로 출력해요. 그리고 배열의 길이는 7입니다. rainbow.length = 7이라고도 표현하죠. 인덱스뿐만 아니라 값을 넣어 접근할 수도 있습니다. 이를 활용하여 [그림 3-14]는 레인보우를 같지만 다른 방식으로 만들어 본 것입니다.

[그림 3-14] rainbow 배열

```
main.java
public class main
{
    public static void main(String[] args)
    {
        String[] rainbow = new String[7];
        rainbow[0] = "빨";
        rainbow[1] = "주";
        rainbow[2] = "노";
        rainbow[3] = "초";
        rainbow[4] = "파";
        rainbow[5] = "남";
        rainbow[6] = "보";
    }
}
```

여기서 new String[7] 부분은 "나는 문자열을 쓸 건데 크기는 총 7인 배열을 생성할 거야."라는 뜻입니다. 그리고 자바에서 배열의 크기는 고정됩니다. 여기서 7개의 공간을 가진 배열을 선언하고 5개의 값만 넣어도 배열의 크기는 여전히 7

입니다. new 연산자는 간단하게 설명하자면 Array 객체와 똑 닮은 친구를 생성한다는 의미입니다.

그리고 배열은 참조 타입이기에 힙 영역에 데이터를 저장할 공간을 부여 받고 이 주소 값을 rainbow에 저장합니다. 여기서 rainbow를 어려운 말로 참조변수라고 부르기도 해요. 즉, 참조 타입을 사용할 때 이용하는 변수를 말합니다. 참조변수에는 참조할 주소 값이 저장됩니다. 정말인지 한 번 출력해 볼게요. 만약 배열 rainbow를 콘솔로 출력한다면 어떤 결과가 나오게 될까요? {"빨", "주", "노", "초", "파", "남", "보"}가 출력될 것만 같아요.

실행코드 java compilejava

main.java

```java
public class main
{
    public static void main(String[] args)
    {
        String[] rainbow = {"빨","주","노","초","파","남","보"};
        System.out.println(rainbow);
    }
}
```

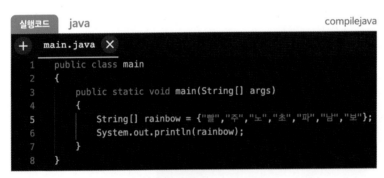

↑ 참조 변수 rainbow를 콘솔에 출력해 보겠습니다.

↑ @30f39991 주소 값이 출력되네요.

{"빨", "주", "노", "초", "파", "남", "보"}가 아니라, 처음 보는 숫자와 골뱅이

모양이 보이네요. 이것이 바로 힙에 저장된 메모리에 접근할 수 있는 주소 값입니다.

[그림 3-15] 배열의 실제 값이 저장된 주소 값을 저장하는 참조 변수 rainbow

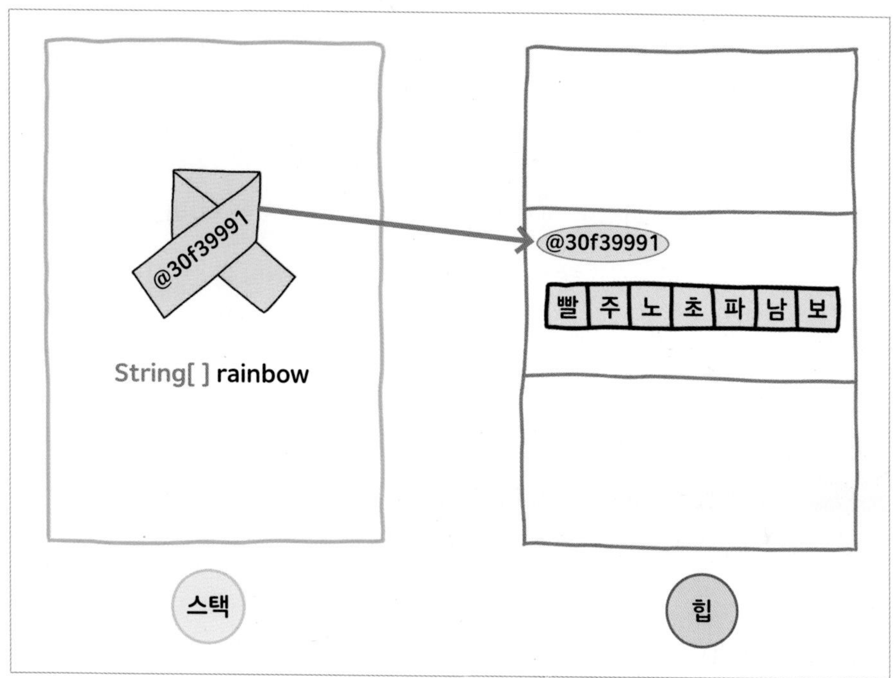

자바에서 참조변수의 값을 그대로 출력하면 참조하고 있는 곳의 주소 값이 출력되는 것을 볼 수 있습니다. 배열과 관련한 더 자세한 내용은 '쉬는 시간'에 있는 '참고 웹사이트'에 들어가면 있습니다. 웹사이트에서 다양한 메서드도 구경해 보세요. 만약 이 주소 값이 아니라 실제 값들을 출력해 보고 싶으면 어떻게 해야 할까요? Arrays.toString( )이라는 메서드를 사용하거나 반복문을 통해 출력할 수 있습니다. 추후 반복문 파트에서 실제 값들을 출력하는 예시를 다뤄 보겠습니다.

4. 자바스크립트에서의 변수

여기서는 자바스크립트에 대해 알아보겠습니다. 앞서 데이터 타입에 엄격한 자바 언어를 살펴보았는데요, 그에 비해 자바스크립트는 데이터 타입에 굉장히 유연한 언어입니다. '타입이 엄격한 언어와 유연한 언어의 차이점'을 중심으로 프로그래밍 언어의 속성에 대해 알아보겠습니다.

(1) 자바스크립트의 변수 선언 및 값 할당

자바에서는 일일이 타입을 명시하면서 변수를 선언했지만, 자바스크립트는 타입을 명시하지 않습니다. [그림 3-16]의 코드를 먼저 해석하겠습니다.

[그림 3-16] 자바스크립트 코드 예시

1을 봐 주세요. 타입을 따로 명시해 주지 않고 let, const, var 3개 중에 하나로만 변수를 선언합니다. 여기서 var는 치명적인 단점들이 존재해 이를 대체하고자 let이 나오게 되었습니다. const는 상수로 사용할 때 쓰입니다. 2는 변수 이름이고요, 3 자리에는 타입에 상관없이 어떤 값이든 넣을 수 있습니다.

자바에서는 String 타입의 변수를 선언하고 13이라는 숫자를 넣으면 에러를 보여 줍니다. 문자를 넣어야 하는데 숫자 값을 삽입했기 때문이죠.

실행코드 java compilejava

```java
public class main
{
    public static void main(String[] args)
    {
        String str = 13;
        System.out.println(str);
    }
}
```

↑ 문자열 타입으로 선언한 변수 str에 숫자 13을 넣고 콘솔에 출력합니다.

실행결과 compilejava

COMPILE & EXECUTE | PASTE SOURCE

```
/tmp/compilejava-
PmEgLA/main.java:5: error: incompatible types: int cannot be converted to String
        String str = 13;
                     ^
1 error
```

↑ 타입에 맞지 않는 값이 들어와 에러가 나오네요.

하지만 자바스크립트는 타입을 지정하지 않고 자유롭게 사용이 가능해요. 타입을 알아서 유추하기 때문입니다. 자바는 타입에 엄격하기 때문에 타입을 함께 써야 했고, 타입에 맞지 않은 데이터 타입을 넣는 것이 허용되지 않지만 자바스크립트는 이것이 가능합니다. 타입을 자동으로 추론하여 알아서 행동하는 자바스크립트의 특성이 있기 때문이죠. 예로, 문자를 넣어도 문제없이 출력합니다.

↑ 자바스크립트에서는 문자를 넣었다가 숫자를 넣는 것이 가능합니다.

↑ 처음 데이터 타입과 다른 데이터 타입으로 재할당해도 정상 출력됩니다.

이렇듯 자바스크립트는 다른 데이터 타입을 교차하며 사용해도 문제가 되지 않습니다. 다만 자바는 기존에 사용하던 데이터 타입을 다른 타입으로 변경하기 위해 형 변환이라는 것을 필요로 합니다. 코딩을 처음 접하면서 형 변환이라는 것까지 알기에는 어려울 수도 있어요. '쉬는 시간'에 '참고 웹사이트'에 형 변환과 관련된 QR코드를 첨부했으니 길고 지루한 설명대신 접속해 보면 도움이 되실 겁니다.

(2) 자바스크립트의 데이터 타입

자바스크립트의 데이터 타입에 대해서 설명하겠습니다. 자바스크립트도 크게 원시 타입과 참조 타입으로 나뉘어집니다. 참조 타입은 기본형을 제외한 모든 객체를 말합니다. 함수, 배열 등이 있습니다. 자바스크립트 원시 타입의 대표적인 다섯 가지는 다음과 같습니다.

① 논리형(boolean)

true 혹은 false 두 가지로만 표현하는 논리형입니다.

② 숫자형(number)

실수와 정수를 구분하는 자바와는 달리 number로만 통칭됩니다.

③ 문자형(string)

자바에서는 String 클래스(문자형)를 쓰지만, 자바스크립트에서는 원시 타입으로 제공됩니다. 기본적으로는 let abc="abc";와 같이 큰따옴표를 사용하여 표현하며, let abc='abc';와 같이 작은따옴표도 사용이 가능합니다. 자바스크립트는 따로 데이터 타입을 앞에 적지 않기 때문에 숫자로 표기할 경우 이 숫자가 숫자형인지, 문자열인지 헷갈릴 수 있습니다. 쉽게 구별하는 방법은 따옴표의 유무입니다. 즉, 4는 숫자형이고 "4"는 문자형입니다.

④ null

null은 자바에서는 참조 타입에서만 쓰이며(원시 타입에서 사용되지 않습니다) 주소 값이 없다는 의미로 사용되었지만, 자바스크립트에서는 값이 없다는 의미를 의도적으로 명시하기 위해 사용합니다. 예로 let none = null;의 코드에서 none 변수는 값이 없다는 사실을 명시한 것입니다.

⑤ undefined

undefined는 '정의되지 않았다'는 의미로, 정말 아무 값이 없는 상태를 말합니다. 변수 선언만 하고 값을 넣어 주지 않으면 기본적으로 들어가는 값입니다. null과의 차이점은 null은 사용자가 의도적으로 넣어 주는 것이지만, undefined는 사용자의 의도가 없어도 자동으로 들어가는 값입니다. 또한 함수에서 리턴 값이 없을 경우에도 undefined가 나오게 됩니다.

(3) 자바스크립트에서 배열이란?

앞서 자바는 String[ ] rainbow로 선언하게 되면 문자열로만 구성된 내용들을 넣을 수 있었죠. {"빨", "주", "노", "초", "파", "남", "보"}처럼요. 그리고 처음에 설정한 배열의 크기가 고정되었고요. 반면 자바스크립트의 배열은 자바와 다르게 배열의 크기가 고정되지 않고 자유로워요. 심지어 자바처럼 타입을 하나만 넣을 필요도 없습니다. 이것 저것 다 들어가요. 타입을 여러 가지 섞어 넣어도 됩니다. 자바스크립트는 배열을 [ ]로 감싸서 표현합니다.

다음 코드를 보면 하나의 배열에 다양한 타입을 가진 데이터들이 들어가는 것을 볼 수 있습니다. 그리고 자바는 배열을 콘솔로 출력하였을 때 주소 값이 출력되었지만, 자바스크립트는 안에 무엇이 담겼는지 실제로 표현되는 것을 볼 수 있습니다.

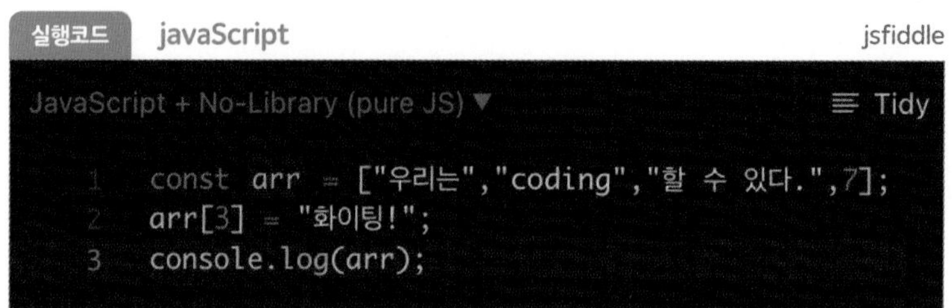
실행코드
javaScript
jsfiddle
JavaScript + No-Library (pure JS) ▼
Tidy
const arr = ["우리는","coding","할 수 있다.",7];
arr[3] = "화이팅!";
console.log(arr);

↑ **자바스크립트의 배열에는 다양한 타입을 가진 데이터가 들어갑니다.**

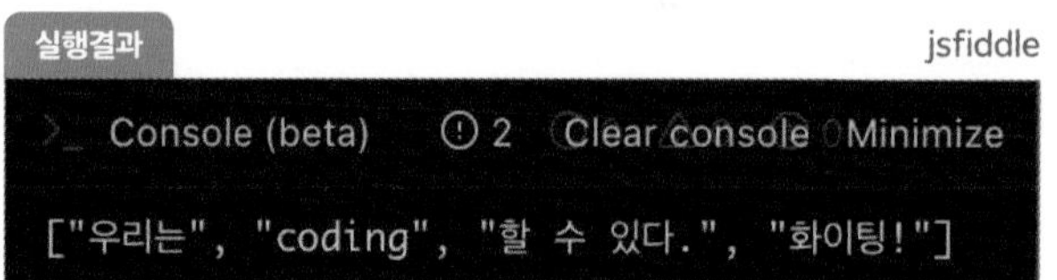
실행결과
jsfiddle
Console (beta)
2
Clear console
Minimize
["우리는", "coding", "할 수 있다.", "화이팅!"]

↑ **배열 값을 변경할 때에도 타입과 관계없이 유연하게 변경이 가능합니다.**

언어가 서로 달라도 한꺼번에 뭔가를 담을 수 있는 배열이라는 타입이 있다는 걸 보면, 근본적인 작동 원리는 비슷하다는 것을 알 수 있습니다. 이 책에서 자바와 함께 자바스크립트를 보여 드리는 이유는 둘 다 외워야 한다는 뜻이 아니라, 언어가 달라도 비슷한 구석이 많다는 점을 이야기하고 싶었기 때문이에요.

(4) 자바 타입과 자바스크립트 타입의 비교

자바는 숫자 타입에도 다양한 종류가 존재했죠(byte, short, int, long 등). 그런데 자바스크립트에서는 그 모든 것들이 number 하나로 통칭됩니다. 타입에 둔한 언어라는 것을 알 수가 있어요. 그렇기에 자바스크립트에서는 변수를 선언할 때에도 타입을 쓰지 않고, 기존에 문자 값을 담았다가 나중에 숫자로 다시 값을 넣어도 에러가 나지 않으며 바로 해당 타입으로 바뀝니다. 굉장히 유연하죠? 자바에서는 가능하지 않은 것들이 자바스크립트에서는 가능한 경우가 많습니다. 표로 정리하고 넘어가겠습니다.

[표 3-3] 참조 타입 종류

구분	자바의 타입	자바스크립트의 타입
속성	타입을 명시합니다. ex) int num1 = 1;	– 타입을 명시하지 않습니다. – const, let, var로만 변수를 선언합니다. ex) const num1 = 1;
원시 타입	– 정수형(byte, short, int, long) – 실수형(float, double) – 문자형(char) – 논리형(boolean)	– number – string – boolean – null – undefined 등
참조 타입	기본형을 제외한 모든 것이며 대표적으로 클래스가 있습니다.	기본형을 제외한 모든 것이며 대표적으로 객체가 있습니다.

(5) 키와 값을 쌍으로 이루는 JSON

어린 시절, 한 번쯤 종이로 된 백과사전을 들춰 본 적이 있을 거예요. 백과사전의 많은 양의 텍스트를 보면 눈앞이 아득하곤 했죠. 백과사전 제작자들도 이런 마음을 잘 아는지 찾아보기 쉽게 구성하고자 노력했던 흔적들이 보입니다. 이를테면 '개미'라는 단어를 찾을 때, 초성 'ㄱ' 부분을 먼저 보면 단어를 찾기 쉬웠죠. 그리고 개미라는 키key 값으로 '개미는 벌목 개미과에 속하는 진사회성 곤충의 총칭으로 벌과 더불어 벌목에 속한다.'라는 값value을 찾을 수 있었습니다.

이렇게 키와 값을 쌍으로 만들면 좋은 점이 어떤 것이 있을까요? 텍스트 양이 방대하더라도, 키 값만 알고 있으면 내용을 찾기 쉽고 빠르다는 장점이 있습니다. 프로그래밍에도 키와 값이 서로 쌍을 이루는 자료 형태가 있습니다. 바로 JSON입니다. JSON은 우리말로 제이슨이라고 부르며 .jpg처럼 확장자로 .json을 사용합니다. 본래는 자바스크립트 언어로부터 파생되어 자바스크립트의 형식을 따르나, 다양한 언어에서도 사용 가능합니다. JSON은 데이터를 마치 객체처럼 보이게끔 만든 텍스트 파일입니다. 즉, 데이터를 직관적이고 쉽게 표현하는 파일 형식이죠. JSON은 개발자가 아니더라도 한 번쯤 들어봤을 수 있을 겁니다. 그만큼 웹에서 많이 쓰이는 파일 형태이고 웹 서버와 웹 클라이언트가 서로 정보를 주고받을 때도 사용하는 데이터 포맷Data format입니다.

[그림 3-17] 코드 결과물은 실제로 서버에 API를 요청하여 응답을 받은 데이터인데요, 키와 값이 쌍으로 이루어진 JSON 파일임을 알 수가 있어요. 자세히 살펴보면 이름, 이메일, 주소, 핸드폰 번호와 같이 하나의 객체를 설명하고 있음을 알 수 있습니다. 객체를 표현하기에 JSON은 정말 안성맞춤이죠.

[그림 3-17] JSON 형태의 응답 데이터

```
[
  {
    "id": 1,
    "name": "Leanne Graham",
    "username": "Bret",
    "email": "Sincere@april.biz",
    "address": {
      "street": "Kulas Light",
      "suite": "Apt. 556",
      "city": "Gwenborough",
      "zipcode": "92998-3874",
      "geo": {
        "lat": "-37.3159",
        "lng": "81.1496"
      }
    },
    "phone": "1-770-736-8031 x56442",
    "website": "hildegard.org",
    "company": {
      "name": "Romaguera-Crona",
      "catchPhrase": "Multi-layered client-server neural-net",
      "bs": "harness real-time e-markets"
    }
  },
```

JSON의 예시를 보겠습니다. 나이가 30세인 kim을 JSON으로 나타내는 작성 방법은 다음과 같습니다. JSON의 키는 문자열로 표기하며, 값은 타입에 맞게 사용합니다. 키는 문자열로 표현해야 하므로 무조건 큰따옴표를 써야 합니다. 따라서 "키": 값으로 데이터를 표기하고 이것을 중괄호 모양 {} 으로 감싸줘요.

```
{
  "name": "kim",
  "age": 30,
  "ability": {
    "main": "javascript",
    "sub": ["java", "python"]
  },
  "isMarried": false
}
```

↑ 키에 해당하는 "name", "age", "ability", "isMarried"는 큰따옴표로 표현합니다.

값의 경우에는 타입에 맞게 작성하면 되므로 string 타입일 경우는 큰따옴표를 사용하고 number 및 boolean 타입일 경우 큰따옴표를 사용하지 않습니다.

① "name" : "kim" ← string 타입일 경우 큰따옴표 사용
② "age" : 30 ← number 타입일 경우 큰따옴표 미사용
③ "isMarried" : false ← boolean 타입일 경우 큰따옴표 미사용

그리고 데이터가 여러 개가 되는 경우 대괄호 모양 [ ]으로 묶습니다. 보통 JSON으로 데이터를 주고받을 경우 데이터 양이 많기 때문에 대괄호를 이용합니다.

실전 과제 JSON 형태의 데이터 만들어 보기

jsfiddle로 코드 작성을 하며 JSON을 구현하겠습니다. 회사원들의 데이터를 JSON 형태로 표현하려고 합니다. 회사원들의 이름, 나이, 가지고 있는 능력, 결혼 여부를 표시할 건데 가지고 있는 능력에는 메인 능력과 서브 능력이 있어요. 회사원의 이름이 위캔코딩, 나이는 28세, 메인 능력은 자바스크립트, 서브 능력으로 리액트를 가지고 있다고 합시다. 결혼은 하지 않았고요. 코드는 다음과 같이 씁니다.

```
{
    "name" : "WeCanCoding",
    "age" : 28,
    "ability" : {"main": "javascript", "sub": "react"},
    "isMarried": false
}
```

앞의 코드를 참고하여 다음 데이터를 JSON 형태로 만든 후에 employees라는 변수에 넣어 보세요. 자바스크립트 변수이기 때문에, 타입은 따로 정할 필요 없이 const, var, let 세 개 중에 하나로 지정하면 됩니다(var는 되도록 사용을 지양해 주세요).

이름	나이	능력		결혼 여부
		메인	서브	
kim	30	javascript	java	false
lee	28	javascript	python	false
shin	21	R	python	true
park	34	C#	java	true

다 작성했다면 다음 코드와 비교해 보세요.

1. 이름이 shin인 데이터만 보고 싶다면, 배열에서 인덱스로 추출하면 됩니다.

   코드는 다음과 같습니다.

실행코드 javaScript jsfiddle

JavaScript + No-Library (pure JS) ▼

```
let employees = [
  {
     "name":"kim",
     "age":30,
     "ability":{
       "main":"javascript",
       "sub":"java"
     },
     "isMarried" : false
  },
  {
     "name":"lee",
     "age":28,
     "ability":{
       "main":"javascript",
       "sub":"python"
     },
     "isMarried" : false
  },
  {
     "name":"shin",
     "age":21,
     "ability":{
       "main":"R",
       "sub":"python"
     },
     "isMarried" : true
  },
  {
     "name":"park",
     "age":34,
     "ability":{
       "main":"C#",
       "sub":"java"
     },
     "isMarried" : true
  },
]
```

우리는 앞에서 배열에게 숫자를 매기는 것을 '인덱싱'한다고 배웠습니다. 인덱싱은 0부터 숫자를 매기는 거였죠. 이를 활용해 보겠습니다.

실행코드 javaScript jsfiddle

```
console.log(employees[2]);
```

↑ 인덱싱을 통해 이름이 shin인 데이터만 뽑겠습니다.

실행결과 jsfiddle

```
>_ Console (beta) Clear console Minimize
{
  ability: {
    main: "R",
    sub: "python"
  },
  age: 21,
  isMarried: true,
  name: "shin"
}
```

↑ 이름이 shin인 데이터만 출력되고 있네요.

이름을 가장 먼저 넣었는데, abc 순서로 오름차순 정렬이 되어서 나오네요. 이처럼 JSON은 인덱스(데이터가 담긴 인덱싱)는 순서를 보장하지만 인덱스 안의 내용은 순서를 보장하지 않습니다.

2. shin의 능력을 보고 싶을 때는 다음과 같이 작성하면 됩니다.

실행코드 javaScript jsfiddle

```
console.log(employees[2]["ability"]);
```

↑ shin의 능력만 뽑아 보겠습니다.

실행결과 jsfiddle

```
>_ Console (beta)  Clear console  Minimize

{
  main: "R",
  sub: "python"
}
```

↑능력 부분의 데이터만 잘 나오고 있네요.

현재 kim은 서브 능력으로 java를 가지고 있어요. 만약 kim이 열심히 공부해서 서브 능력으로 파이썬이 추가되었다고 합시다. 서브 능력이 2개 이상 있을 경우 이를 어떻게 표현해야 할까요?

앞서 데이터가 여러 개가 되는 경우 대괄호 모양으로 묶어 준다고 이야기했죠? 이를 사용하여 작성하면 다음과 같습니다.

실행코드 javaScript jsfiddle

```
{
  "name": "kim",
  "age": 30,
  "ability": {
    "main": "javascript",
    "sub": ["java", "python"]
  },
  "isMarried": false
}
```

여러 개를 작성할 경우 대괄호로 묶습니다.

결과적으로 kim의 서브 능력은 자바와 파이썬이 되었습니다. 데이터가 여러 개가 될 경우에는 대괄호 안에 다수의 값을 넣어 줍니다. 이를 활용하여 다수의 데이터 값을 표현할 수 있습니다.

5. 메모리를 관리하는 스코프

변수는 우리의 소중한 데이터를 담는 바구니죠. 과연 이 바구니가 많으면 많을수록 좋을까요? 그렇지 않습니다. 너무 많은 메모리를 사용할 수 있어서 성능에 문제가 생길 수 있기 때문입니다. 이를 컴퓨터가 효율적으로 관리하고자 변수가 숨을 쉴 수 있는 구간을 설정했습니다. 이 구간을 벗어나게 되면 변수는 소멸하게 되죠. 그것이 바로 스코프Scope입니다.

스코프 어디서 들어보셨죠? 영어로는 '범위'를 뜻하며 중괄호를 기준으로 '여기서부터 여기까지만 너는 존재할 수 있어!'라고 범위를 지정한다고 생각하면 쉽습니다. 스코프를 중심으로 지역변수와 전역변수가 무엇인지에 대해 설명하겠습니다.

먼저 코드를 보면서 살펴보도록 하겠습니다. 기존에 예제로 사용하던 add 함수 코드를 바탕으로 설명드리겠습니다. undying이라는 변수는 add 함수 바깥에 있고, willdie라는 변수는 add 함수 내부에 존재합니다. 이를 바탕으로 코드를 살펴볼게요.

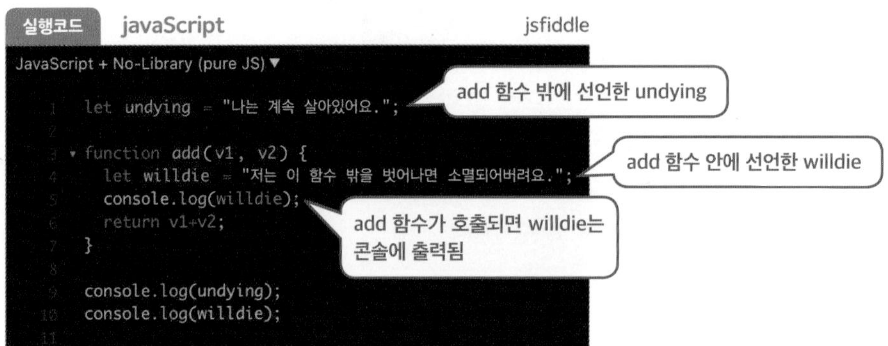

↑ 두 개의 변수를 각자 콘솔로 찍어보겠습니다. 과연 어떠한 값이 찍힐까요?

실행결과 jsfiddle

```
>_ Console (beta)   ⓘ 2  ⓘ 0  ⚠ 0  ⓘ 2
"나는 계속 살아있어요."
"<a class='gotoLine' href='#50:13'>50:13</a> Uncaught ReferenceError: willdie is not defined"
```

↑add 함수 바깥에 선언한 undying 변수는 잘 보이고, add 함수 내부에 있는 willdie 변수는 정의되지 않은 변수이기에 에러가 나왔습니다.

이러한 결과가 어떻게 나왔을까요? 우선 undying은 어디서든지 접근이 가능할 것입니다. 그 이유는, 어떠한 블록(중괄호) 안에도 없고 함수 내부에 있지 않기 때문입니다. 즉, undying은 가장 바깥에 있는 변수라 할 수 있습니다. 그렇기에 소멸되지 않고 불멸의 존재처럼 프로그램이 끝나기 전까지 계속 살아 있죠.

하지만 willdie는 그렇지 않습니다. add 함수 내부에 존재하기 때문에 이 함수의 블록을 벗어나게 되면 사라져버립니다. 그렇기 때문에 함수의 바깥에서 콘솔에 출력하려고 하니 힘을 쓰지 못하고 undefined가 나오는 것을 볼 수 있어요. 그렇다면, 이 변수가 살아 숨 쉴 수 있는 때가 언제일까요? 그것은 바로 add 함수가 실행될 때 입니다. 정말인지 확인하기 위해 add 함수에 1과 3을 넣어 호출하겠습니다.

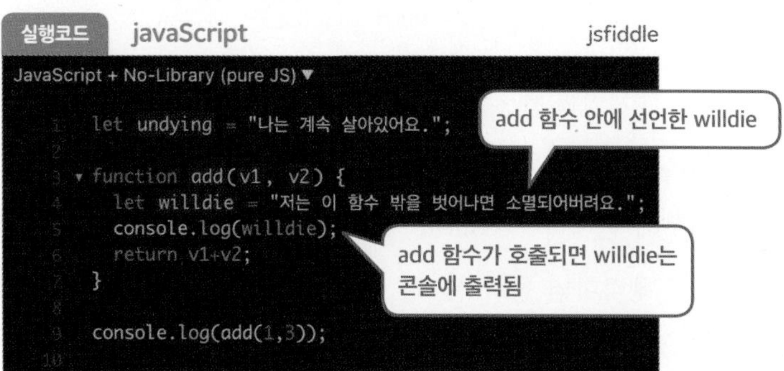

↑add 함수에 아무 값이나 넣고 호출하겠습니다. 저는 1과 3을 넣겠습니다.

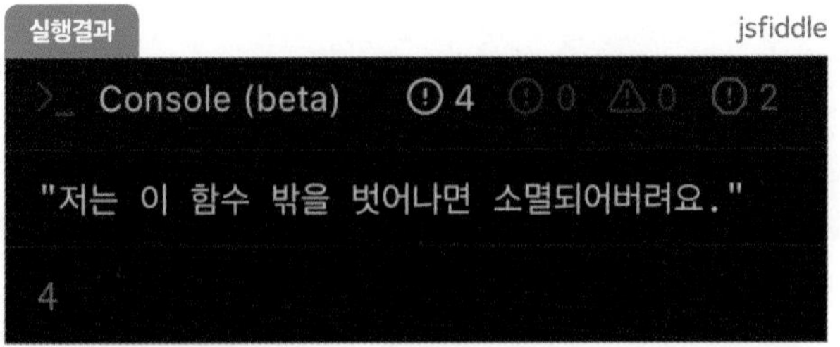

↑add 함수가 실행되며 willdie는 살아 숨 쉬게 되고, 콘솔에 잘 출력되네요.

add 함수가 호출될 때는 willdie가 존재할 수 있기 때문에 add 함수 내부에 존재하는 console.log(willdie);에서는 온전히 잘 출력되는 것입니다.

[그림 3-18] 지역변수와 전역변수

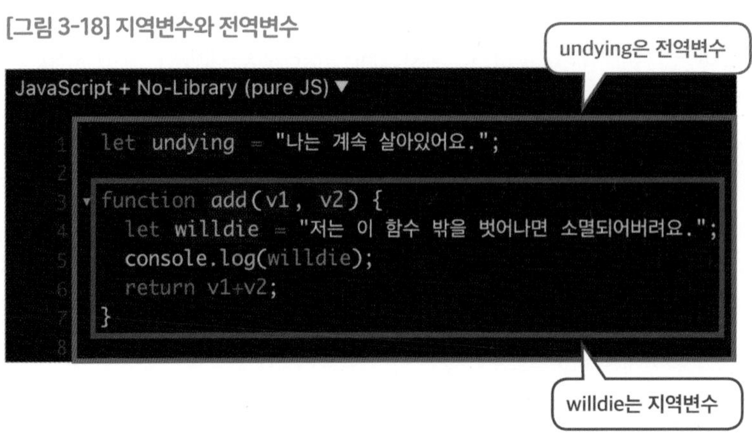

함수 바깥에 존재하고 가장 바깥에 존재하는 undying 변수는 전역변수입니다. 전역적으로 모두 사용할 수 있기 때문에 이러한 이름이 지어졌다고 생각하면 쉽습니다. 반면, 함수 내부에 존재하는 willdie 변수는 지역변수입니다. 한 지역 내에서만 사용할 수 있다고 생각하면 됩니다.

현업에서는 꼭 필요한 경우가 아닌 이상 전역변수를 사용하지 않는 것을 권하는 편입니다. 전역변수를 남발하게 되면 그만큼 메모리가 많이 사용되는 것이기 때문이니까요. 중괄호가 생각보다 중요한 역할을 하는 것이라고 느꼈을 겁니다.

게다가 요즘 많이 사용되는 파이썬 언어에서는 이 중괄호를 생략하고, 들여쓰기로만 스코프를 구별해요. 그럴수록 더욱 더 어디서부터 어디까지가 지역변수로 사용이 되는지 구별을 명확하게 해야 합니다.

6. 변하지 않는 상수

(1) 자바와 자바스크립트 상수

변수는 변할 수 있는 값이라고 했죠. 상수는 이와 반대로 변하지 않는 값입니다. 상수는 읽기 전용readonly이라고 이해하면 됩니다. 한 번 값을 할당하면 이후에 이 값을 변경하지 못합니다. 즉, 재할당이 불가능한 거죠. 자바에서는 final이라는 키워드를 사용하고 자바스크립트에서는 const를 사용하여 선언합니다.

실행코드 java compilejava

main.java

```java
public class main
{
    public static void main(String[] args)
    {
        final int num1 = 1;
        num1 = 3;
        System.out.println(num1);
    }
}
```

↑ 자바에서는 final로 상수를 선언합니다.

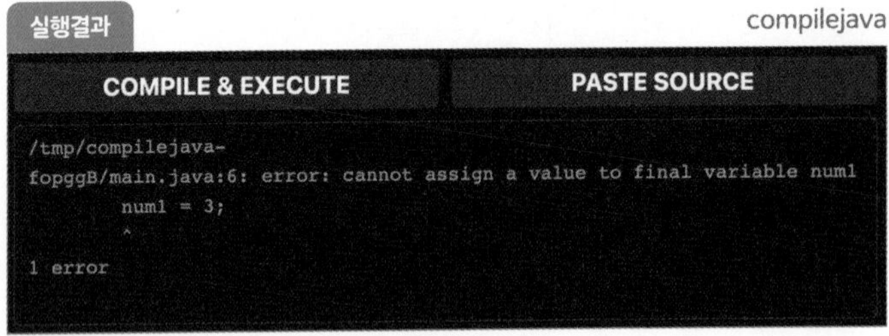

↑ 상수에 값을 변경하려고 하니 에러가 나옵니다.

final로 선언했기 때문에 num1은 에러를 뱉어냅니다. 값을 변경하지 못하게 하는 함수이니 당연하죠. '처음이자 마지막 값이다'라는 의미로 final을 기억하면 됩니다. final은 변수 이외에도 클래스와 메서드에서도 사용을 하는데요, final 키워드가 있으면 그 이후로는 아예 읽기 전용이라고 보면 됩니다.

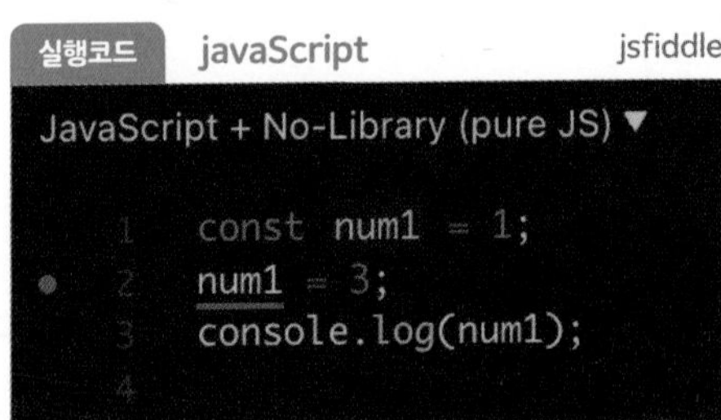

↑ 자바스크립트는 const로 상수를 선언합니다.

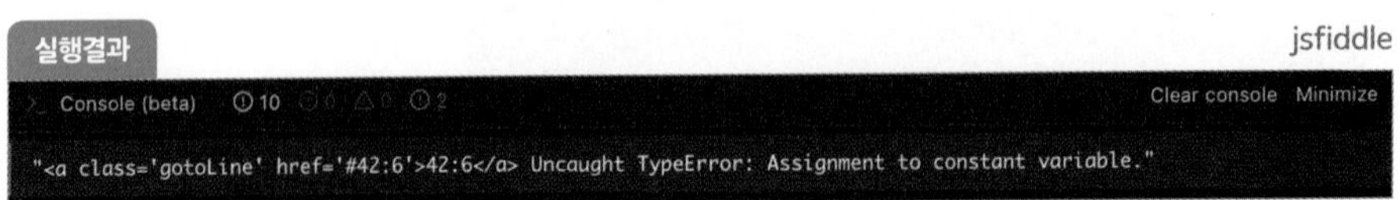

↑ 상수는 재할당이 불가합니다.

(2) 참조 타입에서의 상수 vs. 원시 타입에서의 상수

참조 타입에서의 상수와 원시 타입에서의 상수 속성을 알아볼게요. 앞서 참조 타입에서는 데이터의 주소 값이 저장되고 그 주소 값으로 실제 데이터에 접근한다고 했죠. 여기서 상수 개념이 헷갈릴 수 있어서 다시금 이를 짚고 넘어가려고 합니다. 자바로 작성한 코드를 예시로 살펴보겠습니다. 배열 타입인 rainbow가 있습니다. 여기서 "빨"만 골라서 "검"이라는 값으로 변경하려고 합니다. 하지만 final로 선언했기 때문에 rainbow는 상수예요. 이 상황에서 rainbow에서 "빨"을 "검"으로 변경해 봅시다.

실행코드 java compilejava

main.java

```java
public class main
{
    public static void main(String[] args)
    {
        final String[] rainbow = {"빨","주","노","초","파","남","보"};
        rainbow[0] = "검";
        System.out.println(rainbow[0]);
    }
}
```

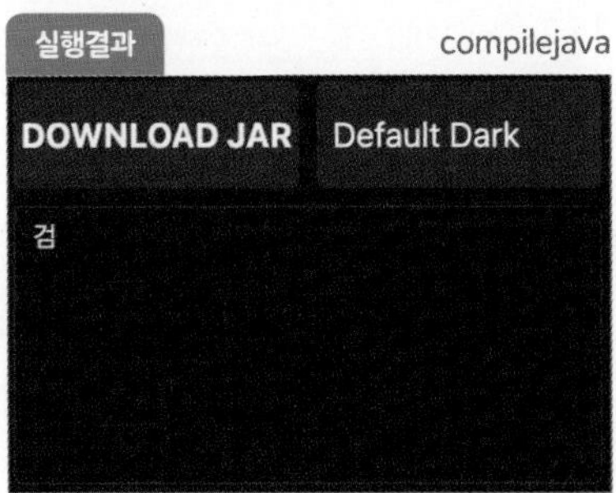

↑ 결과는 에러 없이 너무 잘 뜨고 있어요.

"값을 변경한다고? 분명히 상수로 선언하게 되면 그 이후로는 값을 바꿀 수 없다고 봤던 것 같은데." 의문이 들 수 있습니다. 저도 그랬으니까요. 하지만 원시 타입과 참조 타입의 차이를 제대로 알면 헷갈리지 않을 거예요. 원시 타입의 변수는 값 자체가 저장되지만, 참조 타입의 변수는 주소 값만 변수에 저장한다고 했던 말, 기억하시죠? 앞의 예시에서 rainbow[0]로 수정해도 주소 값은 동일하기 때문에 에러 없이 작동하는 것입니다. 반면 원시 타입인 int는 그 값 자체로 저장되기 때문에 1에서 3으로 값을 변경하게 될 경우 값이 동일하지 않아 에러가 발생합니다.

[그림 3-19]처럼 메모리에 있는 값이 변경되어도 정작 중요한 주소 값은 바뀌지 않았기 때문에 상수가 이를 허용해 준 것입니다.

[그림 3-19] 값이 바뀌어도 변하지 않은 주소 값

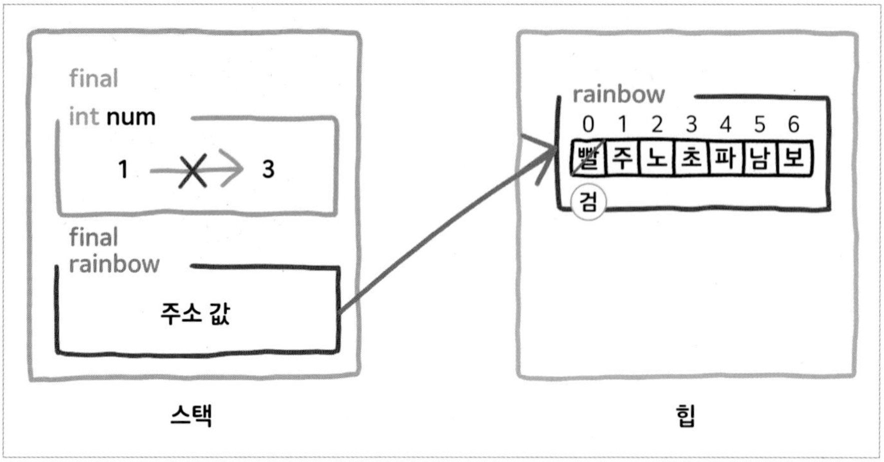

↑ 원시 타입인 int가 1에서 3으로 바뀌는 것은 값 자체가 변경되는 것입니다. 따라서 원시 타입의 상수개념에 어긋나기에 값을 변경할 수 없습니다.

참조 타입인 상수의 진짜 내용물을 건드릴 수 있는 방법은 따로 있어요. new 연산자를 이용하면 됩니다. 새로운 주소 값을 생성하고 이를 넣어 주면, 주소 값이 변경되므로 상수는 이를 용납하지 않고 에러를 선포합니다.

실행코드 java compilejava

```java
final String[] rainbow = {"빨","주","노","초","파","남","보"};
rainbow = new String[5];
System.out.println(rainbow);
```

↑ new로 만든 새로운 주소 값을 넣어 줍니다.

실행결과 compilejava

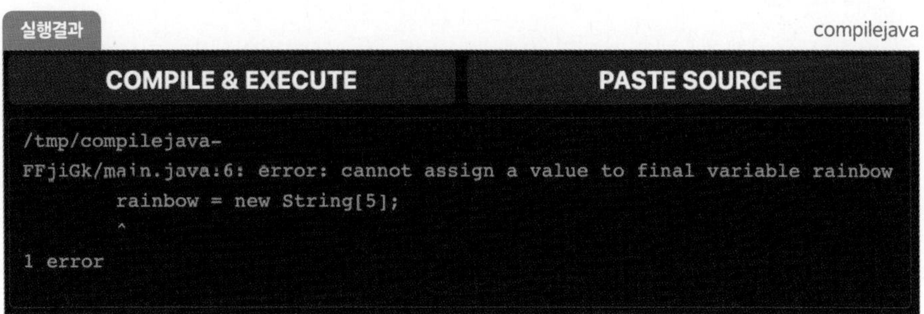

COMPILE & EXECUTE
PASTE SOURCE
/tmp/compilejava-
FFjiGk/main.java:6: error: cannot assign a value to final variable rainbow
rainbow = new String[5];
^
1 error

↑ 새로운 주소 값으로 변경하려고 하니 에러가 뜨네요.

다시 정리하자면, 원시 타입에서 상수의 개념은 '값 자체가 변경되지 않는 것'입니다. 참조 타입에서 상수의 개념은 '참조하는 주소 값이 변경되지 않는 것'입니다.

[그림 3-20] 새로운 주소 값을 넣을 수 없는 참조 타입의 상수

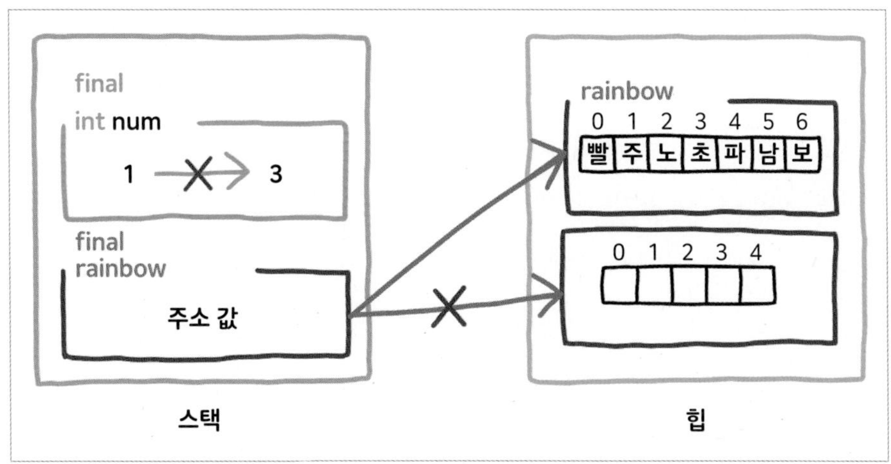

7. 변수에도 이름이 필요해

변수의 이름을 지을 때 보통 카멜, 스네이크 표기법을 가장 많이 사용합니다. 우리도 태어나서 이름을 지을 때 성과 이름을 짓는 방식이 따로 있습니다. 마찬가지로 변수 이름을 지을 때도 일정한 방법이 있습니다. 한 번 살펴보겠습니다.

• 카멜 표기법

변수를 표기할 때 대표적으로 쓰는 게 카멜camel 표기법입니다. 카멜 표기법은 표기된 모양이 낙타의 봉우리를 닮았다고 해서 붙인 것입니다. yourName과 같이 중간 알파벳이 대문자인 경우를 본 적이 있나요?

이와 같이 단어를 연결할 때 단어의 첫 글자만 대문자로 표현하여 가독성 좋게 표현한 것입니다. 만약 yourname이라고 단어를 소문자로 늘어 쓴다면, 알아보기가 힘들겠죠. 낙타의 봉우리는 높낮이가 있는 구조인데, 특히 처음 시작 부분은 낮은 높이로 되어 있죠. 이와 같이 변수의 첫 글자는 무조건 소문자로 씁니다.

• 스네이크 표기법

카멜 표기법과 함께 많이 쓰이는 기법으로 뱀의 영문인 스네이크snake 표기법이 있습니다. 뱀은 일자로 쭈욱 기어갈 수가 있죠. 이 모양처럼 변수 이름을 지을 때 쭈욱 길게 짓는 것입니다.

바로 your_name과 같이 모든 문자를 소문자로 표기하고 중간에 '_' 모양의 언더바로 텍스트를 나누는 것입니다. '보고서_최종_진짜최종_코딩.pdf'처럼 평상시 파일을 저장할 때 이 표기법을 많이 사용하고 있죠. 대문자와 소문자가 구별이 되지 않는 경우(특히 쿼리문)에 스네이크 표기법을 많이 사용합니다.

• 파스칼 표기법

또 하나 알아 두면 좋은 것은 파스칼pascal 표기법입니다. 카멜 표기법과는 다르게 앞 글자도 대문자로 표기하는 방법입니다. 클래스에서 주로 쓰는 방법입니다. 클래스는 앞 문자를 대문자로 표기하는 것이 일반적인 규칙이기 때문에, 카멜 표기법과 동일하되 앞 문자만 대문자로 표기했다고 외우면 됩니다. YourName 이런 식으로 말이죠.

• 의무 규칙

변수를 지정할 때는 의무 규칙이 있는데, 이 규칙을 어기면 에러가 발생됩니다.

① 예약어는 사용할 수 없습니다. true, false, function과 같이 프로그래밍을 위해 미리 언어가 '예약'해 놓은 단어는 변수로 사용할 수 없습니다. 대소문자를 구별하여 판단하기 때문에 false는 예약어라 사용이 불가능하지만, fAlse는 가능합니다.

② 숫자로는 시작할 수 없습니다. 1num, 3version 등은 사용이 불가능합니다. 그렇지만 첫 글자가 아니면 사용 가능합니다. 예로, num1는 가능합니다.

③ 특수문자는 _와 $만 사용 가능합니다. 예로, your_name$는 가능하지만 your_name^^는 불가능합니다.

④ 띄어쓰기를 사용할 수 없습니다. 이에 대한 대안으로 카멜 표기법과 스네이크 표기법이 존재합니다.

• 개발자들끼리의 약속

의무 규칙은 아니지만 변수를 지정할 때 개발자들끼리의 원활한 소통을 위해 사용하는 약속들이 있습니다.

① 클래스의 첫 글자는 대문자로 써야 합니다. 그렇기 때문에 주로 파스칼 기법을 사용합니다.

② 스네이크 기법 혹은 카멜 기법을 주로 사용합니다.

③ 변수 내용이 구체적으로 어떤 것을 말하는지 짐작할 수 있도록 작명해야 합니다. 그렇기 때문에 줄임말은 되도록 사용하지 않는 것이 좋습니다. 물론 책마다 권장 사항이 다르지만, 길더라도 구체적으로 이 변수가 무엇을 말하고 있는지 정확히 작성하는 게 중요하다고 생각합니다. 예로, 삭제된 버튼의 너비(deletedButtonWidth)를 delBtnWidth로 표기하면 제삼자가 봤을 때 무슨 의미인지 모를 수도 있습니다.

• **센스 있게 이름 짓는 법**

변수 이름을 잘 짓는 것은 정말 어려운 일이죠. 변수는 나 혼자서만 알아볼 수 있는 이름이면 안 됩니다. 특히 개발은 협업이 중요한 분야이기 때문에 다른 사람도 주석이 없더라도 내가 짠 코드만 보고 어떤 것을 의미하는지 알아볼 수 있도록 해야 합니다. 앞서 소개한 규칙 이외에도 개발자들이 암묵적으로 지키는 규칙들이 있습니다. 그중 대표적인 규칙 다섯 가지를 소개하겠습니다.

① 참인지 거짓인지를 분별하는 boolean 타입의 경우는 isMarried처럼 '결혼 여부'를 뜻할 수 있도록 is~와 같은 형식으로 사용합니다. hasError처럼 has~로도 많이 표현해요(예, isMarried, hasError).

② 숫자의 개수를 표현할 때에는 ~num으로 많이 사용합니다(예, totalNum).

③ 복수 개의 경우 s를 붙이는 것이 관례입니다(예, 여러 개의 아이템 items, 하나의 아이템 item).

④ 변수는 대부분 명사형으로 씁니다. 완료된 프로세스를 completeProcess로 표현하기보다는 completedProcess로 쓰는 것이 좋습니다.

⑤ 절대 변하지 않는 상수의 경우 모두 대문자로 작성할 수도 있습니다(예, public static final int UNIQUE_NUM = 1;).

2 데이터를 가공하는 공장소, 함수

1. 더함이와 보여주로 배우는 함수

드디어 함수를 배워 볼 시간이 되었습니다. 본격적인 함수 공부에 들어가기 앞서, 그림 하나를 보고 가겠습니다.

그림에 대해 간단히 설명하겠습니다. 더함이와 보여주라는 함수가 있네요. 더함이는 2개의 값을 받아 이 값을 더한 후 되돌려주는 함수입니다. 더함이 함수는 더한 값을 리턴하여 변수라는 바구니에 담아 저장합니다.

여기서 더함이를 사용하려면 '호출'을 해야 합니다. 더함이를 호출할 때는 더함이의 이름으로 불러낼 수 있습니다. 그리고 더함이가 되돌려준 값은 보여주 함수를 통해 우리 눈으로 확인할 수 있습니다.

더함이와 보여주 함수를 이해하기 쉽도록, 우리가 앞에서 보았던 코드(22쪽)를 바탕으로 그림과 대화로 표현하여 설명해보겠습니다. 뒷장을 봐주세요.

[그림 3-21] 더함이와 보여주

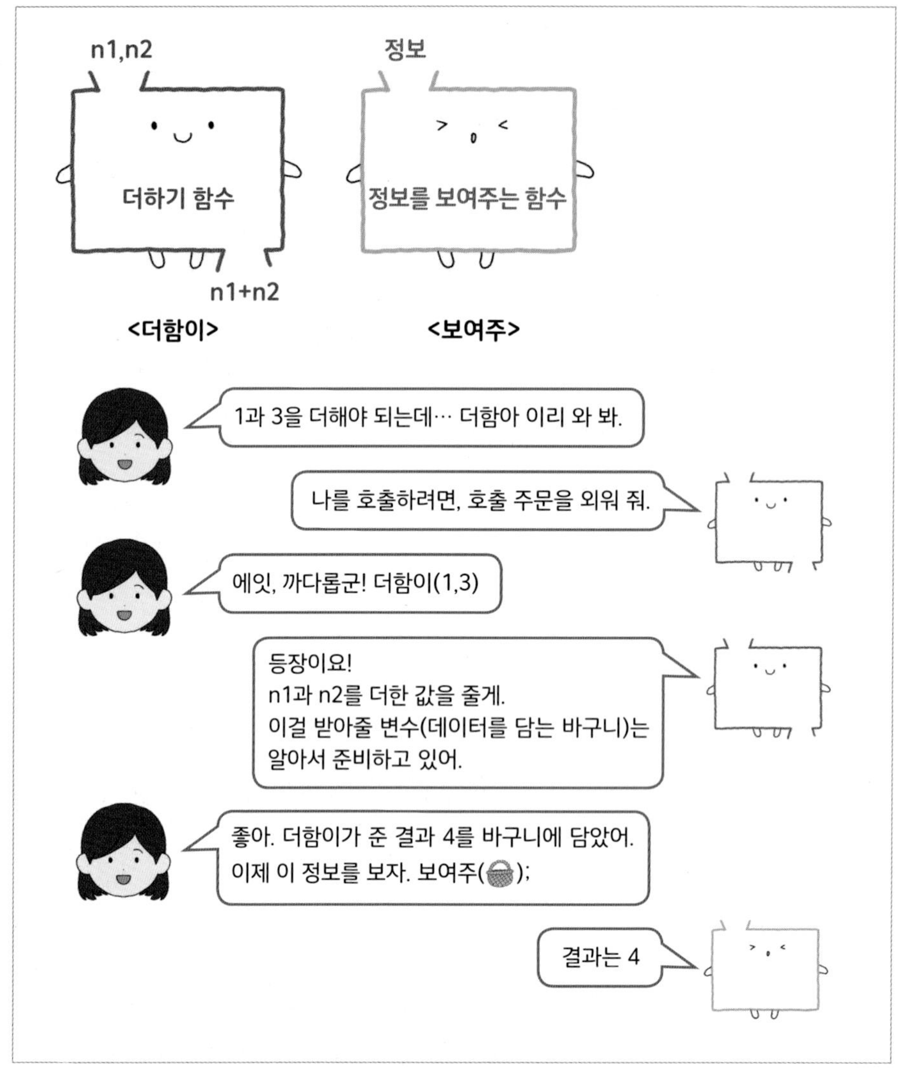

그림에서 더함이와 보여주를 통해 함수가 어떤 것인지 대략 살펴보았어요. 여기서 더함이와 보여주는 하나의 목적을 이루기 위해 존재하는 아이들입니다. 그리고 더함이와 보여주가 필요할 때 호출 주문을 외워서 호출했어요. 더함이와 보여주는 필요할 때마다 주문만 외치면 호출할 수 있어서 한 번 만들어 놓으면 반복 작업에 굉장히 편리할 거예요. 이처럼 함수는 우리의 목적을 달성하기 위해 미리 만들어 놓은 하나의 도구라고 볼 수 있어요.

더함이와 보여주는 차이가 있습니다. 바로 결괏값을 되돌려 주느냐, 그렇지 않느냐의 차이예요.

[그림 3-22] 결괏값이 존재하는 더함이

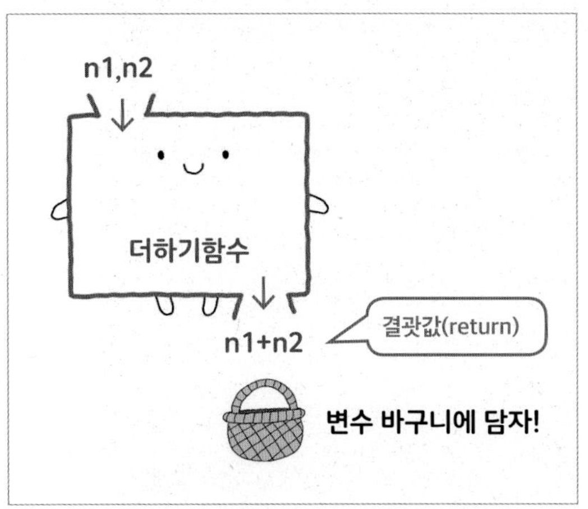

더함이는 인풋input과 아웃풋output이 둘 다 존재합니다. 즉, 들어가는 값이 있으면 나오는 값도 있는 형태죠. 더함이는 n1+n2라는 결괏값이 있기 때문에 따로 이를 사용하려면 변수라는 데이터 그릇에 담아야 합니다. 반면에 보여주 함수는 되돌려주는 값이 없기 때문에 변수가 필요하지 않아요. 보여주 함수는 인풋만 있을 뿐, 아웃풋은 존재하지 않습니다. 그저 값을 보여줄 뿐입니다.

[그림 3-23] 결괏값이 없는 보여주

이렇게 보여주처럼 뭔가를 되돌려주는 리턴 값이 없는 함수를 void 함수라고 불러요. 사실 이 보여주는 console.log(정보);라고 할 수 있어요. 따라서 우리가 콘솔에 출력하기 위해 썼던 console.log 함수는 void 함수였던 겁니다. 그저 콘솔에 출력만 하는 행동을 했을 뿐이니까요.

2. 파라미터는 데이터 가공을 위해 들어가는 재료

파라미터parameter와 매개변수라는 용어를 들어보셨나요? 생각보다 쉬운 개념입니다. 사실 파라미터와 매개변수는 동일한 단어이며 하나의 음식을 만들기 위해 들어가는 재료라고 생각하면 됩니다.

[그림 3-24] 애플파이 공장에 빗댄 함수

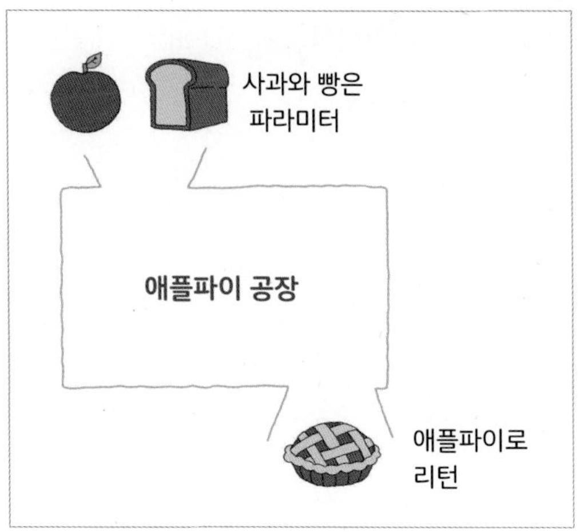

[그림 3-24]에서 파라미터(매개변수)는 무엇일까요? 바로 사과랑 빵입니다. 애플파이 공장은 사과랑 빵이라는 파라미터를 받아와서 애플파이라는 결과를 리턴하는 것이죠. 지금부터 자바와 자바스크립트의 함수 구조에 대해 살펴보겠습니다.

3. 함수의 구조

(1) 자바스크립트

함수의 구조를 살펴보겠습니다. 먼저 자바스크립트부터 보겠습니다. [그림 3-25]를 보며 해석해 볼게요. 맨 앞에 function이라는 키워드를 사용하여 함수를 선언합니다. '애플파이 공장'이라는 함수명을 가진 함수는 사과와 빵이라는 파라미터를 받고, 이를 애플파이로 만들어 리턴하는 함수입니다. 그리고 이 함수가 영향을 미치는 범위를 스코프라고 하는데, 쉽게 생각하자면 "여기서부터~ 여기까지가 함수야!" 라고 중괄호 {}로 묶어 준다는 의미입니다.

만약 단순히 호출만 하게 된다면 애플파이 공장(사과, 빵); 으로 호출할 수 있습니다. 그리고 애플파이 공장은 애플파이라는 것을 리턴하므로, let applePie = 애플파이 공장(사과, 빵); 과 같이 변수에 넣어 사용할 수 있습니다.

[그림 3-25] 자바스크립트의 일반적인 함수 구조

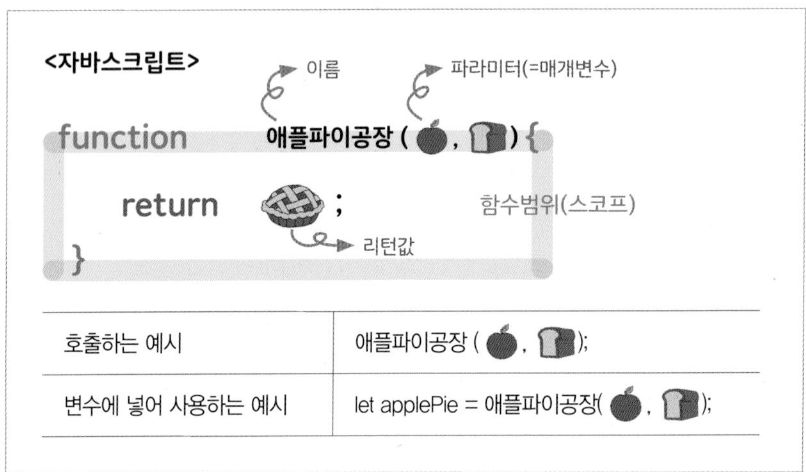

[그림 3-26]는 또다른 예시로, 더하는 함수를 보여주는 것입니다.

[그림 3-26] 자바스크립트의 더하기 함수

```
function add(num1, num2) {
  return num1 + num2;
}

let sum = add(1,3);
```

(2) 자바

이번에는 자바에서의 함수 구조를 보겠습니다. 애플파이 공장을 호출하는데 리턴 타입이 파이 타입인 함수입니다. 사과와 빵을 넣어 주는데, 둘 다 타입을 적어야 합니다. 해당 부분을 제외하면 자바스크립트와 생김새는 거의 비슷합니다.

[그림 3-27] 자바의 일반적인 함수 구조

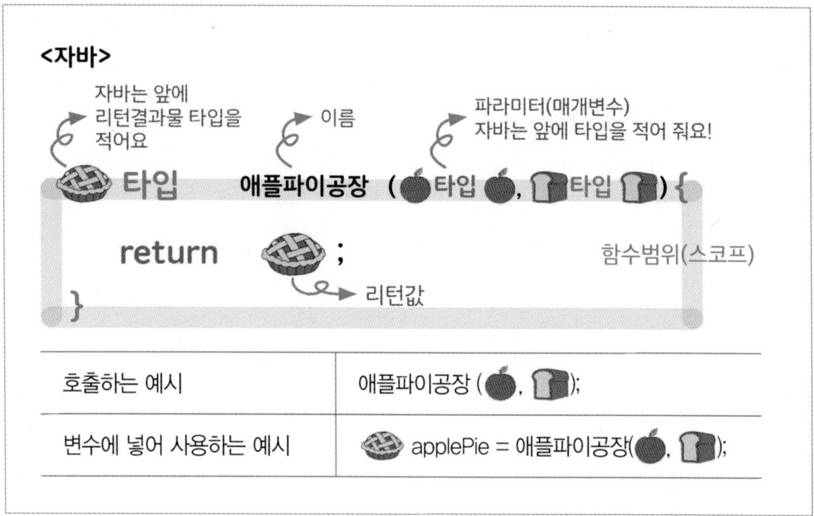

호출하는 예시	애플파이공장 (,);
변수에 넣어 사용하는 예시	applePie = 애플파이공장(,);

[그림 3-28]은 또다른 예시로, 더하는 함수를 보여주는 것입니다.

[그림 3-28] 자바의 더하기 함수

```
int add(int n1, int n2) {
    return n1+n2;
}

int sum = add(1,3);
```

정리하는 차원에서 그림으로 함수를 나타내 보겠습니다. 앞서도 이야기했지만, 결국 함수는 반복되는 작업을 효율적으로 수행해 주는 데이터 작업소입니다.

[그림 3-29] 반복되는 작업을 효율적으로 수행하는 함수

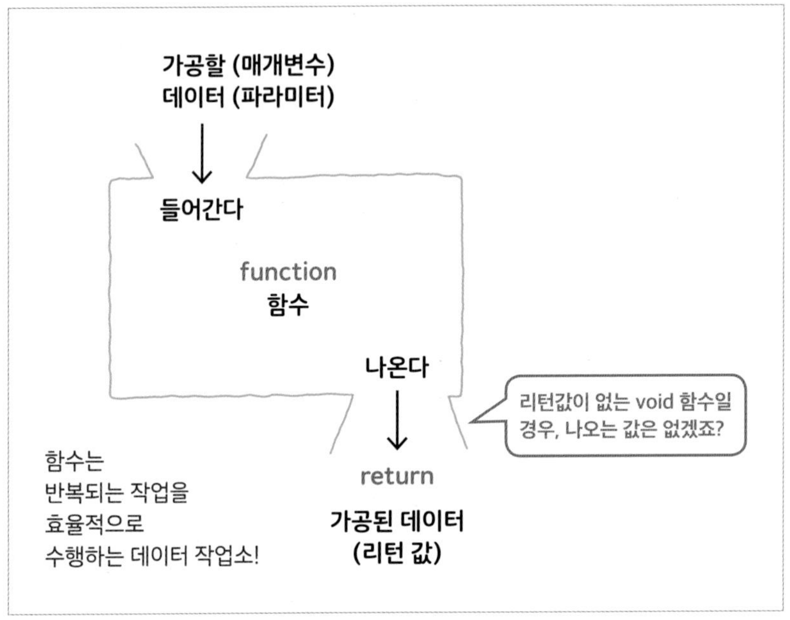

(3) 타입을 엄격하게 체크하면 얻는 이점

자바스크립트는 타입에 유연하고 자바는 타입에 엄격하다는 것, 기억나시죠? 근데 왜 자바는 이렇게까지 번거롭게 타입을 일일이 체크할까요? 바로 프로그램의 안전성이 증가하기 때문입니다.

실행코드 javaScript jsfiddle

```
JavaScript + No-Library (pure JS) ▼

function add(num1, num2) {
  return num1+num2;
}
let sum = add("안녕","코딩아");
console.log(sum);
```

↑ 문자를 넣으라고 한 건 아닌데, 숫자가 아니라 문자를 넣었네요.

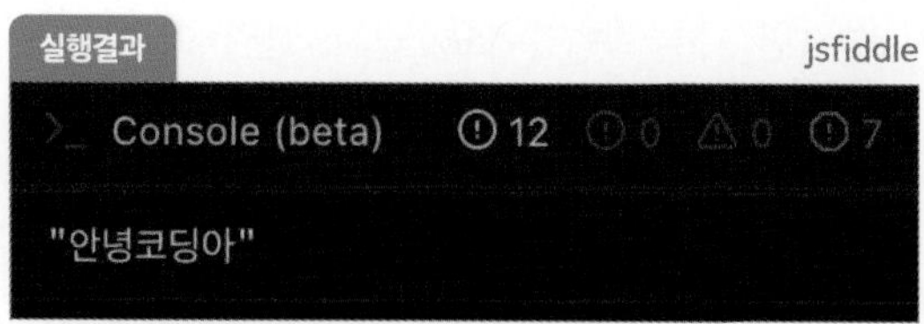

↑ "안녕코딩아"라고 문자가 더해졌어요.

이렇게 생각해 봅시다. add 함수를 만든 사람은 "num1과 num2에 숫자가 들어가겠지? 이걸 더해서 리턴하면 되겠다."라고 생각하고 만들었지만, 가져다 쓰는 사람이 제대로 된 타입을 넣지 않을 수가 있어요. add 함수에 숫자를 넣을 거라고 의도했지만, 문자를 넣을 수 있습니다. 사실 이건 양호합니다. 문자열은 + 연산자로 서로 연결할 수 있거든요. + 연산자는 숫자만 더하는 연산으로 쓰이는 게 아니라 문자를 합해 줄 때도 사용합니다.

실행코드 javaScript jsfiddle

JavaScript + No-Library (pure JS) ▼

```
function division(num1,num2) {
  return num1/num2
}

let result = division("안녕", "코딩");
console.log(result);
```

↑ 나누기 연산자인데 숫자가 아니라 다른 것을 넣었네요.

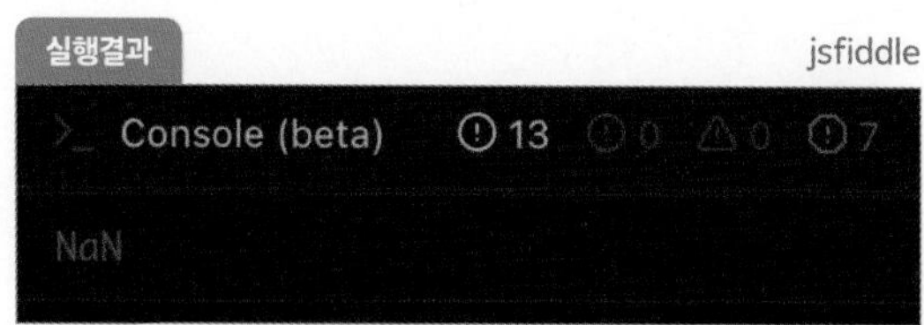

↑ NaN이 띄워졌어요.

반대로 / 연산자의 경우 오로지 숫자만 나눌 수 있어요. 근데 만약 이 나누기 함수에 문자를 넣게 된다면? "NaN"(Not a Number)이라는 결과가 나와요. NaN은 자바스크립트에 있는 키워드인데, 나누기 연산에 숫자를 쓰지 않아서 컴퓨터가 NaN을 띄우면서 화를 내고 있네요. 이처럼 타입을 제대로 지정하지 않으면 의도하지 않은 결과가 나올 수 있고 그만큼 에러가 발생할 가능성도 높아집니다. 이를 인지하고 자바스크립트에서 단점을 보완한 타입스크립트를 만들었고 실무에서 많이 사용하고 있습니다. 타입스크립트는 '자바스크립트의 엄격한 타입 체크'를 담당하고 있습니다.

4. return! 값을 줄 것이냐, 종료시킬 것이냐

앞에서부터 많이 나온 단어, return이에요. 결괏값, 리턴, 가공된 데이터 등으로 불렀죠. return의 역할은 값을 리턴시켜주거나 프로그램을 종료시키는 것, 이 두 가지입니다. 앞서 return이라는 예약어는 보통 가공한 결과물을 준다고 이야기했습니다. "자! 여기 있어. 네가 원하던 결과물." 하면서 처음의 데이터를 요리조리 만져서 되돌려주는 역할을 하고 있죠.

return은 프로그램을 종료하기도 해요. 이 경우 뒤에 아무것도 쓰지 않고 return; 단독문으로 많이 사용합니다. 보통은 if 절과 같이 조건문을 함께 사용하며 해당 조건문 안에 return이 있을 경우 함수를 즉시 종료시킵니다. 예시를 보겠습니다.

[그림 3-30] 타입이 number이면 종료하는 함수

```
JavaScript + No-Library (pure JS) ▼
                                        1
function checkType(inputValue) {
  const type = typeof(inputValue); 2

  if(type == "number") { 3
    return;
  }

  return type; 4
}
```

이 코드를 해석해 볼까요? 1 checkType이라는 함수는 inputValue를 파라미터로 받습니다. 2 inputValue를 typeof 함수에 넣어 줍니다. 여기서 typeof 함수는 자바스크립트에 내장되어 있는 함수(미리 정의되어 있는 함수)로, 값을 넣어 주면 이 타입이 어떤 타입인지 알려주는 함수입니다. 따라서 inputValue를 typeof에 넣어 나온 결과를 type이라는 상수에 삽입합니다. 3 type이 만약 number(숫자)이면 return을 만나 프로그램을 종료시킵니다. 4 숫자가 아닐 경우 if 문을 통과하게 되고 return type;에 의해 타입이 어떤 건지 반환해 줍니다. 따라서 숫자가 들어갈 경우 4는 실행되지 않는 코드가 됩니다.

한 단계 더 진행해 보겠습니다. number 타입인 22가 들어갈 때 값이 나올까요, 종료될까요? 22는 숫자이기에 if 문 안에서 단독 return을 만나 함수가 종료됩니다. 뒷 페이지의 예시처럼 '함수가 끝났는지 확인해보자!'는 실행조차 되지 않습니다.

실행코드 javaScript jsfiddle

JavaScript + No-Library (pure JS) ▼

```
function checkType(inputValue) {
  const type = typeof(inputValue);

  if(type == "number") {
    return;
  }

  console.log("함수가 끝났는지 확인해보자!");
  return type;
}

console.log(checkType(22));
```

실행 후 종료

↑22는 숫자 타입이므로 단독 return을 만나 함수를 종료시킵니다.

실행결과 jsfiddle

```
>_ Console (beta)

undefined
```

↑함수가 종료되어 undefined가 반환되네요.

다음으로 타입이 string인 "22"가 들어간 경우, if 문은 무시하고 지나칩니다. 그다음 것부터 실행이 되고, '함수가 끝났는지 확인해보자!'는 출력되고 타입을 반환합니다.

실행코드 javaScript jsfiddle

JavaScript + No-Library (pure JS) ▼

```
function checkType(inputValue) {
  const type = typeof(inputValue);

  if(type == "number") {
    return;
  }

  console.log("함수가 끝났는지 확인해보자!");
  return type;
}

console.log(checkType("22"));
```

실행

실행

↑"22"는 문자형 타입이므로 함수는 종료되지 않고 타입이 무엇인지 반환합니다.

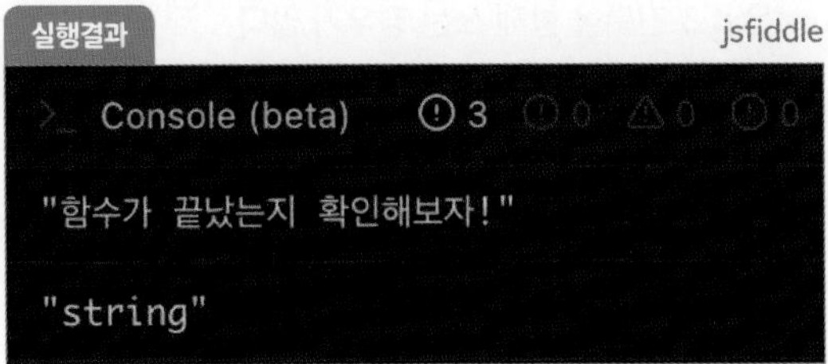

↑ 함수는 정상적으로 실행되고 string 타입을 반환합니다.

정리하자면 숫자 22를 넣었을 경우 그대로 종료되어 아무것도 리턴되지 않아 undefined가 나왔습니다. 문자열 "22"를 넣었을 경우 타입이 리턴되어 string이 출력되는 것을 알 수 있습니다.

특히 코드가 많아지고 길어질 경우 return에 따른 코드 흐름이 헷갈리는 경우가 많습니다. 그럴 경우 return 뒤에 콘솔을 찍어서 흐름이 어떻게 구성되는지 확인하면 헷갈리지 않을 거예요.

여기까지 함수에 대해서 알아보았습니다. 전반적으로 한 번 정리해 보겠습니다.

- **함수는 하나의 목적을 가진다.**
- **함수는 한 번 선언하면 필요할 때마다 여러 번 호출해서 쓸 수 있다.**
- **반복적인 일을 처리하기에 매우 효율적이다.**
- **파라미터와 매개변수는 같은 말이며, 함수에 투입되는 값이다.**
- **파라미터는 음식을 만들 때 넣는 재료와 같은 존재다.**
- **함수에서 사용되는 중괄호 { }는 함수의 범위이며 스코프scope, 블록block이라 부른다.**
- **함수 안에 선언된 지역변수는 스코프를 벗어나면 소멸된다.**
- **반대로 전역변수는 스코프 밖에 있으므로 계속 유효하다.**
- **값을 리턴하지 않는 함수는 void 함수다.**
- **return은 값을 반환하거나 프로그램을 종료시킨다는 의미를 가지고 있다.**

- 프로그램을 종료하고자 할 때 return은 if 조건문을 함께 쓰는 경우가 많다.
- 자바는 타입에 엄격하기에 함수를 선언할 때 리턴되는 타입도 지정해야 하고, 들어가는 파라미터도 타입을 지정해야 한다.
- 함수는 선언만 하면 (즉, 만들기만 하면) 돌아가지 않는 공장을 만들어 놓은 것과 같다.
- 함수를 공장을 돌리듯 실행시키려면 '호출'을 해야 한다.

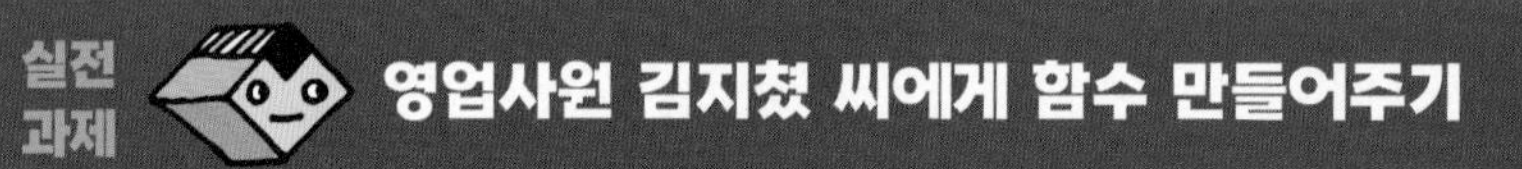

실전 과제 영업사원 김지쳤 씨에게 함수 만들어주기

함수를 알아보았는데요. 여전히 어렵죠? 다시금 우리가 함수를 배우는 이유를 알아보고 힘을 내 봅시다. 열심히 코딩 공부를 하고 있는 여러분만큼이나 열심히 홍보 멘트를 작성하며 일하고 있는 영업사원 김지쳤 씨를 봅시다.

안녕하세요! 이번에 나온 만두 제품이
현재 40% 세일 중입니다.
한번 맛보고 가세요 :)

안녕하세요! 이번에 나온 라면 제품이
현재 20% 세일 중입니다.
한번 맛보고 가세요 :)

안녕하세요! 이번에 나온 갈비 제품이
현재 50% 세일 중입니다.
한번 맛보고 가세요 :)

김지쳤 씨

홍보 멘트를 계속 작성하던 김지쳤 씨는 끝이 보이지 않는 무기한 반복되는 업무에 지쳐 있는 상태입니다. 김지쳤 씨의 반복을 어떻게 줄일 수 있을까요? 함수를 사용해 보겠습니다.

일단 홍보 멘트를 자세히 보겠습니다. 홍보 멘트 중에서 홍보 제품과 세일율만 다른 상태입니다.

그 외의 멘트는 전부 똑같은 상황이네요. 이때 함수를 사용하면 일을 효율적으로 처리할 수 있습니다. 홍보 제품과 세일율이 달라지기 때문에, 이를 파라미터로 선언합니다. 즉, 파라미터는 총 2개가 되는 것입니다. 계속 달라질 수 있는 것(파라미터)을 지정하면 됩니다.

실행코드 javaScript jsfiddle

```
function advertiseProduct(product, percentage) {
  const text = `안녕하세요! 이번에 나온 ${product} 제품이
  현재 ${percentage}% 세일 중입니다.
  한번 맛보고 가세요 :)`;
  return text;
}
```

↑ 홍보제품과 세일율을 파라미터로 받아 이 값을 넣은 문장을 리턴하는 함수를 만듭니다.

실행결과 javaScript jsfiddle

```
console.log(advertiseProduct("만두",40));
console.log(advertiseProduct("갈비",50));
console.log(advertiseProduct("라면",20));
```

↑ 제품과 할인율을 달리하여 함수를 호출하고 이 값을 콘솔에 출력하겠습니다.

함수를 호출할 때, 파라미터만 다르게 넣어 주니 원하는 결과를 보여 주고 있음을 알 수 있어요! 김지쳐 씨는 이 함수로 인해 똑같은 문구를 계속 쓰지 않아도 되네요.

실행결과 jsfiddle

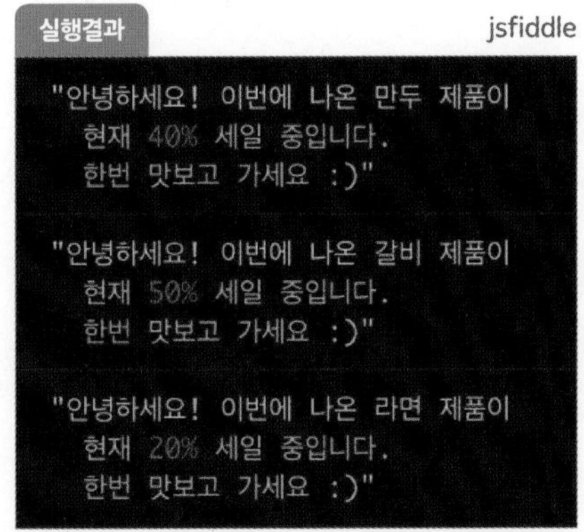
"안녕하세요! 이번에 나온 만두 제품이
현재 40% 세일 중입니다.
한번 맛보고 가세요 :)"
"안녕하세요! 이번에 나온 갈비 제품이
현재 50% 세일 중입니다.
한번 맛보고 가세요 :)"
"안녕하세요! 이번에 나온 라면 제품이
현재 20% 세일 중입니다.
한번 맛보고 가세요 :)"

↑ 홍보제품과 할인율만 달라진 문장이 출력되네요.

여기서 갈비 제품이 품절되었다고 생각해 보세요. 이럴 경우 갈비 제품을 홍보하는 멘트는 하면 안 될 것 같은데요. 우리가 배운 return이 힌트입니다. 코드에 if 문(만약 ~라면)을 조건으로 걸어 봅시다. 그러면 제품이 품절된 경우 함수를 종료시켜 홍보 멘트를 쓰지 않도록 설정할 수 있습니다.

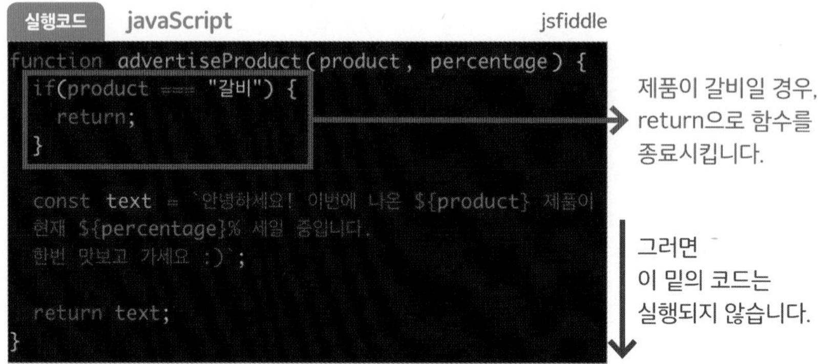

실행코드
javaScript
jsfiddle
function advertiseProduct(product, percentage) {
if(product === "갈비") {
return;
}
const text = `안녕하세요! 이번에 나온 ${product} 제품이 현재 ${percentage}% 세일 중입니다. 한번 맛보고 가세요 :)`;
return text;
}
제품이 갈비일 경우, return으로 함수를 종료시킵니다.
그러면 이 밑의 코드는 실행되지 않습니다.

↑ **제품에 갈비가 들어올 경우, 단독 return을 만나 함수를 종료시킬 수 있게 합니다.**

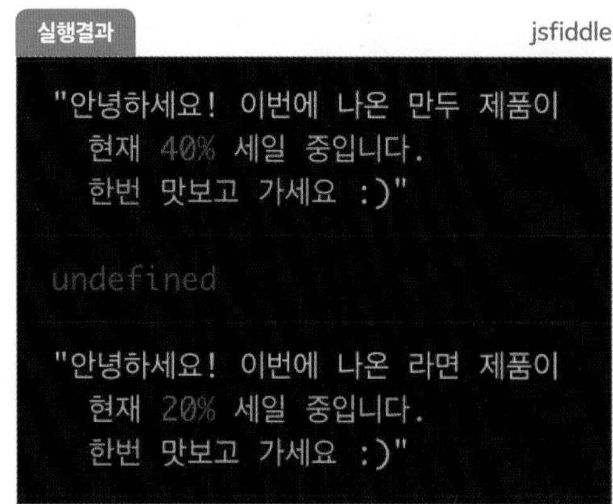

실행결과
jsfiddle
"안녕하세요! 이번에 나온 만두 제품이 현재 40% 세일 중입니다. 한번 맛보고 가세요 :)"
undefined
"안녕하세요! 이번에 나온 라면 제품이 현재 20% 세일 중입니다. 한번 맛보고 가세요 :)"

↑ **제품이 갈비일 경우, 함수는 종료되어 아무 값이 없는 상태인 undefined를 되돌려주고 있습니다.**

조금 더 난이도를 높여볼까요? 단순히 return을 하여 품절된 상태를 undefiend로 보여줄 수도 있지만, 품절이라는 것을 알려주면서 함수를 종료시킬 수도 있습니다. 즉, 값을 리턴함과 동시에 함수를 종료시키는 것입니다.

실행코드 javaScript jsfiddle

```
function advertiseProduct(product, percentage) {
  if(product === "갈비") {
    return "품절입니다.";
  }

  const text = `안녕하세요! 이번에 나온 ${product} 제품이
  현재 ${percentage}% 세일 중입니다.
  한번 맛보고 가세요 :)`;

  return text;
}
```

제품이 갈비일 경우, return으로 함수를 종료시키는데 "품절입니다"라는 문자를 리턴하고 종료합니다.

그러면 이 밑의 코드는 실행되지 않습니다.

↑ 제품에 갈비가 들어가면 "품절입니다."라는 문자를 리턴하고 종료합니다.

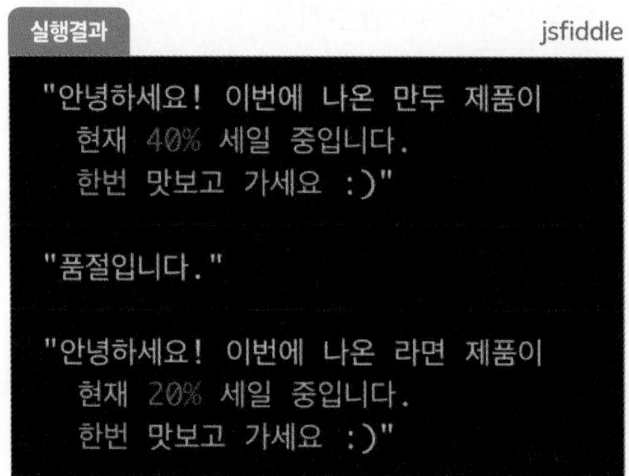
실행결과
jsfiddle
"안녕하세요! 이번에 나온 만두 제품이
현재 40% 세일 중입니다.
한번 맛보고 가세요 :)"
"품절입니다."
"안녕하세요! 이번에 나온 라면 제품이
현재 20% 세일 중입니다.
한번 맛보고 가세요 :)"

↑ 제품이 갈비일 경우, "품절입니다."라는 문구를 보여 주고 있네요.

제품이 갈비일 경우에는 if 조건문에 걸리게 되고 return "품절입니다."; 코드로 인해 다음의 모든 코드들은 실행되지 않습니다. 반면, 갈비가 아닐 경우에는 if 조건문에 걸리지 않아 if 절 안의 코드들은 실행되지 않고 기존의 홍보 멘트를 그대로 보여주게 됩니다. if 조건문에 대해서는 곧 나오게 될 '연산자, 조건문, 반복문' 절에서 설명하겠습니다.

실전 과제에서 우리는 품절 상품인 '갈비'일 경우, 함수를 곧바로 종료시키게끔 if 문을 걸어주고 함수를 빠져나오게 했습니다. 이렇게 특정한 조건을 충족할 때 함수를 종료시키는 경우는 꽤 많습니다. 우리가 평소 이메일 유효성 검사를 할 때가 대표적 예입니다. 검사 후에 메일이 어딘가 올바르지 않으면 함수를 종료시켜 다음 과정을 진행시키지 않는 경우가 해당되죠.

'if 문으로 조건을 걸어주고, 해당 조건에 충족할 경우 함수를 종료시킨다.' 같은 것을 '방어 코드를 넣는다' 혹은 '유효성 검사 코드를 넣어 준다'고 표현합니다. 여기서 중요한 점이 있습니다. 바로 함수 종료 if 조건문을 가능한 한 앞에 배치해야 한다는 것입니다. 그러니까 이왕 종료시켜야 하는 함수라면 빨리 끝내 버리는 것이 좋다는 말이죠.

이는 정말 중요한 개념인데요, early return이라고도 부릅니다. 이유는 함수가 엄청 길다고 상상해보면 알 것 같습니다. 방어 코드를 가장 하단에 배치하게 되면 어차피 종료시킬 함수임에도 방어 코드를 만나기 전 모든 코드들을 전부 실행하고 나서야 함수를 종료시킵니다. 비효율적이죠? 따라서 코드 흐름에 방해되지 않는 선에서 가능한 한 빠르게 리턴해버리는 것이 프로그램 속도나 성능 측면에서 좋은 것입니다. 현업에서도 많이 쓰는 중요한 개념이니 알아 두면 좋습니다.

3 반드시 익혀야 하는 연산자, 조건문, 반복문

1. 연산자

연산자라는 말만 들으면 잘 와닿지 않죠. 하지만 우리가 일상에서 많이 하고 있는 일입니다. 사칙연산처럼요. 즉, 하나의 식이 있고 이것에 대한 결과를 얻기 위해 사용하는 것이 연산자입니다. 프로그래밍에서는 여러 연산자가 존재합니다. 연산자는 현업에서 많이 쓰는 연산자들 위주로 설명하겠습니다. 너무 많은 양을 설명하면 오히려 복잡하다고 느껴질 수 있기 때문입니다.

(1) 연산자의 종류

- **대입 연산자**

대입 연산자는 우리가 지금껏 사용했던 = 연산자입니다. 오른쪽 값을 왼쪽에 넣어 주는 let num = 1;에서의 = 기호를 말합니다. R 프로그램은 대입 연산자를 〈− 라고 표현한다고 했는데요. x 〈− 1;이 더 직관적이고 좋은 것 같네요.

- **산술 연산자**

우리가 실생활에서도 많이 쓰고 있는 연산자들입니다. [표 3-4]를 보면 나와 있습니다. 다만 여기서 낯설게 느껴지는 연산자는 %인데요, 이는 숫자 두 개를 나눈 뒤 나머지를 구하는 나머지 연산자입니다.

[표 3-4] 산술 연산자

연산자	설명	예시
+ 연산자	두 항을 더합니다.	console.log(3+1); → 4
– 연산자	앞항에서 뒷항을 뺍니다.	console.log(3–1); → 2
* 연산자	두 항을 곱합니다.	console.log(3*1); → 3
/ 연산자	앞항에서 뒷항을 나눕니다.	console.log(3/1); → 3
% 연산자	앞항에서 뒷항을 나눈 나머지를 구합니다.	console.log(5%2); → 1

- **비교 연산자**

둘을 비교한 후에 true 또는 false로만 값을 리턴하는 연산자들입니다. 두 개의 항을 비교하는 데 기준이 되는 값은 앞에 위치한 항입니다.

① 〉 연산자

앞항이 뒤에 오는 뒷항보다 크면 true, 그렇지 않으면 false를 반환합니다.

```
function trueOrFalse(number) {
  return number > 2;
}
console.log(trueOrFalse(3)); → true
console.log(trueOrFalse(1)); → false
```

↑ number가 2보다 크면 true, 그렇지 않으면 false 반환

② < 연산자

뒷항이 앞항보다 크면 true, 그렇지 않으면 false를 반환합니다.

```
function trueOrFalse(number) {
  return number < 2;
}
console.log(trueOrFalse(3)); → false
console.log(trueOrFalse(1)); → true
```

↑ number가 2보다 작으면 true, 그렇지 않으면 false 반환

③ >= 연산자

앞항이 뒷항보다 크거나 같으면 true, 그렇지 않으면 false를 반환합니다.

```
function trueOrFalse(number) {
  return number >= 2;
}
console.log(trueOrFalse(2)); → true
console.log(trueOrFalse(3)); → true
```

↑ number가 2보다 크거나 같으면 true, 그렇지 않으면 false

④ <= 연산자

뒷항이 앞항보다 크거나 같으면 true, 그렇지 않으면 false를 반환합니다.

```
function trueOrFalse(number) {
  return number <= 2;
}
console.log(trueOrFalse(2)); → true
console.log(trueOrFalse(3)); → false
```

↑ number가 2보다 작거나 같으면 true, 그렇지 않으면 false

⑤ == 연산자

뒷항이 앞항과 동일하면 true, 그렇지 않으면 false를 반환합니다.

```
function trueOrFalse(number) {
  return number == 2;
}
console.log(trueOrFalse(2)); → true
console.log(trueOrFalse(3)); → false
```

↑ number가 2와 같으면 true, 같지 않으면 false 반환

⑥ != 연산자

앞항과 뒷항이 다르면 true, 그렇지 않으면 false를 반환합니다.

```
function trueOrFalse(number) {
  return number != 2;
}
console.log(trueOrFalse(2)); → false
console.log(trueOrFalse(3)); → true
```

↑ number가 2와 다르면 true, 같으면 false 반환

- **복합 대입 연산자**

복합 대입 연산자는 '다른 연산자+대입 연산'이 들어간 것입니다. 반복을 줄이기 위해 나온 연산자라고 볼 수 있어요. 표를 통해 자주 사용하는 '산술 연산+대입 연산'만 간략히 소개하겠습니다.

[표 3-5] 복합 대입 연산자

둘은 같아요!		설명
num = num + 2;	num += 2;	num에 2를 더해 주고 왼쪽에 넣어 줍니다.
num = num - 2;	num -= 2;	num에 2를 빼 주고 왼쪽에 넣어 줍니다.
num = num * 2;	num *= 2;	num에 2를 곱해 주고 왼쪽에 넣어 줍니다.
num = num / 2;	num /= 2;	num에 2를 나눠 주고 왼쪽에 넣어 줍니다.
num = num % 2;	num %= 2;	num에 2를 나눠 준 나머지를 왼쪽에 넣어 줍니다.

- **삼항 연산자**

삼항 연산자는 현업에서 정말 많이 쓰입니다. 매번 if 문을 작성하지 않아도 간단하게 처리할 수 있기 때문이에요. “이거 맞아? 맞으면 이걸 실행해: 아니면 이걸로 해 줘.”라는 뜻을 가지고 있어요. if (이거 맞아) { 맞으면 이걸 실행해 } else { 아니면 이걸로 해 줘 }와 동일한 의미를 가지고 있는 것입니다. 간단하게 ?와 :만을 사용하기 때문에 정말 간편해요. 특히 값이 없을 경우, 다시금 값을 제대로 넣어 줄 때 많이 사용합니다.

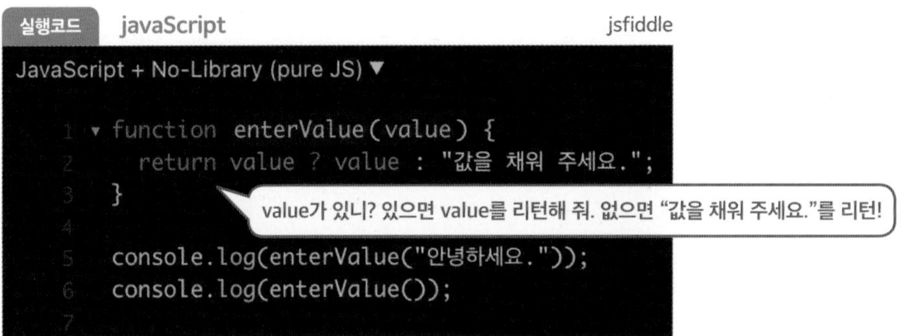

실행코드
javaScript
jsfiddle
JavaScript + No-Library (pure JS) ▼
function enterValue(value) {
return value ? value : "값을 채워 주세요.";
}
value가 있니? 있으면 value를 리턴해 줘. 없으면 “값을 채워 주세요.”를 리턴!
console.log(enterValue("안녕하세요."));
console.log(enterValue());

↑ **들어온 값이 있으면 해당 값을 리턴하고, 그렇지 않을 경우 “값을 채워 주세요.” 문자열을 리턴하는 enterValue 함수를 선언하고 호출할게요.**

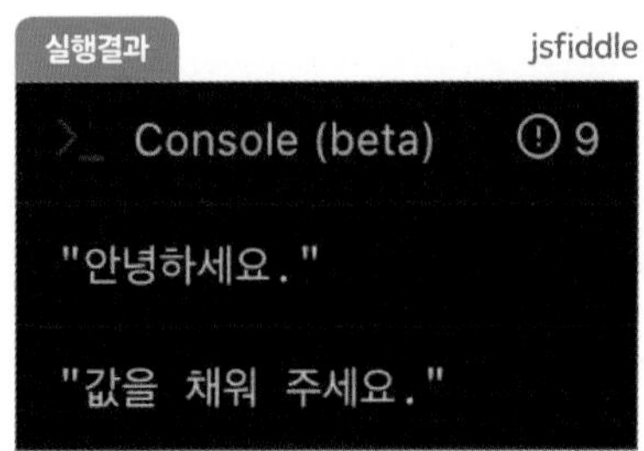

↑ **값이 파라미터로 들어간 경우에는 값을 출력하고, 값이 들어가지 않으면 “값을 채워 주세요.”를 보여 줍니다.**

- **단항 연산자**

일반 연산자처럼 앞의 항, 뒤의 항이 존재하는 것이 아니라 항이 하나만 있다고 해서 단항 연산자입니다. 용어에 집착할 필요는 없습니다. 단항은 간단한 연산자라고만 기억하면 됩니다. 예시를 보겠습니다. num이라는 변수가 있습니다. 여기에 +1을 더하는 연산을 단항 연산자로 표현할 수 있습니다.

```
num = num + 1;
num++;
```

↑두 코드의 결과는 2로 동일합니다.

num = num + 1;은 num + 1을 한 뒤에 num에 다시 넣어 준다는 뜻이겠지요? 이걸 오른쪽과 같이 표현할 수도 있습니다. num++는 기존의 num 변수에 1을 더해 줍니다. num++는 ++가 뒤에 붙었다고 하여 '후위 연산자'라고 부르며, ++num은 앞에 붙어서 '전위 연산자'라고 부릅니다.

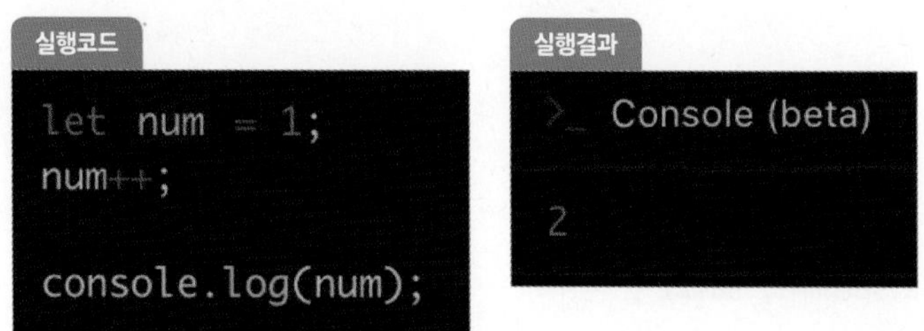
실행코드
let num = 1;
num++;
console.log(num);
실행결과
Console (beta)
2

↑++ 후위 연산자로 값이 1 더해졌습니다.

실행코드

```
let num = 2;
num--;

console.log(num);
```

실행결과

```
>_ Console (beta)

1
```

↑-- 후위 연산자로 값이 1 빼졌습니다.

전위 연산자는 개념만 알고, 나중에 연산자에 대한 이해가 전부 되었을 때 따로 찾아 보길 추천합니다. 현업에서는 후위 연산자를 주로 사용합니다.

• 논리 연산자

논리 연산자는 크게 세 가지가 있습니다. 논리곱, 논리합, 부정이 있죠. 논리곱은 모두가 참이어야 참을 반환하고 논리합은 둘 중에 하나만 참이어도 참을 반환합니다. 논리곱은 &&로 표현하며, "그리고 그리고! 꼭 둘 다 참이어야 해!"라고 외우면 됩니다. 부정을 나타내는 ! 연산자는 참인 경우 거짓으로 바꾸고, 거짓일 경우 참으로 바꾸는 청개구리 같은 연산자입니다. 예시를 보겠습니다.

① && 논리곱

```
function trueOrFalse(num1, num2) {
  return (num1 == 1) && (num2 > 1);
}
console.log(trueOrFalse(1,3)); → true
console.log(trueOrFalse(1,0)); → false
```

↑논리곱은 둘 다 참이 되어야 true를 리턴하는 것을 볼 수 있어요.

② || 논리합

```
function trueOrFalse(num1, num2) {
  return (num1 == 1) || (num2 > 1);
}
console.log(trueOrFalse(1,3)); → true
console.log(trueOrFalse(1,0)); → true
```

↑ 논리합은 둘 중에 하나만 참이 되면 true를 리턴해요.

③ ! 부정

```
console.log(!(1>3)); → true
```

↑ 1>3은 거짓이므로 false이지만 ! 연산자를 만나서 true로 바뀌어요.

(2) 연산자의 우선순위

그럼 연산자의 우선순위는 어떻게 될까요? 예를 들어, 일반적인 사칙연산에서 '1+3*5' 계산을 해보죠. 네, 3*5를 먼저 하고, 나중에 1을 더해서 답은 16이 됩니다. 사칙연산에도 연산 우선순위가 있듯이, 프로그래밍에 쓰이는 연산자도 우선순위가 존재합니다.

[표 3-6] 연산자의 우선순위

순위	연산자 기호	연산자 종류
1	( )	괄호 연산자
2	++, --, !, +, -	단항 연산자
3	%, /	산술 연산자
4	+, -	산술 연산자
5	〈, 〈=, 〉, 〉=	비교 연산자
6	==, !=	비교 연산자
7	&&	논리곱
8	||	논리합
9	? :	조건 연산자
10	=, +=, *=, /=, %=	대입 연산자

표를 보며 '프로그래밍 연산자에도 우선순위가 있구나.' 정도만 알고 넘어가면 됩니다. 우리가 사칙연산을 할 때에도 무의식적으로 먼저 계산되어야 하는 숫자들은 괄호에 넣게 되지요? (3*5)+(3/4) 이런 식으로요. 프로그래밍에서도 연산자 우선순위를 모두 외우기는 어려워 대부분 괄호 기호로 우선순위를 처리합니다. 표에도 모든 것을 넣은 건 아니고 제가 설명했던 연산자 위주로 우선순위를 표시한 것입니다.

2. 조건문

if, else if, else 조건문이 무엇인지 먼저 도식으로 살펴보겠습니다.

if

```
if (사과가 있다면) {
  사과 요리를 할 거야();
}
```

→ 만약에 사과가 있다면 사과 요리를 할 거야.

else if

```
if (사과가 있다면) {
  사과 요리를 할 거야();
} else if (바나나가 있다면) {
  바나나 요리를 할 거야();
}
```

→ 만약에 사과가 있다면, 사과 요리를 할 거야. 사과가 없다면 바나나가 있는지 살펴보고 만약에 바나나가 있다면 바나나 요리를 할 거야.

else

```
if (사과가 있다면) {
  사과 요리를 할 거야();
} else if (바나나가 있다면) {
  바나나 요리를 할 거야();
} else {
  요리 안 할 거야();
}
```

→ 만약에 사과가 있다면 사과 요리를 할 거야. 사과가 없다면 바나나가 있는지 살펴보고 만약에 바나나가 있다면 바나나 요리를 할 거야. 만약 둘 다 없다면? 그럼 나 요리 안 할 거야!

조건문은 예약어(if, else if 등)부터가 너무나 직관적이기 때문에 어렵지 않을 거예요. 한때 열풍이 불었던 포켓몬빵을 찾으러 다니는 상황을 상상하며 조건문에는 어떤 것이 있는지 알아보겠습니다. 앞서 살펴본 if 문, else if 문, else 문을 토대로 살펴보겠습니다.

(1) if

포켓몬빵을 사러 편의점에 들어갔다고 상상해 봅시다. 피카츄의 치즈 케이크, 푸린의 딸기 크림빵, 고오스의 초코 케이크 등… 그런데 이게 무슨 일일까요? 매대에는 다른 포켓몬 캐릭터 빵은 없고 오직 피카츄의 치즈 케이크빵만 남은 상태네요. 피카츄가 아니면 포켓몬빵을 쟁취하지 못하는 상황입니다. 이를 함수로 만들겠습니다. if 문은 ③인 문자열 피카츄만 들어와야지 로직을 실행합니다. ①은 pokemon에 아무런 값도 넣어 주지 않았으므로 아무것도 얻지 못하고, ②는 pokemon에 파이리 값을 넣어 주었는데, 피카츄가 아니므로 아무것도 얻지 못하게 됩니다.

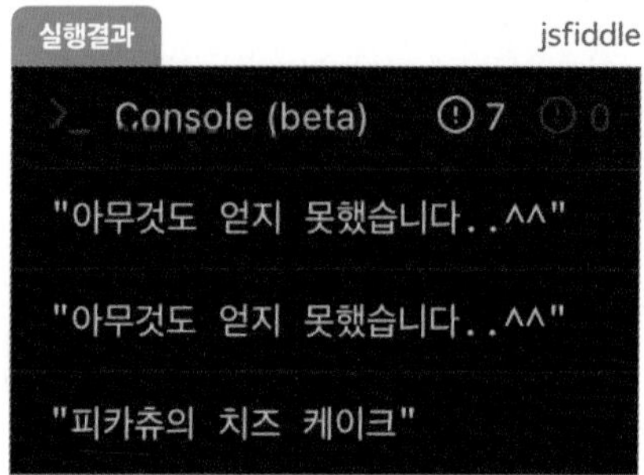

↑ 피카츄의 치즈 케이크가 아니면 아무것도 얻지 못했네요.

```
function findPokemonBread(pokemont) {
  pokemonBread = "아무것도 얻지 못했습니다..^^";

  if(pokemon == "피카츄")  pokemonBread = "피카츄의 치즈 케이크";

  return pokemonBread;
}
```

↑ **한 줄일 경우 블록{ }을 생략하기도 합니다.**

(2) else if 문

피카츄의 치즈 케이크에 이어 푸린의 딸기 크림빵과 고오스의 초코 케이크도 입고되었어요. else if는 이렇게 다중으로 넣어 줄 수 있습니다. if도 다중으로 넣어 줄 수 있지만 맥락을 함께할 경우 보통 else if를 사용해요. 지금은 pokemon이라는 변수라는 맥락으로 통일되기 때문에 else if 구문이 적합하답니다.

코드 순서는 if에서 else if 로 넘어가기 때문에 if가 아닐 경우 else if로 넘어가게 됩니다. else if는 항상 if 다음에 실행하는 것이라는 걸 명심하세요.

실행코드 javaScript jsfiddle

JavaScript + No-Library (pure JS) ▼

```
function findPokemonBread(pokemon) {
  pokemonBread = "아무것도 얻지 못했습니다..^^";

  if(pokemon === "피카츄") {
    pokemonBread = "피카츄의 치즈 케이크";
  } else if(pokemon === "푸린") {
    pokemonBread = "푸린의 딸기 크림빵";
  } else if(pokemon === "고오스") {
    pokemonBread = "고오스의 초코 케이크";
  }

  return pokemonBread;
}

1 console.log(findPokemonBread("피카츄"));
2 console.log(findPokemonBread("고오스"));
3 console.log(findPokemonBread("푸린"));
```

①번 실행 · ③번 실행 · ②번 실행

↑이 경우에는 빵이 전부 출력되겠네요.

실행결과 jsfiddle

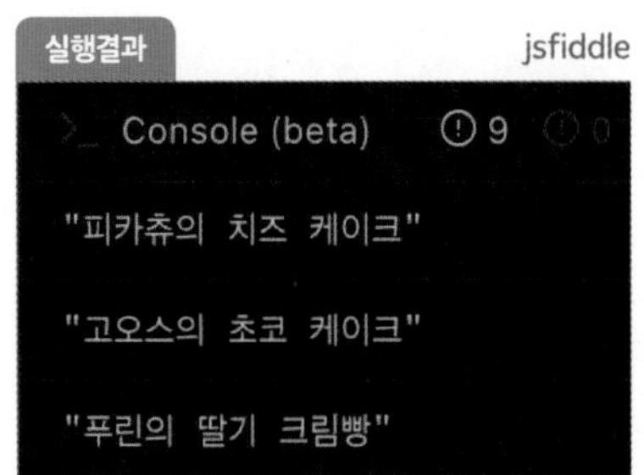
>_ Console (beta) ⓘ 9
"피카츄의 치즈 케이크"
"고오스의 초코 케이크"
"푸린의 딸기 크림빵"

↑if와 else if 문을 만나 모든 빵이 출력되었어요.

(3) else 문

이번에는 다시 피카츄 치즈 케이크만 빼고 전부 품절되었다고 하겠습니다. else 문 설명을 하기 위해 앞의 예제를 살짝 변형해 보았어요.

실행코드 javaScript jsfiddle

JavaScript + No-Library (pure JS) ▼

```
function findPokemonBread(pokemon) {
  pokemonBread = "아무것도 얻지 못했습니다..^^";

  if(pokemon == "피카츄") {
    pokemonBread = "피카츄의 치즈 케이크";
  } else {
    pokemonBread = "다음 편의점으로 가세요...!";
  }

  return pokemonBread;
}

console.log(findPokemonBread("피카츄"));
console.log(findPokemonBread("고오스"));
console.log(findPokemonBread("푸린"));
```

①번 실행

②, ③ 실행

↑피카츄를 제외한 모든 빵은 먹을 수 없겠군요.

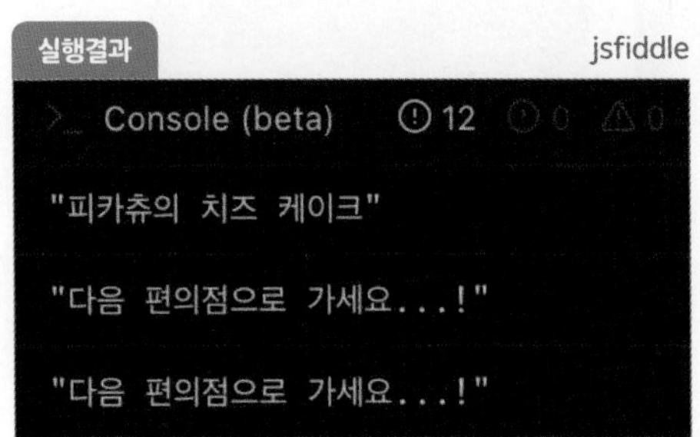
실행결과
jsfiddle
Console (beta)
12
"피카츄의 치즈 케이크"
"다음 편의점으로 가세요...!"
"다음 편의점으로 가세요...!"

↑예상대로 피카츄의 치즈 케이크만 얻을 수 있습니다.

피카츄가 아닐 경우에는 모두 품절되어 다음 편의점으로 가라고 하네요. 이처럼 else는 '그 밖의 모든 것'을 의미합니다.

3. 프로그래밍의 꽃, 반복문

(1) for 문

드디어 프로그래밍의 꽃인 반복문이 나왔습니다. 처음에 프로그래밍은 지루한 반복 작업을 효율적으로 개선해 줄 수 있다고 이야기했는데요. 이처럼 효율성을 극대화하는 반복문을 살펴보겠습니다. 먼저 반복문은 for(초깃값; 범위 지정; 증가 혹은 감소)로 정의합니다. 보통 여기에 쓰이는 숫자는 i로 선언하는 경우가 많은데, index의 줄임말이며 사실 어떤 변수의 이름이 와도 상관은 없습니다. 처음 for 문을 보면 구조가 복잡해 어려울 수 있습니다. 기본 코드부터 해석하죠.

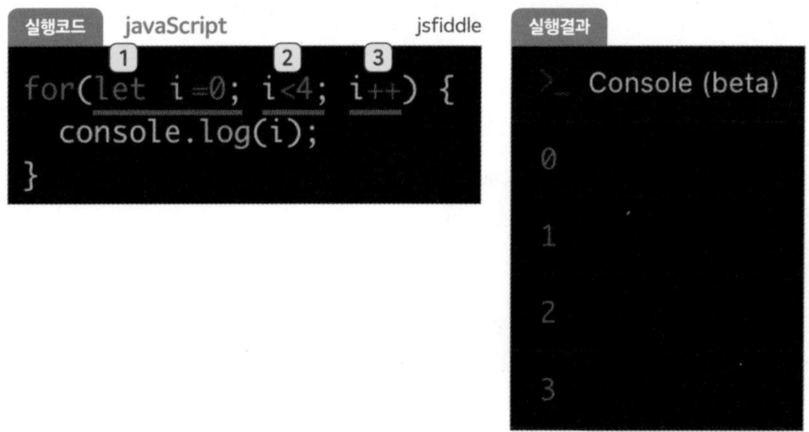

1번에는 처음에 들어갈 숫자를 넣어 줍니다. 보통은 0으로 초기화지만, 3을 넣을 경우 3부터 시작하게 됩니다. 2번 구조를 보겠습니다. 여기서는 어디까지 반복할 것인지를 정해 줍니다. 지금 이 예제에서는 i〈4이므로 0부터 3까지가 출력됩니다. 3번 구조는 증가할 것인지 감소할 것인지를 ++ 혹은 -- 연산자를 사용하여 나타냅니다.

for 문의 예시를 들어보겠습니다. 차근차근 살펴보면 금세 이해할 수 있습니다.

• **예시 1**

초깃값(처음 시작하는 숫자)을 2로 지정합니다. 2 〈= i 〈 4이기에 결과로 2와 3이 출력되는 것을 볼 수 있습니다.

```
for(let i=2; i<4; i++) {
  console.log(i);
}
→ 2,3
```

• **예시 2**

두 번째 예시입니다. 예시 1과 어디가 다른 걸까요? i 〈= 4 부분입니다. 출력되는 숫자는 2 〈= i 〈= 4, 즉 2, 3, 4가 출력되는 것을 볼 수 있습니다.

```
for(let i=2; i<=4; i++) {
  console.log(i);
}
→ 2,3,4
```

• **예시 3**

세 번째 예시입니다. 초깃값을 5로 지정하고 맨 뒤를 보니 -- 연산자를 썼네요. 1씩 점점 감소한다는 뜻입니다. 0 〈 i 〈= 5, 즉 5, 4, 3, 2, 1까지 출력되는 것을 볼 수 있습니다.

```
for(let i=5; i>0; i--) {
  console.log(i);
}
→ 5,4,3,2,1
```

• 예시 4

자바에서는 for 문을 다음과 같이 씁니다. 예시를 보니 타입 킬러인 자바는 역시 타입을 함께 넣어 주네요. 그 외에는 동일하답니다.

```
for(int i=0; i<4; i++) {
  System.out.println(i);
}
→ 0,1,2,3
```

다시금 for 문을 정리하겠습니다.

[그림 3-31] for 문 정리

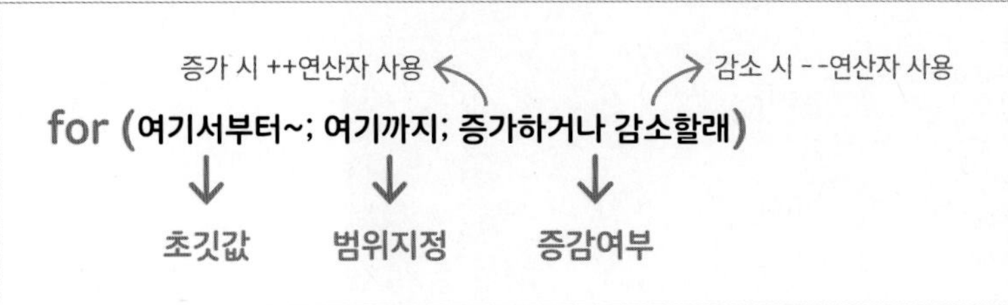

이렇게 숫자를 반복해서 증가시키거나 감소시키는 것이 왜 중요할까요? 반복문에 숫자를 이용하는 가장 큰 이유는 인덱싱을 사용하는 자료구조일 때 시간을 효율적으로 줄일 수 있기 때문입니다. 예시를 들자면 7개의 값이 들어 있는 rainbow 배열에서 rainbow[0], rainbow[1], rainbow[2]… 와 같이 하나하나 인덱스로 모든 값에 접근할 필요 없이 반복문 하나만 사용해 접근할 수 있습니다.

```
String[] rainbow = {"빨", "주", "노", "초", "파", "남", "보"};
System.out.println(rainbow);
→ Ljava.lang.String; @30f39991
```

↑ 자바 배열을 배울 때, 콘솔로 찍었을 경우 외계어 같은 주소 값이 출력되었죠.

162쪽에서 레인보우를 배열로 만든 적이 있죠. 이때 외계어 같은 주소 값이 아닌 실제 들어 있는 값을 출력하기 위해서는 Arrays.toString( )이라는 메서드를 사용하거나 반복문을 사용해야 한다고 이야기했는데요. 반복문을 통해 실제 들어 있는 값을 보여 드리겠습니다.

실행코드 java compilejava

```
public static void main(String[] args)
{
    String[] rainbow = {"빨","주","노","초","파","남","보"};
    System.out.println(rainbow.length); //7
    for(int i=0; i<rainbow.length; i++) {
        // 0,1,2,3,4,5,6 => 총 7개 출력
        System.out.print(rainbow[i]);
    }
}
```

평소에 늘 출력하던 println이 아니라 print로 출력하여 엔터 없이 쭉 글자를 이어 주었어요(빨주노초파남보).

실행결과

↑ 배열의 크기는 7이며, 레인보우가 반복문으로 간편히 꺼내진 것을 확인할 수 있습니다.

반복문을 사용할 때 많이 쓰는 메서드는 배열의 크기를 알 수 있는 .length입니다. 반복문이 '어디서부터 시작해서 어디까지 출력할까?'일 때, '어디까지 출력할까?' 부분을 손쉽게 알려주는 것이죠. 인덱싱을 할 때 많이 쓰는 변수명은 index의 앞부분만 따서 i라고 많이 씁니다. 자바도 동일한 방법으로 배열의 내용을 뽑을 수 있는데요, 자바보다는 자바스크립트가 다루기가 편해 다시 자바스크립트 위주로 설명하겠습니다.

(2) 반복문을 쉽게 도출하는 방법

다시금 포켓몬빵을 찾으러 가보겠습니다. 다양한 맛이 입고되었네요. 이 모든 맛을 콘솔로 출력하고 싶으면 어떻게 할까요? 편하게 반복문을 쓰면 좋을 것 같은

데, 반복문을 어떻게 쓰는 건지 여전히 헷갈려서 문제네요. 여기서 반복문을 도출하는 방법을 쉽게 알려 드리겠습니다. 우선 빵의 맛만 모두 출력하려면 이런 방법도 있을 거예요.

실행코드 javaScript jsfiddle

JavaScript + No-Library (pure JS) ▼

```
const pokemonBread = [
  { name: "파이리", flavor: "핫소스빵" },
  { name: "꼬부기", flavor: "꼬부기빵" },
  { name: "피카츄", flavor: "치즈 케이크" },
  { name: "고오스", flavor: "초코 케이크" },
  { name: "디그다", flavor: "딸기 커스터드" },
  { name: "푸린", flavor: "딸기 크림빵" },
]
```

↑하나의 배열 안에 6개의 객체가 들어있습니다.

코드는 어떻게 짤 수 있을까요? 다른 문자는 반복이 되지만 숫자는 반복되지 않고 있어요. 숫자는 0에서 5까지 하나씩 증가하고 있죠. 이 부분만 변화시키면 되는 거예요. 그리고 이 숫자는 총 0, 1, 2, 3, 4, 5까지 여섯 가지가 나오죠. 여섯 가지는 포켓몬빵이 가지고 있는 배열의 수와 동일합니다. 따라서 0부터 pokemonBread.length 바로 직전까지를 범위로 잡으면 될 거예요.

```
console.log(pokemonBread[0]["flavor"]);
console.log(pokemonBread[1]["flavor"]);
console.log(pokemonBread[2]["flavor"]);
console.log(pokemonBread[3]["flavor"]);
console.log(pokemonBread[4]["flavor"]);
console.log(pokemonBread[5]["flavor"]);
```

여기만 변하고 있네요.

따라서 반복문은 다음 같이 작성하면 됩니다.

실행코드 javaScript jsfiddle

```
for(let i=0; i<pokemonBread.length; i++){
  console.log(pokemonBread[i]["flavor"]);
}
```

여기만 변화

(3) 이중 for 문

이중 for 문에 대해 알아보겠습니다. 다음과 같이 배열이 있다고 합시다. 이 배열은 하나의 배열 안에 4개의 배열이 있는 형태입니다.

[그림 3-32] 하나의 배열 안에 4개의 배열

```
const pokemonType = [
  ["잉어킹","꼬부기","라프라스"],
  ["파이리","마그마","브케인"],
  ["피츄","피카츄","라이츄"],
  ["꼬마돌","롱스톤","딱구리"]
]
```

배열 안에 또 배열이 있는 형태는 익숙하지 않죠? 그림으로 나타내면 다음과 같습니다.

[그림 3-33] 이중배열인 pokemonType의 그림

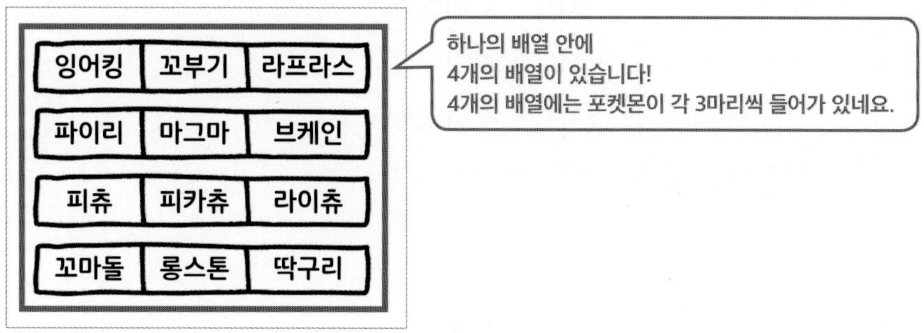

하나의 배열 안에 4개의 배열이 있고, 그 안에 포켓몬이 3마리씩 들어가고 있네요. 이 배열을 전부 출력하여 배열에 갇힌 포켓몬을 전부 꺼내려 합니다. for 문을 편하게 사용하기 위해서 배열에 인덱스를 매겨 보겠습니다.

배열의 인덱스를 파악하면 다음과 같습니다. 마치 4 × 3 표처럼 생겼네요.

잉어킹 [0][0]	꼬부기 [0][1]	라프라스 [0][2]
파이리 [1][0]	마그마 [1][1]	브케인 [1][2]
피츄 [2][0]	피카츄 [2][1]	라이츄 [2][2]
꼬마돌 [3][0]	롱스톤 [3][1]	딱구리 [3][2]

하나의 배열 안에 4개의 배열이 존재하고, 또 그 안에 3개의 아이템이 존재할 경우 어떻게 해야 전부 콘솔에 출력할 수 있을지 고민합시다. 우리가 지금껏 배운 것을 토대로 다음과 같이 하나씩 일일이 콘솔에 출력할 수 있을 것입니다.

```
console.log(pokemonType[0][0]);    → 잉어킹
console.log(pokemonType[0][1]);    → 꼬부기
console.log(pokemonType[0][2]);    → 라프라스
console.log(pokemonType[1][0]);    → 파이리
console.log(pokemonType[1][1]);    → 마그마
```

근데 나머지 항목들도 일일이 같은 방법으로 하면 너무 힘들거예요. 자세히 보니 앞의 [숫자]와 뒤의 [숫자]가 전부 1씩 증가하는 패턴이 있네요. 즉, pokemonType[0~3][0~2]가 표출이 되는데 패턴에 맞춰서 숫자가 올라가고 있습니다. 두 번째 인덱스가 2까지 다 차오르면 다시 첫 번째 인덱스가 1 증가하고의 반복 형태를 보여 주고 있어요.

```
console.log(pokemonType[0][0]);
console.log(pokemonType[0][1]);
console.log(pokemonType[0][2]);  ← 두 번째 인덱스가 2까지 차오르자
console.log(pokemonType[1][0]);  ← 첫 번째 인덱스가 +1로 증가되었어요.
```

우리가 지금껏 배운 일반적인 for 문으로 이 배열을 작성했을 때 모든 포켓몬을 전부 꺼낼 수 있을까요? 실행 코드에서처럼 for 문을 하나만 작성한 후 결과를 보겠습니다. 포켓몬을 한 마리씩 꺼낼 수 없네요. 0번째 배열, 1번 배열, 2번 배열, 3번 배열처럼 배열의 형태로 꺼내졌네요.

실행코드 javaScript jsfiddle

```
const pokemonType = [
  ["잉어킹","꼬부기","라프라스"],
  ["파이리","마그마","브케인"],
  ["피츄","피카츄","라이츄"],
  ["꼬마돌","롱스톤","딱구리"]
]

for(let i=0; i<pokemonType.length; i++) {
  console.log(i);
  console.log(pokemonType[i]);
}
```

실행결과 jsfiddle

```
Console (beta)  68  12
0
["잉어킹", "꼬부기", "라프라스"]
1
["파이리", "마그마", "브케인"]
2
["피츄", "피카츄", "라이츄"]
3
["꼬마돌", "롱스톤", "딱구리"]
```

이렇게 배열을 하나씩 꺼내 주긴 했어요. 하지만 모든 포켓몬들을 출력하기 위해서는 이 배열을 다시 또 하나씩 꺼내야 한다는 것을 알 수 있어요. 이런 현상이 일어나는 이유는 간단해요. 배열 속에 배열이 있기 때문입니다. 그렇기 때문에 pokemonType은 2차원 배열이라고 부르며, 이중 for 문을 사용해줘야 해요. 이중 for 문은 for 문 2개를 돌리는 것을 말합니다. 경우에 따라 3차원 배열이면 3중 for 문, 4차원 배열이면 4중 for 문을 돌리기도 합니다.

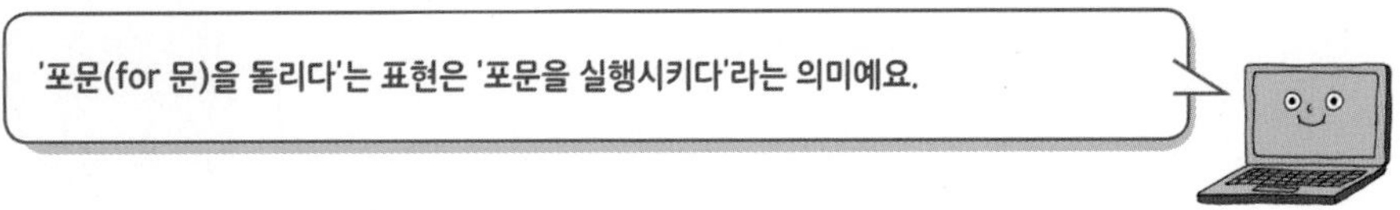

'포문(for 문)을 돌리다'는 표현은 '포문을 실행시키다'라는 의미예요.

우선 for 문을 두 개를 작성해야 하는 것은 알겠는데 어떻게 해야 할까요? 자, 지금 for 문으로 꺼낸 배열을 다시 보세요.

```
["잉어킹", "꼬부기", "라프라스"]
```

↑ n번째 배열의 크기는 3이네요.

이 배열의 크기는 3이기 때문에 for 문으로 꺼내 준 4개의 배열은 length가 3이라고도 할 수 있습니다. 즉, pokemonType[0].length, pokemonType[1].length, pokemonType[2].length, pokemonType[3].length는 모두 3입니다. 이것을 사용해서 이중 for 문을 돌리면 다음과 같은 모습이 됩니다.

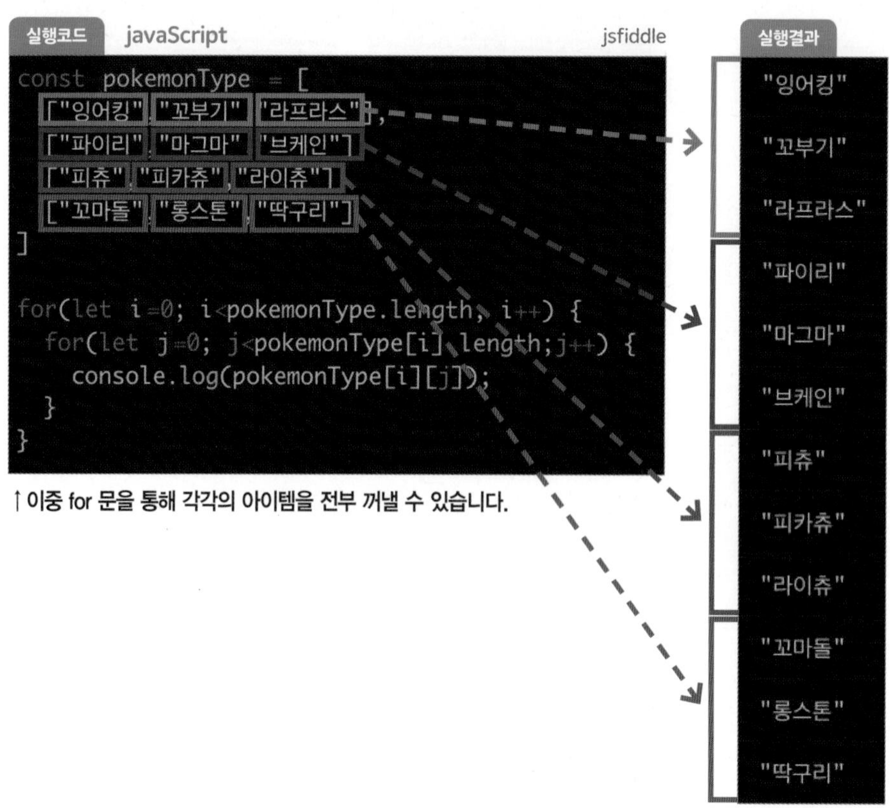


```
const pokemonType = [
  ["잉어킹","꼬부기","라프라스"],
  ["파이리","마그마","브케인"],
  ["피츄","피카츄","라이츄"],
  ["꼬마돌","롱스톤","딱구리"]
]

for(let i=0; i<pokemonType.length; i++) {
  for(let j=0; j<pokemonType[i].length;j++) {
    console.log(pokemonType[i][j]);
  }
}
```

↑ 이중 for 문을 통해 각각의 아이템을 전부 꺼낼 수 있습니다.

(4) while 문

while 문은 특정 조건을 충족했을 때 연속적으로 실행하게 만드는 코드입니다. 예시를 보겠습니다. while 문으로 1부터 5까지 출력하려면 다음과 같이 코드를 짜면 됩니다.

```
while (조건) {
  조건을 만족하네.
  신난다, 계속 실행!
}
```

실행코드

```
let i = 1;
while(i<6){
  console.log(i);
  i++;
}
```

↑i의 초깃값은 1이며, i가 6이 되기 전까지는 콘솔 출력 후 값을 하나씩 더해 줍니다.

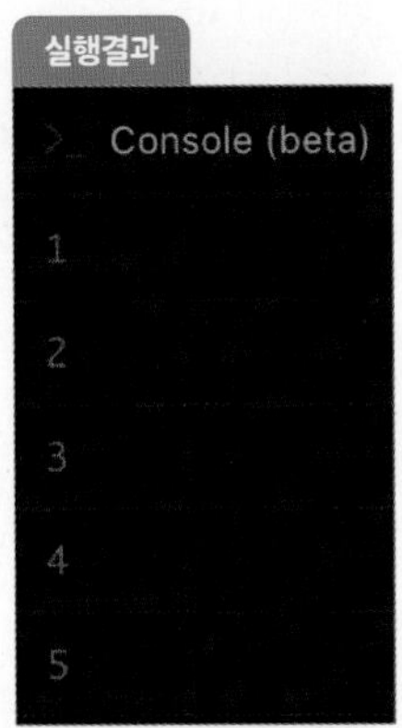

↑6 이전까지 조건이 만족되어 계속 출력되는 것을 알 수 있네요.

(5) continue 키워드

comtinue라는 키워드는 '피해갈 곳'을 정해 주는 것입니다. 예시를 보겠습니다. i가 3일 경우 출력하지 않는다고 해 봅시다. if 조건문 + continue 키워드를 사용해 원하는 구간을 건너뛰게 만들 수 있습니다.

```
let i=0;
while(i<5) {
  i++;
  if(i == 3) continue;
  console.log(i);              → 출력 결과: 1, 2, 4, 5
}
```

↑i는 3이 되면 continue를 만나서 건너뛰고, 3을 제외한 1, 2, 4, 5가 출력됩니다.

(6) break 키워드

break 키워드는 특정 조건에서 빠져나오게 만드는 코드입니다. 예시를 봅시다. i가 3이 된 즉시 함수를 종료시키려고 합니다. 이때 if 조건문 + break 키워드를 사용해서 빠져나올 수 있습니다.

```
let i=0;
while(i<5) {
  i++;
  if(i == 3) break;
  console.log(i);              → 출력 결과: 1, 2
}
```

↑3일 때 함수가 즉시 종료되어 1, 2만 출력됩니다.

여기까지 반복문에 대해서 알아보았습니다. do~ while 문도 존재하나, 부가적인 문법이기에 여기서는 for 문과 while 문 2개 정도 기억하면 됩니다. for 문은 범위 구간 반복, while 문은 조건 반복이라는 것을 반드시 기억해 주세요.

실전 과제 MBTI 테스트 만들기

반복문, 조건문, 연산자를 활용해 MBTI 테스트 코드를 짜 보겠습니다. 우선 어떻게 하면 MBTI 테스트를 만들 수 있을지 생각해 볼까요? 요즘 MBTI 열풍으로 검색하면 많은 자료가 있죠. 찾아보니 'E와 I, S와 N, F와 T, J와 P' 이렇게 총 여덟 가지의 속성이 있고 이 속성에 따라 총 열여섯 가지의 성격 유형이 만들어지네요.

그렇다면 이런 것들이 필요하겠네요. ① E와 I 둘 중에 어느 쪽 성향이 더 강한지 알아 낼 수 있는 질문이 필요하고, 같은 방식대로 ② S와 N 질문 ③ F와 T 질문 ④ J와 P 질문이 필요하네요. 이렇게 종류는 총 4개로 나뉘게 돼요. 그리고 각 질문당 어떤 쪽이 더 맞는지에 대해 최소한 3개의 질문들이 필요할 거예요. E인지 I인지 판가름할 수 있는 질문 3개가 있어야 과반수가 결정됩니다. E가 2개, I가 1개와 같이 말이죠.

만약 질문이 2개만 주어진다면 이 사람이 E인지 I인지 알 수가 없겠네요. 그렇게 된다면 MBTI에 사용되는 질문의 최소한의 수는 '4종류의 질문 × 3개의 질문 = 총 질문의 수는 12개'가 도출됩니다. 더 많이 사용할수록 일치할 확률이 높아지겠지만, 우리는 간단하게 만들 것이기 때문이 문제 수는 총 12개로만 설정할게요.

제가 사용한 질문은 다음과 같습니다.

```
1. 나는 활발하다.
2. 나는 처음 보는 사람과 쉽게 친해진다.
3. 친구들이 나를 빼놓고 놀면 섭섭하다.
```

→ E 와 I 문제: true일 경우 E, false일 경우 I

4. 나는 현실적이라는 소리를 많이 듣는다.
5. 숲보다는 나무를 보는 편이다.
6. 미래에 일어날 일에 대해 상상하기보다는 이미 일어난 것을 토대로 미래를 예측하는 것을 좋아한다.

→ S와 N 문제: true일 경우 S, false일 경우 N

7. 친구가 고민 상담을 하면 위로보다는 현실적인 조언을 통해 친구가 빨리 일을 해결할 수 있게 한다.
8. 친구가 사고가 났다고 카톡이 왔다. "야 괜찮아?"가 아니라 "어디서 어쩌다? 니 과실이야?"라고 반응한다.
9. 친구가 기분 나빠할까 봐 쓴소리를 돌려 말하기보다는 직설적으로 얘기하는 편이다.

→ F와 T 문제: true일 경우 T, false일 경우 F

10. 내일은 없다, 나에겐 오늘이 중요하다.
11. 계획하는 것을 싫어한다.
12. 먹을 걸 정할 때, '2차는 어디로, 3차는 어디로...?' 플랜 B, C까지 작성하지는 않는다.

→ P와 J 문제: true일 경우 P, false일 경우 J

질문들은 배열에 넣어 주는데, 맥락에 맞는 질문끼리 묶어서 2차원 배열로 만들겠습니다. 즉, [[E와 I를 물어보는 질문 3개], [S와 N을 물어보는 질문 3개], [F와 T를 물어보는 질문 3개], [P와 J를 물어보는 질문 3개]]와 같이 맥락에 맞는 질문끼리 묶어 주는 거예요. 그리고 질문을 한쪽 성향의 질문만 넣습니다. 예를 들어 E에 관련된 질문만 넣고 true일 경우 E, false일 경우 I와 같이 기준을 간단하게 해 주면 질문으로부터 MBTI를 도출하기가 더 쉬울 거예요.

그리고 이 질문 배열은 2차원 배열이기 때문에 이중 for 문을 돌려서 반복을 합니다. 그리고 어떤 성향이 더 강한지에 대해 알 수 있는 지표로 사용될 E, I, S, N, F, T, P, J의 이름을 가진 8개의 변수를 숫자로 선언하고 질문을 하면서 E가 true일 경우에 E를 +1한다든지, F가 true일 경우 F를 +1하는 방식으로 성향을 파악하는 거예요.

그러고 나서 MBTI 결과물을 담을 변수를 하나 선언합니다. 여기에는 ENFP처럼 문자가 들어갈 것이기 때문에 문자열 변수이고 아무것도 들어 있지 않은 문자열로 초기화를 해 줘요(" "). 앞에서 어떤 성향이 강한지에 대해 알 수 있는 지표로 E, I, S, N, F, T, P, J를 사용했는데 이제 여기서 삼항 연산자와 함께 사용됩니다. E 〉 I ? MBTI += "E" : MBTI += "I" 이렇게요.

질문했을 때, E의 성향을 2개 선택하고 I 성향을 1개만 선택했다면, MBTI += "E"가 되므로 앞자리는 E가 될 거예요. 이와 같은 방식으로 N 〈 S ? 등 삼항 연산자를 사용하여 성향이 뭐가 더 강한지 체크하고 하나씩 문자열(E 혹은 I, S 혹은 N, F 혹은 T, P 혹은 J)을 더합니다. 차곡차곡 더하면 상대의 MBTI가 무엇인지 알 수 있습니다. 코드를 어떻게 구현했는지 보겠습니다.

실행코드 javaScript — jsfiddle

JavaScript + No-Library (pure JS) ▼

```
function handleOnClick() {
  const questions = [
    [
      "나는 활발하다",
      "나는 처음 보는 사람과 쉽게 친해진다",
      "친구들이 나를 빼놓고 놀면 섭섭하다"
    ],
    [
      "나는 현실적이라는 소리를 많이 듣는다",
      "숲 보다는 나무를 보는 편이다",
      "미래에 일어날 일에 대해 상상하기 보다는 이미 일어난 것을 토대로 미래를 예측하는 것을 좋아한다"
    ],
    [
      "친구가 고민 상담을 하면 위로보다는 현실적인 조언을 통해 친구가 빨리 일을 해결할 수 있게끔 한다",
      "친구가 사고가 났다고 카톡이 왔다.\"야 괜찮아?\" 가 아니라 \"어디서 어쩌다? 니 과실이야?\"라고 반응한다.",
      "친구가 기분 나빠할까 봐 쓴소리를 돌려 말하기 보다는 직설적으로 얘기하는 편이다"
    ],
    [
      "내일은 없다, 나에겐 오늘이 중요하다.",
      "계획하는 것을 싫어한다",
      "먹을 걸 정할 때, '2차는 어디로, 3차는 어디로...?' 플랜 B, C까지 작성하지는 않는다."
    ]
  ];

  let I=E=N=S=F=T=P=J=0;

  for(let i=0; i<question.length;i++) {
    for(let j=0; j<question[i].length; j++) {
      const result = confirm(question[i][j]);

      if(i==0) {
        result ? E++ : I++;
      } else if(i==1) {
        result ? S++ : N++;
      } else if(i==2) {
        result ? T++ : F++;
      } else {
        result ? P++ : J++;
      }
    }
  }

  let MBTI = "";

  I < E ? MBTI+="E" : MBTI+="I";
  N < S ? MBTI+="S" : MBTI+="N";
  F < T ? MBTI+="T" : MBTI+="F";
  P < J ? MBTI+="J" : MBTI+="P";

  alert(`당신의 MBTI는 ${MBTI} 입니다`);
}
```

실행결과

MBTI 테스트 시작!

↑ 버튼을 누르면 테스트 시작

조금 어려울 수도 있지만, 구현 코드를 통해 테스트해 보면 재미있을 거예요. '위캔코딩' 카페에 해당 코드를 올려 놓았습니다. 하지만 가장 좋은 것은 직접 다시 짜 보면서 코딩을 터득하는 것입니다. 자바스크립트에 내장되어 있는 기능(confirm)을 사용해서 "취소"와 "확인"으로만 구현한 게 아쉽지만 취소가 "아니요"라고 생각하고 확인이 "예"라고 여겨 주세요.

덧붙여서 가끔 이 사이트가 혼자 새로고침이 되어 확인 버튼을 누르지도 않았는데 확인 버튼이 눌려서 올바른 결과가 안 나올 때가 있어요. 그걸 방지하기 위해서 다음과 같이 'jsfiddle 사이트 → setting → Auto-save code' 절차를 밟아 주면 됩니다. 이렇게 하면 자동 저장을 막기 때문에 테스트를 하는 도중 새로고침이 되지 않습니다. 진행하다가 막힌다면 콘솔을 찍어 보면서 어디가 문제가 있는지 확인해 보면 됩니다.

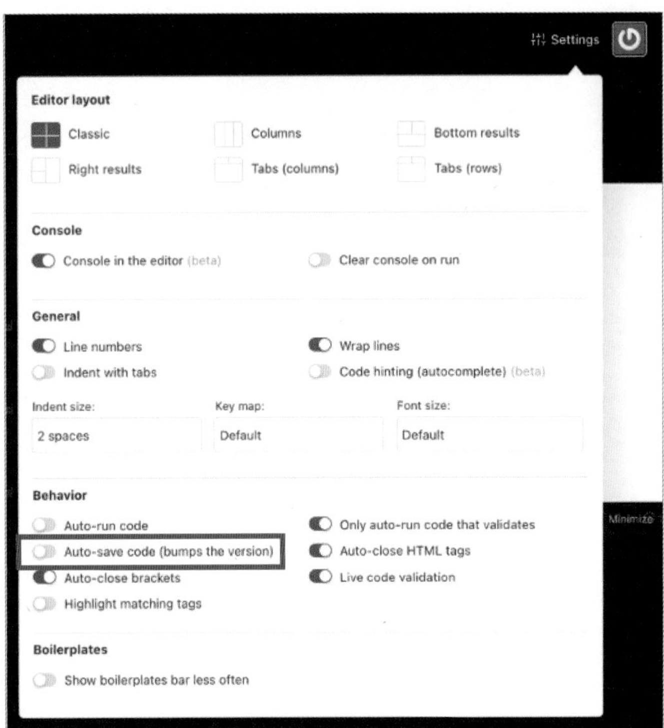

↑ Auto – save code가 활성화되어 있다면 비활성화시켜 주세요.

실행결과 jsfidle

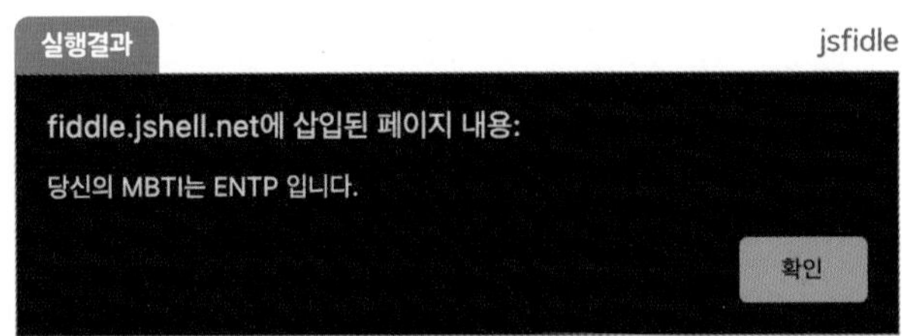

MBTI 코드 전문은 다음과 같습니다. 참고해 보세요.

```
function handleOnClick() {
  const questions = [
   // E와 I를 판가름하는 문제다. true 일시 E, false 일시 I
    [
      "나는 활발하다.",
      "나는 처음 보는 사람과 쉽게 친해진다.",
      "친구들이 나를 빼놓고 놀면 섭섭하다."
    ],
    // N와 S를 판가름하는 문제다. true 일시 S, false 일시 N
    [
    "나는 현실적이라는 소리를 많이 듣는다.",
    "숲보다는 나무를 보는 편이다.",
    "미래에 일어날 일에 대해 상상하기보다는 이미 일어난 것을 토대로 미래를
    예측하는 것을 좋아한다."
    ],
    // F와 T를 판가름하는 문제다. true 일시 T, false 일시 F
    [
    "친구가 고민 상담을 하면 위로보다는 현실적인 조언을 통해 친구가 빨리 일
    을 해결할 수 있게 한다",
    "친구가 사고가 났다고 카톡이 왔다.\"야 괜찮아?\" 가 아니라 \"어디서 어쩌
    다? 니 과실이야?\"라고 반응한다.",
    "친구가 기분 나빠할까 봐 쓴소리를 돌려 말하기보다는 직설적으로 얘기하는
    편이다."
    ],
    // J와 P를 판가름하는 문제다. true 일시 P, false 일시 J
    [
      "내일은 없다, 나에겐 오늘이 중요하다.",
      "계획하는 것을 싫어한다",
      "먹을 걸 정할 때, '2차는 어디로, 3차는 어디로...?' 플랜 B, C까지 작성
      하지는 않는다."
    ]
  ];
  let I=E=N=S=F=T=P=J=0; // 다수의 변수를 동일한 초깃값으로 선언할 때 사용돼요.

  // MBTI의 총 4종류가 있고 (따라서 questions.length 는 4),
  for(let i=0; i<questions.length;i++) {
  // 질문은 각 3개씩 존재해요. (따라서 questions[i].length 는 3)
```

```
        for(let j=0; j<questions[i].length; j++) {
            /*
                confirm 이라는 내장함수는 사용자에게 확인/취소 두 가지의 선택 사항
                을 요구하는 함수예요.
                (window.confirm 의 window가 생략된 형태에요.)
                해당 질문에 맞는 질문을 이중 포문으로 꺼내준 뒤,
                이걸 confirm 을 통해 확인(true)/취소(false) 여부를 물어봐요.
            */
            const result = confirm(questions[i][j]);

            if(i==0) { /* 1. i=0일 때는 E와 I를 판가름하는 문제예요. */
                result ? E++ : I++;
            } else if(i==1) { /* 2. i=1일 때는 N와 S를 판가름하는 문제예요. */
                result ? S++ : N++;
            } else if(i==2) { /* 3. i=2일 때는 F와 T를 판가름하는 문제예요. */
                result ? T++ : F++;
            } else { /* 4. i=3일 때는 P와 J를 판가름하는 문제예요. */
                result ? P++ : J++;
            }
        }
    }

    let MBTI = ""; // 엠비티아이가 무엇일지 문자열을 담는 공간이에요.
    /*
        각 지표가 무엇이 더 큰지 삼항연산자로 확인하고,
        그에 맞는 문자열을 더해줘서 총 4글자를 완성해요.
    */
    I < E ? MBTI+="E" : MBTI+="I";
    N < S ? MBTI+="S" : MBTI+="N";
    F < T ? MBTI+="T" : MBTI+="F";
    P < J ? MBTI+="J" : MBTI+="P";

    alert(`당신의 MBTI는 ${MBTI}입니다.`); // 문자열을 사용할 때 이런 식으로도
    쓰여요.
    // alert("당신의 MBTI는 "+MBTI+ "입니다.");와 동일해요.
}
```

쉬는 시간

3강 핵심 키워드

① 변수

#데이터를 담는 바구니 #값이 가변적 #타입에 따라 담을 수 있는 용량이 다를 수 있음

② 데이터 타입

#Primitive Type(원시 타입)과 Reference Type(참조 타입)으로 나뉨 #책상 서랍과 사물함 #원시 타입은 Stack(스택)에 저장 #참조 타입의 주소 값만 스택에 저장하며 실제 값은 Heap(힙)에 저장 #스택은 LIFO(후입선출) 형태

③ 타입 설정

#자바스크립트는 따로 타입 지정하지 않음 #자바는 변수의 앞에 항상 타입을 지정해 줌 #프로그래밍 언어마다 엄격한 언어가 있고 #덜 엄격한 언어가 있음

④ JSON

#키와 값이 서로 쌍을 이룸 #데이터를 마치 객체처럼 보이게 만든 텍스트 파일 #확장자로 .json을 사용 #key(키)는 무조건 큰따옴표로 작성 #value(값)은 데이터 타입에 따라 다르게 작성

⑤ 지역변수와 전역변수

#함수 내에 존재하는 지역변수 #어디서든 접근이 가능한 전역변수 #스코프는 함수 범위 #지역변수는 스코프 밖을 벗어나면(함수 호출이 끝나면) 소멸됨 #전역변수는 프로그램이 끝날 때까지 소멸되지 않기에 남발하면 메모리를 많이 차지함

⑥ 상수

#데이터를 담는 바구니 #값이 고정적 #자바스크립트에서는 const #자바에서는 final #원시 타입의 상수와 참조 타입의 상수 개념은 다르다 #원시 타입은 값 자체 변경이 안 되고 #참조 타입은 새로운 주소 값을 할당을 받는 것이 불가능

⑦ 이름 짓기

#카멜 표기법(yourName) #스네이크 표기법(your_name) #파스칼 표기법(YourName) #어떤 역할을 하는지 한눈에 알 수 있게끔 지어야 함 #변수는 명사형으로 #클래스명의 첫 글자는 대문자로

⑧ 함수

#한 번 선언 후 여러 번 쓸 수 있는 데이터 작업소 #애플파이 공장은 함수, 사과와 빵은 파라미터(=매개변수), 결과물인 애플파이는 리턴 값 #리턴 값이 없으면 void 함수

⑨ 조건문

#if 문은 if(만약에) → else if(그 밖의 만약에) → else(이외에)의 순서로 진행됨

⑩ 반복문

#for 문은 for(여기서부터; 여기까지; 증감 여부)로 작성 #for 문이 2개이면 이중 포문 #while 문은 조건이 만족하면 계속 반복 #break나 return으로 반복문을 빠져나갈 수 있음

3강 참고 웹사이트

1. 자바의 String 클래스와 Array 클래스: 클래스를 사용하면 메서드를 편리하게 사용할 수 있습니다. String과 Array와 관련한 메서드를 확인하려면 해당 웹사이트를 방문해보세요.

자바 String 클래스 QR

자바 Array 클래스 QR

2. 자바 형 변환 사이트: 자바는 변수를 선언할 때 작성한 데이터 타입에 맞게 값을 넣어야 합니다. 예시로 String으로 선언한 변수에 숫자를 넣으면 안 된다는 의미인데요. 기본적으로는 불가능하지만, '형 변환' 이라는 것을 통해 변경할 수 있습니다.

자바 형 변환 QR

3. JSON 형태가 맞는지 검증하는 사이트: JSON 형태에 맞춰 잘 작성했는지 검증할 수 있습니다.

JSON 검증 QR

4. 자바스크립트의 const, let, var 차이점 알아보기: 자바스크립트의 const, let, var의 차이점을 정리한 글입니다. 위캔코딩 카페에서 확인할 수 있습니다.

const, let, var
차이점 QR

심화편

한 단계 업! 코딩 심화 스킬을 익히자

4강

비전공자도 쉽게 이해하는 개발 심화

1 객체의 설계도, 클래스

1. 이데아 이론으로 설명하는 클래스

앞서 설명했듯 객체지향 프로그래밍에서 가장 중요한 것은 다름 아닌 객체입니다. 그리고 프로그래밍은 효율성을 중요시하기 때문에 객체를 사용할 때마다 번거롭게 생성하는 것이 아니라 객체를 클래스class로 먼저 정의한 후 필요할 때마다 마치 도장을 찍듯이 찍어내는 방식을 활용하고 있죠. 따라서 클래스 또한 객체지향 프로그래밍 언어에서 중요한 개념입니다. 특히 자바는 클래스로만 이루어졌다고 해도 과언이 아닙니다.

클래스를 철학자 플라톤Platon이 주장한 '이데아idea 법칙'에 빗대어 설명해 보겠습니다. 실제로 객체지향 프로그래밍을 만들 때 이데아 법칙을 응용했을 것이라고 주장하는 글이 꽤 많습니다. 우선 의자를 만들고자 하는 목수가 있다고 합시다. 목수는 의자에 대해서 상상할 거예요. 즉, 추상적인 개념을 먼저 떠올리는 단계죠. '의자라는 것은 사람들이 앉기 위해 만드는 가구야. 그러기 위해서는 의자에 다리가 있고, 등받이가 있고, 발 받침대가 있어야 하겠지.' 상상하며 설계합니다.

목수는 모든 추상적인 개념을 떠올리고 정립한 후 실제 의자를 만들기 시작해요. 어떤 목재가 맞을지 고르면서 톱질을 하죠. 그렇게 시간이 지나면 의자라는 객체가 만들어져 실제로 우리 눈앞에 나타납니다. 플라톤은 의자를 만드는 과정을 이렇게 말합니다. 목수가 추상적으로 상상하고 설계했던 그 의자는 현실 공간에 존재하는 게 아니라 이데아라는 공간에 있다는 것입니다. 그러니까 플라톤은 우리가 이데아 공간에 있던 것을 모방하여 실제 사물로 만든다고 주장하죠.

프로그래밍에 빗대어 보겠습니다. 앞서 목수가 이데아라는 공간에 설계한 '등받이, 다리 4개가 있는 앉기 위한 가구'는 '의자'라는 클래스가 됩니다. 이를 모방하여 실제로 만든 '우리 집에 있는 노란색 의자'는 인스턴스Instance(객체)라고 할 수 있습니다. 마찬가지로 '자동차'라는 것은 '교통수단 중 하나이며 4개의 바퀴가 달려 있는 물체'라 설계한 것이 클래스이며 '우리집 앞에 주차되어 있는 검은색 그랜저'는 인스턴스(객체)입니다.

[그림 4-1] 클래스와 인스턴스

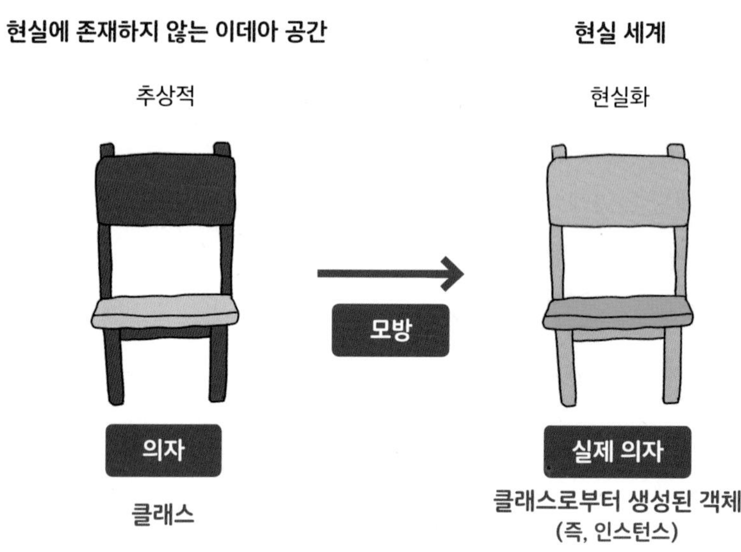

클래스를 모방하여 인스턴스를 생성하려면 구체적으로 어떻게 해야 할까요? 이럴 때 사용하는 것이 바로 생성자constructor와 new 연산자입니다. new 연산자로 클래스를 모방해서 만들어야 실제 메모리에 객체가 잡히게 됩니다. 잘 설계한 클래스 하나만 있으면 이를 계속 new 연산자를 사용해 꺼내 쓸 수 있습니다.

비유하자면 인스턴스를 무한정으로 만들 수 있는 '생성자'는 '공장'과 같고 new 연산자는 이 생성자 함수를 가동시키게 할 수 있는 '전력'과 같은 것이죠. 생성자는 '인스턴스를 생성할 때 사용하는 메서드'를 뜻하며, new라는 키워드는 이 메서드를 호출할 때 사용하는 연산자입니다.

[그림 4-2] new 연산자와 생성자 함수

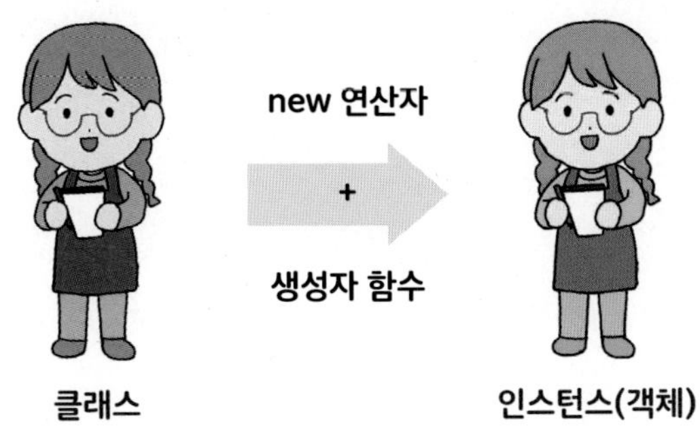

이렇게 만든 인스턴스를 통해 속성attributes과 메서드에 접근할 수 있습니다. 앞서 바리스타 예시로 객체를 설명했는데 이것을 클래스에 빗대어 설명하겠습니다. 이제부터는 클래스를 중점적으로 다루기 때문에 대표적인 클래스 기반의 언어인 자바를 다루겠습니다. 자바스크립트는 프로토타입prototype 언어이기 때문에 클래스를 제대로 다루기는 자바가 더 알맞기 때문입니다. 프로토타입 언어에 대해 다루려면 내용이 한없이 길어질 수 있어서 이 책에서는 다루지 않겠습니다.

[그림 4-3] 클래스의 구조

main.java　OrderSheet.java　Casher.java　Barista.java

```java
public class Barista {

    String name;
    int salary;
    int coffeeTotalNum;

    public Barista(String name) {
        this.name = name;
    }

    public void makeCoffee(OrderSheet order) {
        if (order.isCompleted == true) {
            return;
        }

        order.isCompleted = true;
        coffeeTotalNum += order.coffeeNum;
    }

    public void showInfo() {
        System.out.println("*** 바리스타 "+name+"이 만든 총 커피의 개수는"+coffeeTotalNum+" 입니다.");
    }
}
```

① 속성
② 생성자
③ 메서드

클래스의 구조를 파악하기 위해 먼저 [그림 4-3]의 코드를 살펴보겠습니다. ①은 객체의 속성이고, 이름, 연봉, 총 만든 커피의 잔 수입니다. ②는 생성자이고, ③은 메서드 makeCoffee(order), showInfo( )입니다.

설명으로 돌아가 보자면, 속성은 객체가 가지고 있는 특징을 뜻하며 바리스타 클래스의 속성으로는 이름(name), 연봉(salary), 총 만든 커피의 수(coffeeTotalNum)가 있습니다. 메서드는 객체의 행위를 뜻하며 바리스타 클래스의 메서드로는 주문서가 들어오면 커피를 만드는 메서드 makeCoffee(OrderSheet order)가 있고, 클래스의 속성을 콘솔에 보여 주는 showInfo( )라는 메서드가 있습니다.

함수 중에서 클래스 및 객체 내부에 있는 함수일 경우 이를 메서드라고 합니다.

2. new 연산자와 생성자

new 연산자와 생성자에 대해 자세히 알아보겠습니다. 생성자의 모양은 코드를 보면 금세 알 수 있습니다. 클래스와 동일한 이름을 가지고 있어요. 생성자는 클래스 내부에 존재하는 함수이므로 생성자 또한 메서드라고 볼 수 있죠. 클래스의 이름과 동일하기에 Barista 클래스의 생성자명도 Barista입니다.

좀 더 자세하게 풀어 보도록 하겠습니다. [그림 4-4]를 보겠습니다.

[그림 4-4] 생성자 함수와 클래스 이름

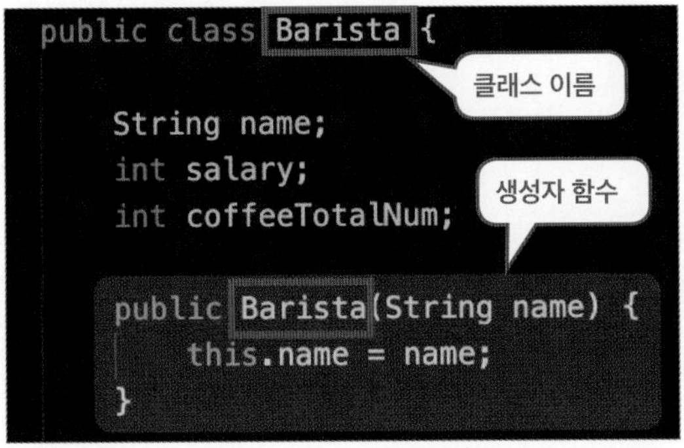

```
public class Barista {

    String name;
    int salary;
    int coffeeTotalNum;

    public Barista(String name) {
        this.name = name;
    }
```


이 클래스에서는 생성자가 바리스타(Barista) 클래스의 이름과 동일한 public Barista(String name)입니다. 여기서 잠깐 생성자 함수의 의미를 보겠습니다. 생성자 함수의 구조부터 살펴보죠.

[그림 4-4]의 Barista 생성자 함수를 그림으로 나타내면 [그림 4-6]과 같습니다. 생성자를 호출할 때 파라미터로 문자열String 값이 들어오면, 해당 인스턴스의 name 속성에 값을 넣어 줍니다. 그러면 넣어 준 이름을 name 속성으로 갖는 인스턴스가 만들어집니다.

[그림 4-5] name 속성을 설정하는 생성자

```
public Barista(String name) {
    this.name = name;
}
```

↑ 이름을 파라미터로 받아 name 속성을 설정하는 생성자 함수입니다.

[그림 4-6] 생성자 도식

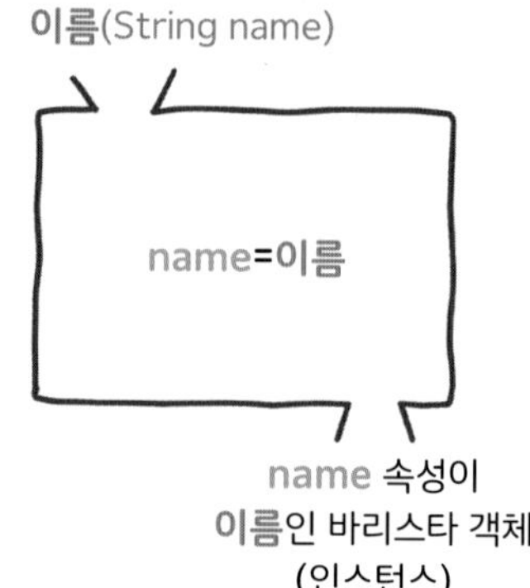

실제로 바리스타 생성자 함수에 "Lee"라는 이름을 넣어 이를 호출해 보겠습니다. 그런 뒤 바리스타의 이름을 확인하기 위해 앞에서 간략하게 보여 드린 showInfo( ) 메서드를 호출하겠습니다. 이 메서드는 바리스타의 이름과 총 만든 커피의 수를 콘솔에 출력하는 메서드입니다.

[그림 4-7] 생성자를 통한 인스턴스 생성

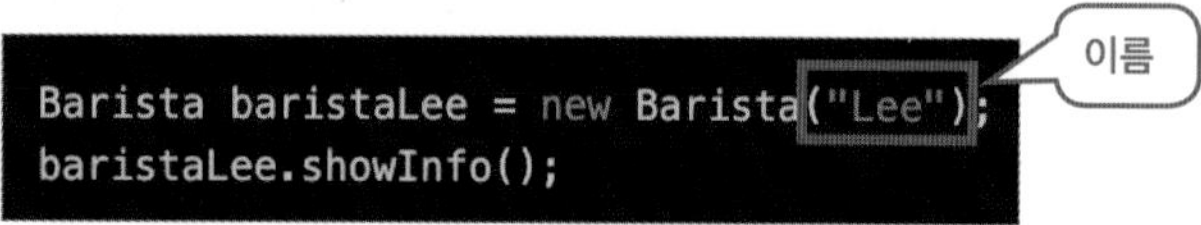

[그림 4-8] showInfo 메서드의 출력 결과

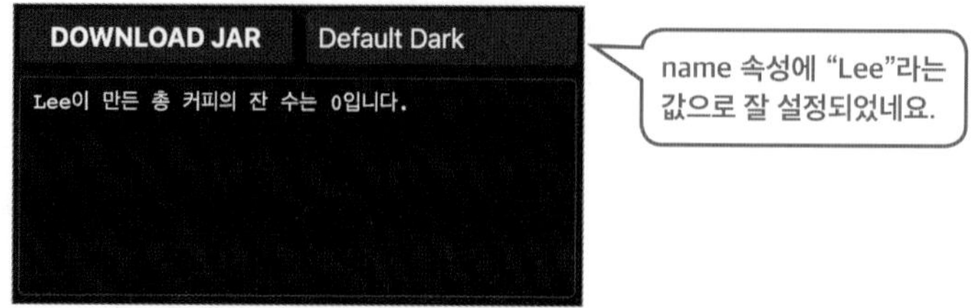

DOWNLOAD JAR
Default Dark
Lee이 만든 총 커피의 잔 수는 0입니다.
name 속성에 "Lee"라는 값으로 잘 설정되었네요.

이름(name) 속성이 "Lee"인 바리스타 인스턴스 객체가 생긴 것을 볼 수 있습니

다. 즉, new 연산자를 통해 바리스타 인스턴스를 생성함과 동시에 이름을 파라미터로 받아 name 속성을 설정한 것입니다. 이처럼 생성과 동시에 값을 넣어 주는 과정을 '객체 초기화'라고 부릅니다.

자세히 보면 생성자 함수를 통해 만들어진 객체를 Barista 타입의 baristaLee라는 변수에 넣어 주고 있네요. 앞서 자바는 변수를 선언할 때 타입을 함께 써 준다고 했습니다. baristaLee 변수는 Barista라는 클래스로 만들어지는 인스턴스이기 때문에 타입을 Barista라고 맨 앞에 정의해야 합니다.

[그림 4-9] 바리스타 메서드

만약 생성자 함수와 new 연산자가 없으면 어떻게 될까요? 단순히 클래스가 존재할 뿐, 실제 사용은 하지 못합니다. 그렇기에 만약 클래스 내부에 생성자 함수를 작성하지 않는다면 인스턴스를 만들 수 없다는 의미가 됩니다. 클래스를 만들어 놓아도 이를 사용하지 않는다니 이상합니다. 인스턴스를 만들기 위해 생성자 함수는 꼭 있어야 하는 존재인데 말이죠. 따라서 우리가 생성자를 따로 작성하지 않으면 자바 컴파일러가 자동적으로 만들어 냅니다. 이때는 아무 파라미터도 입력받지 않는 형태로 자동 생성됩니다. 따라서 다음과 같은 인스턴스 객체가 만들어집니다.

```
public Barista( ) {


}
```

↑ 생성자가 없을 때 자동으로 만들어지는 생성자는 눈에 보이지 않으나 이렇게 생겼습니다.

```
Barista kim = new Barisa();
```

↑ Default constructor를 통해 아무 파라미터도 받지 않는 기본 형태로 인스턴스를 생성할 수 있습니다.

클래스 내부에 작성된 생성자가 하나라도 있으면 디폴트 생성자(Default constructor)는 자동 생성되지 않습니다. 이 내용은 가볍게 짚고 넘겨 주세요.

또한 생성자는 파라미터의 개수를 달리해서 여러 개를 만들 수도 있습니다. 파라미터를 여러 개 받는 함수를 살펴보겠습니다.

[그림 4-10] 2개의 생성자 함수가 존재

```
String name;
int salary;
int coffeeTotalNum;

public Barista(String name) {
    this.name = name;
}

public Barista(String name, int salary) {
    this.name = name;
    this.salary = salary;
}
```

파라미터 1개를 받는 생성자 함수

파라미터 2개를 받는 생성자 함수

이름(name)이라는 파라미터를 받아서 생성하는 생성자 함수, 그리고 이름

(name)과 연봉(salary)을 받아 생성하는 생성자 함수 총 2개를 만들 수 있는데요, 이를 다음과 같이 사용하여 인스턴스 객체를 생성할 수 있습니다.

```
Barista baristaLee = new Barista("Lee"); 1
Barista baristaKim = new Barista("Kim",3000); 2
```

1 첫 번째 생성자 함수는 이름만 받아서 객체 초기화를 진행하고, 2 두 번째 생성자 함수는 이름과 연봉을 받아서 이름과 연봉을 초기화합니다. 파라미터를 다르게 해서 생성자를 만들 때에는 초기화를 쉽고 빠르게 할 수 있다는 장점이 있습니다.

여기서 이름과 연봉을 초기화해 주는 생성자 함수가 없다고 해봅시다. 또한 아무 생성자 함수도 작성하지 않아 컴퓨터가 자동으로 생성해 주는 기본 형태의 생성자만 있다고 가정하겠습니다[new Barista( );의 형태]. 속성은 많은데 기본 생성자만 존재한다면, 객체를 초기화하는 과정만 해도 엄청 오래 걸릴 거예요.

```
Barista baristaKim = new Barista();
baristaKim.name = "Kim",
baristaKim.salary = 3000;
```

↑총 세 줄로 인스턴스 객체를 생성합니다. 그리고 이름을 "Kim"으로 변경하고, 연봉을 3,000으로 변경했어요.

```
Barista baristaKim = new Barista("Kim",3000);
```

↑반면 이 생성자 함수를 사용하면 한 줄 표현이 가능합니다.

this.name에서 'this가 뭐지?'라고 의문이 들 수 있는데요, 자바에서는 인스턴스 자기 자신을 가리키는 키워드입니다. 자바스크립트에서는 this가 굉장히 까다롭습니다만, 자바에서는 그저 '자기 자신'을 가리킨다고 보면 됩니다. 그렇기 때문에 this.name은 이 클래스를 기반으로 생성된 바리스타 인스턴스의 name을 뜻합니다.

```
public Barista(String name) {
  this.name = name;
}
```

↑ **this.name은 파라미터로 들어온 name이 아니라 name 속성을 말합니다.**

큰 의미는 두지 마시고 파라미터로 들어오는 name과 구별 짓기 위해 사용된다고 생각하면 됩니다. this를 쓰지 않더라도 생성자를 작성할 수 있습니다.

```
public Barista(String baristaName) {
  name = baristaName;
}
```

↑ **this를 사용하지 않는 코드**

```
public Barista(String name) {
  this.name = name;
}
```

↑ this를 사용한 코드. 둘은 작성한 방식만 다를 뿐 동일한 코드입니다.

이처럼 this를 쓰지 않고 작성해도 틀린 코드는 아닙니다. '이름이라는 문자열 파라미터가 들어오면 클래스의 속성인 name에 그 값을 넣어 준다.'라는 맥락은 같으니까요. 하지만 this를 붙이는 게 더 가독성이 높기 때문에 같이 쓰는 경우가 대부분입니다. 파라미터로 들어오는 변수의 이름과 객체의 속성을 동일한 이름으로 적을 때, 파라미터 변수의 이름과 헷갈리지 않기 위해 객체의 속성에 this를 붙입니다. "이름이 같으니 헷갈리지 말라고 한 번 더 적어준다."라고 생각하면 됩니다.

- 클래스는 객체에 대한 설계를 바탕으로 만들어진 것이며, new 연산자를 통해 실제 객체(인스턴스)로 생성할 수 있습니다.
- new 연산자는 객체를 만들고, 생성자 함수는 new 연산자를 사용할 때 같이 쓰는 함수입니다.
- 생성자는 파라미터를 다르게 하여 여러 생성자를 만들 수 있습니다.
- 생성자를 따로 적어 주지 않을 경우에는 자동으로 생성됩니다. 예로, Barista baristaLee = new Barista();와 같이 써 줌으로써 인스턴스를 만들 수 있습니다.
- this는 자기 자신을 의미합니다. 파라미터와 구분 짓기 위해 this를 관례적으로 사용하고 있습니다.
- 생성과 동시에 값을 넣어 주는 과정을 '객체 초기화'라고 부릅니다.

3. 객체 협력

객체지향의 궁극적인 목적은 클래스를 잘 설계해 올바른 객체를 생성하고, 이 객체들이 서로 협력해 목표를 달성하게 만드는 것입니다. 이제 우리가 만든 객체들이 어떻게 협력하는지 보겠습니다. 1강 '타임카페'가 절차지향에서 객체지향으로 업무 방식을 변경하고 나서 바리스타와 캐셔가 서로 유기적으로 협력하는 것을 확인할 수 있었죠. 이처럼 객체 협력은 중요합니다.

이번에는 캐셔와 바리스타가 협력하는 것을 직접 코딩하려고 합니다. 클래스를 설계하는 것은 사람마다 다르지만, 저는 이 캐셔와 바리스타 사이에 주문서라는 객체를 만들 거예요. 중간 다리 역할로 사용하게끔 주문서 클래스도 같이 생성하겠습니다. 즉, '캐셔 → 주문서 → 바리스타'의 구조입니다. 먼저 캐셔가 주문을 받으면 그에 따라 주문서를 만듭니다. 그리고 바리스타가 만들어진 주문서를 받고, 주문서의 정보를 토대로 커피를 제작하는 흐름입니다. 우선 주문서 클래스부터 만들겠습니다.

(1) 주문서 클래스 생성

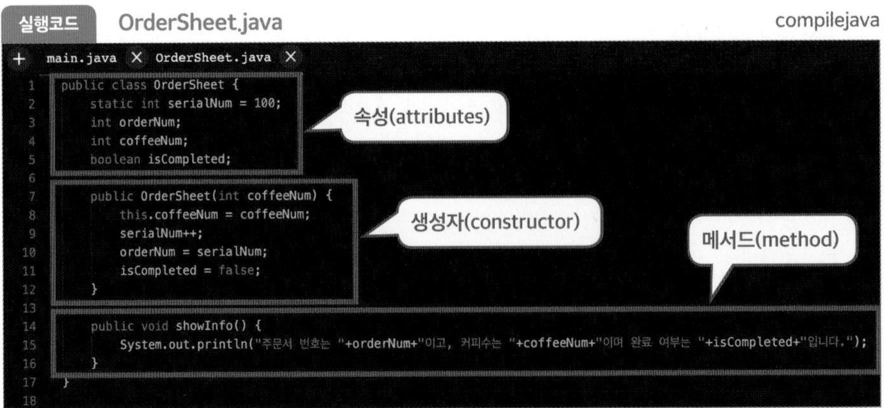

- **속성**

주문서의 속성으로 orderNum(주문 번호), coffeeNum(커피의 잔 수), isCompleted(커피가 만들어졌는지에 대한 완료 여부)를 넣었어요. 여기서 serialNum은 고유 번호라는 뜻입니다. 이 앞에는 static(스태틱)이라는 키워드를 작성했어요. static으로 선언한 serialNum이라는 변수는 뒤에서 설명하겠습니다.

- **생성자**

[그림 4-11] OrderSheet의 생성자 구조

```
public OrderSheet(int coffeeNum) {    [1]
    this.coffeeNum = coffeeNum;  [2]
    serialNum++;  [3]
    orderNum = serialNum;  [4]
    isCompleted = false;  [5]
}
```

생성자 구조에 대해 하나하나 뜯어보겠습니다.

[1] OrderSheet은 생성자 함수로, coffeeNum이라는 숫자 파라미터를 받습니다. 타임카페는 오로지 커피 한 종류만 판매하는 곳이라 종류에 상관없이 주문이 들어온 커피의 개수만을 받습니다.

[2] 그 커피의 개수는 this.coffeeNum으로 넣어지고, [3] static에서 정적으로 관리하는 serialNum을 1 증가시킵니다. [4] 이 값을 객체의 속성 중 orderNum에 넣어 줍니다. [5] 주문이 막 들어왔을 때는 주문서의 완료 여부가 당연히 false일 거예요. 아직 바리스타가 커피를 만들지 않은 상태이니까요. 그렇기에 주문서가 생성됨과 동시에 isCompleted를 false로 초깃값을 넣어 주는 것입니다.

- **메서드**

주문서는 따로 뭔가 행동을 하지는 않아요. 중간 매개체의 역할만 수행하기 때문입니다. 따라서 행위를 나타내는 메서드는 없습니다. 다만 다음과 같이 주문서의 상태를 콘솔로 볼 수 있는 showInfo( ) 메서드만 정의했습니다. showInfo( )를 호출하면 콘솔로 찍어 주는 역할을 합니다.

```
주문서 번호는 101이고, 커피 수는 4이며 완료 여부는 false입니다.
```

↑ **주문서의 정보를 콘솔에서 볼 수 있게끔 만든 showInfo( ) 메서드의 호출 결과입니다.**

- **static**

serialNum에서 사용한 static(스태틱)에 대해서 짚고 넘어가겠습니다. static은 '정적인, 고정된'이라는 뜻을 가지고 있어요. 다음 코드를 보겠습니다. serialNum 앞에 static을 선언했네요. 해석하자면, serialNum은 정적으로 고정되어 있는 공간에 선언한 변수라고 할 수 있습니다.

```
static int serialNum = 100;
int orderNum;
int coffeeNum;
boolean isCompleted;
```

여기서 '정적인 공간'이라는 게 무엇일까요? 다음 그림을 보겠습니다.

[그림 4-12] Static Area, Stack Area, Heap Area 공간에 저장되는 것들

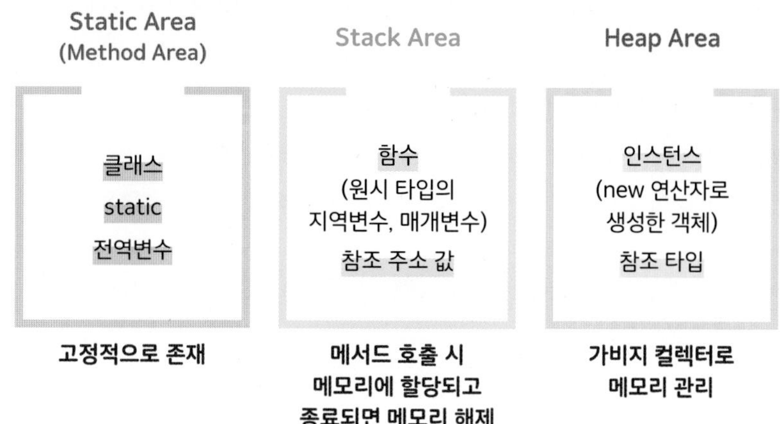

이 책의 초반에 힙과 스택에 대해 배운 적이 있는데 기억나시나요? 힙에는 객체나 배열과 같이 데이터가 큰 것들이 저장되고, 스택에는 메모리가 적은 원시 타입이나 힙의 주소 값만이 저장되었죠. 여기서 프로그램의 실행부터 끝날 때까지 고정적으로 자리를 차지하는 Static Area(Method Area)도 존재합니다. static으로 선언한 아이들이 모두 이 공간에 자리를 차지하고 있다고 보면 됩니다. 또 다른 예시로 앞의 함수 파트에서 배운 전역변수(프로그램이 실행되면서부터 종료될 때까지 소멸하지 않는 변수)도 Static Area에 저장됩니다.

이처럼 프로그램이 시작되어서 끝날 때까지 Static Area에 static 변수가 고정적으로 존재합니다. 따라서 new 연산자로 인스턴스 객체를 만들지 않아도 static 변수는 바로 사용이 가능합니다.

```
System.out.println(Barista.name); → 에러 발생, 클래스에서 바로 속성
                                     사용 불가
Barista baristaLee = new Barista("Lee");
System.out.println(baristaLee.name); → 인스턴스 생성 후 속성이 사용
                                       가능하여 Lee가 출력됨
```

↑ 기존에는 바리스타 인스턴스의 이름을 출력하기 위해서는 인스턴스를 생성해야만 속성을 볼 수 있었습니다.

우리는 지금껏 클래스를 그대로 쓰는 것이 아니라, new 연산자를 통해 인스턴스를 생성한 후 메서드를 호출하곤 했습니다. 하지만 static으로 선언한 변수는 인스턴스의 생성과 상관없습니다. 따라서 힘겹게 new 연산자로 인스턴스를 만들지 않아도 우리가 필요한 속성에 접근이 가능합니다. 즉, Static Area에 직접 접근하는 것이 가능합니다. 다음 코드를 보겠습니다.

```
System.out.println(OrderSheet.serialNum); → 100
```

↑ serialNum은 static 변수이므로 인스턴스 생성 없이 클래스에서 바로 접근할 수 있습니다.

인스턴스 덕분에 객체에 접근하지 않고 클래스에서 접근해도 에러가 뜨지 않네요. serialNum이 잘 보이고 있습니다. 초반에 클래스를 생성했을 때, serialNum을 100으로 초기화했기에 초기화 값인 100이 도출됩니다.

static의 또 다른 특징은 바로 같은 변수끼리 메모리를 공유한다는 것입니다. 이것이 어떤 의미인지 예시를 보면서 설명하겠습니다. 다음과 같은 코드가 있다고 해봅시다. 이상한 주문 번호(weirdOrderNumber)라는 클래스는 인스턴스 객체가 생성될 때마다 num 속성을 1씩 더해 주고 이 값을 콘솔에 출력합니다.

```java
class WeirdOrderNumber {
  int num = 100;

  WeridOrderNumber() {
       this.num++;
       System.out.println(this.num);
  }
}
```

만약 이렇게 객체를 생성하면 101, 102가 차례대로 출력되어야 할 것 같죠. 하지만 실제로는 101의 동일한 값만 보입니다.

```java
public static void main(String[] args) {
    WeirdOrderNumber expected101 = new WeirdOrderNumber(); → 101
    WeirdOrderNumber expected102 = new WeirdOrderNumber(); → 101
}
```

왜냐하면 인스턴스 객체가 생성될 때마다 참조변수(여기서는 expecetd101, expected102)는 서로 다른 주소 값을 갖기 때문입니다. 이에 따라 expected101과 expected102 내부의 num 속성은 서로 다른 메모리를 가리키고 있기에 우리가 원하는 결과가 나오지 않는 것이죠.

[그림 4-13] 이상한 주문번호 클래스

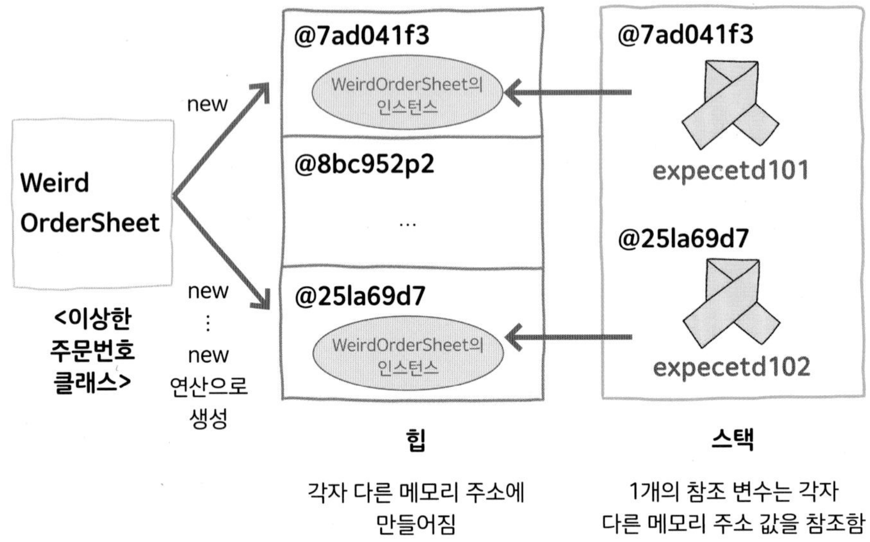

계속 새로운 메모리 주소 값을 갖는 인스턴스가 만들어지는 것이기 때문에 num 속성은 초깃값 100에서 ++연산자를 만나 단순히 1만 더해져 101이 출력되는 것입니다. 무한히 인스턴스를 생성해도 결과는 101로 동일합니다.

그렇다면 객체가 생성될 때마다 num 속성의 값을 하나씩 증가하게 만들려면 어떻게 해야 할까요? 이럴 때 사용하는 것이 static입니다. static은 앞서 메모리를 공유한다고 이야기했죠. 메모리를 함께 쓰고 있기 때문에 인스턴스 객체의 생성 여부와 상관이 없고 기존에 있던 값에서 계속적으로 더해지므로 직전 번호 값을 쉽게 알 수 있습니다.

다음의 예시와 함께 이해해보죠. 올바른 주문 번호(OrderSheet) 클래스를 봐 주세요. num 변수 앞에 static을 선언했기에 이제 num 변수는 고정 공간에 존재하게 됩니다. WeirdOrderNumber와 다른 점은 num이 static으로 선언된 변수라는 것입니다.

```
class OrderNumber {
   static int num = 100;

   OrderNumber() {
       num++;
       System.out.println(num);
   }
}
```

static 변수는 인스턴스 생성과 상관이 없으므로 인스턴스 자기 자신을 의미하는 this 키워드를 쓰지 않습니다.

이제 조금 전 코드처럼 객체를 하나씩 만들어 보겠습니다.

```
public static void main(String[] args) {
   OrderNumber expected101 = new OrderNumber(); → 101
   OrderNumber expected102 = new OrderNumber(); → 102
}
```

출력 결과, 숫자가 1씩 증가하는 것을 볼 수 있네요. 이는 num이라는 변수가 static 변수이기 때문에 가능한 것입니다. 즉, static 변수인 num끼리는 같은 메모리를 참조하고 있기 때문에 서로 다른 객체라 하더라도 바로 직전 값이 공유되어 어떤 값인지 알 수 있는 것입니다. expected101의 num과 expected102의 num은 공유되고 있네요. 이제 왜 static으로 serialNum을 넣었는지 이해하시겠죠?

[그림 4-14] OrderSheet의 인스턴스와 같은 메모리를 공유하는 static 변수

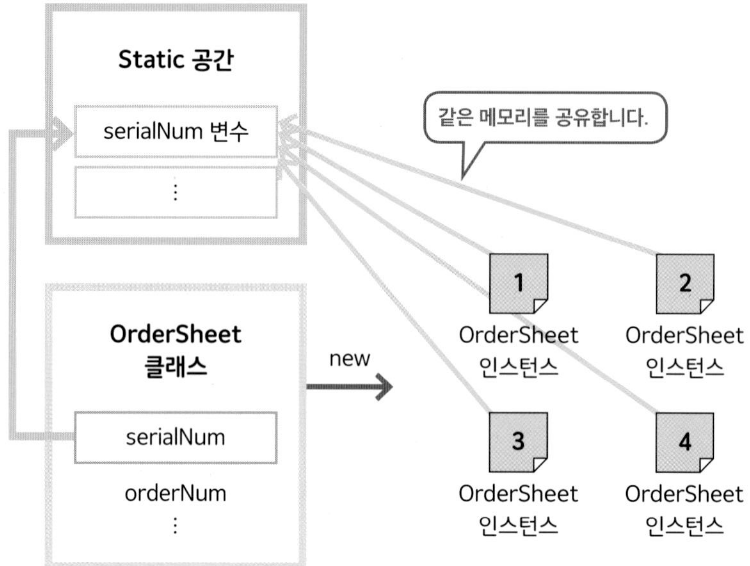

대부분 카페에서 커피를 주문한 후 영수증에 쓰인 주문서 번호를 확인한 경험이 있을 거예요. 그 경험을 생각해 봅시다. 주문서는 주문을 받을 때마다 1씩 증가하는 구조를 가지고 있어요. 내가 1번으로 주문하면 다음 사람은 2번 주문서를 받게 되겠죠. 그렇기 때문에 주문서를 만들 때마다 static 변수에 이를 하나씩 차곡차곡 더해 주고 이 값을 새롭게 생성되는 주문서의 인스턴스의 주문서 번호로 세팅해야 이 주문서가 몇 번째 주문서인지 효과적으로 알 수 있을 거예요. static으로 관리하지 않는다면 주문서 인스턴스를 새로 생성할 때마다 직전 번호가 몇 번인지 알 수 없을 겁니다.

이렇게 움직이지 않는 공간에 어떤 값을 넣어서 고정 값을 효과적으로 관리하고 싶을 때 사용해요. static은 변수뿐만 아니라 메서드에도 사용이 가능합니다. static 메서드도 인스턴스의 생성 여부와 상관없이 바로 호출할 수 있어요. 따라서 static으로 메서드를 선언하면 new 연산자로 객체를 만들지 않고도 클래스에서

바로 접근할 수 있습니다. 그림으로 표현한 주문서 클래스를 확인하고 다음으로 넘어가겠습니다.

[그림 4-15] 주문서 클래스

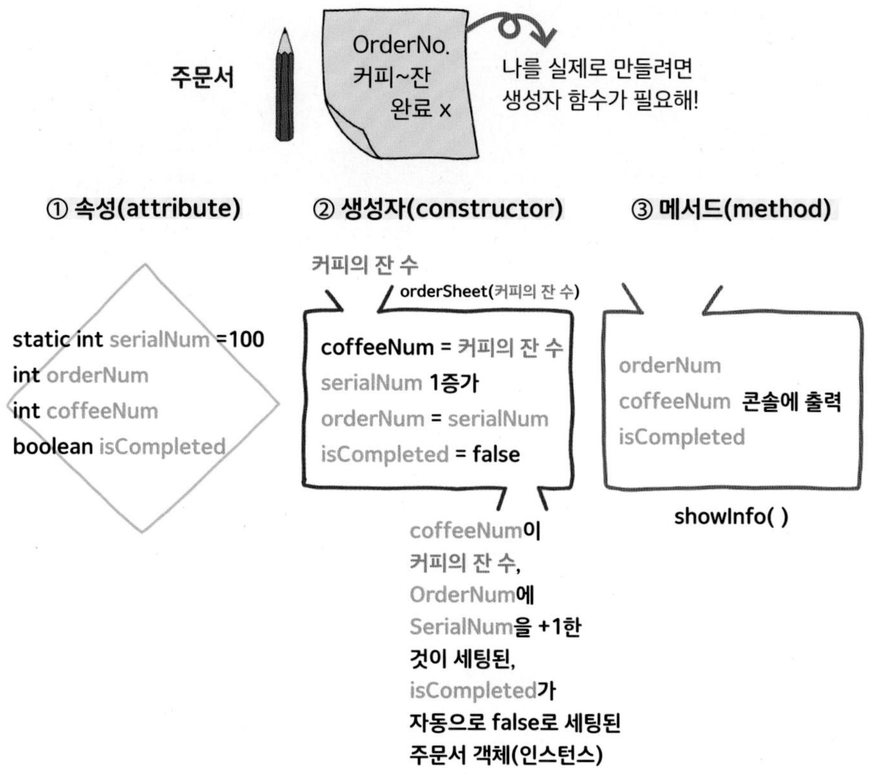

(2) Casher 클래스 생성

다음으로 캐셔(Casher) 클래스를 만들겠습니다. 먼저 코드부터 살펴보겠습니다. 마찬가지로 속성, 생성자, 메서드가 있네요.

실행코드 Casher.java compilejava

main.java OrderSheet.java Casher.java

```
public class Casher {
    String name;
    int salary;
    int orderTotalNum;

    public Casher(String name) {
        this.name = name;
    }

    public OrderSheet makeOrderSheet(int coffeeNum) {
        OrderSheet order = new OrderSheet(coffeeNum);
        orderTotalNum++;
        return order;
    }

    public void showInfo() {
        System.out.println("&&& 캐셔 "+name+"이 처리한 총 주문서의 개수는 "+orderTotalNum+"입니다.");
    }
}
```

속성(attributes)
생성자(constructor)
메서드(method)
1 2 3 4

• 속성

속성에는 이름(name), 연봉(salary), 총 만든 주문서의 개수(orderTotalNum)가 존재합니다.

• 생성자

이름이라는 파라미터가 들어오면 Casher의 name에 이를 넣어 줍니다. 예로, Casher casherShin = new Casher("Shin Coding");입니다.

• 메서드

캐셔의 메서드는 두 가지가 있습니다. 주요 기능인 주문서를 만드는 메서드와 우리가 보기 쉽게끔 콘솔로 찍게 하는 showInfo( )입니다.

첫 번째 메서드는 OrderSheet를 리턴하는 makeOrderSheet입니다. 위의 실행코드를 해석하겠습니다. 먼저 1 주요 기능인 makeOrderSheet은 커피의 개수인 coffeeNum을 파라미터로 받습니다. 리턴 타입은 OrderSheet이에요. 즉, 커피가 몇 잔인지 주문을 받고 주문서를 생성한다는 뜻을 가진 메서드예요. 2 주문받은 커피의 개수를 받아 주문서(OrderSheet)를 생성합니다. 3 그러고 나서 이 캐셔가 총 받은 주문서의 개수를 +1합니다. 4 이 주문서를 리턴합니다.

두 번째 메서드는 void 함수인 showInfo( )입니다.

```
&&& 캐셔 Kim이 처리한 총 주문서의 개수는 1입니다.
```

↑ **캐셔의 정보를 콘솔에서 볼 수 있게끔 만든 showInfo( ) 메서드의 호출 결과입니다.**

캐셔와 바리스타가 섞여 있으면 구분하기 힘들어서 앞에 특수문자 &&&를 넣었을 뿐 다른 의미는 없습니다. 캐셔의 정보를 보여 주는 void 함수죠. 그림으로 표현한 캐셔를 확인하고 캐셔 클래스를 넘어가도록 하겠습니다.

[그림 4-16] 캐셔 클래스

① 속성(attribute)

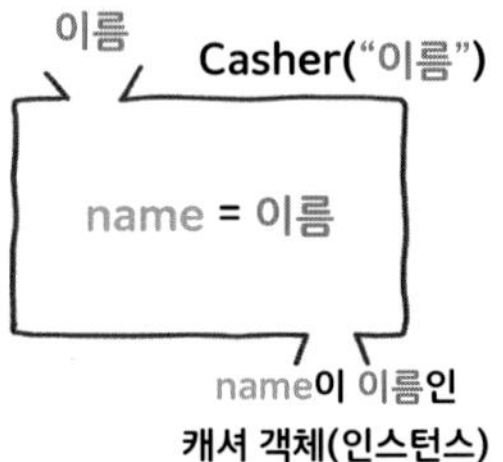

③ 메서드(method)

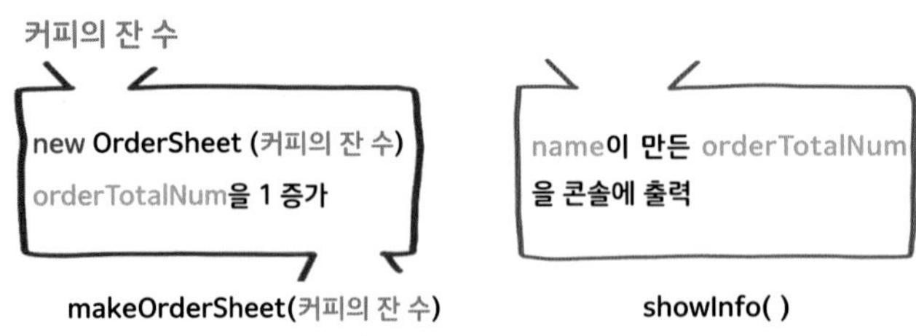

(3) Barista 클래스 생성

다음으로 직접 커피를 만드는 바리스타(Barista)를 코딩하겠습니다.

실행코드 Barista.java compilejava

main.java OrderSheet.java Casher.java Barista.java

```java
public class Barista {
    String name;
    int salary;
    int coffeeTotalNum;

    public Barista(String name) {
        this.name = name;
    }

    public void makeCoffee(OrderSheet order) {
        if (order.isCompleted == true) {
            return;
        }

        order.isCompleted = true;
        coffeeTotalNum += order.coffeeNum;
    }

    public void showInfo() {
        System.out.println("*** 바리스타 "+name+"이 만든 총 커피의 잔 수는 "+coffeeTotalNum+"입니다.");
    }
}
```

속성(attributes)
생성자(constructor)
메서드(method)

• 속성

바리스타에도 이름(name), 연봉(salary), 총 만든 커피의 잔 수(coffeeTotalNum)가 있어요.

• 메서드

첫 번째 메서드인 makeCoffee는 주문서를 받고, 아무것도 리턴해 주지 않는 void 함수예요. 간단하게 설명하기 위해서 makeCoffee는 주문서를 받고 이 주문서만 처리하는 개념으로 접근할게요. 캐셔는 makeOrderSheet했을 때 OrderSheet를 리턴했지만, 바리스타는 makeCoffee를 했을 때 Coffee를 리턴하지 않는다는 의미예요. 원래는 Coffee 클래스도 만드는 게 맞는데, 간단하게 만들기 위해서 이를 생략하고 주문서만 처리한다는 가정을 하겠습니다.

먼저 1 주문서(OrderSheet) 타입의 파라미터가 들어옵니다. 2 주문서의 isCompleted(완료 여부)를 true로 변경합니다(주문서가 처음 생성될 때 isCompleted가

false로 초기화된다는 것, 기억나시죠?). [3] 처리한 주문서의 커피 잔 수를 바리스타가 총 만든 커피의 수에 더해 줍니다. [4] 이 코드는 안정성을 증가시키기 위해 넣었습니다. 방어 코드라고도 부릅니다.

```
if (order.isCompleted == true) {
  return;
}
```

↑ **주문서의 완료 여부가 true이면 이미 완료된 주문 건이므로 커피를 만들 명분이 없겠죠? 그래서 함수를 종료시킵니다.**

방어 코드가 존재하지 않으면 이미 완료 처리된 주문서가 실수로 파라미터로 들어가게 되었을 경우, 인지하지 못하고 이 과정을 반복하게 됩니다. 그러면 이미 처리된 주문서의 커피를 다시 만드는 불상사가 생길 거예요. 허수가 생기는 거죠. 그렇기 때문에 완료된 주문이면 return 시켜서 함수를 종료할 수 있게끔 합니다. 이처럼 프로그램을 짤 때에는 개발자의 의도에 맞지 않는 값이 들어올 때를 대비할 코드도 필요해요. 그래야 프로그램의 안전성이 증가할 수 있습니다.

두 번째 메서드인 showInfo는 다음과 같이 바리스타의 상태를 보여 주는 것입니다.

```
*** 바리스타 Kim이 만든 총 커피의 개수는 4입니다.
```

바리스타 클래스를 그림으로 표현하면 다음과 같습니다.

[그림 4-17] 바리스타 클래스

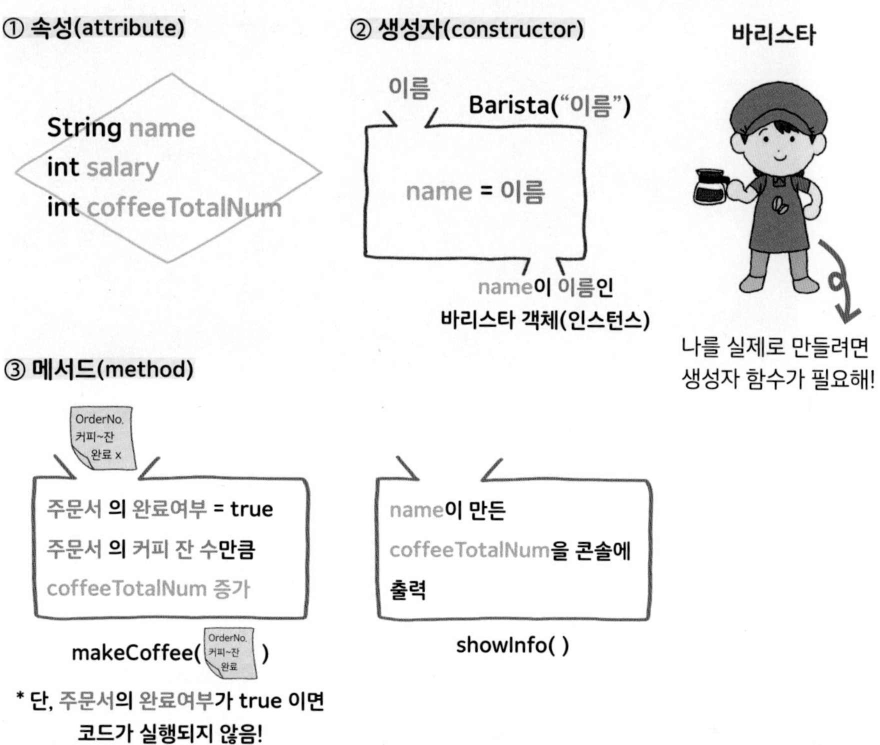

실전 과제 '캐셔-주문서-바리스타' 객체 협력 코딩하기

자, 그럼 이렇게 모든 클래스들이 준비되었네요. 이 클래스들이 서로 어떻게 협력하는지 확인하겠습니다. 캐셔가 커피를 주문 받아 주문서를 생성하고, 이를 바리스타가 해결하는 과정을 클래스를 활용하여 코딩해 보겠습니다. 클래스는 미리 객체를 설계해서 만드는 것이고, 실제 인스턴스를 생성해서 프로그램을 실행시키기 위해서는 메인함수에서 다뤄야 합니다. 그렇기 때문에 메인함수에서 코드를 작성하겠습니다.

실행코드 main.java compilejava

```
+ main.java × OrderSheet.java × Casher.java × Barista.java ×
// tip: each public class is put in its own file
public class main
{
    // tip: arguments are passed via the field below this editor
    public static void main(String[] args)
    {
        Casher casherKim = new Cahser("Kim");
        Barista baristaKim = new Barista("Kim");

        casherKim.showInfo();
        baristaKim.showInfo();
    }
}
```

↑ 이름이 Kim인 캐셔와 이름이 Kim인 바리스타를 만들어 준 뒤에, showInfo( ) 메서드로 이를 확인해 봅니다.

❶ 캐셔 1명과 바리스타 1명을 만들겠습니다. 이후 잘 생성되었는지 초깃값을 확인하기 위해 showInfo( )를 호출합니다.

그러면 파라미터로 넣어 준 이름으로 초깃값이 세팅이 되는데, 주문서와 커피는 아직 만들지 않았으므로 0개임을 확인할 수 있습니다. showInfo는 크게 하는 일은 없고 콘솔과 소통하기 위해 만든 메서드라고 생각하면 됩니다.

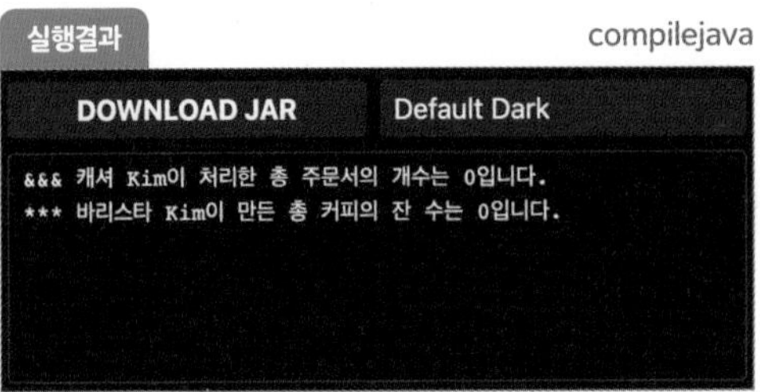
실행결과
compilejava
DOWNLOAD JAR
Default Dark
&&& 캐셔 Kim이 처리한 총 주문서의 개수는 0입니다.
*** 바리스타 Kim이 만든 총 커피의 잔 수는 0입니다.

❷ 이제 캐셔가 일을 시작하겠습니다. 캐셔는 주문을 받아 커피의 잔 수가 적힌 주문서를 만듭니다. 이 메서드가 makeOrderSheet인 건데요, 메서드는 OrderSheet를 리턴하므로 OrderSheet 타입의 변수를 만들어서 넣어 줍니다.

실행코드 main.java compilejava

```
main.java   OrderSheet.java   Casher.java   Barista.java

// tip: each public class is put in its own file
public class main
{
    // tip: arguments are passed via the field below this editor
    public static void main(String[] args)
    {
        Casher casherKim = new Cahser("Kim");
        Barista baristaKim = new Barista("Kim");
        OrderSheet order1 = casherKim.makeOrderSheet(4);

        order1.showInfo();
        casherKim.showInfo();
    }
}
```

↑ makeOrderSheet(4)는 총 커피 4잔을 주문 받아 주문서를 만들어 주는 메서드입니다.

이 값을 주문서 타입의 order1에 넣고 showInfo( )를 호출하면 다음과 같은 결과가 보입니다.

실행결과 compilejava

DOWNLOAD JAR
Default Dark
주문서 번호는 101이고, 커피수는 4이며 완료 여부는 false입니다.
&&& 캐셔 Kim이 처리한 총 주문서의 개수는 1입니다.

↑ 주문서 번호는 초깃값 100에서 1이 증가한 101이 되었습니다.

또한 캐셔가 주문을 받았기에 총 주문서의 개수는 1개가 됩니다. 그리고 아직 바리스타가 커피를 만들어 주문을 처리하지 않았으므로 주문서의 완료 여부는 false입니다.

3 주문서를 생성했으니, 바리스타가 일을 시작합니다.

바리스타가 order1 주문서를 받아 커피를 제작하여 주문을 처리합니다. 바리스타의 makeCoffee 메서드는 캐셔의 makeOrderSheet 메서드와 다르게 리턴 값이 없는 void 함수이므로, 따로 담아 줄 변수가 필요하지 않습니다.

실행코드 main.java compilejava

main.java × OrderSheet.java × Casher.java × Barista.java ×

```java
// tip: each public class is put in its own file
public class main
{
    // tip: arguments are passed via the field below this editor
    public static void main(String[] args)
    {
        Casher casherKim = new Cahser("Kim");
        Barista baristaKim = new Barista("Kim");
        OrderSheet order1 = casherKim.makeOrderSheet(4);

        baristaKim.makeCoffee(order1);

        order1.showInfo();
        baristaKim.showInfo();
    }
}
```

↑ 바리스타 Kim에게 조금 전에 만든 주문서 order1을 넘겨 주면서 커피를 만들도록 시킵니다. 그 후에 showInfo( )로 주문서와 바리스타의 정보를 확인해 봅시다.

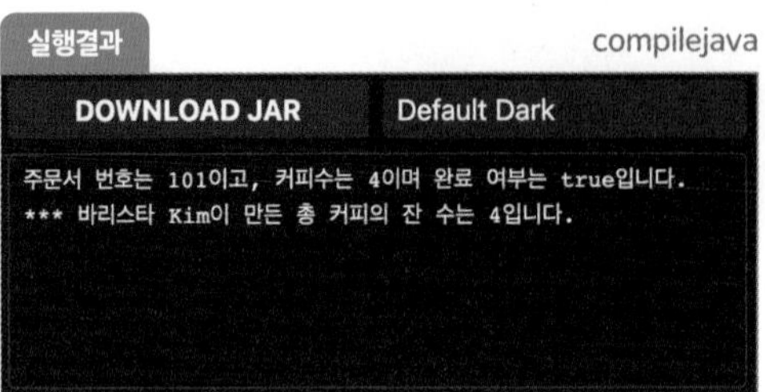
실행결과
compilejava
DOWNLOAD JAR
Default Dark
주문서 번호는 101이고, 커피수는 4이며 완료 여부는 true입니다.
*** 바리스타 Kim이 만든 총 커피의 잔 수는 4입니다.

↑ order1은 baristaKim이 처리했으므로 완료 여부가 true로 바뀌었네요.

이제 order1의 showInfo( )를 출력해 보면, 완료 여부가 true로 변경된 것을 확인할 수 있습니다. 바리스타의 showInfo( )에는 주문서에 적혀 있던 커피의 개수만큼 증가되어 바리스타가 총 만든 커피의 개수가 4개라고 출력됩니다. 여기서 이미 주문이 처리된 order1을 다시 바리스타에게 넘기면 어떻게 될까요?

실행코드 main.java compilejava

```
/* 만약, 이미 완료가 된 주문서를 바리스타에게 넘겼을 경우 */
baristaKim.makeCoffee(order1);
baristaKim.showInfo(); // 총 커피의 수는 증가하지 않음
```

↑ 이미 처리 완료된 order1을 baristaKim에게 다시 넘겨보겠습니다.

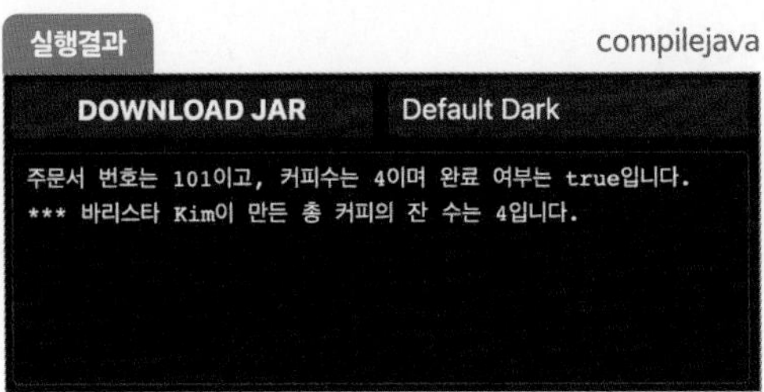

실행결과
compilejava
DOWNLOAD JAR
Default Dark
주문서 번호는 101이고, 커피수는 4이며 완료 여부는 true입니다.
*** 바리스타 Kim이 만든 총 커피의 잔 수는 4입니다.

↑ 바리스타 Kim이 만든 총 커피 잔수는 여전히 4개입니다.

커피의 잔 수가 증가하지 않은 것을 확인할 수 있습니다. 바리스타가 이미 완료된 것이라고 판단하여 커피를 만들지 않은 것이에요. 우리가 바리스타 클래스 내부에 방어 코드를 설정했기 때문입니다.

바리스타 클래스 중 makeCoffee 메서드 내부에 방어 코드를 넣지 않으면, 주문서가 완성된 상태여도 코드가 실행되어 개수가 증가합니다(방어 코드를 주석 처리한 후 해당 주문서를 바리스타에게 넣어 보세요. 이미 끝낸 주문인데 다시 커피를 만들고 있습니다).

```
if (order.isCompleted == true) {
   return;
}
```

↑ 바리스타 클래스의 makeCoffee 메서드 내부에 작성한 방어 코드입니다. 이로 인해 이미 완료 처리한 주문서의 커피는 만들지 않습니다.

따라서 개발자의 의도대로 프로그램을 작동시키기 위해서는 방어 코드를 잘 넣어야 합니다. 여기까지 클래스를 생성하고, 메인함수에서 인스턴스를 생성하여 직접 메서드를 호출하는 작업을 해 보았습니다.

4. 객체를 보호하는 접근 제어자

접근 제어자는 실무할 때 중요한 코드 중 하나입니다. 말 그대로 속성에 다가갈 수 있고, 없음을 판가름해 주는 녀석입니다. 바로 예시로 넘어가 설명하겠습니다. 먼저 이름과 연봉을 받을 수 있는 생성자 함수를 새로 생성하겠습니다. 생성자 함수는 파라미터의 개수를 다르게 해서 만들 수 있다고 이야기했던 것, 기억하시죠?

실행코드 Casher.java compilejava

```
public Casher(String name) {
    this.name = name;
}

public Casher(String name, int salary){
    this.name = name;
    this.salary = salary;
}
```

↑ 이름과 연봉을 받을 수 있는 생성자 함수를 추가합니다. 생성자가 총 두 개가 되었네요.

실행코드 Casher.java compilejava

```
public void showSalary() {
    System.out.println("&&& 캐셔 "+name+"의 연봉은 "+salary+"입니다.");
}
```

↑ 그리고 연봉을 보여 주는 showSalary라는 메서드도 추가합니다.

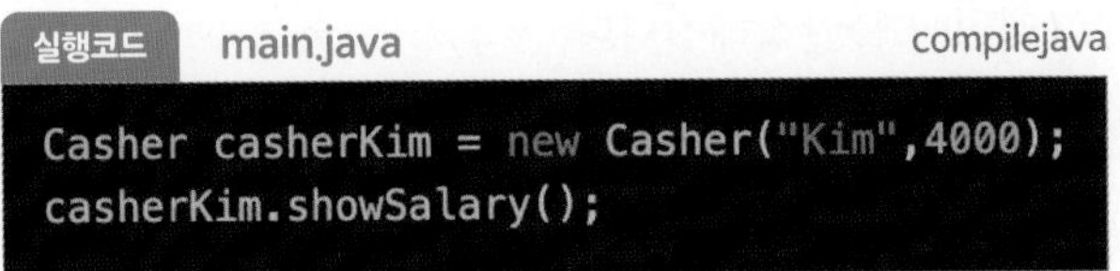

실행코드
main.java
compilejava
Casher casherKim = new Casher("Kim",4000);
casherKim.showSalary();

↑ 이름이 "kim"이고 연봉은 4,000인 casherKim을 생성합니다.

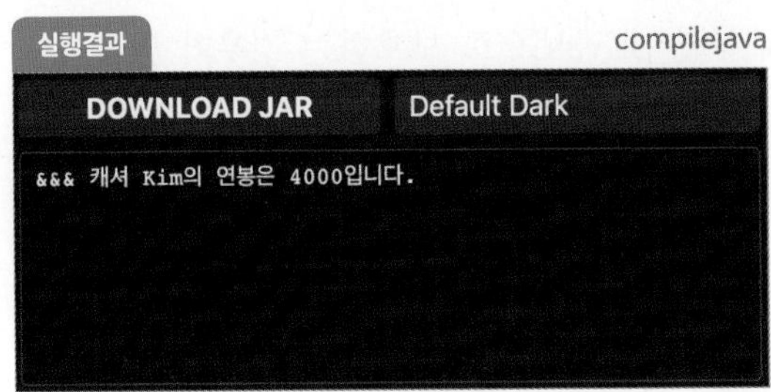

↑ showSalary( )로 확인해 보면, 캐셔의 이름과 연봉이 잘 출력되네요.

그러고 나서 캐셔의 연봉을 확 줄여서 10으로 넣어 보세요.

↑ 캐셔의 연봉을 10으로 넣고 캐셔의 정보를 확인해 봅시다.

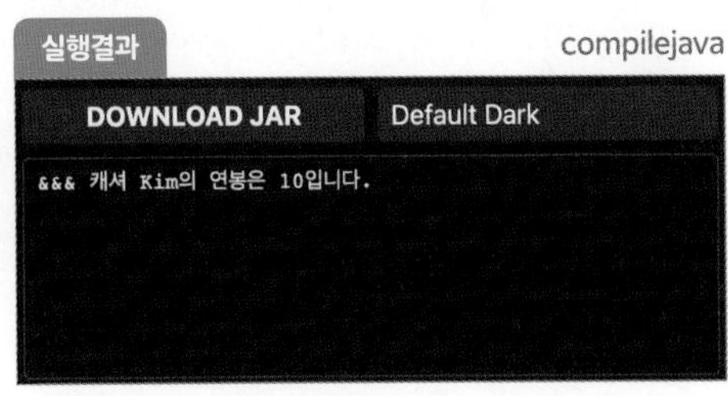

↑ 출력 결과 캐셔 Kim의 연봉은 10이 된 것을 볼 수 있습니다.

네, 캐셔의 연봉이 4,000에서 졸지에 10이 되었습니다. 말이 안되는 금액이네요. 우리가 객체에 너무 쉽게 접근할 수 있을 때 이런 일이 발생합니다. 객체지향 프로그래밍에서 가장 중요한 건 객체에요. 따라서 이 객체를 보호할 필요가 있습니다. 그렇지 않으면 연봉이 10으로 고쳤던 것처럼 외부 접근이 가능하기에 객체의 보안성이 하락하고, 프로그래밍이 불안정해집니다.

이럴 때 사용하는 게 접근 지정자입니다. 객체 속성에 대상자에게 "넌 객체에 접근할 수 있어." 혹은 "너는 객체에 접근할 수 없어."라고 명시하는 것입니다. 우리가 클래스를 만들 때 무의식적으로 public을 붙였죠. 이는 누구나, 어디서나 이 클래스에 접근할 수 있다는 것을 뜻합니다. 보통 클래스는 public으로 선언하지만, 클래스 내부에 있는 속성은 대부분 private으로 보호하는 경우가 많습니다. 접근 지정자는 다음과 같이 네 가지 종류가 있습니다.

① private: 같은 클래스 내부에서만 접근 가능. 즉, 자기 자신만 사용할 수 있음

② public: 클래스의 외부 어디서나 접근할 수 있음

③ default: 아무것도 작성하지 않으면 자동으로 설정되는 값이며 같은 패키지 내부에서만 접근 가능 → 같은 클래스 + 같은 패키지

④ protected: 같은 패키지나 상속 관계의 클래스에서만 접근 가능 → 같은 클래스 + 같은 패키지 + 상속 관계 클래스

이 중에서 가장 많이 사용하는 접근 지정자는 private과 public입니다. '같은 패키지'라는 의미는 '폴더 경로가 같다'는 것입니다. 이를 그림으로 표현하면 다음과 같습니다.

[그림 4-18] 패키지란?

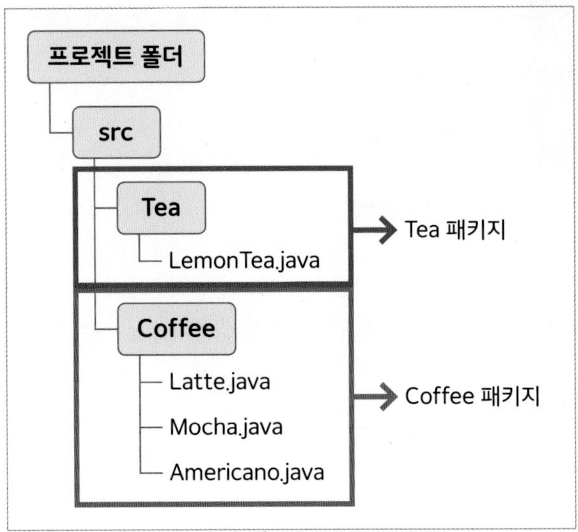

여기서 만약 Coffee 패키지 안에 있는 Latte.java 파일에 default 접근 지정자를 사용한 변수가 있다고 해 봅시다. 이 변수는 같은 패키지 내에 있는 Americano.java 파일에서는 접근할 수 있으나, Tea 패키지 안에 있는 LemonTea.java 파일에서는 접근할 수 없습니다.

다시 본론으로 돌아가 보죠. 캐셔의 연봉은 소중하니까 외부에서 쉽게 접근할 수 없도록 private으로 바꾸도록 하겠습니다.

실행코드 Casher.java compilejava

```
public class Casher {

    String name;
    private int salary;
    int orderTotalNum;
```

↑ 캐셔의 연봉 속성 앞에 private이라는 접근 지정자를 사용합니다.

private을 사용한 후 원래 4,000이던 연봉을 10으로 바꿔 보겠습니다. 과연 연봉은 어떻게 될까요?

실행결과 compilejava

```
/tmp/compilejava-
GDEgdj/main.java:8: error: salary has private access in Casher
        casherKim.salary = 10;
                 ^
1 error
```

↑ 연봉은 캐셔 클래스만 private하게 접근할 수 있다며 에러를 보여 주네요.

연봉에는 private 접근 지정자가 붙었기에 접근이 불가능하다고 에러를 보여 주고 있어요. 다행히 캐셔의 연봉을 지켰네요. 다시 말하면, 클래스의 보안성이 높아진 것입니다. 모든 객체의 속성을 public으로 선언한다면, 바람에 이리저리 흔들리는 갈대처럼 쉽게 바뀔 가능성이 크겠죠. 이를 막아 주는 것이 접근 지정자입니다. 속성뿐만 아니라 메서드 앞에도 private을 넣으면 private 메서드가 됩니다. 이 메서드는 해당 클래스 안에서만 쓴다는 말인데요. 외부에서는 쓰지 않으나 해당 클래스 안에서만 필요할 때 사용됩니다. private 메서드의 예시를 살펴보겠습니다.

실행코드 Casher.java compilejava

```
private void showSalary() {
    System.out.println("&&& 캐셔 "+name+"의 연봉은 "+salary+" 입니다.");
}
```

↑ showSalary( ) 메서드 앞에 private 접근 지정자를 넣은 후 호출해 보세요.

실행결과 compilejava

COMPILE & EXECUTE PASTE SOURCE

```
/tmp/compilejava-
GDEgdj/main.java:8: error: salary has private access in Casher
        casherKim.salary = 10;
                 ^
1 error
```

↑ 메서드가 호출되며 private access 오류가 뜨는 것을 확인할 수 있습니다.

네, 접근 허락이 되지 않아서 연봉을 알 수가 없습니다. 메서드 또한 private으로 선언할 수 있다는 게 확인되었네요. 하지만 private 메서드는 정말 클래스 내에서만 사용할 때 씁니다. 우리는 예시에서 계속 이 메서드를 사용할 것이므로 다시 public으로 바꿔 놓겠습니다. 이제 private과 같은 접근 지정자를 사용해 외부에 들키지 않게 숨기는 건 알겠죠. 그렇다면 숨겨 놓은 속성을 확인하거나 영영 바꿀 수 없을까요? 이럴 때 필요한 것이 바로 게터getter와 세터setter 함수입니다.

5. 값을 가져오고 세팅하는 게터와 세터

게터와 세터라고 부르는 함수는 값을 가져오다getter(게터)와 세팅하다setter(세터)라는 뜻을 가진 함수입니다. private을 선언한 것처럼, 보안성이 높은 속성들을 외부에서 조회하거나 세팅할 때 쓰는 함수인데요. 다른 함수를 써도 상관은 없으나 관례적으로 get과 set을 많이 사용합니다. 또한 이클립스 같은 프로그램에서는 게터와 세터를 만드는 단축키가 있을 정도로 많이 쓰입니다. 게터와 세터를 작성하는 법은 어렵지 않습니다. 속성 앞에 get, set을 붙이고 카멜 표기법으로 이어주면 됩니다. 앞의 예제를 이어서 보겠습니다. 캐셔 클래스에 get, set을 적용하겠습니다.

실행코드 Casher.java compilejava

```
public int getSalary() {
    return salary;
}

public void setSalary(int salary) {
    this.salary = salary;
}
```

getter 함수

setter 함수

↑ 게터와 세터 함수를 캐셔 클래스에 넣어 주세요.

캐셔의 연봉을 private로 선언했으니, 이것을 외부에서 가져올 수 있고 세팅할 수 있게 게터와 세터 함수를 public으로 만들어 줍니다(또한 게터와 세터는 public이어야 합니다. 숨겨진 속성을 확인하기 위해 만든 함수인데, 이걸 다시 숨겨버리면 목적에 부합하지 않겠죠). 게터 함수는 salary의 값을 가져오기 때문에 int로 리턴되며, 세터 함수는 파라미터로 들어온 값을 세팅만 하는 것이기 때문에 void 함수입니다.

이 함수를 실제로 어떻게 쓰는지 보겠습니다. 우선 private으로 지정한 salary 속성을 콘솔로 찍어 보겠습니다. 숨겨 놓은 것이므로 당연히 에러가 뜨네요.

실행코드 main.java compilejava

```
Casher casherKim = new Casher("Kim",4000);
System.out.println(casherKim.salary);
```

↑ 이름이 "Kim"이고 연봉은 4,000인 casherKim을 생성하고, casherKim의 연봉을 출력합니다.

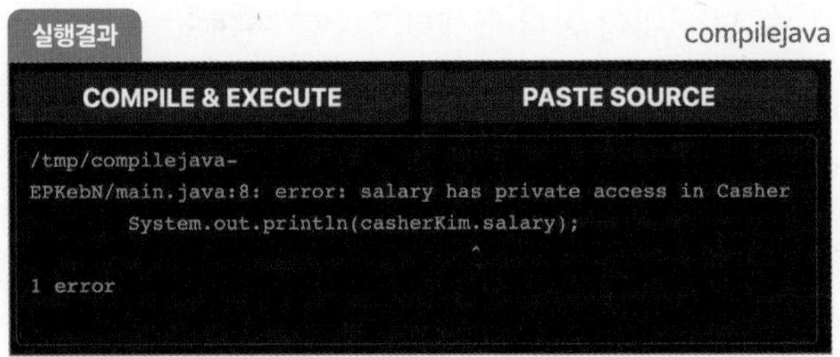

COMPILE & EXECUTE
PASTE SOURCE
/tmp/compilejava-
EPKebN/main.java:8: error: salary has private access in Casher
System.out.println(casherKim.salary);
1 error

↑ 연봉 속성은 private 접근 지정자를 사용했으므로 당연히 에러가 나타납니다.

이것을 게터 함수로 어떻게 가져오는지 살펴보겠습니다. 연봉 속성에 바로 접근하는 것이 아니라, 게터 함수인 getSalary( )를 통해 가져온 연봉을 casherKimSalary라는 int 타입 변수에 담아 줍니다. 그런 뒤 casherKimSalary를 콘솔에 출력하겠습니다.

실행코드 main.java compilejava

```
public static void main(String[] args)
{
    Casher casherKim = new Casher("Kim", 4000);
    int casherKimSalary = casherKim.getSalary();
    System.out.println(casherKimSalary);
}
```

↑ private 접근 지정자를 사용해도, 게터 함수를 통해 이 값을 가져올 수 있습니다.

여기서 연봉 값을 바로 볼 수 있는 것이 아니라 게터 함수를 거쳐 값을 가져오는 것을 알 수 있죠. 확실히 private 덕분에 보안성이 증가되었네요. 이제는 세터 함수로 연봉을 10으로 변경하겠습니다.

실행코드 main.java compilejava

```
public static void main(String[] args)
{
    Casher casherKim = new Casher("Kim", 4000);
    casherKim.setSalary(10);
    int casherKimSalary = casherKim.getSalary();
    System.out.println(casherKimSalary);
}
```

↑ casherKim에 세터 함수를 사용해서 연봉을 10으로 변경하고, 게터 함수로 출력합니다.

실행결과 compilejava

↑ 10이라는 연봉 값을 보여 주네요.

어라, 다시 캐셔의 연봉은 10이 되고 말았습니다. 이런 일이 없게끔 salary를 private으로 한 건데 의미가 없게 되었군요. 이제 세터 함수를 조금 수정하겠습니다. setSalary 부분에 현재 연봉(this.salary)보다 적은 연봉(파라미터로 들어오는 salary)이 들어오면 연봉을 깎을 수 없게 해 봅시다. 현재 연봉보다 작은 값이 들어오면 단독 return 문을 통해 함수를 종료시키도록 작성하겠습니다.

실행코드 Casher.java compilejava

```
public void setSalary(int salary) {
    if(salary < this.salary) {
        System.out.println("연봉은 깎일 수 없습니다! 연봉을 올려 주지는 못할 망정!");
        return;
    }

    this.salary = salary;
}
```

↑ **this.salary보다 적은 연봉의 파라미터(int salary)가 들어오면 단독 return 문을 만나 함수를 종료시킵니다.**

세터 함수의 수정이 끝났으면, 동일한 코드를 다시 실행하겠습니다. 연봉이 4,000인 캐셔의 연봉을 10으로 변경하려고 한다면, this.salary(현재 연봉 4,000)보다 파라미터로 들어오는 연봉은 더 작은 값이므로 연봉이 변경되지 않고 함수를 종료시킬 것입니다. this.salary보다 적은 연봉의 파라미터(int salary)가 들어오면 캐셔가 화를 내며 함수를 종료시킬 것입니다. 그럼 다음과 같은 결과가 나오게 됩니다.

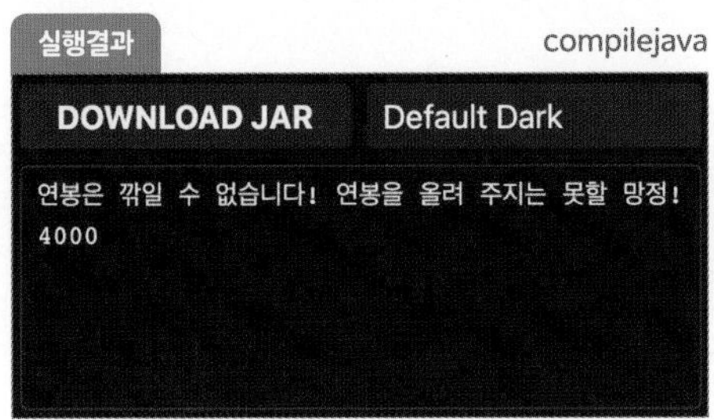
실행결과
compilejava
DOWNLOAD JAR
Default Dark
연봉은 깎일 수 없습니다! 연봉을 올려 주지는 못할 망정!
4000

↑ **연봉을 깎으면 캐셔가 강하게 화를 내는 것을 볼 수 있습니다.**

연봉은 절대로 직전 연봉보다 깎일 수 없게 되었네요. 이처럼 세터 함수는 외부에서 함부로 값을 조정할 수 없게끔 만들어 줍니다. 보안성이 높아졌어요.

여기까지 게터와 세터에 대해서 알아보았습니다. 다시 한 마디로 정리하겠습니다. 객체의 중요한 속성들을 private으로 설정한 후에 이 값을 얻어내거나getter 세팅하는setter 흐름으로 외우면 됩니다.

2 효율의 끝판왕, 상속

1. 프로그래밍에서 상속이란?

부모가 자식에게 자산을 물려주는 일을 상속이라고 부르는데요, 프로그래밍에서 사용하는 extends도 비슷합니다. 일부 나라에서는 '계승, 확장'이라고도 번역해서 사용해요. 기존에 있던 클래스의 데이터를 물려받아서 새로운 클래스를 만드는 것을 의미합니다. 잘 만들어진 기능을 가져와서 사용하기도 하고 거기에 내가 필요한 기능도 추가해서 사용할 수도 있는 것이죠.

앞서 우리가 코드로 사용했던 바리스타와 캐셔를 기준으로 설명하겠습니다. 직장에서 근무하며 연봉을 받는 사람을 종업원이라고 하죠. 바리스타와 캐셔는 각기 고유한 역할이 있지만, 결국 종업원이라는 상위의 개념으로 묶일 수 있습니다. 그렇기 때문에 이름과 연봉이라는 속성을 공통적으로 부여할 수 있습니다. 그리고 연봉을 보여 주는 showSalary( ) 코드도 공통으로 들어갈 수 있겠죠.

이를 통해 '바리스타와 캐셔는 카페에서 근무하며 연봉을 받는 종업원이다.'라는 것을 알 수 있습니다. 상속의 개념으로 말한다면, 바리스타와 캐셔는 종업원이라는 상위의 속성을 물려받아 속성이 확장된 것입니다. 종업원(Employee)이라는 클래스를 만들어서 의미를 다시금 알아보겠습니다.

2. 종업원 클래스로 보는 상속

이름과 연봉이 존재하는 종업원 클래스를 생성하겠습니다. 코드를 보겠습니다.

실행코드 Employee.java compilejava

main.java OrderSheet.java Casher.java Barista.java Employee.java

```
public class Employee {
    String name;
    protected int salary;

    public int getSalary() {
        return salary;
    }

    public void setSalary(int salary) {
        if(salary < this.salary) {
            System.out.println("연봉은 깎일 수 없습니다! 연봉을 올려 주지는 못할 망정!");
            return;
        }
        this.salary = salary;
    }

    public void showSalary() {
        System.out.println("직원 "+name+"의 연봉은 "+salary+"입니다.");
    }
}
```

어디서 많이 본 것 같죠? 우리가 만들었던 바리스타(Barista)와 캐셔(Casher)를 바탕으로 만든 클래스입니다. 바리스타와 캐셔의 공통점을 뽑아 종업원 클래스로 생성한 것입니다.

이를 바탕으로 캐셔와 바리스타 클래스에 extends 키워드를 써서 종업원 클래스의 속성을 상속 받았습니다. 이를 표현하면 다음과 같습니다.

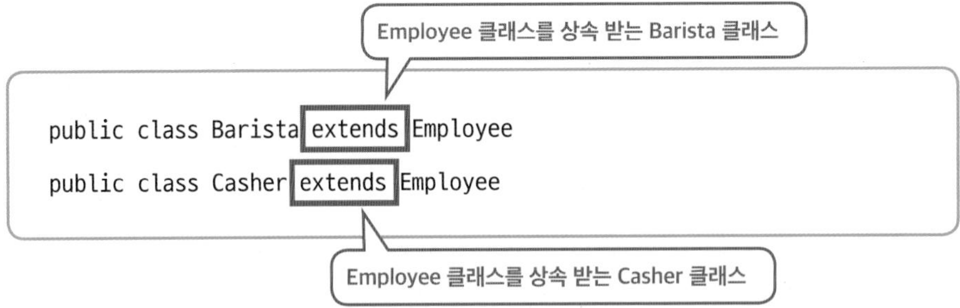

Employee 클래스를 상속 받는 Barista 클래스
public class Barista extends Employee
public class Casher extends Employee
Employee 클래스를 상속 받는 Casher 클래스

다시금 이야기하지만, extends는 상속할 때 사용하는 키워드이며 기존의 클래스를 확장시킨다는 뜻을 가지고 있습니다. 여기서 확장은 부모가 가지고 있는 속성이나 메서드들을 자식 클래스에게 그대로 전달하면서, 자식은 또 자식만의 고유한 속성이나 메서드를 가질 수 있다는 것을 말합니다. 또한 부모가 상속으로 전달하는 것들을 덮어쓰기하여 같은 메서드라도 특색 있게 변경할 수 있습니다.

하나만 더 짚고 넘어갈게요. 바로 종업원 클래스 내에 있는 이 부분인데요.

String name;
protected int salary;
protected 접근 지정자를 사용했네요.

연봉은 외부에 공개되고 싶지 않은 정보라 앞에 private 선언을 했어요. 하지만 private은 같은 클래스 내에서만 접근이 가능하기 때문에 만약 Employee 속성을 Barista와 Casher에게 상속시키고 싶다면 private을 사용하면 안 됩니다. 꽁꽁 숨겨지므로 자식 클래스인 바리스타와 캐셔가 연봉 속성을 물려받을 수 없습니다. 따라서 이 부분에서는 protected 키워드를 사용해서 해결해야 합니다. protected는 동일 패키지 내 혹은 상속을 받는 클래스가 접근할 수 있도록 되어 있는 접근 지정자예요. 한 가지 더 생각해 볼까요? name에는 접근 지정자를 아무것도 써 주지 않았네요? 따로 작성하지 않으면 자동으로 default 접근 지정자가 세팅이 되며 같은 패키지 내부에서만 접근 가능하게 됩니다.

종업원 클래스를 그림으로 살펴보면 [그림 4-19]와 같습니다.

[그림 4-19] 종업원 클래스

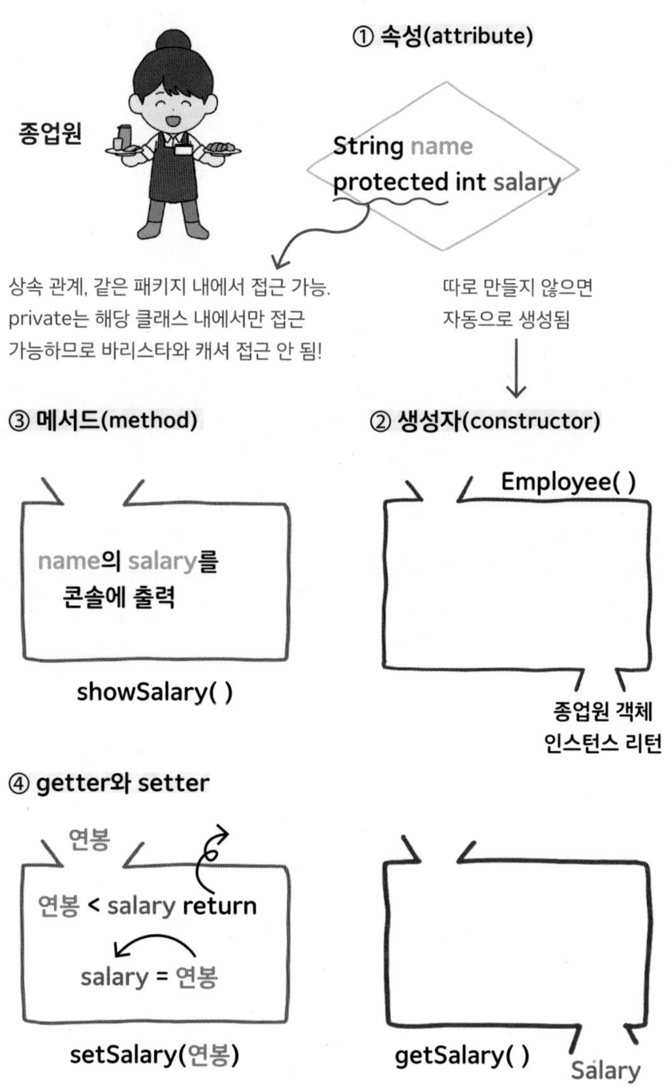

이 종업원 클래스를 어떻게 상속하고 사용하는지 알아보겠습니다. 우리가 작업했던 바리스타와 캐셔 클래스에서 몇 가지 작업을 한 건데요, 우선 종업원 클래스에 존재하는 이름과 연봉 속성을 제거합니다. 또한 연봉을 보여 주는 showSalary 메서드도 제거하겠습니다.

캐셔 클래스에서 이름과 연봉 속성을 제거하고, 연봉을 보여 주는 메서드인 showSalary도 제거합니다.

실행코드 Casher.java compilejava

+ main.java × OrderSheet.java × Casher.java × Barista.java × Employee.java ×

```
public class Casher extends Employee {
    int orderTotalNum;

    public Casher(String name) {
        this.name = name;
    }

    public Casher(String name, int salary) {
        this.name = name;
        this.salary = salary;
    }

    public OrderSheet makeOrderSheet(int coffeeNum) {
        OrderSheet order = new OrderSheet(coffeeNum);
        orderTotalNum++;
        return order;
    }

    public void showInfo() {
        System.out.println("&&& 캐셔 "+name+"이 처리한 총 주문서의 개수는 "+orderTotalNum+"입니다.");
    }
}
```

기존의 연봉, 이름 속성을 제외합니다.

연봉 정보를 보여 주는 showSalary 메서드를 제외합니다.

바리스타 클래스도 동일하게 이름과 연봉 속성을 제거하고, 연봉을 보여 주는 메서드인 showSalary도 제거합니다.

실행코드 Barista.java compilejava

```
+ main.java ✕ OrderSheet.java ✕ Casher.java ✕ Barista.java ✕ Employee.java ✕
public class Barista extends Employee {
    int coffeeTotalNum;

    public Barista(String name) {
        this.name = name;
    }

    public void makeCoffee(OrderSheet order) {
        if (order.isCompleted == true) {
            return;
        }

        order.isCompleted = true;
        coffeeTotalNum += order.coffeeNum;
    }

    public void showInfo() {
        System.out.println("*** 바리스타 "+name+"이 만든 총 커피의 잔 수는 "+coffeeTotalNum+"입니다.");
    }
}
```

기존의 연봉, 이름 속성을 제외합니다.

연봉 정보를 보여 주는 showSalary 메서드를 제외합니다.

앞서 이름과 연봉 속성을 제거하고, 연봉을 보여 주는 showSalary도 제거했습니다. 하지만 이름과 연봉 속성을 가지고 있는 종업원 클래스를 상속 받은 상태죠. 이 상태에서 바리스타와 캐셔에게는 없는 showSalary( )를 출력해 보겠습니다.

실행코드 main.java compilejava

```
public static void main(String[] args)
{
    Casher casherKim = new Casher("Kim",4000);
    casherKim.showSalary();

    Barista baristaKim = new Barista("Kim");
    baristaKim.setSalary(3000);
    baristaKim.showSalary();
}
```

↑ 캐셔와 바리스타 내부에 존재하지 않는 showSalary를 출력하겠습니다.

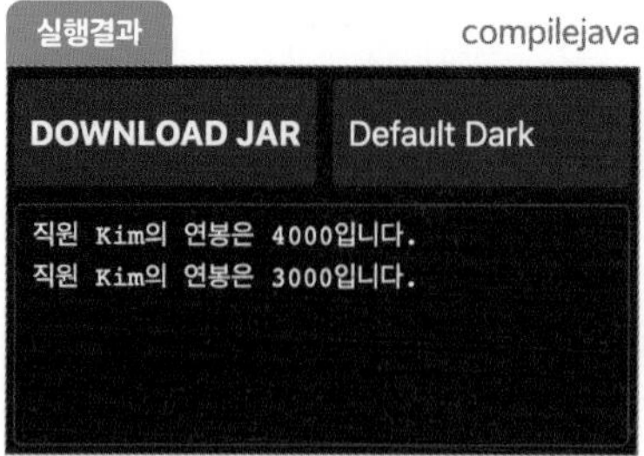
실행결과
compilejava
DOWNLOAD JAR
Default Dark
직원 Kim의 연봉은 4000입니다.
직원 Kim의 연봉은 3000입니다.

↑ 결과물이 잘 나오고 있습니다. 종업원 클래스를 상속 받았기 때문입니다.

캐셔 클래스와 바리스타 클래스 내부에는 showSalary가 없지만 상속을 받았기 때문에 이를 사용할 수 있네요. 그런데 분명히 콘솔이 잘 찍히긴 했는데 종업원 클래스의 showSalay 메서드를 그대로 상속을 받아서 그대로 사용하다 보니 바리스타인지 캐셔인지 도무지 알 수가 없게 되네요. 둘 중에 하나라도 showSalary 메서드를 수정해서 이를 차별화하겠습니다.

실행코드 Casher.java compilejava

+ main.java ✕ OrderSheet.java ✕ Casher.java ✕ Barista.java ✕ Employee.java ✕

```
public class Casher extends Employee {
    int orderTotalNum;

    public Casher(String name) {
        this.name = name;
    }

    public Casher(String name, int salary) {
        this.name = name;
        this.salary = salary;
    }

    public OrderSheet makeOrderSheet(int coffeeNum) {
        OrderSheet order = new OrderSheet(coffeeNum);
        orderTotalNum++;
        return order;
    }

    public void showInfo() {
        System.out.println("&&& 캐셔 "+name+"이 처리한 총 주문서의 개수는 "+orderTotalNum+"입니다.");
    }

    public void showSalary() {
        System.out.println("&&& 캐셔 "+name+"의 연봉은 "+salary+"입니다.");
    }
}
```

Employee 클래스에 있는 showSalary 함수를 다시 캐셔 클래스에서 입맛대로 재정의합니다.

Employee 클래스에 있는 showSalary 메서드를 캐셔 클래스 내부에서 재정의했어요. showSalary 메서드를 덮어쓰기하여 이를 가져다 쓰는 자식의 입맛대로 바꾼 것입니다. 덮어쓰기 작업을 어려운 말로 오버라이딩Overriding이라고 합니다. 이제 다시 동일한 코드를 출력해 볼게요.

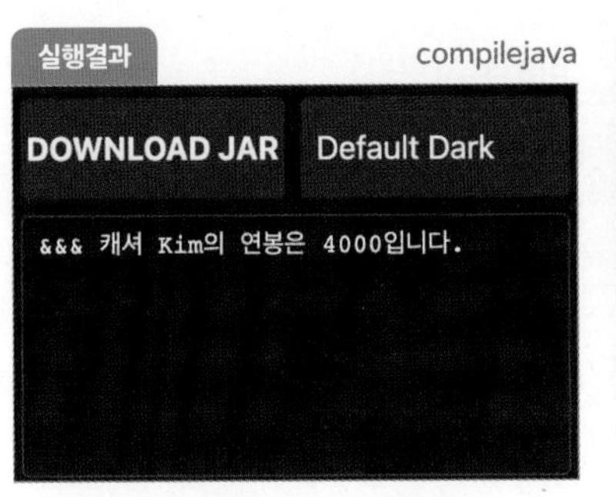

↑ 캐셔에서 재정의한 showSalary( )

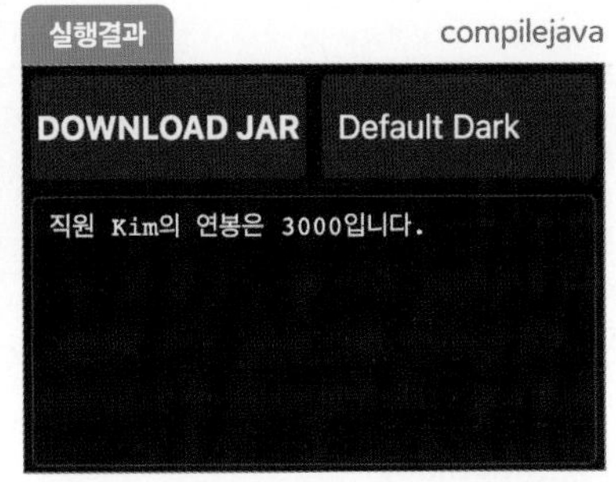

↑ Employee에서 그대로 상속 받은 바리스타의 showSalary( )

기존에는 Employee 클래스를 상속 받아 "직원 Kim의 연봉은 3000입니다."로 출력되었죠. 캐셔와 바리스타를 구별하기 위해 캐셔에게 showSalary 메소드를 재정의했습니다. 이제는 캐셔와 바리스타를 구분할 수 있게 되었습니다.

여기까지 상속에 대해서 알아보았습니다. 상속을 표현하자면 'A는 B이다', 'A is a B'로 나타낼 수 있습니다. 즉, "바리스타는 종업원이다.", "캐셔는 종업원이다."로 해석할 수 있는데요, 모두 다 맞는 말입니다. 따라서 상속 관계가 헷갈린다면 'A는 B이다'가 성립되는지에 대한 여부를 살펴보시는 게 좋습니다. 상속은 속성과 메서드를 자식 클래스에게 넘겨주는 것이므로 재사용성과 확장성이 높아진다는 사실도 잊지 마세요.

[그림 4-20] 종업원 클래스를 상속 받은 바리스타

바리스타 클래스는 이름(String name)과 연봉(int salary) 속성, 그리고 showSalary( ) 메서드를 바리스타 클래스 내부에 적지 않아도 종업원 클래스에게 상속 받아 자동으로 사용할 수 있습니다.

[그림 4-21] 종업원 클래스를 상속 받은 캐셔

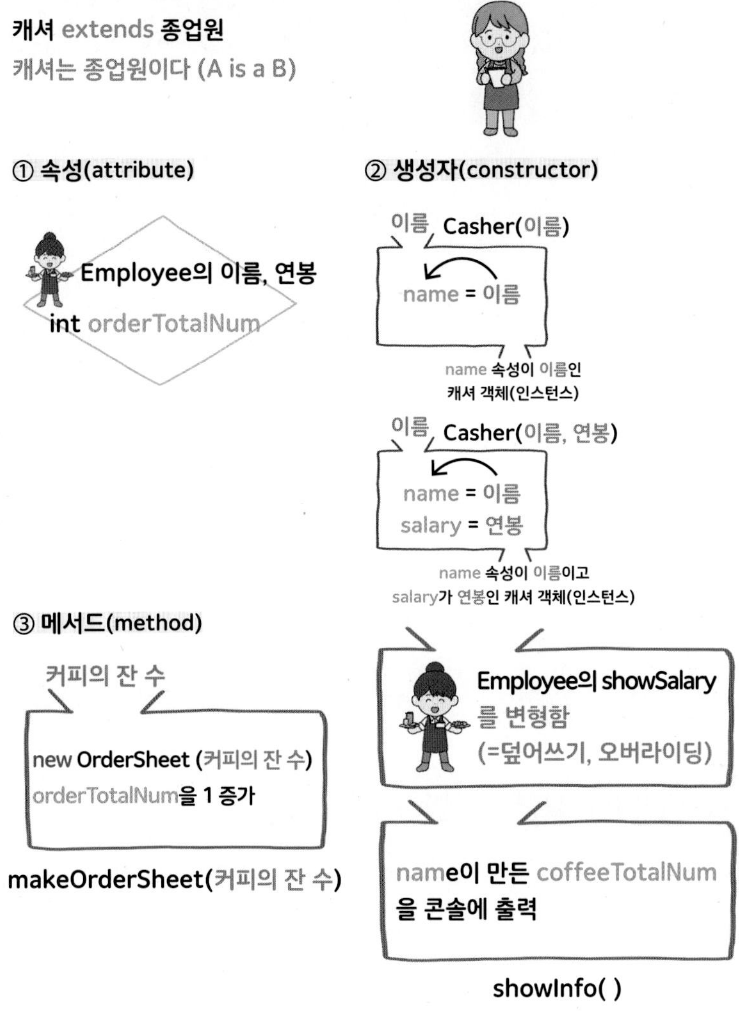

조금 전 캐셔 클래스의 이름(String name)과 연봉(int salary) 속성, 그리고 showSalary( ) 메서드는 캐셔 클래스 내부에 적지 않아도 종업원 클래스에게 상속을 받아 자동으로 사용할 수 있었죠. 캐셔는 여기서 더 나아가서 종업원 클래스에게 상속 받은 showSalary( ) 메서드를 오버라이딩(자신의 입맛대로 덮어쓰기, 재정의)했다고 볼 수 있습니다.

3 규칙을 정해 교통 정리하는 인터페이스

드디어 인터페이스 부분까지 왔습니다. 인터페이스도 클래스와 더불어 굉장히 중요한 부분입니다. 인터페이스를 한마디로 정의하자면 '규칙과 규약'입니다. 인터페이스가 없으면 규칙이 없어 우왕좌왕하게 됩니다. 중간에서 교통 정리를 한다고 생각하면 쉽습니다.

1. 깔끔이와 더러비로 설명하는 인터페이스

깔끔이와 더러비가 있습니다. 깔끔이와 더러비에게 물었습니다. "청소라는 게 뭘까?" 깔끔이는 "청소란 말이지, 틈새까지 닦아 내는 것이 청소야. 쓸고, 닦고, 공기청정기도 돌리고, 먼지도 테이프로 하나씩 없애야 해. 이 과정이 전부 청소라고 볼 수 있어."라고 말합니다. 그에 반해 더러비는 이렇게 답했습니다. "청소? 그냥 청소기 돌리면 끝이지. 그게 청소 아니야? 바닥만 깨끗하게 해도 청소라고 볼 수 있어." 자, 둘의 의견 정리가 되지 않네요.

그러던 어느 날 이 둘이 마침 아르바이트를 구했습니다. 깔끔이는 캐셔, 더러비는 바리스타로 카페에서 일하게 되었네요. "너희의 본업은 바리스타와 캐셔지만, 지금 청소부가 구해지지 않아서 당분간 청소 일도 맡아야 할 것 같아. 틈틈이 청소를 부탁할게." 이 말을 듣고 깔끔이는 온갖 곳들을 청소하기 시작합니다. 자신의 본업을 잊고 청소부가 된 것처럼 치우는 데에 많은 시간을 쏟게 되어 가끔은 계산하려는 손님을 기다리게 하는 일까지 발생하네요.

반대로 더러비는 바닥만 쓸고 있습니다. 커피머신도 닦아야 하는데 더러비에게 청소란 바닥만 쓰는 것이죠. 커피머신은 손에 대지도 않아 위생 컴플레인까지 발생하게 됩니다. 이 상황을 모두 본 사장님은 정리가 필요하다고 판단합니다. 사장님은 청소 인터페이스를 만들고 깔끔이와 더러비를 불러 이야기합니다. 청소 인터페이스 안에는 쓸기, 닦기, 정리 정돈 세 가지가 있습니다.

[그림 4-22] 청소 인터페이스

쓸기
닦기
정리 정돈
청소
캐셔
카운터 쓸기
카운터 바닥 닦기
카운터 정리 정돈
바리스타
커피머신 쓸기
커피머신 닦기
커피 원두 정리 정돈

"청소라는 개념을 두리뭉실 이야기했나 봐. 청소의 개념을 확실히 하기 위해 청소 인터페이스를 만들었어. 이것을 기준으로 너희의 본업에 맞게 하면 돼."라고 사장님이 명령을 내린다고 해 봅시다. 깔끔이는 자신의 본업인 캐셔에 맞게 ① 카운터 바닥을 쓸고 ② 카운터 바닥을 닦고 ③ 카운터를 정리 정돈하기 시작합니다.

더러비는 자신의 본업인 바리스타에 맞게 ① 커피 머신의 먼지를 쓸어 내고 ② 커피 머신을 닦고 ③ 커피 원두와 커피 머신을 정리하기 시작합니다. 사장님은 청소 관련 문제로 더 이상 신경 쓰지 않아도 되겠네요. 인터페이스가 어떤 역할을 하는지 어느 정도 감이 오셨나요? 규칙을 정하는 설계도라고 볼 수 있어요.

[그림 4-23] 청소 인터페이스 코드 구조

```
main.java × OrderSheet.java × Casher.java × Barista.java ×
public interface Cleaning {
    void sweep(); //public abstract void sweep(); 의 줄임말
    void wipe(); //public abstract void wipe(); 의 줄임말
    void arrange(); //public abstract void arrange(); 의 줄임말
}
```

2. 인터페이스의 구조

인터페이스가 구체적으로 어떤 구조를 가지고 있는지 살펴보겠습니다. 인터페이스 내부는 조금 특이하게 생겼습니다. 흔히 보던 {}도 없고, 접근 지정자도 보이지 않아요. {}를 구현부, 즉 몸체라고 부르는데 인터페이스는 몸체가 없는 메서드만 사용할 수 있기 때문이에요. 그렇다면 이 코드는 왜 존재하는 걸까요?

인터페이스는 골조를 잡아 주는 것에 의미가 있습니다. "청소 인터페이스를 가져다 쓰는 쪽에서는 쓸고(sweep), 닦고(wipe), 정리(arrange)를 해야 해."라고 일러 주는 것처럼 말이죠. 또한 인터페이스를 가져다가 쓰는 쪽에서 자신의 입맛에 맞게 구현해서 사용할 수도 있습니다. 조금 전 보여 드린 것처럼 같은 인터페이스를 상속 받아도 캐셔는 주로 카운터 위주로 청소하고 바리스타는 커피와 관련된 청소를 했죠.

3. 인터페이스의 키워드

인터페이스의 메서드에서는 public abstract void를 사용합니다. 인터페이스 메서드는 구체적으로 어떻게 해야 할지 행동을 정해 주지는 않아요. 가져다 쓰는 측에서 원하는 행동을 설정하죠. 따라서 인터페이스는 그저 '~행동을 할 것이다.' 정도로 추상적으로만 정하기 때문에 abstract라는 키워드를 사용합니다. 무조건 인터페이스를 다른 클래스에서 사용한다는 가정이 있기 때문에 접근 지정자는 public을 사용합니다. 따라서 이 둘을 합쳐 public abstract 키워드가 붙어야 하는데 사실 인터페이스 메서드에서 public abstract는 생략이 가능합니다. [그림 4-23]에서도 원래는 public abstract void sweep( )으로 써야 하지만 void sweep( )으로만 작성했죠.

속성에서는 public static final이라는 키워드를 사용합니다. 인터페이스는 인스턴스를 생성할 수 없고 생성자가 존재하지 않습니다(인터페이스 혼자서는 할 수 있는 게 없어요. 그저 뼈대만 줄 뿐이니까요). 인터페이스의 속성은 인스턴스와 상관없이 존재해야 하므로 static 키워드를 사용하고, 접근 지정자는 마찬가지로 public, 그리고 변하지 않는 상수를 사용합니다. 인터페이스 내부에 존재하는 속성은 전부 public static final이라는 키워드가 붙고 이 또한 생략이 가능합니다.

앞서 상속할 때는 extends 키워드를 사용한 것처럼, 인터페이스에서는 implements를 통해 구현할 수 있습니다. implements 키워드로 청소 인터페이스를 구현하도록 하겠습니다.

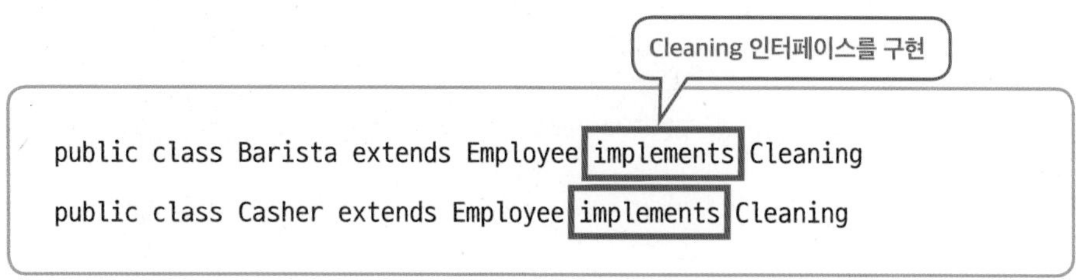


```
public class Barista extends Employee implements Cleaning
public class Casher extends Employee implements Cleaning
```

실전 과제 바리스타와 캐셔에게 청소 인터페이스 구현하기

실제 코드로 인터페이스를 구현해 보겠습니다. 먼저 바리스타에서 청소를 뜻하는 Cleaning 인터페이스를 구현할게요.

실행코드 Barista.java compilejava

```
public class Barista extends Employee implements Cleaning {
```

↑ 바리스타 클래스에게 청소 인터페이스를 구현(implements)합니다.

그러면 이제 바리스타는 Cleaning 안에 있는 sweep( ), wipe( ), arrange( )를 자신의 입맛대로 구현하기 시작합니다(기존의 바리스타 클래스에 해당 코드를 추가해 주세요).

실행코드 Barista.java compilejava

```
public void sweep() {
    System.out.println("*** 바리스타 "+name+"은 커피 머신을 브러쉬로 쓸어 냅니다.");
}

public void wipe() {
    System.out.println("*** 바리스타 "+name+"은 커피 머신을 닦아냅니다.");
}

public void arrange() {
    System.out.println("*** 바리스타 "+name+"은 커피 원두와 커피 머신을 정리합니다.");
}
```

↑ 인터페이스에서 골조를 만들어 줬다면, 바리스타 클래스에서 자신의 역할에 맞게 구현해 냅니다.

바리스타는 청소 인터페이스를 구현해서 커피와 관련된 청소들을 진행했네요. 그렇다면 캐셔도 살펴보겠습니다.

실행코드 Casher.java compilejava

```
public class Casher extends Employee implements Cleaning {
```

↑ 캐셔 클래스에게 청소 인터페이스를 구현합니다.

실행코드 Casher.java compilejava

```
public void sweep() {
    System.out.println("&&& 캐셔 "+name+"은 카운터 바닥을 청소합니다.");
}

public void wipe() {
    System.out.println("&&& 캐셔 "+name+"은 카운터 바닥을 닦아 냅니다.");
}

public void arrange() {
    System.out.println("&&& 캐셔 "+name+"은 카운터를 정리 정돈합니다.");
}
```

↑ 바리스타와 마찬가지로 캐셔 클래스에서도 각 역할을 구현합니다.

캐셔는 청소 인터페이스를 구현하여 카운터와 관련된 청소에 맞게 구현했음을 알 수 있습니다. 이제는 캐셔와 바리스타 인스턴스를 한 명씩 만들고 sweep( )이라는 메서드를 호출해 보겠습니다.

실행코드 main.java compilejava

```
public static void main(String[] args)
{
    Casher casherKim = new Casher("Kim", 4000);
    casherKim.sweep();

    Barista baristaKim = new Barista("Kim");
    baristaKim.sweep();
}
```

↑ 캐셔와 바리스타를 만들고, sweep( ) 메서드를 호출합니다.

실행결과 compilejava

DOWNLOAD JAR　Default Dark

```
&&& 캐셔 Kim은 카운터 바닥을 청소합니다.
*** 바리스타 Kim은 커피 머신을 브러시로 쓸어 냅니다.
```

↑ 캐셔와 바리스타의 sweep( ) 메서드를 호출하니, 이름은 같아도 각자 다른 역할을 하고 있네요.

이처럼 같은 메서드를 사용하지만 자신의 입맛에 바꾼 것을 오버라이드라고 합니다. 이전 예시에서 캐셔가 Employee 클래스를 상속했지만 Employee 안에 있는 showSalary( )를 자신의 입맛에 맞게 바꾼 것과 같은 이치입니다. 이 개념은 많은 곳에서 다루니 기억해 두면 좋습니다.

추가로 인터페이스는 가져다 쓰는 측에서 무조건 빠짐없이 지켜야 할 규칙이라는 것에 대해 코드로 알아보겠습니다.

실행코드 Barista.java compilejava

```
public class Barista extends Employee implements Cleaning {
    int coffeeTotalNum;

    public Barista(String name) {
        this.name = name;
    }

    public void makeCoffee(OrderSheet order) {
        if (order.isCompleted == true) {
            return;
        }

        order.isCompleted = true;
        coffeeTotalNum += order.coffeeNum;
    }

    public void sweep() {
        System.out.println("*** 바리스타 "+name+"은 커피 머신을 브러쉬로 쓸어 냅니다.");
    }

    public void wipe() {
        System.out.println("*** 바리스타 "+name+"은 커피 머신을 닦아냅니다.");
    }
    /*
    public void arrange() {
        System.out.println("***                                        니다.");
    }
    */
    public void showInfo() {
        System.out.println("*** 바리스타 "+name+"이 만든 총 커피의 잔 수는 "+coffeeTotalNum+"입니다.");
    }
}
```

Cleaning 인터페이스 중에서 arrange만 구현하지 않았을 경우

실행결과 compilejava

COMPILE & EXECUTE | PASTE SOURCE

```
/tmp/compilejava-AINlCc/Barista.java:1: error: Barista is not abstract and does not override abstract method arrange() in Cleaning
public class Barista implements Cleaning{
       ^
1 error
```

↑ 인터페이스 중에서 하나만 빼먹었음에도 에러가 발생하네요.

인터페이스는 꼭 지켜야 할 규칙이라고 이야기했는데요. 만약 하나라도 이를 구현하지 않을 경우 에러를 표시합니다. 현재 우리는 자동으로 에러를 검사하고, 자동완성 기능이 있는 대표적인 IDE를 사용하는 것이 아니라 웹 IDE를 사용하고 있는데요. 이클립스와 같은 IDE를 사용하게 될 경우 '만약 인터페이스에서 하나라도 빠지게 되면 자동으로 이거 이거 구현해!' 하고 메시지가 보입니다. 인터페이스는 가져다 쓰는 측에서는 반드시 지켜야 하는 규칙이라는 것을 명심해 주세요.

4 오류를 미리 예방하는 예외 처리

1. 에러를 대비해서 설치하는 덫, try~catch

우리는 프로그램을 코드로 짜고 실행하면서 다양한 상황에 맞닥뜨릴 수 있습니다. 생각지 못했던 곳에서 에러가 발생할 수가 있고, 웹사이트가 통째로 날아가 버릴 수도 있습니다. 이때 "오류가 발생했을 때 웹 페이지를 다운시키지 말고 이 명령대로 처리해 줘."라는 대비책이 있다면, 최소한 페이지가 정상적으로 작동하지 않는 상황은 예방할 수 있겠죠. 이런 상황을 위해 탄생한 것이 예외 처리입니다. 말 그대로 예외 처리는 예외 상황이 발생했을 때 어떻게 대응 처리를 할 것인지 미리 작성하는 것입니다. 오류가 날 수 있는 부분에 덫을 심는 것이죠. 쥐를 잡기 위해 적절한 장소에 덫을 놓는 것과 같은 이치예요.

sum 함수가 있다고 합시다. num1과 num2를 더하고 콘솔에 출력하는 함수입니다. 여기서 갑자기 선언하지도 않은 add(2,2) 함수를 호출하면 어떤 결과가 나오게 될까요?

실행코드 javaScript jsfiddle

```
function sum(num1,num2) {
  console.log(num1+num2);
};
add(2,2);
```

↑ sum 함수를 만들고 add 함수를 호출해 볼게요.

실행결과 jsfiddle

Console (beta)
Clear console Minimize
"<a class='gotoLine' href='#44:1'>44:1</a> Uncaught ReferenceError: add is not defined"

↑ add는 정의되지 않았다는 것을 보여 주고 있습니다.

역시나 에러가 발생했습니다. try~catch 문으로 에러를 잡아보려고 해요. 먼저 "try 안에는 내가 이걸 실행할 거야."라고 실행 코드를 넣어 줘요. 그리고 catch 안에는 만약 에러가 발생했을 때, 어떻게 대처할 것인지를 삽입합니다. catch의 파라미터로 발생된 에러 객체가 들어오게 되는데 개발자들이 암묵적으로 사용하는 이름은 e 혹은 error를 사용합니다. e가 아니어도 상관없습니다.

실행코드 javaScript jsfiddle

function sum(num1,num2) {
console.log(num1+num2);
}
try{
add(2,2);
}catch(e) {
console.log('에러 발생!');
sum(2,2);
}
실행할 코드
에러가 발생했을 때 대처할 코드

실행결과 jsfiddle

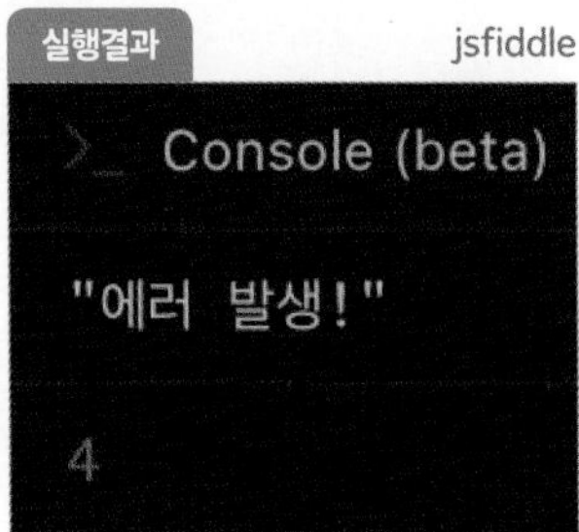
Console (beta)
"에러 발생!"
4

에러 발생 후 sum(2, 2)를 실행하여 결과가 4가 나오고 있음을 알 수 있어요. 게다가 아까처럼 빨간색 에러가 나타나지 않네요. 이처럼 try~catch 문을 사용하면 직접적인 에러가 발생하지 않는 것을 확인할 수 있습니다. 게다가 에러를 내보낸 후에 catch에서 작성한 함수를 출력하는 것 또한 확인했습니다. 이제는 조금 더 자세히 이 코드가 어떤 흐름을 가지고 실행되었는지 살펴보겠습니다. 어떻게 실행되는지 확인하기 위해서 1 console.log('1')과 2 console.log('2')를 넣었어요.

실행코드 javascript jsfiddle

```
function sum(num1,num2) {
  console.log(num1+num2);
}

try{
  console.log('1'); 1
  add(2,2);
  console.log('2'); 2
}catch(e) {
  console.log('에러 발생!');
  sum(2,2);
}
```

에러 발생 후, 뒤에 있는 코드는 실행되지 않고 바로 catch 문으로 들어갑니다.

실행되지 않아요.

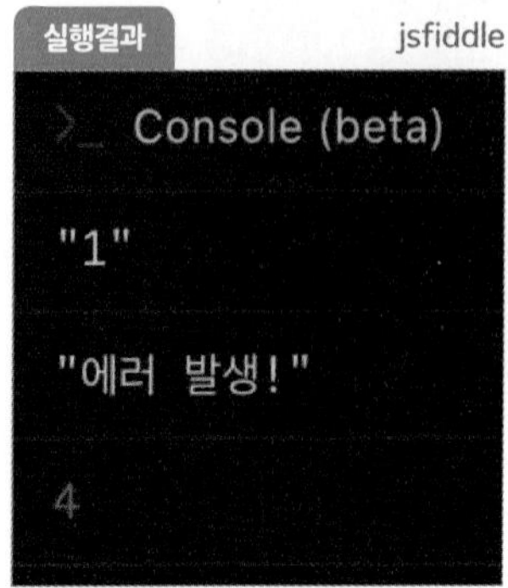

↑ 콘솔 결과 2가 실행되지 않았음을 알 수 있어요.

에러가 발생된 add(2, 2) 코드 이후에 작성한 [2] console.log('2')는 실행되지 않음을 알 수 있습니다. '에러가 발생된 이후의 코드는 실행되지 않음 → catch에 파라미터로 들어가면서 catch 코드로 실행됨'의 순서로 이루어지네요. 즉, 에러가 발생하면 그 즉시 코드를 멈추고 catch의 덫으로 들어가는 것이죠.

2. catch의 파라미터로 넘어온 에러 객체 확인하기

"오류가 나서 페이지가 날아가 버리는 것을 방지하고 에러를 잘 다룰 수 있게 try~catch로 덫을 설치하는구나. 여기까진 알겠는데, catch(e)에서 e는 대체 뭐야?"라는 생각이 들 수 있습니다.

에러가 발생할 때 catch 함수를 호출한다고 생각하면 쉬울 거예요. 이 함수를 호출하는 동시에 파라미터로 에러 객체를 넘겨주는 것입니다. 그것을 우리는 e라고 표현한 것이고요. "나 지금 이런 에러가 났어. 뭔지 알려 줄게."라는 의미예요. 파라미터로 에러 객체를 넘겨준다고 했는데, 직접 콘솔에서 확인하겠습니다.

[그림 4-24] ReferenceError

```
>_ Console (beta)   ⓧ0  ⓘ0  ⚠0  ⓘ1                 Clear console   Minimize
 "<a class='gotoLine' href='#44:1'>44:1</a> Uncaught ReferenceError: add is not defined"
```

처음에 에러를 발생시켰을 때, Uncaught ReferenceError라고 떴죠. 이 ReferenceError가 현재 발생된 에러 객체의 이름입니다. '쉬는 시간'의 '참고 웹 사이트'에서 다양한 자바스크립트 에러 객체도 살펴보세요. 이 에러 객체가 바로 catch(e)의 e라는 파라미터에 담기게 되는 것입니다. 이걸 어떻게 알아볼 수 있느냐고요? 모든 건 콘솔이 말해 줍니다.

실행코드 javaScript jsfiddle

```
try{
  add(2,2);
}catch(e) {
  if(e instanceof RangeError) {
    console.log('RangeError 에러');
  }
  else if(e instanceof ReferenceError) {
    console.log('Reference 에러');
    sum(2,2);
  }
}
```

↑ if 조건문을 걸어서 파라미터로 넘어온 e가 어떤 에러 객체인지 확인합니다.

실행결과 jsfiddle

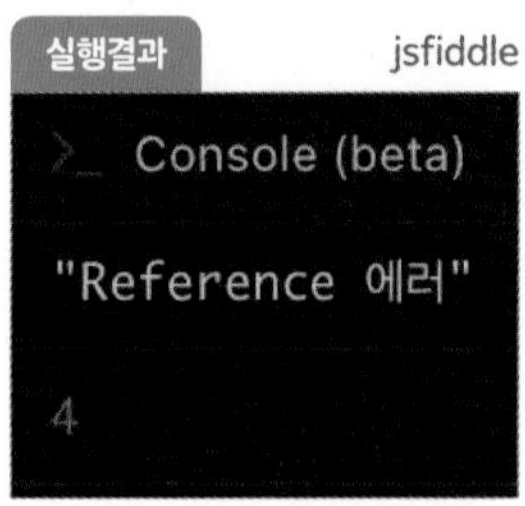

↑ e는 Reference의 인스턴스임을 알 수 있어요.

e가 ReferenceError의 인스턴스인지 묻는 조건문에 Reference 에러라고 말해 주고 있습니다. 이렇게 인스턴스를 세분화하면 에러에 적합한 코드를 작성하기 좋겠죠? 참고로 catch를 여러 개 작성한다면 덫도 해당 개수만큼 설치할 수 있습니다.

[그림 4-25] 다수의 에러도 다루는 try~catch 문

```
try {
  에러야, 한번 와 보시지!
} catch(발생한 에러1){
  잡았다 요놈!
} catch(발생한 에러2){
  잡았다 요놈!
}
```

3. 피날레 장식, finally

finally는 정말 쉬워요. finally 안에 들어가는 코드는 에러와 상관없이 무조건 실행됩니다. try 안의 코드 내용에서 return과 같이 함수를 멈추게 하거나 continue, break 등으로 코드의 흐름을 바꿔도 이 finally 문은 무조건 실행하게 만듭니다. 이처럼 finally는 "예외 처리를 할 때에 무조건 실행하는 부분이 있구나." 정도로 기억하면 됩니다. finally의 흐름에 대해서 정리하면 다음과 같습니다.

① try 문에서 에러가 발생하였을 경우
'try 문에서 에러가 난 코드 시점부터 try 문 실행 중지 → catch 문 실행 → finally 문 실행' 순서입니다.

② try 문에서 에러가 나지 않았을 경우
'try 문 실행 → finally 문 실행' 순서입니다.

실행코드 javaScript jsfiddle

JavaScript + No-Library (pure JS) ▼

```
function sum(num1, num2) {
  console.log(num1+num2);
}

try {
  sum(2,2);
} catch(e) {
  console.log("에러가 발생하지 않으므로 catch 문 미실행");
} finally {
  console.log("무조건 실행합니다!");
}
```

↑ 에러가 발생하지 않은 경우

실행결과 jsfiddle

```
>_ Console (beta)
4
"무조건 실행합니다!"
```

↑ catch에 걸리지 않을 경우에도 finally는 실행됩니다. 실행 순서는 try → finally

실행코드 javaScript jsfiddle

JavaScript + No-Library (pure JS) ▼

```
function sum(num1, num2) {
  console.log(num1+num2);
}

try {
  sum(2,2);
} catch(e) {
  if(e instanceof RangeError) {
    console.log("RangeError 에러");
  } else if(e instanceof ReferenceError) {
    console.log("Reference 에러");
    sum(2,2);
  }
} finally {
  console.log("무조건 실행합니다!");
}
```

↑ 에러가 발생한 경우

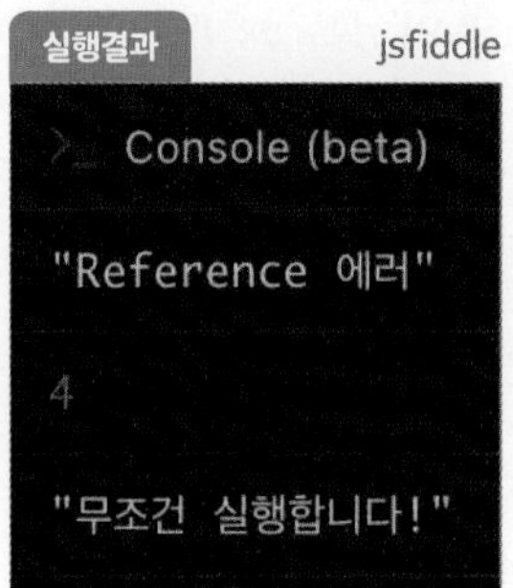

↑ catch에 걸렸을 경우에도 finally는 실행됩니다. 실행 순서는 try → catch → finally

따라서 예외 처리를 한 뒤에 꼭 적용해야 하는 행동이 있다면 finally 문에 작성하면 좋습니다.

[그림 4-26] try~catch~finally 문

```
try {
  에러야, 한번 와 보시지!
} catch (발생한 에러){
  잡았다 요놈!
} finally {
  뭐가 어찌됐든 피날레 장식!
}
```

4. 에러 던지기, throw

이렇듯 컴퓨터가 자동으로 잡을 수 있는 에러는 try~catch로 확인하면 됩니다. 하지만 코드 문법으로만 봤을 때는 멀쩡해 보여도 막상 따져 보면 코드 흐름상 맞지 않는 부분이 생길 수가 있습니다. 어쨌든 코드 작성도 사람이 하는 일이니까요. 우리도 맞춤법 검사기에서는 잡히지 않지만 문장을 읽었을 때 문맥상 오류가 있는 일이 종종 있잖아요. 이럴 때 프로그래밍에서는 에러를 던져 줌throw으로써 발생할 오류를 잡을 수 있어요.

예시로 살펴보겠습니다. 값을 넣으면 출력해 주는 함수를 만들었습니다. 이 함수는 파라미터에 아무 값도 넣지 않으면 에러를 던집니다. 함수 파라미터에 아무 값도 넣지 않고 함수를 호출해 보겠습니다. 과연 어떻게 될까요?

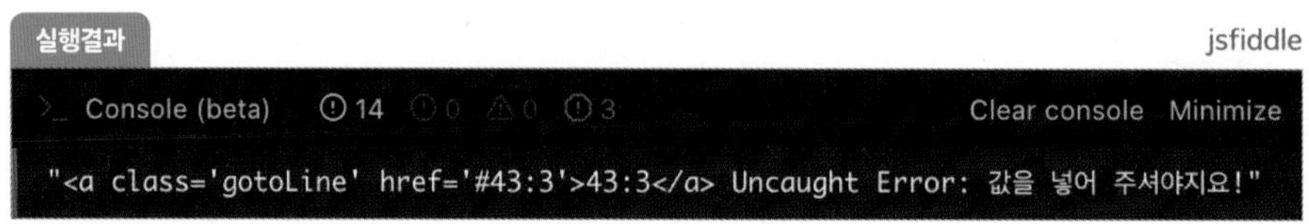

↑ **아무 값도 넣지 않았기에 사전에 만들어 놓은 에러가 출력되네요.**

우리가 미리 만들어 놓은 에러가 떴네요. 이렇게 문법적으로는 오류가 나지 않지만 코드 흐름상 에러라고 판단될 경우에는 사용자가 직접 정의하여 에러를 생성할 수 있습니다. 에러를 던져 놓는다고 해서 throw라는 키워드를 사용합니다.

여기까지 자바스크립트에서의 에러 처리를 확인했는데요. 자바는 catch(e)에서 e 부분에 타입 선언이 들어간다는 점만 다릅니다. catch(Exception e)와 같이 타입을 넣어 줘요. 자바는 역시 타입을 중요하게 여긴다는 것을 알 수 있어요. try~catch 및 에러를 throw하는 것은 고급 코드를 작성하기 위해서 많이 사용하니 기억해 두면 좋습니다.

쉬는 시간

4강 핵심 키워드

① 클래스

#대표적인 3 요소(생성자, 속성, 메서드) #추상적인 설계도 #new 연산자로 실체화 #실체화한 것이 바로 인스턴스

② 게터와 세터

#속성이 접근지정자로 인해 접근이 제한되었을 때 #접근하거나getter #값을 변경할 때setter 사용함

③ 상속

#코드의 재사용성을 높여 줌 #부모의 것을 자식이 가져다 쓸 수 있음 #가져다 쓸 때 자식은 입맛대로 재정의(오버라이드)할 수 있음

④ 인터페이스

#가져다 쓰는 측에서 의무적으로 써야 할 #규칙과 규약 #구현 코드가 따로 없고 #가져다 쓰는 측에서 이를 구현해 줘야 함

⑤ 예외 처리

#발생할 수 있는 예외에 대해 미리 준비해 놓는 것 #try에는 코드가 실행되고 #에러가 만약 발생하면 catch의 파라미터로 들어감 #finally는 무조건 실행된다 #에러 발생: try → catch → finally #정상 작동: try → finally

4강 스낵 정보

1. 인터페이스 implements vs. 상속 extends

• 다른 점

① 인터페이스는 한 클래스에서 여러 개의 인터페이스를 implements할 수 있습니다. 이를 다중 상속이라고도 합니다.

예) public class Casher implements Cleaning, Greeting

반면에 부모 클래스는 하나여야 합니다. 즉, 단일 상속만 가능합니다.

예) public class Casher extends Employee (O)

public class Casher extends Employee, Human (X)

② 부모 클래스가 자식 클래스에게 상속할 때는 주로 A is a B(A는 B이다)가 성립되지만, 인터페이스는 A is a B가 성립되지 않을 수 있습니다.

예) 캐셔는 종업원입니다(O). 캐셔는 청소입니다(X).

③ 인터페이스는 A has a B's ability로 설명할 수 있지만, 부모 클래스가 자식 클래스에게 상속하는 것은 그렇지 않을 수 있습니다.

예) 캐셔는 청소를 할 수 있습니다(O), 캐셔는 종업원을 할 수 있습니다(X).

• 공통점

상속과 인터페이스 모두 가져가서 쓰는 클래스에서 자신의 입맛대로 오버라이딩이 가능합니다.

2. 오버라이딩과 오버로딩

오버라이딩은 가져다 쓰는 측에서 자신의 입맛에 맞게 덮어쓰기하는 것입니다.

오버로딩overloading은 파라미터의 개수나 타입을 달리하여 만든 생성자 함수가 대표적입니다. 함수의 이름은 같은데 매개변수의 개수나 매개변수의 타입을 다르게 정의하는 것입니다.

4강 참고 웹사이트

1. 자바스크립트 에러 객체 유형 모음: 예제에서 사용한 RangeError, Reference Error 이외의 다양한 에러 객체를 확인할 수 있습니다. 해당 웹사이트의 '오류 유형'을 확인해 보세요.

에러 객체 웹사이트 QR

2. static 웹사이트: 앞에서 OrderSheet 클래스 내부에서 사용했던 static에 대해 자세히 알고 싶다면 해당 웹사이트를 참고해 보세요.

static QR

5강

눈으로 바로 배우는 쿼리

1 데이터를 관리하는 법, 데이터베이스와 DBMS

"데이터가 곧 돈이다."라는 말이 있듯, 디지털 시대에 각종 데이터는 아주 중요한 역할을 수행하고 있습니다. 특히 IT 기업은 구매 정보 및 상품 정보 등을 다양한 데이터를 이용해서 사업을 꾸려 나갑니다. 그리고 데이터들은 데이터베이스라는 공간에 담깁니다. 각종 데이터가 모이는 중요한 곳이니 만큼 금광과도 같은 공간이네요.

정확히 데이터베이스가 왜 필요한 것일까요? 데이터베이스가 없다면 프로그램에서 사용하고 있는 모든 데이터들은 프로그램이 종료된 즉시 공중분해될 수 있습니다. 코딩을 하는 것은 프로그램을 만들 뿐, 데이터를 제대로 저장하지는 않아요. 그래서 데이터를 효과적으로 다루고 보호하기 위해 데이터베이스라는 공간에 데이터를 넣어 놓고 관리하는 것입니다. 그리고 이를 효율적으로 관리하기 위한 소프트웨어가 있는데, 이를 DBMSDatabase Management System라고 합니다. 전 세계적으로 가장 유명한 DBMS는 오라클Oracle이 있습니다. 그 밖에 MariaDB, MYSQL, PostgreSQL 등이 있습니다.

1. 데이터를 다루는 방식, CRUD

데이터베이스가 주로 하는 역할은 네 가지가 있습니다. 바로 씨알유디CRUD입니다. 데이터를 추가하고Create, 조회하고Read, 정보를 수정하며Update, 데이터를 삭제하는Delete 것이죠. 쇼핑몰 웹사이트에서의 경험을 예시로 들어보도록 하겠습니다.

① 추가

처음 웹사이트에 접속해서 abc123이라는 아이디로 회원 가입을 합니다. 웹사이트에는 abc123 아이디를 가진 고객의 데이터가 추가됩니다.

② 조회

abc123은 가방을 사기 위해 가방 코너로 들어가 신상 가방들을 구경합니다. 상품 카테고리 중에서 가방 카테고리의 상품들을 조회합니다.

③ 수정

가방을 구경하던 도중, 갑자기 닉네임이 너무 마음에 안 듭니다. 마이페이지에 들어가 닉네임을 수정해요. 쇼핑몰 사이트에서 abc123 아이디를 가진 고객의 닉네임이 수정됩니다.

④ 삭제

닉네임도 마음에 안 들었는데 보던 가방마저 마음에 썩 들지 않습니다. 이 홈페이지는 사용하지 않게 될 것 같아요. 고객은 내 정보가 웹사이트에서 사용되는 걸 원치 않으니 회원 탈퇴 버튼을 클릭합니다. 쇼핑몰 웹사이트에서 abc123 아이디를 가진 고객의 데이터가 삭제됩니다.

2. 테이블로 데이터를 표현하는 관계형 데이터베이스

DBMS 중에서 가장 널리 사용되는 것은 관계형 데이터베이스RDBMS입니다. 관계형 데이터베이스에서 데이터를 다루는 방식은 엑셀과 비슷합니다. 예를 들어, 인터넷 쇼핑몰에는 고객과 그 정보가 저장되어 있겠죠. 고객의 정보를 엑셀로 표현한다면 [표 5-1]처럼 될 것입니다.

[표 5-1] 고객 테이블

고객 번호(PK)	이름	성별	주소	가입 날짜	고객 등급	적립금
1001	일코딩	여	코딩동 12-10	2022.1.3	SILVER	2,000
1002	이코딩	남	콘솔동 13-1	2022.2.3	SILVER	1,345
1003	삼코딩	남	에러동 19	2022.3.8	SILVER	1,454
1004	사코딩	여	열공면 8	2022.1.17	GOLD	34,222
1005	오코딩	남	클래스동 10	2022.1.20	VIP	106,434

이 표를 테이블이라고 명명하겠습니다. 테이블의 형태가 저장되는 데이터베이스가 관계형 데이터베이스입니다. 데이터를 테이블로 표현함으로써 직관적으로 표현할 수 있다는 것이 관계형 데이터베이스의 장점입니다. 그리고 테이블들은 서로 모여 연결이 될 수도 있습니다.

예를 들어 보죠. 고객이 쇼핑한 후에 주문을 하려고 합니다. 주문서를 작성하게 되면 이 주문서에 대한 데이터도 데이터베이스에 저장되어야 합니다. 그러면 주문이라는 테이블이 필요로 하겠죠. 이 주문 테이블의 구성은 다음과 같을 겁니다.

[표 5-2] 주문 테이블

주문 번호(PK)	고객 번호(FK)	주문 수량	결제 방식	주문 날짜	주문 금액
60011	1001	3	카드	2022.1.8	30,000
60012	1002	5	계좌 이체	2022.2.8	50,000
60013	1003	6	네이버페이	2022.3.10	60,000
60014	1004	11	카카오페이	2022.1.20	110,000
60015	1005	2	카드	2022.1.25	20,000

여기서 한 가지 눈에 띄는 것이 있습니다. 바로 고객 번호인데요. 고객 번호는 고객 테이블에 있던 속성인데 주문 테이블에도 들어가 있는 것을 볼 수 있습니다. 왜 그럴까요? 주문을 하면 배송 등을 위해 고객의 정보가 필요할 것입니다. 고객의 등급, 적립금이나 주소, 전화번호 등이 필요하기 때문이에요. 하지만 왜 주문 테이블에 다양 고객 정보들은 생략되고 고객 번호만 들어가게 되었을까요?

주문 테이블에 고객 정보들이 모두 들어가게 되면 너무 복잡하기 때문입니다. 따라서 고객 테이블의 ID처럼 쓰이는 고객 번호를 주문 테이블에 넣고, 이를 연결하여 고객 정보가 필요할 때 고객 번호를 통해 고객 테이블을 사용하게끔 한 것입니다.

여기서 고객 테이블의 ID 역할을 하는 것이 고객 번호라고 했는데, 이 뜻에 대해 간단히 짚고 넘어가도록 하겠습니다. 우리가 회원 가입할 때 ID가 필요하듯이, 테이블에도 고유의 값이 존재해야 합니다. 고유의 값이 있으면 테이블들끼리 서로 참조하기도 편하기 때문이에요. 이 고유의 값을 PKPrimary Key라고 합니다. 기본키라고도 불러요. 그리고 이 기본키는 곧 다른 테이블의 FKForeign Key(외래키)가 되기도 합니다.

[그림 5-1] 고객 테이블과 주문 테이블에서의 PK, FK

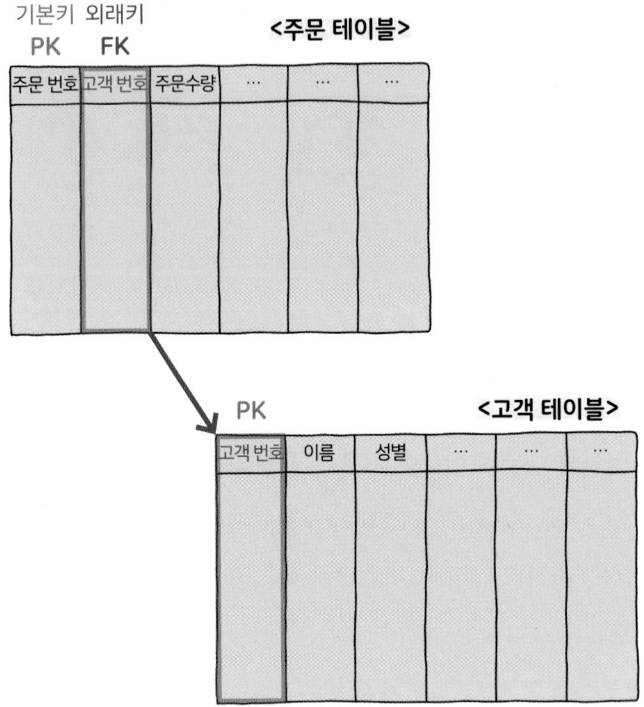

이름이 좀 어렵죠? 고객 번호는 주문 테이블 안에서는 고객 테이블을 연결해 주는 FK이지만, 고객 테이블 내에서는 ID와 같은 역할을 하므로 PK가 됩니다. 외래키는 두 테이블을 서로 연결하는 데 사용되는 키라고 볼 수 있습니다. 이처럼 기본키는 각 테이블을 나타내는 ID의 역할을 수행할 뿐만 아니라 다른 테이블과 테이블을 연결하는 외래키의 역할도 한다는 것을 기억해 주세요.

3. ERD는 테이블의 관계도를 그린 것

고객과 주문 테이블의 경우를 살펴보았는데요, 다른 테이블들이 서로 어떻게 참조하는지에 대해서도 알아보겠습니다.

[그림 5-2] 테이블 간의 관계를 파악하기 쉬운 ERD

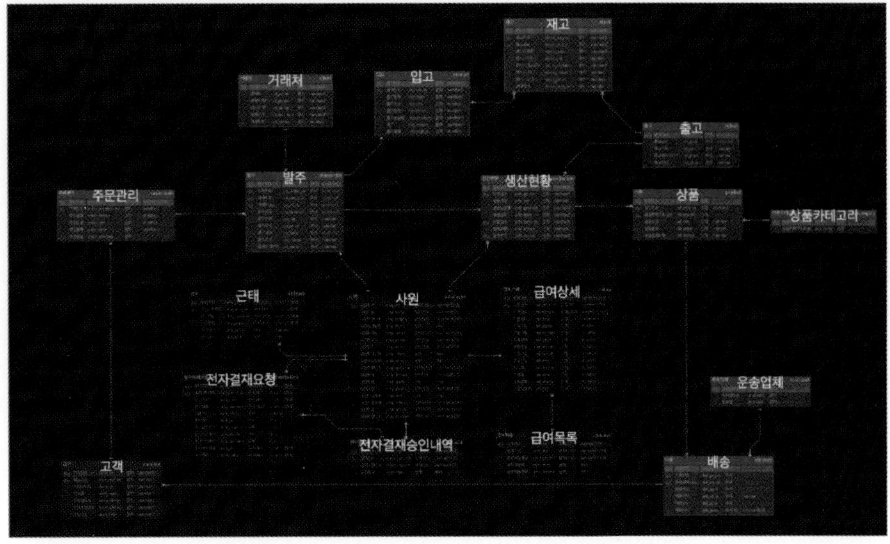

독립적인 테이블도 있을 수 있지만, 대부분 엮여 있는 걸 확인할 수 있어요. 이렇게 테이블 간의 관계를 설명해 주는 것을 ERDEntity Relationship Diagram라고 부릅니다. 예전에 수학책에서 다이어그램이라는 것을 배워 본 기억이 있을 거예요. 데이터베이스의 테이블 간의 관계를 눈으로 보기 쉽게 만든 것이 ERD라고 볼 수 있습니다. 테이블은 무수히 많아질수록 한눈에 보기 어렵죠. 그럴수록 ERD의 필요성이 더 늘어날 거예요. ERD Cloud와 같은 웹사이트에 들어가면 오픈되어 있는 데이터베이스들이 많이 있으니 한 번 들러 보는 것을 추천합니다.

4. 관계형 데이터베이스의 테이블 용어

관계형 데이터베이스의 테이블 용어를 살펴보면 다음과 같습니다.

[그림 5-3] 테이블 용어

테이블 이름,
릴레이션 이름

속성, 컬럼, 열

<고객>

행, 튜플,
카디널리티

고객 번호(PK)	이름	성별	주소	가입 날짜	고객 등급	적립금
1001	일코딩	여	코딩동 12-10	2022.1.3	SILVER	2,000
1002	이코딩	남	콘솔동 13-1	2022.2.3	SILVER	1,345
1003	삼코딩	남	에러동 19	2022.3.8	SILVER	1,454
1004	사코딩	여	열공면 8	2022.1.17	GOLD	34,222
1005	오코딩	남	클래스동 10	2022.1.20	VIP	106,434

[그림 5-3]을 보면 테이블과 그 용어들이 적혀 있습니다. 이름이 '고객'인 고객 테이블에 대해 자세히 살펴볼게요. 테이블은 릴레이션relation이라고도 부릅니다. 엄밀히 말하면 두 용어가 의미하는 바가 약간 다르지만 혼용해서 쓰고 있습니다. 따라서 테이블과 릴레이션은 매우 유사한 의미라고 보면 되겠습니다. 빨간색 박스로 표시되어 있는 부분은 컬럼column, 속성attribute, 열이라고 부릅니다. 여기서는 '고객 번호, 이름, 성별, 주소, 가입 날짜, 고객 등급, 적립금'을 나타내고 있습니다.

파란색 박스로 표시된 부분은 하나의 행에 해당하는 데이터를 나타내며 튜플tuple, 카디널리티cardinality라고도 부릅니다. 이 표에서는 총 5개의 행(로우)이 있네요.

마지막으로 차수degree라는 용어도 알아두면 좋은데요, 이는 한 릴레이션 안에 있는 속성의 개수를 나타내는 것입니다. 이 테이블에는 7개의 차수가 있네요.

2 데이터베이스에게 보내는 친절한 요청, 쿼리

SQL은 DBMS에 저장된 데이터를 처리하기 위한 언어입니다. 이 SQL로 쿼리라는 것을 작성하여 CRUD 역할을 수행하게 만드는 것입니다. 쿼리는 데이터베이스에게 "나 이것 좀 해 주지 않을래?"라고 질문하는 것이라고 생각하면 쉽습니다. 예를 들어보겠습니다. 쿼리문은 다음과 같이 씁니다.

```
SELECT * FROM POKEMON;
  1    2     3
```

해석하자면 이렇습니다. 먼저 1은 '선택한다'라는 의미입니다. * 기호로 표시된 2번은 '모든 것을'이라는 의미예요. 쿼리에서 * 기호는 '모든 것'이라는 뜻을 갖고 있습니다. 3번 FROM POKEMON;은 '포켓몬 테이블로부터'라는 뜻이죠. 즉, 위의 쿼리문은 '포켓몬 테이블에 있는 모든 데이터를 조회해 줘!'라는 요청이 됩니다. 이처럼 데이터베이스에게 "나 이거 조회해 줘.", "이걸 삭제해 줘.", "파이리라는 이름을 가진 친구를 찾아서 피카츄로 바꿔 줘." 등 원하는 행동을 요청하는 것입니다. 쿼리문은 영어로 되어 있긴 하지만 굉장히 직관적인 문법을 사용한다는 것을 알 수 있습니다. 실습 예제를 시작하겠습니다. 가볍고 쉽게 배워 보기 위해 포켓몬빵을 예시로 들면서 테이블을 만들어 보겠습니다. dbfiddle 사이트로 들어가 주세요.

[그림 5-4] 웹 IDE인 dbfiddle의 화면

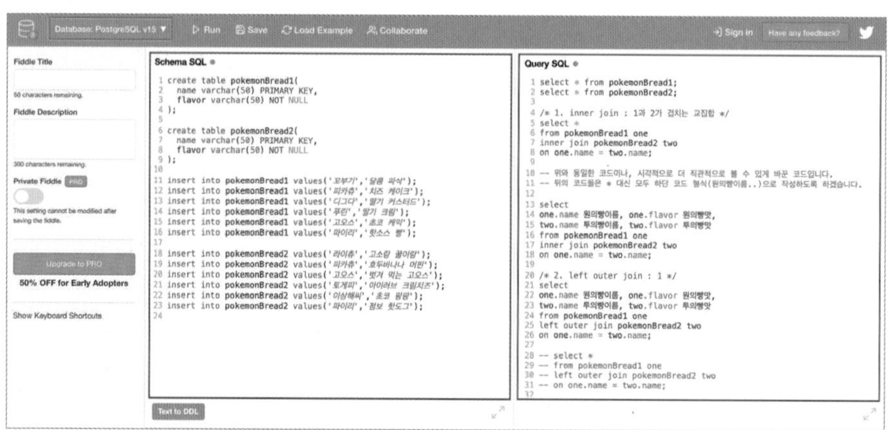

dbfiddle로 진행하지만 sqlfiddle에서 진행해도 상관없습니다. [그림 5-4]의 파란색 영역인 왼쪽(Schema SQL)에는 테이블을 생성하는 코드를 넣을 것입니다. 빨간색으로 표시한 영역인 오른쪽 탭(Query SQL)에서는 주로 SELECT 문을 사용하여 데이터를 출력할 예정이고요. 그리고 이 예제에서는 PostgreSQL로 작성할 것이기 때문에 주황색으로 표시한 영역처럼 반드시 DBMS 설정은 PostgreSQL로 해야 합니다.

1. 테이블을 생성하고, 데이터를 넣는다

모든 쿼리문은 '위캔코딩' 카페 게시글에 업로드되어 있으니, 자료를 받아서 사용하면 됩니다. 우선 테이블을 생성하고 데이터를 넣는 작업을 하겠습니다. 웹

IDE에서 왼쪽 탭인 Schema SQL(dbfiddle) 또는 Build Schema(sqlfiddle)에 해당 코드들을 삽입해 주세요. 그리고 DBMS 설정은 PostgreSQL로 해 주세요.

참고로 쿼리문은 대소문자를 구별하지 않지만 통상적으로 대문자를 많이 사용합니다. 예제는 가독성을 위해 소문자로 짜여 있는 점을 참고해 주세요.

먼저 테이블을 생성(CREATE)합니다. 테이블의 이름이 포켓몬인 테이블을 만드는 과정입니다. 컬럼 이름, 데이터 타입, 다른 옵션들 순서로 테이블의 속성을 지정해 줍니다.

Schema SQL ●

```
/* CREATE - 테이블을 생성합니다. */
-- ① name : varchar 는 문자열 타입입니다.
-- PK로 지정된 컬럼은 null 값이 들어올 수 없고 중복된 값이 들어갈 수 없습니다.
-- 아이디 같은 역할을 해 준다고 생각하면 쉬워요!
-- ② flavor : 문자열이며 null이 허용되지 않습니다.
-- ③ inventory : 넘버 타입입니다.
create table pockemon(
  name varchar(50) PRIMARY KEY, -- ①
  flavor varchar(50) NOT NULL,  -- ②
  invetory int                  -- ③
);

```

```
CREATE TABLE 테이블 이름(컬럼 이름, 데이터 타입, 다른 옵션들);
```

varchar 타입은 우리가 지금껏 배운 문자열인 string이라고 보시면 됩니다. varchar 안에 들어가는 숫자는 들어갈 문자 크기를 지정합니다. varchar(50)이면 한글로 약 16글자를 넣을 수 있습니다. 마지막 쪽에 옵션을 넣어 줄 수 있는데 여기서 PK를 지정할 수 있습니다. PRIMARY KEY가 들어간 컬럼은 NULL 값이 들어올 수 없고(NOT NULL과 동일합니다), 중복된 값도 들어올 수 없게 자동으로 세팅이 됩니다. 옵션은 예제에 쓰인 NOT NULL과 PRIMARY KEY 밖에도 다양한 옵션들이 존재합니다.

```
/* ALTER - 테이블을 수정합니다. */
-- ALTER TABLE 변경할테이블이름 RENAME TO 변경하고싶은테이블이름;
alter table pockemon rename to pokemonBread;

-- 테이블 속성(컬럼)을 수정합니다.
-- ALTER TABLE 변경할테이블 RENAME COLUMN 변경할컬럼이름 TO 변경하고싶은컬럼이름;
alter table pokemonBread rename column invetory to inventory;

```

여기서 사용된 ALTER는 테이블명을 수정하고 테이블 속성명을 수정합니다. 오타가 났을 때 유용하게 사용할 수 있어요.

•테이블 수정

ALTER TABLE 변경할테이블이름 RENAME TO 변경하고싶은테이블이름;

•테이블 속성(컬럼) 수정

ALTER TABLE 변경할테이블 RENAME COLUMN 변경할컬럼이름 TO 변경하고싶은컬럼이름;

```
/* INSERT - 테이블에 데이터들을 추가합니다. */
-- INSERT INTO 추가할테이블 VALUES(속성갯수에맞게삽입);
-- 주의할 점: NOT NULL 일 경우 NULL 이 들어갈 수 없습니다.
insert into pokemonBread values('꼬부기','달콤 파삭',0);
insert into pokemonBread values('피카츄','치즈 케이크',3);
insert into pokemonBread values('디그다','딸기 커스터드',null);
insert into pokemonBread values('푸린','딸기 크림',null);
insert into pokemonBread values('고오스','초코 케이크',null);
```

그리고 테이블에 데이터를 추가합니다. 생성할 때 넣었던 타입에 맞게 넣어 주면 되는데, 이에 맞춰 넣어 주지 않을 경우 에러가 발생합니다. 또한 옵션들이 있을 경우(해당 예제에서는 NOT NULL, PRIMARY KEY) 이에 맞춰서 넣어야 합니다. 우리는 포켓몬빵 데이터를 삽입해 줍니다.

```
INSERT INTO 추가할테이블 VALUES(속성 개수에 맞게 삽입);
```

2. 쿼리를 통해 테이블 출력하기

SELECT 문 예제 19개, UPDATE 문 예제 1개, DELETE 문 예제 1개, DROP 문 예제 1개로 구성된 총 22개의 예제입니다. 흐름에 맞게 번갈아 해 볼 예정이니 하나씩 따라와 주세요. 이제는 오른쪽 탭인 Query SQL에서 작성할 거예요.

(1) 1 ~ 20 Line [SELECT] 데이터 추출

```
SELECT 컬럼이름 FROM 테이블이름;
```

SELECT 문은 원하는 데이터를 뽑아낼 수 있습니다. 제일 많이 쓰이기도 해요. 결과물들을 모두 다 보여 주기에는 분량이 많아지기 때문에 직접 SQL을 돌려보면서 확인하길 바랍니다. 몇 개만 골라서 보여 드리겠습니다.

[그림 5-5] 1~20 Line 실행코드; SELECT

Query SQL ●

```
1 /* SELECT - 데이터를 추출합니다. */
2 -- * : 모든 데이터를 출력합니다.
3 select * from pokemonBread;
4 -- where : 조건을 걸어 줍니다. 이름이 피카츄인 포켓몬빵의 모든 컬럼을 출력합니다.
5 select * from pokemonBread where name = '피카츄';
6 -- 원하는 컬럼만 보여 줄 수 있습니다.
7 select inventory from pokemonBread;
8 -- as : as로 컬럼의 별칭을 지어 줄 수 있습니다.
9 select inventory as 피카츄재고 from pokemonBread where name = '피카츄';
10 -- null은 숫자가 아닙니다 : null은 0과 다른 것을 알 수 있습니다.
11 select * from pokemonBread where inventory < 2;
12 -- in : in 연산자를 통해 다수의 컬럼을 조회할 수 있습니다.
13 select name,inventory from pokemonBread where name in('푸린','꼬부기');
14 -- % : flavor에 '케이크'로 끝나는 문자열이 들어가는 포켓몬 빵의 모든 컬럼을 출력할 수 있습니다.
15 select * from pokemonBread where flavor like '%케이크';
16 -- count : count 를 통해 컬럼의 총 개수를 출력할 수 있습니다.
17 select count(*) as 빵의종류개수 from pokemonBread;
18 -- sum : 숫자일 경우 컬럼 내에 있는 컬럼값들의 합을 구할 수 있습니다.
19 -- 이외에도 avg(평균), max(최대), min(최소)를 구할 수 있습니다.
20 select sum(inventory) as 총빵의개수 from pokemonBread;
21
```

3 Line 실행 → pokemonBread 테이블의 모든 데이터를 출력하면 다음과 같습니다.

[그림 5-6] 3 Line 실행결과: pokemonBread 테이블의 모든 데이터

name	flavor	inventory
꼬부기	달콤 파삭	0
피카츄	치즈 케이크	3
디그다	딸기 커스터드	null
푸린	딸기 크림	null
고오스	초코 케이크	null

9 Line 실행 → as를 사용하여 별칭을 지어 줄 수 있습니다. where name= '피카츄'라는 것은 name이 피카츄인 데이터만 보겠다는 뜻입니다. 이처럼 where

문은 조건을 걸어 주는 거예요. 데이터를 필터처럼 걸러 준다고 생각하면 됩니다.

[그림 5-7] 9 Line 실행결과: as로 inventory 대신 피카츄 재고로 출력

피카츄재고
3

11 Line 실행 → null은 숫자가 아닙니다. null은 0과 다른 것을 알 수 있습니다. 우리는 null은 비어 있다고 배웠습니다. '널널하다'와 같이 없다고 명시할 때 사용한다고 했는데요, 숫자 0과 null은 다르게 취급하고 있음을 알 수 있습니다. inventory가 2보다 작은 것을 보여 달라고 했는데, inventory가 null 값인 디그다, 푸린, 고오스는 보이지 않고 다음과 같이 꼬부기만 보여 주고 있음을 알 수 있습니다.

[그림 5-8] 11 Line 실행결과: null과 0은 다름

name	flavor	inventory
꼬부기	달콤 파삭	0

15 Line 실행 → like는 '~와 같다'라는 의미이며, '%케이크'는 앞에 임의의 문자가 들어가고 마지막에 '케이크'라는 단어로 끝나는 경우를 말합니다. 따라서 where flavor like '%케이크'는 맛에 케이크라는 단어로 끝나는 경우를 말하며 다음과 같이 치즈 케이크, 초코 케이크가 출력되는 것을 볼 수 있습니다.

[그림 5-9] 15 Line 실행 결과: flavor에 케이크로 끝나는 단어 출력

name	flavor	inventory
피카츄	치즈 케이크	3
고오스	초코 케이크	null

- 'FOO' LIKE 'F%' → TRUE → 'Foo'는 F로 시작하는 단어이므로 TRUE입니다.
- 'FOO' LIKE '_O_' → TRUE → _는 아무 문자나 해당되나, 자릿수는 일치해야 합니다.
- 'BAR' LIKE 'B_' → FALSE → 따라서 이 경우에는 자릿수가 다르므로 FALSE입니다.

20 Line 실행 → sum(inventory)을 통해 총 빵의 개수를 확인할 수 있습니다.

[그림 5-10] 20 Line 실행결과: 총 빵의 개수

총빵의개수
3

(2) 24 Line [UPDATE] 데이터 수정 및 변경

```
UPDATE 테이블 이름 SET 바꿀 컬럼 이름 = 바꿀 값 WHERE 조건;
```

UPDATE 문은 데이터를 수정하는 쿼리문입니다. 쉽게 생각하자면, 우리가 웹

사이트에서 닉네임을 수정할 때 사용되는 것이라 볼 수 있습니다. WHERE 조건을 걸어 주지 않을 경우 모든 행의 데이터가 변경됩니다. 보통 UPDATE 문에서 WHERE 조건은 PK 컬럼을 기준으로 걸어 줍니다. 이 예제에서도 PK로 설정한 name으로 조건을 걸어 주었습니다. 푸린 빵이 5개 입고되었다고 할 때, name이 푸린인 데이터의 inventory는 5로 변경되어야 할 것입니다. 이럴 경우, 다음과 같은 UPDATE 문을 작성할 수 있습니다.

[그림 5-11] 24 Line 실행코드: UPDATE, 25 Line 실행코드: SELECT

```
22 /* UPDATE - 테이블의 데이터를 변경할 수 있습니다.*/
23 -- UPDATE 테이블 SET 컬럼 = 바꿀 데이터 WHERE 조건
24 update pokemonBread set inventory = 5 where name = '푸린';
25 select * from pokemonBread;
26
```

[그림 5-12] 24~25 Line 실행결과: name이 푸린인 데이터의 inventory를 5로 변경

name	flavor	inventory
꼬부기	달콤 파삭	0
피카츄	치즈 케이크	3
디그다	딸기 커스터드	null
고오스	초코 케이크	null
푸린	딸기 크림	5

(3) 29 Line [INSERT] 데이터 삽입

INSERT 문은 데이터를 추가하는 쿼리문입니다. name이 로켓단인 데이터를 새로 추가합니다.

[그림 5-13] 29 Line 실행코드: INSERT, 30 Line 실행코드: SELECT

```
27 /* INSERT - 테이블에 데이터들을 추가합니다. */
28 -- 이름은 로켓단, 맛은 초코 케이크, 재고수량은 3인 새로운 데이터를 추가한 후 잘 추가되었는지 확인해봅니다.
29 insert into pokemonBread values('로켓단','초코 케이크',3);
30 select * from pokemonBread;
```

[그림 5-14] 30 Line 실행결과: 데이터가 5개에서 6개로 늘어남

name	flavor	inventory
꼬부기	달콤 파삭	0
피카츄	치즈 케이크	3
디그다	딸기 커스터드	null
고오스	초코 케이크	null
푸린	딸기 크림	5
로켓단	초코 케이크	3

(4) 32 ~ 51 Line [SELECT] 데이터 추출

38 Line 실행 → order by column desc는 내림차순을 진행합니다. 특징은 null과 숫자가 함께 있을 때 null이 가장 높다고 인식하는 것을 알 수 있습니다.

[그림 5-15] 32~51 Line 실행코드: SELECT

```
32 /* SELECT - 데이터를 추출합니다. */
33 -- DISTINCT : 중복을 제거한 맛만 출력합니다. 초코 케익이 하나만 있는 것을 확인할 수 있습니다.
34 select distinct flavor from pokemonBread;
35 -- ORDER BY COLUMN (ASC) : 재고 기준으로 정렬합니다. 오름차순이 기본이기 때문에 ASC를 생략할 수 있습니다.
36 select * from pokemonBread order by inventory asc;
37 -- ORDER BY COLUMN DESC : 재고 기준으로 내림차순 정렬합니다. NULL 이 가장 크다고 인식하는 것을 알 수 있습니다.
38 select * from pokemonBread order by inventory desc;
39 -- BETWEEN A AND B : 재고가 0부터 3까지를 출력합니다.
40 select * from pokemonBread where inventory between 0 and 3;
41 -- IS NULL : 재고가 NULL 인 빵을 출력합니다.
42 select * from pokemonBread where inventory is null;
43 -- IS NOT NULL : 재고가 NULL이 아닌 빵들을 출력합니다.
44 select * from pokemonBread where inventory is not null;
45 -- || : 컬럼과 컬럼을 연결 해줍니다. 보통 문자열과 함께 연결해줍니다.
46 select name ||'의 맛은 '||flavor||' 입니다.' as 맛요약 from pokemonBread;
47 -- 사칙연산 : 컬럼에 사칙연산을 할 수 있습니다. 0과 NULL은 곱해지지 않는 것도 확인할 수 있네요.
48 select name,flavor,inventory*100 as 재고가이랬으면좋겠다 from pokemonBread;
49 -- <> 또는 != : 조건이 아닌 것들만 출력할 수 있습니다.
50 select * from pokemonBread where name != '로켓단';
51 select * from pokemonBread where name <> '로켓단';
```

[그림 5-16] 38 Line 실행결과: null을 가장 높은 값으로 인식

name	flavor	inventory
디그다	딸기 커스터드	null
고오스	초코 케이크	null
푸린	딸기 크림	5
피카츄	치즈 케이크	3
로켓단	초코 케이크	3
꼬부기	달콤 파삭	0

46 Line 실행 → 컬럼과 컬럼을 서로 연결해 주는 || 연산을 문자열과 같이 쓰면 이렇게 표현할 수도 있습니다.

[그림 5-17] 46 Line 실행결과: ||로 name과 flavor을 연결하여 출력

맛요약
꼬부기의 맛은 달콤 파삭 입니다.
피카츄의 맛은 치즈 케이크 입니다.
디그다의 맛은 딸기 커스터드 입니다.
고오스의 맛은 초코 케이크 입니다.
푸린의 맛은 딸기 크림 입니다.
로켓단의 맛은 초코 케이크 입니다.

48 Line 실행 → 사칙연산을 하여 표현할 수도 있습니다. 0과 null은 곱해지지 않는 것을 알 수가 있네요.

[그림 5-18] 48 Line 실행결과: 100씩 곱한 결과물

name	flavor	재고가이랬으면좋겠다
꼬부기	달콤 파삭	0
피카츄	치즈 케이크	300
디그다	딸기 커스터드	null
고오스	초코 케이크	null
푸린	딸기 크림	500
로켓단	초코 케이크	300

(5) 56 Line [DELETE] 데이터 삭제

```
DELETE FROM 테이블이름 WHERE 조건;
```

DELETE 문은 데이터를 삭제하는 쿼리문입니다. WHERE 조건을 걸어주지 않을 경우 모든 행의 데이터가 삭제됩니다. UPDATE 문과 마찬가지로, DELETE 문에서 WHERE 조건은 PK 컬럼을 기준으로 걸어 줍니다.

이 예제에서도 PK로 설정한 name으로 조건을 걸어 주었습니다. name이 로켓단인 데이터를 삭제합니다.

[그림 5-19] 56 Line 실행코드: DELETE, 57 Line 실행코드: SELECT

```
53 /* DELETE - 데이터를 삭제 합니다. */
54 -- 이름이 로켓단인 컬럼을 삭제하고 잘 삭제 되었는지 확인해봅니다.
55 -- DELETE 쿼리를 작성할 때는 where 조건문으로 중복값이 허용되지 않는 PK를 주로 사용합니다.
56 delete from pokemonBread where name='로켓단';
57 select * from pokemonBread;
```

[그림 5-20] 56~57 Line 실행결과: 전체 데이터가 6개에서 5개로 줄어듦

name	flavor	inventory
꼬부기	달콤 파삭	0
피카츄	치즈 케이크	3
디그다	딸기 커스터드	null
푸린	딸기 크림	null
고오스	초코 케이크	null

(6) 60 Line [DROP] 테이블 삭제

```
DROP TABLE 테이블이름;
```

DROP 문은 테이블을 삭제하는 쿼리문입니다. 테이블은 아예 없애는 것이므로, 신중하게 사용해야 합니다. DROP 문으로 pokemonBread 테이블을 없앤 뒤에 SELECT 문으로 데이터를 불러봅니다. 하지만 테이블이 아예 사라졌으므로, 에러가 나옵니다.

[그림 5-21] 60 Line 실행코드: DROP, 61 Line 실행코드: SELECT

```
59 /* DROP - 테이블을 삭제 합니다. 테이블을 아예 없애는 것이므로 신중해야해요. */
60 drop table pokemonBread;
61 -- select * from pokemonBread; -- 테이블이 삭제되었으므로, 에러가 발생해요.
```

[그림 5-22] 60 Line 실행 후 61 Line 실행결과: 테이블이 삭제되어 에러 발생

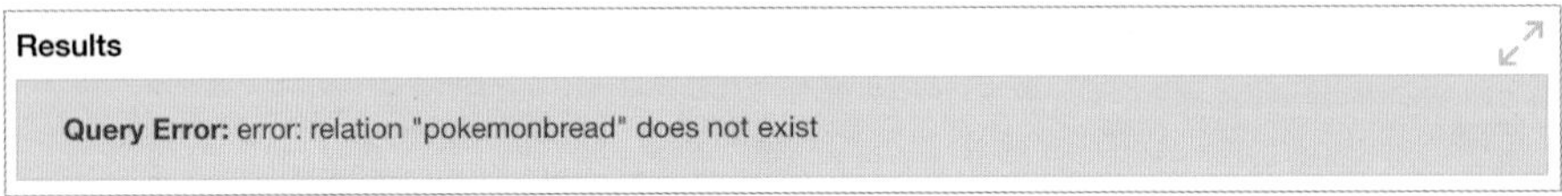

Results

Query Error: error: relation "pokemonbread" does not exist

대표적인 간단한 쿼리들을 모아 보았는데요, 여기까지만 배워도 간단한 쿼리 작성은 할 수 있습니다. 보다 다양한 쿼리를 찾아 보려면 《초보자를 위한 SQL 200제》(정보문화사, 2020)를 추천합니다. 개발 환경 구현부터 차근히 알려주며, 예제 파일은 출판사 홈페이지에서 받아서 쓸 수 있습니다.

③ 테이블을 연결하는 조인

1. 조인이란?

5강 초반부의 쇼핑몰을 예시로 '고객 테이블–주문 테이블'이 연결되었던 것을 보여 드렸죠. 이때 주문 테이블에 고객 번호가 있었는데, 고객 번호라는 PK키(기본키)로 주문 테이블과 고객 테이블을 연결할 수 있었어요. 우리는 이처럼 두 개의 테이블이 있을 경우 서로 같은 값을 잡아 둘을 연결할 수 있습니다. 이를 조인이라고 부릅니다.

[그림 5-23] 그림으로 보는 조인

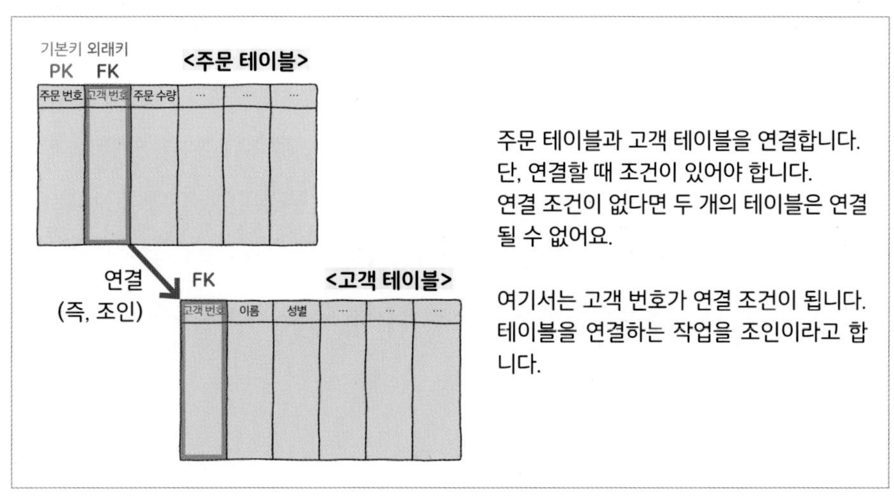

기본키 외래키
PK FK
<주문 테이블>
주문 번호
고객 번호
주문 수량
연결
(즉, 조인)
FK
<고객 테이블>
고객 번호
이름
성별
주문 테이블과 고객 테이블을 연결합니다.
단, 연결할 때 조건이 있어야 합니다.
연결 조건이 없다면 두 개의 테이블은 연결될 수 없어요.
여기서는 고객 번호가 연결 조건이 됩니다.
테이블을 연결하는 작업을 조인이라고 합니다.

예를 들어보겠습니다. 쇼핑몰에서 VIP 등급인 고객이 가방을 구매할 경우 고객에게 적립금 5,000원을 제공한다고 합시다. 쇼핑몰에서는 적립금을 제공하기 위해 일단 주문서 테이블에서 가방이 포함된 주문서들을 살펴볼 거예요. 그러고 나서 해당 주문서들의 고객 번호를 확인할 것입니다. 여기서 질문 하나 하겠습니다. 가방을 구매한 고객의 등급과 이름은 어떻게 확인할 수 있을까요? 네, 하나가 아니라 두 개의 테이블을 봐야 합니다. 우리가 앞에서 다뤘던 모든 쿼리들은 하나의 테이블만 바라보고 있었어요. SELECT * FROM ORDER;처럼 말이죠. 두 개의 테이블을 보기 위해서는 SELECT * FROM ORDER(주문 테이블)과 SELECT * FROM CUSTOMER(고객 테이블)처럼 조회하면 될까요? 아니겠지요. 이렇게 하면 단순히 모든 데이터만 나오게 될 것입니다.

두 개의 테이블을 연결하기 위해서는 두 개의 테이블에 공통으로 존재하는 컬럼을 기준으로 이어 줘야 합니다. 말이 조금 어렵지만, "주문 테이블과 고객 테이블에는 둘 다 동일하게 고객 번호 컬럼이 존재하네? 그럼 이 두 개를 연결해 주면 되겠다. 이것이 바로 주문 테이블의 고객 번호와 고객 테이블의 고객 번호가 같은 것끼리 조인(연결)되는 것이구나."라고 이해하면 됩니다. 이렇게 주문 테이블의 고객 번호와 고객 테이블의 고객 번호가 같아야 한다는 것을 조인을 하기 위한 조건이라고 하며 '조인 조건'이라고 부릅니다. 이것을 쿼리로 간단하게 짜 보겠습니다.

쿼리를 짜기에 앞서 우선 메인이 될 테이블을 생각해 봅니다. 테이블은 두 개이지만 항상 메인이 되는 테이블을 정해야 합니다. "주문서 중에서 가방을 구매한 고객의 등급과 이름을 찾는다." 그렇다면 메인이 되는 테이블은 주문 테이블이어야겠죠. 주문서에서 가방을 산 고객을 찾는 것이기 때문입니다. 고객 정보에서 가방을 산 고객인지 찾는 것이 아니고요. 이처럼 어떤 테이블이 주가 되느냐에 따라 어떻게 조인을 할 것인지에 대한 여부가 달라집니다. 해당 쿼리는 예시로, 다음과 같이 짤 수 있습니다.

```
SELECT CUSTOMER.GRADE, CUSTOMER.NAME
FROM ORDER
JOIN CUSTOMER
ON ORDER.CUSTOMER_NUM = CUSTOMER.CUSTOMER_NUM
WHERE ORDER.ITEM = 'BAG'
```

조금은 생소하죠? 먼저 해석해 본 뒤에 뜻을 확인해 보세요.

```
SELECT CUSTOMER.GRADE, CUSTOMER.NAME
                             → 선택한다. 고객의 등급과 이름을
FROM ORDER                   → 주문 테이블로부터
JOIN CUSTOMER                → 고객 테이블과 조인한다
ON ORDER.CUSTOMER_NUM = CUSTOMER.CUSTOMER_NUM
                             → 주문 테이블의 고객 번호와 고객 테이블의
                               고객 번호가 같은 애들끼리(조인 조건)
WHERE ORDER.ITEM = 'BAG'     → 근데 주문 상품이 '가방'이어야만 해
```

- 메인이 되는 테이블은 FROM 뒤에 넣습니다(예, FROM ORDER).
- 조인은 종류가 많으며 JOIN 키워드만 쓸 경우 INNER JOIN이 됩니다. 조인은 종류가 많지만 가장 대표적으로 이너조인과 아우터조인을 사용합니다.
- 조인할 때 ON 뒤에는 연결해 줄 조인 조건을 설정합니다. 조인 조건이 여러 개일 경우 AND를 사용하여 넣을 수 있습니다. 보통 테이블의 ID처럼 쓰이는 기본키로 연결하는 경우가 많습니다.

조인은 처음부터 모두 이해하려고 하면 더 어려울 거예요. 쉽게 생각해서 '여러 많은 테이블이 있는 상황에서 경우에 따라 이들을 연결해 다수의 테이블을 함께 봐야 할 때가 있는데 그때 하는 것이다' 정도로 기억해 두면 좋습니다. 우리는 2개의 테이블만 연결했지만, 현업에서는 10개 넘는 테이블을 조인하는 경우도 있습니다. 쿼리에서 조인은 빼먹으면 안 되는 매우 중요한 것이기 때문에 기억하면 좋습니다.

2. 다이어그램으로 배우는 조인

포켓몬빵을 예로 들어 조인을 시작해 보겠습니다. 2개의 바구니가 있는데, 빵이 6개씩 담겨 있어요.

① 첫 번째 바구니

- **꼬부기의 달콤 파삭**
- **피카츄의 치즈 케이크**
- **디그다의 딸기 커스터드**
- **고오스의 초코 케이크**
- **푸린의 딸기 크림**
- **파이리의 핫소스 빵**

② 두 번째 바구니

- **라이츄의 고소랑 꿀이랑**
- **피카츄의 호두바나나 머핀**
- **고오스의 벗겨 먹는 고오스**
- **토게피의 아이러브 크림치즈**

- **이상해씨의 초코 팡팡**
- **파이리의 점보 핫도그**

첫 번째, 두 번째 바구니를 보니 name(이름)은 같지만 flavor(맛)는 다른 빵은 피카츄, 고오스, 파이리네요. name이 겹치는 애들이 있으니, 조인을 name을 기준으로 걸면 되겠군요.

Schema SQL에서 테이블을 생성 후 다음과 같이 데이터를 넣겠습니다(파일 코드에 있어요). 조인을 하는 것이기 때문에 각자 primary key는 필수적으로 존재해야 합니다. 이렇게 테이블 세팅이 되었다면, 쿼리를 작성하는 곳에 첨부해 드린 파일 코드를 넣어 주시면 조인한 결과물을 볼 수 있습니다. 처음 코드는 select * from pokemonBread1;과 select * from pokemonBread2;로 작성하여 해당 테이블에 어떤 것들이 있는지 확인해 보세요.

[그림 5-24] Schema SQL 공간에 2개의 테이블을 생성한 후 데이터 삽입

Schema SQL

```
create table pokemonBread1(
  name varchar(50) PRIMARY KEY,
  flavor varchar(50) NOT NULL
);

create table pokemonBread2(
  name varchar(50) PRIMARY KEY,
  flavor varchar(50) NOT NULL
);

insert into pokemonBread1 values('꼬부기','달콤 파삭');
insert into pokemonBread1 values('피카츄','치즈 케이크');
insert into pokemonBread1 values('디그다','딸기 커스터드');
insert into pokemonBread1 values('푸린','딸기 크림');
insert into pokemonBread1 values('고오스','초코 케익');
insert into pokemonBread1 values('파이리','핫소스 빵');

insert into pokemonBread2 values('라이츄','고소랑 꿀이랑');
insert into pokemonBread2 values('피카츄','호두바나나 머핀');
insert into pokemonBread2 values('고오스','벗겨 먹는 고오스');
insert into pokemonBread2 values('토게피','아이러브 크림치즈');
insert into pokemonBread2 values('이상해씨','초코 팡팡');
insert into pokemonBread2 values('파이리','점보 핫도그');
```

첫 번째 바구니 → pokemonBread1 테이블

두 번째 바구니 → pokemonBread2 테이블

(1) 이너조인

이너조인은 one과 two의 교집합을 출력하는 조인입니다. 여기서 PokemonBread1 바로 뒤에 one이 나온 것은 PokemonBread1 as one이라고 작성하는 것과 같습니다. as가 생략된 형태인 것입니다. 이처럼 별칭을 지어 줌으로써 조인을 간략하게 표현할 수 있습니다. 저는 편의를 위해서 첫 번째 바구니를 one, 두 번째를 two로 설정했습니다. 또한 on 뒤에는 one.name = two.name이라는 조인 조건을 걸어 주었는데요, 이는 두 테이블에 같이 존재하는 name 컬럼을 잡고 조인하는 것입니다. 따라서 이에 대한 결과는 두 개의 테이블에 같은 이름을 가지고 있는 빵이 출력될 거예요.

[그림 5-25] 교집합을 출력하는 이너조인

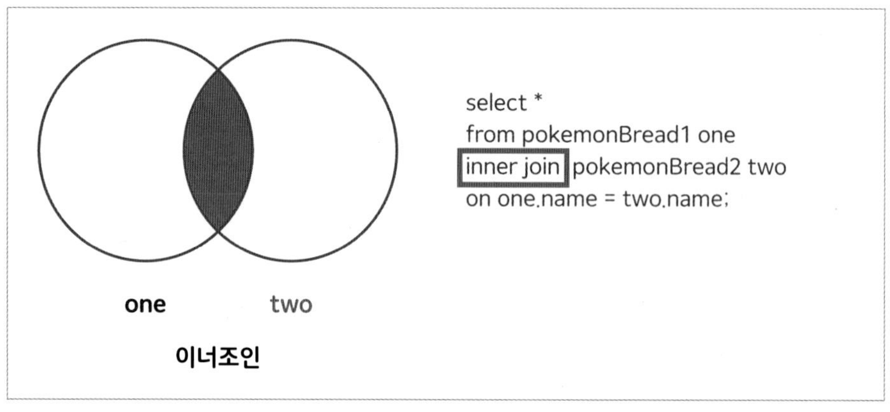
select *
from pokemonBread1 one
inner join pokemonBread2 two
on one.name = two.name;
one
two
이너조인

[그림 5-26] 실행결과

name	flavor	name	flavor
피카츄	치즈 케이크	피카츄	호두바나나 머핀
고오스	초코 케익	고오스	벗겨 먹는 고오스
파이리	핫소스 빵	파이리	점보 핫도그

↑ 같은 name 빵들만 나오고 있음을 알 수 있어요.

출력된 결과물을 보니 name이 같은 빵들이 나온 것을 알 수 있네요. 그런데 select *라는 키워드를 쓰고 보니 어떤 것이 one인지 two인지 구분하기가(어느 바구니에 있는 건지 구분하는 게) 힘드네요. 그래서 다음과 같이 컬럼마다 별칭을 지어서 표현할 수도 있습니다.

```
select
one.name 원의빵이름, one.flavor 원의빵맛,
two.name 투의빵이름, two.flavor 투의빵맛
from pokemonBread1 one
inner join pokemonBread2 two
on one.name = two.name;
```

[그림 5-27] 실행결과

원의빵이름	원의빵맛	투의빵이름	투의빵맛
피카츄	치즈 케이크	피카츄	호두바나나 머핀
고오스	초코 케익	고오스	벗겨 먹는 고오스
파이리	핫소스 빵	파이리	점보 핫도그

↑ 컬럼마다 별칭을 지었기 때문에 테이블 구별이 확실히 되고 있네요.

이렇게 하면 좀 더 정확히 보여 주네요. 조인을 할 때는 두 개의 테이블이 만나는 것이기 때문에 컬럼 이름이 겹친다면 'one.name 원의빵이름'과 같이 어떤 테이블의 속성인지 같이 써서 구분하면 됩니다.

(2) 왼쪽 아우터조인

아우터조인은 left 조인과 right 조인으로 나뉘어져요. from 뒤에 오는 pokemonBread1이 다이어그램 기준으로 왼쪽에 있다고 볼 때, 왼쪽 아우터조인은 왼쪽인 pokemonBread1를 출력하는 것입니다.

[그림 5-28] 왼쪽 테이블 위주로 출력하는 왼쪽 아우터조인

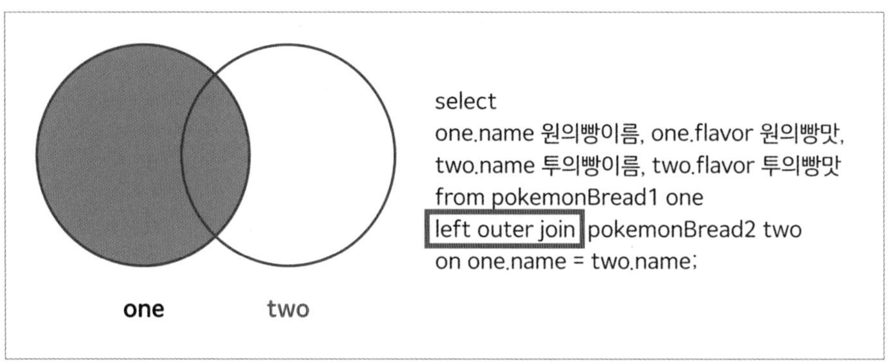
select
one.name 원의빵이름, one.flavor 원의빵맛,
two.name 투의빵이름, two.flavor 투의빵맛
from pokemonBread1 one
left outer join pokemonBread2 two
on one.name = two.name;
one
two

[그림 5-29] 같이 왼쪽인 one 테이블을 위주로 출력된 것을 확인할 수 있습니다. 왼쪽 테이블과 name을 비교하였을 때 오른쪽 테이블에 같은 name이 존재하지 않을 경우(피카츄, 고오스, 파이리) null로 표현되고 있네요.

[그림 5-29] 실행 결과

원의빵이름	원의빵맛	투의빵이름	투의빵맛
꼬부기	달콤 파삭	null	null
피카츄	치즈 케이크	피카츄	호두바나나 머핀
디그다	딸기 커스터드	null	null
푸린	딸기 크림	null	null
고오스	초코 케익	고오스	벗겨 먹는 고오스
파이리	핫소스 빵	파이리	점보 핫도그

왼쪽 테이블 위주로 출력!

(3) 왼쪽 아우터조인 심화

왼쪽 아우터조인 상태에서(one 테이블을 주로 보여 주는 상황에서) two가 null인 것은 오로지 one 테이블만을 뜻합니다. 이를 다이어그램으로 표현하면 다음과 같습니다.

[그림 5-30] 왼쪽 테이블만 출력하는 왼쪽 아우터조인

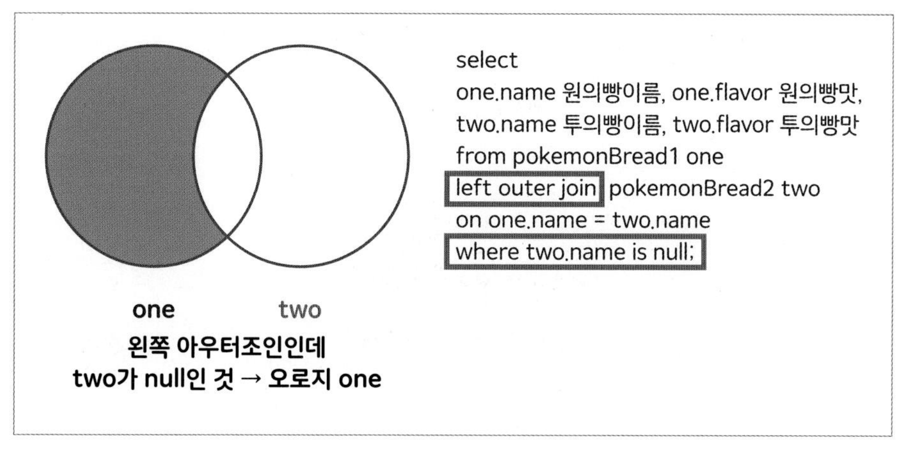
one
two
왼쪽 아우터조인인데
two가 null인 것 → 오로지 one
select
one.name 원의빵이름, one.flavor 원의빵맛,
two.name 투의빵이름, two.flavor 투의빵맛
from pokemonBread1 one
left outer join pokemonBread2 two
on one.name = two.name
where two.name is null;

[그림 5-31] 실행결과

원의빵이름	원의빵맛	투의빵이름	투의빵맛
꼬부기	달콤 파삭	null	null
디그다	딸기 커스터드	null	null
푸린	딸기 크림	null	null

오른쪽 테이블(pokemonBread2)의 값은 모두 null이네요.

이처럼 one에만 존재하는 빵들을 찾아볼 수 있는데요, pokemonBread2 테이블은 전부 null이기 때문에, one 테이블만 보이는 게 더 깔끔할 것 같네요. one의 테이블만 출력하고 싶다면 다음과 같이 select 뒤에 one 테이블 컬럼을 넣으면 됩니다. 그러면 one 테이블만 깔끔하게 볼 수 있습니다.

```
select
one.name 원의빵이름, one.flavor 원의빵맛
from pokemonBread1 one
left outer join pokemonBread2 two
on one.name = two.name
where two.name is null;
```

(4) 오른쪽 아우터조인

right outer join은 오른쪽 아우터조인이라고 부릅니다. from 뒤에 오는 pokemonBread1이 다이어그램 기준으로 왼쪽에 있다고 볼 때, right outer join

은 오른쪽인 pokemonBread2를 출력하는 것입니다.

[그림 5-32] 오른쪽 테이블 위주로 출력하는 오른쪽 아우터조인

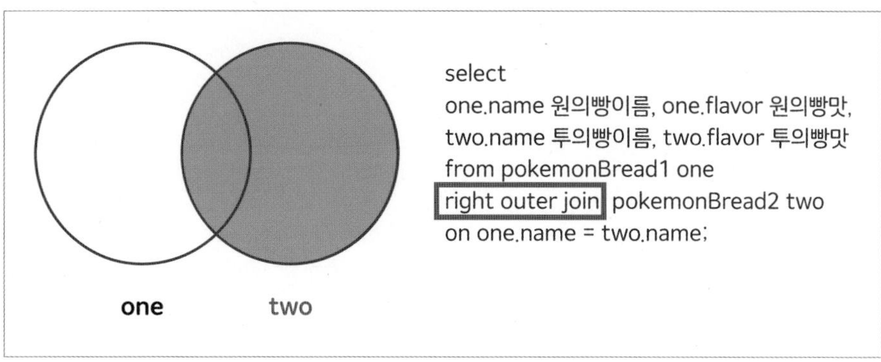
select
one.name 원의빵이름, one.flavor 원의빵맛,
two.name 투의빵이름, two.flavor 투의빵맛
from pokemonBread1 one
right outer join pokemonBread2 two
on one.name = two.name;
one
two

다음과 같이 two 테이블을 위주로 출력된 것을 확인할 수 있습니다. 오른쪽 테이블과 name을 비교했을 때 왼쪽 테이블에 같은 name이 존재하지 않을 경우(피카츄, 고오스, 파이리) null로 표현되고 있네요.

[그림 5-33] 실행결과

원의빵이름	원의빵맛	투의빵이름	투의빵맛
null	null	라이츄	고소랑 꿀이랑
피카츄	치즈 케이크	피카츄	호두바나나 머핀
고오스	초코 케익	고오스	벗겨 먹는 고오스
null	null	토게피	아이러브 크림치즈
null	null	이상해씨	초코 팡팡
파이리	핫소스 빵	파이리	점보 핫도그

오른쪽 테이블 위주로 출력!

(5) 오른쪽 아우터조인 심화

오른쪽 아우터조인 상태에서(two 테이블을 주로 보여 주는 상황에서) one이 null인 것은 오로지 two 테이블만을 뜻합니다. 이를 다이어그램으로 표현하면 다음과 같습니다.

[그림 5-34] 오른쪽 테이블만 출력하는 오른쪽 아우터조인

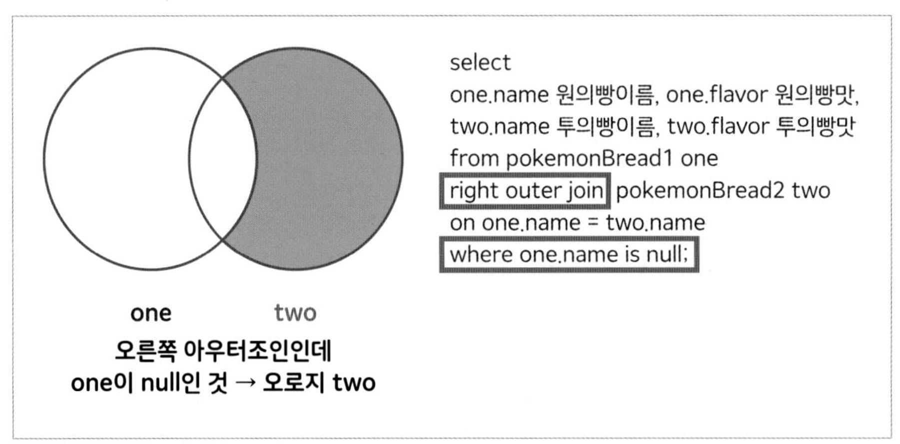
select
one.name 원의빵이름, one.flavor 원의빵맛,
two.name 투의빵이름, two.flavor 투의빵맛
from pokemonBread1 one
right outer join pokemonBread2 two
on one.name = two.name
where one.name is null;
one
two
오른쪽 아우터조인인데
one이 null인 것 → 오로지 two

[그림 5-35] 실행결과

원의빵이름	원의빵맛	투의빵이름	투의빵맛
null	null	라이츄	고소랑 꿀이랑
null	null	토게피	아이러브 크림치즈
null	null	이상해씨	초코 팡팡

왼쪽 테이블의 값이 모두 null이네요.

이로써 pokemonBread1에는 없는데 2에만 있는 빵이 무엇인지 출력해 보았습니다.

(6) 풀 아우터조인

이번에는 풀 아우터조인을 보겠습니다. 데이터를 전부 출력하고 싶으면 풀 아우터조인을 사용하면 됩니다.

[그림 5-36] 데이터를 모두 출력하는 풀 아우터조인

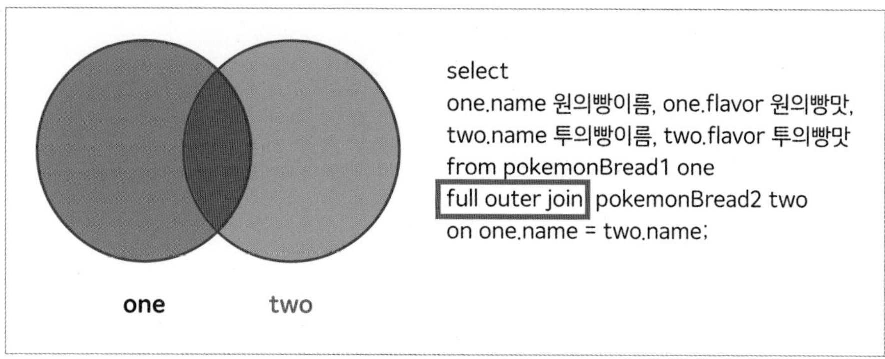
select
one.name 원의빵이름, one.flavor 원의빵맛,
two.name 투의빵이름, two.flavor 투의빵맛
from pokemonBread1 one
full outer join pokemonBread2 two
on one.name = two.name;
one
two

[그림 5-37] 실행결과

원의빵이름	원의빵맛	투의빵이름	투의빵맛
꼬부기	달콤 파삭	null	null
피카츄	치즈 케이크	피카츄	호두바나나 머핀
디그다	딸기 커스터드	null	null
푸린	딸기 크림	null	null
고오스	초코 케익	고오스	벗겨 먹는 고오스
파이리	핫소스 빵	파이리	점보 핫도그
null	null	이상해씨	초코 팡팡
null	null	라이츄	고소랑 꿀이랑
null	null	토게피	아이러브 크림치즈

풀 아우터조인에서 눈여겨 볼 부분은 바로 null 없이 온전히 보이는 데이터입니다. null이 없는 포켓몬빵은 피카츄, 고오스, 파이리 이렇게 세 가지입니다. 이 세 가지 빵은 pokemonBread1과 pokemonBread2의 name에 동일하게 들어가 있는 것임을 알 수 있어요. 그리고 이는 앞서 이너조인한 것과 같은 결과물입니다.

(7) 풀 아우터조인 심화

풀 아우터조인인데 교집합을 제외한 상황을 보겠습니다.

[그림 5-38] 교집합을 제외한 모든 데이터를 출력하는 풀 아우터조인

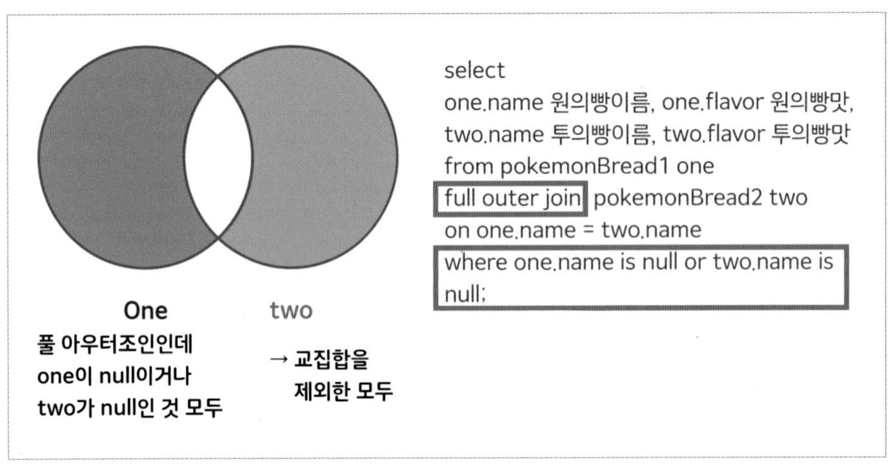
select
one.name 원의빵이름, one.flavor 원의빵맛,
two.name 투의빵이름, two.flavor 투의빵맛
from pokemonBread1 one
full outer join pokemonBread2 two
on one.name = two.name
where one.name is null or two.name is null;
One
two
풀 아우터조인인데
one이 null이거나
two가 null인 것 모두
→ 교집합을
제외한 모두

첫 번째 테이블과 두 번째 테이블의 null이 포함된 값을 출력하는 것은 교집합인 이너조인을 제외한 모든 데이터를 출력하는 것과 동일합니다. 그렇다면 null이 포함되지 않는 포켓몬빵은 피카츄, 고오스, 파이리이므로 이 세 가지가 출력되지 않을 것으로 예상되네요.

[그림 5-39] 실행결과

원의빵이름	원의빵맛	투의빵이름	투의빵맛
꼬부기	달콤 파삭	null	null
디그다	딸기 커스터드	null	null
푸린	딸기 크림	null	null
null	null	이상해씨	초코 팡팡
null	null	라이츄	고소랑 꿀이랑
null	null	토게피	아이러브 크림치즈

↑ 예상대로 교집합 이너조인을 제외한 모든 데이터가 출력되네요.

결과는 역시나 pokemonBread1와 pokemonBread2 각각에 있는 빵들만 보이고 있어요. 여기까지 조인에서 가장 많이 쓰이는 이너조인, 아우터조인, 풀 아우터조인에 대해 알아보았어요. 이 외에도 크로스조인, 셀프조인, 내추럴조인 등이 존재합니다. 조인의 종류는 더 있지만, 기본적인 조인들을 제대로 익힌 후에 심화된 조인 문을 찾아보기를 권합니다.

쉬는 시간

5강 핵심 키워드

① Database와 DBMS

#데이터베이스는 방대한 데이터가 담겨 있는 공간 #DBMS는 이를 관리하는 소프트웨어

② CRUD

#Create(만들고) #Read(읽고) #Update(변경하고) #Delete(삭제)

③ 쿼리

#데이터베이스에게 #CRUD와 같은 원하는 작업을 위해 #물어보는 질의문

#CREATE: 테이블 생성

#ALTER: 테이블과 관련된 것을 수정

#DROP: 테이블 삭제

#INSERT: 테이블에 데이터를 삽입

#SELECT: 데이터 조회

#UPDATE: 데이터 수정

#DELETE: 데이터 삭제

④ 조인

#다수 개의 테이블을 연결하고자 할 때 #각 테이블에 공통적으로 존재하는 조인 조건을 걸어 #테이블들을 연결하는 작업

⑤ 대표적인 조인

#이너조인: 두 테이블의 동일한 교집합을 출력

#왼쪽 아우터조인: 왼쪽 테이블 위주로 출력되며 오른쪽에 없는 값은 null로 표현

#오른쪽 아우터조인: 오른쪽 테이블 위주로 출력되며 왼쪽에 없는 값은 null로 표현

#풀 아우터조인: 두 테이블을 전부 출력

5강 참고 웹사이트

1. ERD Cloud: 테이블은 서로 연관되어 있을 수 있습니다. 테이블의 개수가 많아지고 복잡해질수록 이를 쉽게 볼 수 있도록 시각화하는 것은 중요합니다. 이럴 때 사용하는 것이 ERD입니다. 해당 웹사이트에서 공개되어 있는 다양한 ERD를 확인할 수 있습니다.

ERD QR

2. 해시넷: 쿼리에 대해 간략하게 정리되어 있는 웹사이트입니다.

해시넷 QR

실전편

비전공자, 개발자로 커리어 전환하다

6강

6개월만 공부하면 정말 개발자가 될 수 있다

1 개발자가 되려면 적성 체크부터!

'왜 나는 개발자가 되려고 하는가?'

개발자로 커리어를 전환하기 전에 분명히 답을 찾아야 할 질문입니다. 이 책의 독자라면 개발에 관심이 많거나 개발자가 되고 싶은 사람들이 대부분이겠죠. 그렇다면 '왜' 개발자가 되고 싶은가요? 이 질문을 한 이유는 개발자라는 직업이 내 적성과 맞는지 안 맞는지 사전에 반드시 따져 봐야 할 부분이기 때문입니다.

더 정확히 이야기하자면 '개발'이라는 직무가 '싫은 일'이 되면 안 되기 때문입니다. 물론 좋아하는 일을 업으로 삼는 사람들은 많지 않죠. 대부분 '좋아하지는 않지만 싫어하지도 않는 일'을 하면서 살아갑니다. 하지만 '좋아하지는 않지만 싫어하지도 않는 일'과 '싫어하는 일'은 매우 다릅니다. 사람은 하루에 보통 8시간 넘게 일을 해야 하는데 싫어하는 일이지만 단순히 전망이 좋아서, 돈을 많이 벌기 때문에 선택한다면 분명 일하는 시간이 괴로울 거예요.

저는 개발이 적성과 잘 맞을 것 같으면서도 전망도 밝았기에 개발자로 과감히 커리어전환을 했습니다. 적성이 잘 맞을 것 같다고 판단한 근거는 여러 가지가 있는데요, 어릴 때부터 직접 내 손으로 결과물을 보기 좋게 만들어 내면 굉장한 성취감을 느껴 왔습니다. 친구들에게는 직접 손으로 무언가를 만들어 선물했고, 동아리 활동을 할 때 포스터 디자인을 작업하기도 했죠. '나만의 옷'을 만들고 싶어서 의류학과를 졸업하고 패션 회사에 입사했습니다.

하지만 2019년 시작된 코로나19의 영향으로 패션업계가 전반적으로 무너지기 시작하면서 다른 생각을 하게 되었습니다. '반드시 옷을 디자인해서 만드는 일이 직업이 될 필요는 없을 것 같다. 무언가를 짜임새 있게 만들 수 있으면서도 전망이 좋은 직업을 떠올려보자.'라는 마음으로 다른 직무에 눈을 돌렸죠.

처음에는 웹디자이너에 대해 찾아봤습니다. 웹디자이너와 관련된 국비 지원 사업을 알아보던 중 국비 지원은 무한대로 받을 수 없음을 알게 되었습니다. 큰 금액대의 강의는 몇 번 들을 수 없었기에 비용을 알차게 쓰고 싶었습니다. 웹 퍼블리셔 강의, 프론트엔드 강의 등을 고민하다가 결국 '모든 것을 다 배우면 어디든 취직할 수 있겠지.'라는 생각으로 웹 프론트엔드와 웹 백엔드 둘 다 배울 수 있는 자바 개발자 과정을 수강하게 되었어요.

물론 새로운 것을 배우는 일은 쉽지 않지만, 두 과정을 모두 배웠기에 직무 선택지도 넓어졌고 결국 프론트엔드 개발자로 취직하게 되었습니다. 웹 화면을 디자인하는 프론트엔드 개발자는 무언가를 디자인하고 만드는 것을 좋아하는 제 적성에도 잘 맞았습니다.

여러분도 개발자가 되고 싶은 이유가 자신의 내부에서 생기는 것이 아니라 단지 전망 등 외부적인 요인에 따른 것이라면 한 번 더 고려하기를 권합니다. 내적인 동기가 없으면 힘들 수밖에 없어요. 강의를 들을 때 어렵다는 이유로 중간에 그만두는 학원생들도 여럿 있었습니다. 다음의 체크리스트를 통해 내가 개발자라는 직업에 잘 맞는지 확인해 보세요.

[표 6-1] 개발자 적성 체크리스트

- ☐ '방 탈출 게임'처럼 정해진 문제를 두고 풀어 내는 것에 성취감을 느낀다.
- ☐ 문제를 풀 때 다양한 방법을 시도하고 이 과정을 즐긴다.
- ☐ 협업보다는 혼자 일하는 것이 편하지만, 커뮤니케이션이 어렵지는 않다.
- ☐ 영업과 같은 활동적인 일보다는 사무실에서 하루 종일 앉아 일하는 게 좋다.
- ☐ 모르는 것을 공부하거나 자기계발하는 것을 좋아한다.
- ☐ 하나의 일이 풀리지 않으면 해결할 때까지 매달리는 편이다.
- ☐ 누군가를 설득해야 할 때 경험이나 감정으로 설득하는 게 아니라 정확한 자료를 준비해 말하는 편이다.
- ☐ MBTI가 INTP다(실제 개발자 성향은 INTP, INFP, INTJ, INFJ, ENFP 순으로 많다).
- ☐ 내 손으로 무언가 만들어 결과물을 만들어 내는 것에서 성취감을 느낀다.
- ☐ 문제가 생기거나 어떤 결과를 봤을 때, 근원을 찾아가 원인을 분석하는 것을 좋아한다.

'몇 개 이상이 맞아야 한다'는 가이드라인은 따로 없습니다. 다만 체크된 항목이 많을수록 개발자가 적성에 맞을 확률이 높다고 보면 됩니다. 그리고 개발자로 충분히 전환할 수 있는 가능성이 있습니다. 저와 함께 공부했던 동기들 중 개발자 직업에 확신을 갖고 취업 준비를 한 이들은 모두 취업에 성공했기 때문입니다. 제가 그랬듯, 6개월만 투자해서 인생의 터닝포인트를 만들어 보는 것은 어떨까요?

2 나는 어떤 분야의 개발자가 어울릴까?

1. 웹 프론트엔드 개발자와 백엔드 개발자

사실 웹 개발자는 개발자 중에서 가장 일자리가 많은 직업이기도 합니다. 그중에서 웹 프론트엔드 개발자와 백엔드 개발자에 대해 알아보겠습니다. 웹 프론트는 웹사이트에서 사용자에게 시각적으로 노출되는 공간을 의미하고, 백엔드는 정보를 관리하는 공간입니다. 따라서 웹 프론트엔드 개발자는 시각적인 것을 다뤄야 하기에 실제 출력되는 화면을 보면서 조정해야 할 것이 많습니다. 그렇기에 시각적으로 보기 좋게 만드는 일에 관심이 있으면 프론트엔드 개발자가 어울릴 확률이 높습니다.

백엔드 개발자는 서버와 데이터베이스를 관리하는데, 프론트엔드와 다르게 눈에 보이지 않는 영역을 개발합니다. 백엔드 개발자는 데이터베이스 설계, 효율적인 쿼리 작성, 비즈니스 로직 개발 등 깊게 생각하고 설계하는 분야라고 보면 됩니다. 따라서 깊게 생각하고 로직을 설계하는 일을 좋아한다면 백엔드 개발자가 잘 맞을 확률이 높습니다. 같이 공부했던 지인들이 대부분 백엔드 개발자로 취직한 것만 봐도 웹 백엔드 개발자 일자리는 정말 많습니다.

- 웹 프론트엔드에 사용되는 대표적인 언어·기술은 자바스크립트, 리액트, 뷰, 제이쿼리입니다.
- 백엔드에 사용되는 대표적인 언어·기술은 파이썬, 장고, 스프링 부트, 자바, 스프링 프레임워크입니다.

2. 웹 퍼블리셔? 웹 디자이너? 프론트엔드 개발자와 차이점

웹 퍼블리셔와 웹 프론트엔드 개발자의 차이를 알아보겠습니다. 웹 프론트엔드는 웹사이트에서 사용자가 보고 있는 화면과 화면 인터페이스의 모든 것을 의미합니다. 예로, 버튼이라는 하나의 컴포넌트component는 단순히 보여지는 것으로 끝나지 않지요.

우리가 시간 버튼을 클릭했을 때 어떻게 되나요? 버튼을 누르면 그다음 몇 시, 몇 분, 몇 초인지 나타내는 화면이 보이게 되죠. 그러니까 버튼에는 '사용자가 클릭할 경우 다음 화면으로 넘어가 정보를 보여 주는' 기능이 있는 거예요. 멈춰 있는 게 아니라 동적인 기능을 갖고 구현해 주는 거죠. 여기서 단순히 보여지는 것 자체는 정적인 것이고, 클릭할 때 사용자가 원하는 기능을 제공해 주는 것이 동적인 것이라고 나눠 볼게요. 웹 퍼블리셔는 정적인 것을 만드는 일을 한다고 보시면 됩니다.

규모가 큰 기업일 경우 웹 퍼블리셔가 있을 확률이 높습니다. 웹 퍼블리셔의 존재 여부에 따라 웹 프론트엔드 개발자가 하는 일이 달라진다고 보면 되는데요, 웹 퍼블리셔가 있는 회사에서의 웹 프론트엔드 개발자는 정적인 영역은 빼고 동적인 영역만 개발합니다. 하지만 웹 퍼블리셔가 없는 회사에서의 웹 프론트엔드 개발자는 정적인 영역과 동적인 영역 모두를 개발한다고 보면 됩니다.

[그림 6-1] 프론트 기술 정리

프론트엔드

: 사용자가 보고 있는 화면 인터페이스의 모든 것

예) 버튼 컴포넌트
① 클릭할 때 이벤트를 발생시킬 버튼을 만들자 → 웹의 골조를 세우는 HTML
② 네모 모양에 회색 버튼으로 꾸미자 → HTML 태그를 알맞게 꾸미는 CSS
③ 클릭했을 때 사용자에게 시간을 보여 주자 → 사용자 인터페이스를 제공, 동적인 기능을 추가 (JavaScript)

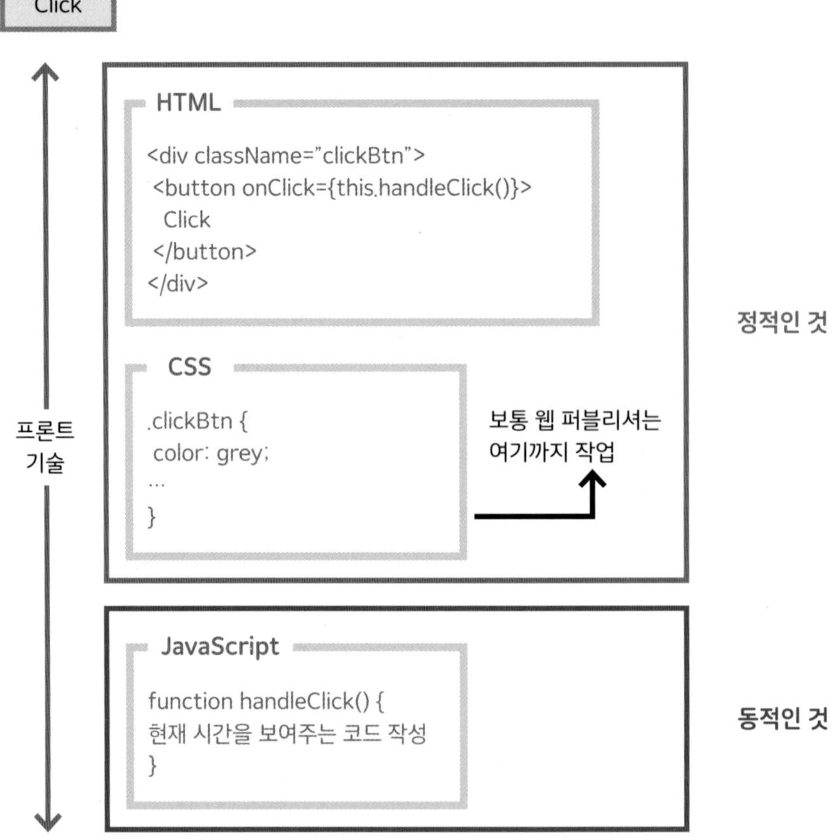

그렇다면 웹 디자이너와 웹 퍼블리셔의 차이는 무엇일까요? 웹 디자이너는 일반적인 로고 디자이너, 제품 디자이너처럼 화면을 예쁘게 디자인하는 직무예요.

디자이너는 감각이 있어야 한다는 말이 있죠. 보통 포토샵, 스케치 같은 프로그램으로 UI, UX를 디자인합니다. 근데 이 디자인한 결과물을 컴퓨터가 바로 알아들을 수 있을까요? 아닙니다. 우리는 앞에서도 배웠죠. 컴퓨터의 언어를 사용해서 요청해야 한다고요. 컴퓨터가 알아듣기 위해서는 이 작업물을 다시 HTML, CSS라는 코드로 구현해야 합니다. 여기서 코드를 구현해 주는 사람이 웹 퍼블리셔입니다. 웹 퍼블리셔는 웹 디자이너와 웹 프론트엔드 개발자 사이를 이어 주는 역할이라고 볼 수 있겠어요. 웹 퍼블리셔는 제이쿼리 및 자바스크립트를 구현하는 사람도 있고, 아예 웹 디자이너의 역할까지 하는 사람도 있습니다. 개인의 역량 차이에 따라 달라지는 거죠.

[그림 6-2] 웹 디자이너, 웹 퍼플리셔, 웹 프론트엔드 차이점

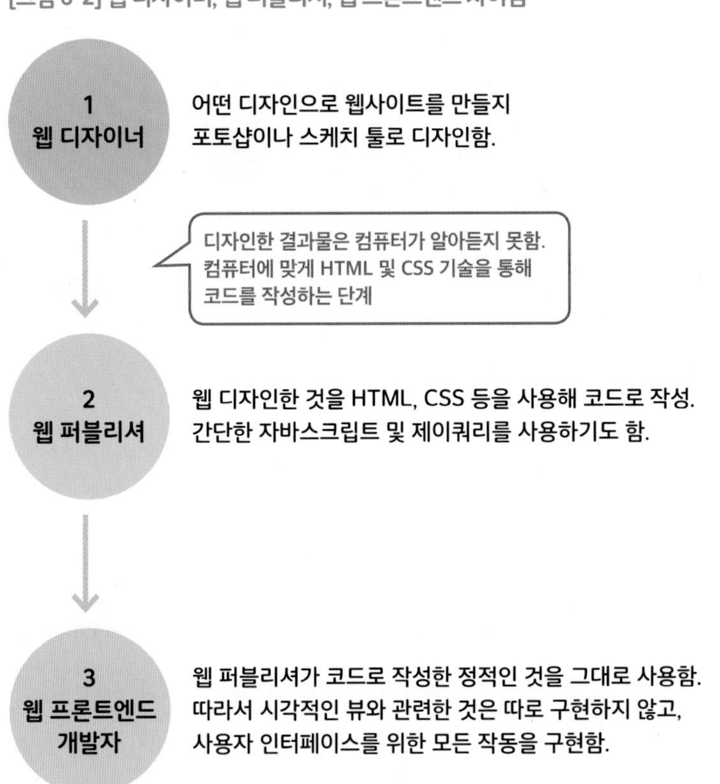

1
웹 디자이너
어떤 디자인으로 웹사이트를 만들지
포토샵이나 스케치 툴로 디자인함.
디자인한 결과물은 컴퓨터가 알아듣지 못함.
컴퓨터에 맞게 HTML 및 CSS 기술을 통해
코드를 작성하는 단계
2
웹 퍼블리셔
웹 디자인한 것을 HTML, CSS 등을 사용해 코드로 작성.
간단한 자바스크립트 및 제이쿼리를 사용하기도 함.
3
웹 프론트엔드
개발자
웹 퍼블리셔가 코드로 작성한 정적인 것을 그대로 사용함.
따라서 시각적인 뷰와 관련한 것은 따로 구현하지 않고,
사용자 인터페이스를 위한 모든 작동을 구현함.

3. 데이터 사이언티스트

개발자라는 직업은 데이터 사이언티스트, 머신러닝·딥러닝 개발자, 블록체인 개발자, 임베디드 개발자, 게임 개발자 등 분야가 다양합니다. 특히 데이터 사이언티스트는 빅데이터 중에서 쓸모 있는 데이터를 추출해 분석하는 역할을 합니다. 데이터 홍수 시대에 기업과 개인에게 진짜 필요한 데이터를 다시금 찾아내는 것이죠. 마치 광산에서 다이아몬드를 찾아내는 것과 같습니다.

데이터 사이언티스트는 수학 능력, 코딩 능력, 통계학 지식을 필요로 합니다. 데이터 사이언티스트의 수요가 계속적으로 늘어나고 있기 때문에 전망이 좋다고 알려져 있습니다. 하지만 아직까지는 신입을 뽑는 경우는 드물고 석사 과정을 수료한 대학원생이나 통계학 지식을 배운 개발자를 채용하는 일이 많습니다.

데이터와 관련된 세부 직업에 대해서는 다음 영상을 추천합니다. '조코딩 최고 전문가에게 듣는 데이터, AI 커리어 완벽 가이드' 영상입니다.

조코딩 유튜브

4. 머신러닝·딥러닝 개발자

머신러닝은 데이터를 토대로 기계가 합리적으로 생각할 수 있도록 하는 기술입니다. 딥러닝은 인간의 두뇌작동 방식을 기반으로 만들어진 인공신경망 기술로, 스스로 학습하며 예측의 최적화를 진행하는 머신러닝의 한 분야에 속합니다. 이 두 분야는 모두 빅데이터를 기반으로 합니다. 데이터도 그렇고 AI 기술 등 전문적인 것을 다루다 보니 데이터 사이언티스트와 마찬가지로 비전공자가 경력 없이 취직하기에는 다소 힘든 경향이 있습니다.

대표적인 언어·기술은 파이썬, R, 텐서플로우, 케라스, 사이킷런 등입니다.

5. 임베디드 개발자

임베디드 개발자는 펌웨어, 스마트 팩토리 시스템 개발, 자동차 시스템 제어 등과 같이 PC를 제외한 장비를 개발합니다. 전자기기에 소프트웨어 기술을 접목시켰다고 생각하면 어렵지 않습니다.

임베디드 개발자는 전자 관련된 지식도 필요로 하고 웹 개발자보다는 까다로운 분야입니다. 따라서 중소기업에 취직하더라도 경력을 쌓으면 대기업 취직이 수월하다고 합니다. 웹 개발자의 고용 시장은 활발하지만 대기업에 취직하기 위해서는 더 많은 공부가 필요한 것은 사실이므로 어떻게 보면 대기업 취직은 임베디드 개발자가 한결 수월할 수도 있습니다.

최근 사물인터넷 개발이 지속적으로 이루어지고 있고, 자동차 개발에도 필요한 기술이기에 일자리 수요는 꾸준히 있을 것입니다. 그러나 이직의 폭이 좁기 때문에 한계를 느끼는 경우도 있다고 하네요.

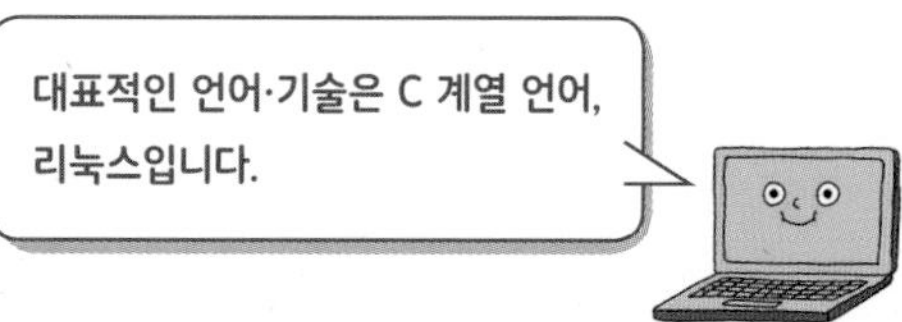

대표적인 언어·기술은 C 계열 언어,
리눅스입니다.

6. 게임 개발자

과거 게임 개발자는 박봉으로 유명했습니다. 연봉에 비해 일의 강도도 높았고요. 그러나 최근에는 이탈 현상을 막기 위해서 연봉이 많이 올랐습니다. 게임 개발자 또한 비전공자가 관련 기술을 배워 취직할 수 있기 때문에 게임에 관심이 많다면 고려해 보는 것도 좋습니다.

코로나19 이후로 오히려 게임 시장은 더 폭발적으로 성장하고 있습니다. 게임 개발자뿐만 아니라 게임 기획자도 비전공자가 취직할 수 있는 분야입니다. 통계학과를 졸업한 한 지인은 게임을 정말 좋아했는데, 게임 기획 학원을 6개월 동안 다닌 후 유명한 게임 회사에 취직하기도 했습니다. 대학교에서 4년 동안 배운 전공이 맞지 않다고 판단하고, 재빠르게 생각을 전환하여 좋아하는 분야에 취직한 사례입니다.

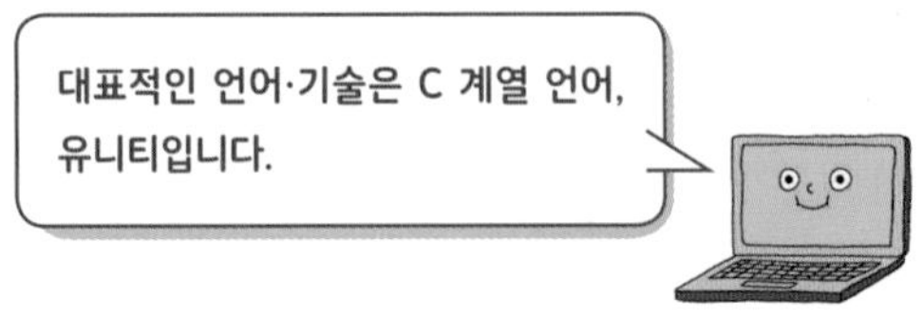
대표적인 언어·기술은 C 계열 언어,
유니티입니다.

7. SAP 개발자

SAP 개발자는 대기업에서 많이 쓰는 ERP 프로그램인 SAP와 관련된 개발을 합니다. 그런데 이 SAP 개발을 하기 위해 사용하는 언어는 굉장히 독특합니다. 바로 ABAP라는 언어인데, 특화된 언어인 만큼 시장이 좁고 다른 분야로의 이직이 힘든 편입니다. 그러나 같은 직종 내에서는 이직이 자유로우며 SAP를 쓰는 기업이 대부분 대기업이기 때문에 중견기업 이상 급으로 취직하는 경우가 많습니다. 실제 6개월 간의 SAP 교육을 받은 비전공자 출신인 지인도 KB 계열사로 취직했습니다. 지인과 함께 교육받은 동기도 대기업에 취직했다고 합니다. 임용고

시만 32세까지 준비했던 사람이며, 현재 초봉 4,800만 원 정도를 받는다고 하네요.

최근에 SAP 개발자 인력난으로 인해 비전공자들도 신입으로 많이 취직하고 있습니다. 회계·경영·ERP에 관심이 많은 사람에게 적합하며 프리랜서로 일할 수도 있습니다. 또한 요즘은 국비 지원을 해주는 SAP 교육 과정이 늘어나고 있는 추세입니다.

개인적으로 SAP 개발자는 희소성이 강해서 취직이 어렵지 않고 대기업으로 갈 수 있는 확률이 크다는 장점이 있지만, SAP라는 분야 하나에 국한될 수 있는 단점이 존재한다고 생각합니다. 관심이 있다면 웹사이트에 국비 지원 교육 과정이 종종 올라오니 둘러보길 권합니다.

Saptraining QR

대표적인 기술은 ABAP(아밥)입니다.

코딩을 공부하다 보면 '이렇게나 많은 언어들을 다 습득할 수 있을까?'라는 걱정이 들기도 합니다. 저도 처음 프로그래밍 언어를 접했을 때 같은 걱정으로 속을 태웠습니다. 심지어 교육을 받을 때 자바와 스프링 프레임워크 위주로 배웠으나 다른 분야로 취직되어 새롭게 리액트 라이브러리와 타입스크립트를 배워야 했습니다. 따라서 학원에서 배운 언어를 제대로 살리지 못하고 가볍게 배운 자바스크립트를 주 언어로 사용해야 한다는 부담감이 컸습니다.

하지만 지금은 오히려 자바스크립트와 리액트 라이브러리가 더 편합니다. 보통 비전공자 개발자가 처음 접하는 언어는 자바일 확률이 높은데, 자바라는 언어만 잘 알아도 다른 언어들은 습득하기 쉽습니다. 자바는 객체지향 프로그래밍의 대표적인 언어이고, 요즘 많이 사용하는 프로그래밍 언어들은 대부분 객체지향 프로그래밍 언어이기 때문입니다.

객체지향 프로그래밍은 기본 원칙이 있고, 이 원칙에 기반한 언어들의 문법은 조금씩 다르지만 작동 원리는 비슷합니다. 따라서 하나의 객체지향 언어를 마스터한다면 여타 객체지향 언어들은 사용이 어렵지 않습니다. 하나의 언어를 마스터한 개발자가 새로운 언어를 제대로 알기까지 고작 한 달이 걸린다는 말이 있을 정도입니다.

따라서 새로운 언어와 그것을 배우는 것에 대해 겁먹을 필요가 없습니다. 어차피 개발자는 계속 공부를 해야 하는 숙명을 가진 직업이에요. 기술이 발전함에 따라 유행하는 언어가 달라지므로 계속 배우고 익혀야 하는 것이죠. 마음을 열고 알고자 하는 생각과 자세만 있다면 누구나 개발자라는 직업을 평생 할 수 있습니다.

7강

커리어전환을 위해 본격적으로 해야 할 일

1 코딩을 배울 수 있는 다섯 가지 루트

1. 국비 지원 학원

저는 국비 지원 학원에서 6개월 과정을 수강한 뒤 취업했고, 현재는 웹 개발자 3년차로 일하고 있습니다. 국비 지원 학원 출신 개발자들의 실력이나 전문성을 낮게 보는 인식이 있기도 하지만, 개발자가 된 지인들을 보면 학원에서 배운 비전공자들이 생각보다 취직을 잘하는 편입니다.

아무래도 제가 배웠던 웹 개발은 개발 직무 중에서 가장 일자리가 많기 때문입니다. 국비 지원 학원들은 자바와 스프링 프레임워크를 위주로 교육하는데, 실제로 이 분야에 많은 인력이 필요한 상황입니다. 따라서 국비 지원 학원을 다닌다면 웹 개발자로 전향하게 될 확률이 높은 편입니다.

2. K-digital training

K-digital training은 정부가 주도하는 디지털 핵심 실무 인재 양성 교육입니다. 교육 비용은 정부가 부담하고 디지털 기업이 직접 훈련을 담당하죠. 빅데이터, 사물인터넷IOT, 스마트 제조, 인공지능AI, 클라우드 컴퓨팅, 정보보안, 실감형

콘텐츠, 핀테크, 무인 이동체, 기타 디지털 신기술 융·복합 분야를 지원합니다.

사실 정부에서 지원하는 것은 동일하기에, 국비 지원 학원과 비슷할 수 있습니다. 저는 '패스트캠퍼스'라는 인터넷 강의 사이트에서 관심 있는 분야로 K-Digital Training을 신청한 적이 있습니다. 교육 과정을 신청한 후 합격했으나 소프트웨어와 관련하여 국비 지원을 이미 받았기 때문에 대상자가 아님을 나중에서야 알게 되었습니다. 이렇듯 국비 지원 학원과 비용 지급이 중복되지 않을 수 있으므로 신중히 결정해야 합니다. 패스트캠퍼스 외에도 다른 교육 기업이 많으니 찾아보길 추천합니다.

3. 코딩부트캠프

부트텐트 QR

코딩부트캠프를 통해 취업하는 경우도 많습니다. 다만 개인이 500만 원 이상 비용을 부담해야 하기 때문에 신중한 결정이 필요합니다. 최근에는 국비로 지원하는 코딩부트캠프도 많아지고 있는데, 대표적으로 '코드스테이츠'라는 곳이 있습니다. 국비 지원 학원에서 배우는 언어나 기술보다는 더 트렌디한 기술을 배울 수 있다는 장점이 있습니다. 또한 교육 기관에서 취업 연계를 도와주기 때문에 교육 기관과 파트너십을 맺은 회사에 입사 지원 기회를 얻을 수도 있습니다. '부트텐트'에 가면 더 많은 정보를 볼 수 있습니다.

4. 취업 연계 프로그램

취업 연계 프로그램은 코딩부트캠프와 비슷해 보일 수 있으나 사비가 들어가지 않고 참가자 학생 중 일부를 연계 기업의 정직원으로 채용한다는 보장을 해 줍니다. 국비 지원과 다른 부분이 있다면 참가자들의 역량을 평가하여 뽑아 교육시키기 때문에 이미 코딩에 대해 어느 정도 알고 있는 컴퓨터학과생의 합격 확률이 높은 편입니다. 하지만 비전공자여도 합격할 수 있기 때문에 서류 지원부터 미리 겁내지 않아도 됩니다.

명심해야 할 것은 국비 지원 학원보다는 진도, 속도, 난이도가 높을 수 있다는 것입니다. 실제로 취업 연계 프로그램을 수료한 지인이 있는데, 당시 진도가 매우 빨랐다고 합니다. 그만큼 비전공자에게는 난이도와 속도 면에서 다소 어려울 수 있습니다.

취업 연계 프로그램에서는 해당 회사가 어떤 IT 서비스를 제공하느냐에 따라 배우게 되는 개발 분야가 다릅니다. 대표적인 취업 연계 프로그램으로 '싸피SSAFY'라고 부르는 삼성 청년 SW 아카데미가 있습니다. 이 외에도 가끔 기업들이 인력을 채우고자 비정기적인 취업 연계 프로그램을 진행할 때가 있습니다. 관련 정보를 찾기 위해 잡코리아와 같은 취업 사이트를 찾아보면 좋습니다.

싸피 QR

대표적으로 네이버 부스트 캠프, 우아한 테크코스, 삼성 청년 SW 아카데미가 있습니다.

5. 비전공자라면 어디서 배워야 할까?

국비 지원 학원과 국민 취업 제도를 병행하면 매달 약 40만 원 정도를 지원받을 수 있기 때문에 저는 국비 지원 학원 교육 과정을 추천합니다. 국민 취업 제도는 적극적으로 청년 실업 문제를 해결하기 위해 시행하고 있는 제도입니다. 따라서 적어도 식비와 교통비를 해결할 만큼의 돈을 받아 공부할 수 있죠.

6개월이라는 짧은 기간에 정말 많은 것을 배우기 때문에 체력적으로 힘들 수 있지만, 학원을 잘 선택하면 이만한 프로그램이 없다고 봅니다. 학원을 잘 선택하기 위해서는 적어도 두 군데 이상은 찾아가야 합니다. 저도 두 곳을 방문했는데요, 첫 번째 갔던 곳보다 두 번째 학원의 시설, 강사 등이 더 나아 보여서 선택했고 결과도 좋았습니다.

하지만 국비 지원 학원에서는 트렌디한 기술을 접하기 힘들고, 교육 과정이 웹 개발을 중심으로 하기 때문에 직무 선택의 폭도 좁습니다. 따라서 아쉬운 면도 있지만 앞서 언급했듯 프로그래밍에서는 하나의 언어를 잘 배우면 다른 언어들을 습득하기 쉽습니다. 또한 자바만 배웠다고 해서 자바와 관련된 곳만 취직이 가능한 것은 아닙니다. 최근에는 파이썬의 사용도도 높아지는 추세여서 파이썬을 배우는 것도 추천합니다.

저는 처음에는 국비 지원 학원에 비전공자들만 오는 줄만 알았습니다. 하지만 전공자가 생각보다 많았고, 넘을 수 없는 벽처럼 보였습니다. 팀 프로젝트를 진행할 때에도 팀에 전공자가 있고 없고는 굉장히 많은 차이가 나기도 했습니다. 좌절할 수도 있었지만, 저는 오히려 뒤처지지 않기 위해 더 많은 공부를 하고, 정보처리기사 자격증도 함께 준비했습니다.

처음에는 모든 용어가 무척 낯설었습니다. '프로그래밍이라는 분야에 내가 잘 스며들 수 있을까?' 고민하고는 했습니다. 하지만 누구보다 집중해서 배웠고, 결과적으로는 전공자들보다 규모가 큰 회사에 더 높은 연봉을 받고 취직했습니다. 꿈에 그리던 커리어전환을 성공적으로 하고 나서는 컴퓨터 관련 전공자일 필요는 없다는 것, 그리고 능력도 중요하지만 일자리를 구할 때는 운과 타이밍도 중요하다는 것을 느꼈습니다. 여기서 운은 미리 준비한 사람에게 주어집니다. 완벽하지는 않았지만 차근차근 성실하게 준비를 했기에 좋은 일자리를 만날 수 있었죠. 전공자가 아니라고 주눅 들 필요도 없고 할 수 있는 만큼의 최대한 노력하는 것이 중요합니다.

여기서 전공자이자 지인인 A군의 이야기를 해 보겠습니다. A군은 수도권 4년제 대학교의 컴퓨터공학과를 졸업했습니다. 초반에는 같은 교육 동기지만 전공자였던 A군이 부러웠습니다. 아무래도 저보다는 개발 지식을 하나라도 더 많이 알고 있기 때문이었죠. 하지만 반전이 있었습니다. A군과 친해지자 A군은 4년 공부한 것보다 이 학원에서 배우는 게 더 많다고 우스갯소리를 하더라고요.

대학교에서는 어려운 컴퓨터 용어들을 4년 내내 영어로 강의하는데, A군뿐만 아니라 많은 학생이 이해하지 못하는 경우가 많았다고 합니다. 또한 학교에서는 코딩을 하기 위해 사용하는 단축키를 알려주지 않고 전부 손으로 작성하게 했다고 합니다. 물론 학교마다 다르고, 분명히 전공자와 비전공자의 습득력 차이는 있을 겁니다.

하지만 함께 수업을 들었던 전공자들은 대부분 실무 스킬보다는 이론 위주로 공부했다고 하네요. 그러니 여러분은 비전공자라고 움츠러들지 않아도 됩니다. 실무와 이론은 다를 수 있으니까요.

2 제대로 된 강의를 고르는 법

1. 국비 지원 강의를 찾는 법

개발자로 가는 길은 험난하죠. 배워야 할 언어들이 많습니다. 기술도 그렇고요. 따라서 어떤 강의를 들어야 좋은지 처음에는 판단이 어려울 수 있습니다. 제 경험에 비추어서 국비 지원 훈련을 기준으로 이야기하겠습니다.

먼저 HRD-Net에 접속하여 '국민내일배움카드 훈련과정' 메뉴로 들어가면 예정된 교육 과정을 확인할 수 있습니다. 예로, 지역을 서울로 설정한 후 NCS 직종에서 '정보통신-정보기술-전체'로 설정하여 필터링하면 집체 과정이 나옵니다.

HRD-Net QR

[그림 7-1] HRD-Net에서 IT 국비 과정 찾는 법

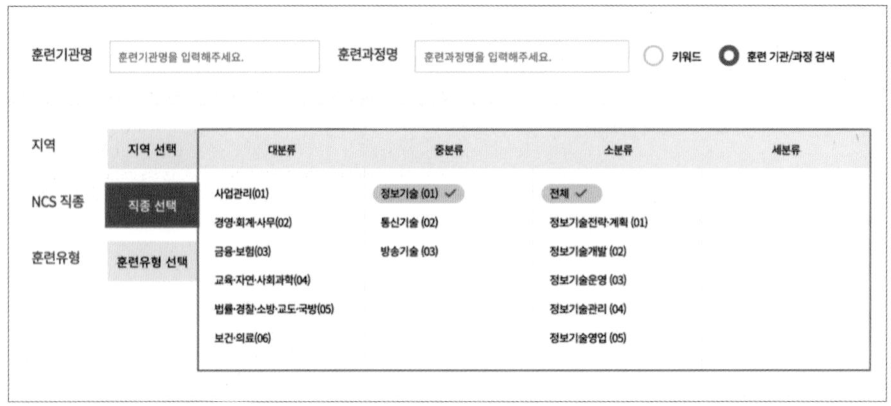

[그림 7-2] 훈련 과정을 필터링하여 검색한 결과

전체 (670)	집체과정 (426)	스마트 훈련 과정 (38)	온라인과정 (244)	혼합과정 (0)

2023년 기준으로 총 670건이 검색되며, 크게 '파이썬, 자바 스프링, 빅데이터, AI인공지능, AWS클라우드, 정보보안, 풀스택'으로 나눌 수 있습니다. 과거보다 빅데이터, AI인공지능, AWS클라우드가 많이 늘어난 것으로 보입니다. 또한 대부분 웹 백엔드 개발자 위주로 수업을 진행하고 있음을 알 수 있습니다. 이 과정은 직접 웹사이트에서 찾아가며 확인하길 권합니다.

보통 6개월 국비 지원 과정은 적어도 400만 원부터 시작하기 때문에, 400만 원이 넘지 않는 강의들은 6개월 프로그램이 아닌 단과 과정 수업이라고 보면 됩니다. 이외에도 HRD-Net에서 어떤 강의들이 존재하는지 직접 살펴보는 것을 추천합니다.

이 과정을 다시금 정리해보겠습니다. ① HRD-Net에 접속하여 '국민내일배움카드 훈련과정' 메뉴로 들어갑니다. ② 지역을 설정한 후 NCS 직종에 '정보통신-정보기술-전체'로 설정하여 필터링합니다. ③ 400만 원이 넘지 않으면 단과 과정

일 확률이 높으므로, 400~500만 원대 이상인 프로그램을 찾습니다.

2. 추천 과목, 비추천 과목

(1) 추천 과목

프로그래밍 교육 중에서 추천하는 과목은 자바·자바스프링·파이썬·풀스택·AWS 클라우드 개발 분야입니다. AWS클라우드와 자바 혹은 AWS클라우드와 파이썬을 엮어서 교육하는 곳이 많은데 이 조합도 좋습니다. 풀스택 개발자는 웹 프론트와 웹 백엔드 둘 다 배울 수 있기에 전망이 좋고요.

AWS클라우드 분야는 최근 많이 상용화되기 시작했습니다. 이에 대한 영향인지 잡코리아 지원 자격에 'AWS클라우드 자격증 우대'가 써 있는 공고 글을 많이 볼 수 있습니다. 따라서 언어로는 자바와 파이썬을 가르치면서 AWS클라우드도 함께 강의하는 곳을 찾는다면 비전공자로서는 일석이조겠네요. 현재 SAP 개발자 품귀 현상도 나타나고 있어서 SAP 교육 과정을 고려하는 것도 방법입니다.

(2) 비추천 과목

반대로 추천하지 않는 분야는 다음과 같습니다. 우선 정보보안 분야입니다. 이 분야도 구인난을 겪고 있어 일자리는 많고, 정보보안을 원하는 곳이 대부분 어느 정도 규모가 있는 중견기업 이상 급입니다. 덩달아 연봉도 높고요. 하지만 어려운 분야이기 때문에 전공자들도 쉽게 따라가지 못하는 과목이고, 예민한 분야이다보니 항상 어느 정도는 위험성이 있습니다. 만약 정보보안팀에 일하면서 큰 사건이 발생하게 될 경우 회사에서 권고사직을 당하거나 커리어에 좋지 않은 이력이 남아 이직이 쉽지 않을 수 있죠. 따라서 비전공자가 정보보안 분야를 배우는 것은 고심해 볼 필요가 있습니다.

다음으로 추천하지 않는 분야는 웹 퍼블리셔 과정입니다. 웹 프론트엔드 개발자가 되고 싶다면 자신이 배우고자 하는 커리큘럼이 웹 퍼블리셔에 맞는 커리큘럼은 아닌지 살펴봐야 합니다. 명백히 웹 프론트엔드와 웹 퍼블리셔는 다른 직업입니다. 웹 프론트엔드 개발자 과정이라고 하면서, 퍼블리셔 및 UI·UX 과정을 수업하는 경우도 적지 않습니다. 따라서 교육 과정을 정확히 알아봐야 하고, 만약 웹 프론트엔드 개발자 쪽으로 가고 싶다면 국비 지원 학원보다는 최신 프론트엔드 기술을 배울 수 있는 코딩부트캠프를 추천합니다.

(3) 애매한 과목

애매하다는 것은 2023년 현재를 기점으로 이야기하는 것입니다. 빅데이터와 AI 인공지능 분야는 전공자들도 많이 어려워하고 신입을 잘 뽑지 않는 분야입니다. 심지어 석·박사만 채용하는 곳이 있을 만큼 전문적인 인력을 선호합니다. 국비 지원으로 들을 수 있는 강의는 많은 편인데, 아직은 웹 개발자에 비해 많은 인력을 필요로 하지는 않습니다.

빅데이터, AI 분야로 바로 뛰어들기보다는 개발자로 일하다가 해당 분야에 흥미가 생긴다면 대학원을 수료하고 이직하는 것을 추천합니다. 물론 굳이 대학원을 가지 않아도 관련 공모전이나 포트폴리오를 쌓은 후 이직할 수도 있습니다.

3 용돈 받아 가면서 프로그래밍 공부하는 법

지금까지 비전공자가 프로그래밍을 공부할 수 있는 여러 방법에 대해 설명했는데요. 여기서는 제가 공부했던 방법에 대해 다시금 쭉 살펴보겠습니다. 이야기했듯 저는 국비 지원을 받으면서 학원을 다녔습니다. 처음에 저는 웹 디자이너가 되고 싶었기 때문에 웹 디자인 과정을 듣겠다고 마음먹은 채 학원 입학 서류까지 받았습니다. 하지만 여기서 문제가 생겼죠. 학원만 가면 끝일 줄 알았는데 '국민내일배움카드'를 발급했어야 했습니다. 따라서 등록 전에 카드를 신청하러 서울시 중구에 위치한 '서울고용복지플러스센터'로 찾아갔습니다.

고용 센터에 찾아가니 그곳에서 개인당 국비 지원을 받을 수 있는 가격 한도가 정해져 있다는 것을 알게 되었습니다. 보통 국비 지원으로 6개월 교육을 듣게 되면 약 500만 원의 강의를 무료로 수강하는 것입니다. 하지만 한 사람이 이 지원을 몇 번 받을 수 없는 것이었죠. 기회가 많지 않다는 것을 알게 되니 웹 디자이너 과정을 6개월 동안 듣기에는 아쉬웠습니다. 그렇게 개발자 과정을 듣게 되었습니다.

저는 당시에 '취업성공패키지'라는 취업 지원 패키지로 한 달에 약 40만 원씩 지원을 받았습니다. 2021년부터는 취업성공패키지 제도가 국민취업지원제도로 바뀌어 시행되고 있습니다. 국민취업지원제도를 신청하여 국비 지원 학원을 다니는 방법은 다음과 같습니다.

① '국민취업지원제도' 웹사이트에서 국민취업지원제도를 신청합니다. 3주에서 1개월 정도 소요되니 미리 신청하길 권합니다.

국민취업지원제도 QR

② 취업 지원 상담사와 함께 상담합니다. 국민취업지원제도를 신청하면 자동으로 상담사가 배정됩니다. 이력서 첨삭, 회사 추천, 직업 적성 검사 등 다양한 상담을 하죠. 일회성이 아니라 일정 기간에 걸쳐 일주일에 1~2회 상담을 합니다.

③ 상담이 끝나갈 무렵 본격적으로 내일배움카드를 발급받아 학원에 등록할 준비를 합니다.

내일배움카드신청 QR

④ HRD-Net 웹사이트에서 원하는 국비 지원 학원 프로그램을 고른 후 학원에 직접 찾아가 상담합니다.

HRD-Net QR

⑤ 학원은 최소 두 군데는 발품을 팔아 찾는 게 좋습니다. 내가 원하는 조건에 맞는 학원을 찾아 등록하면 됩니다.

4 정보처리기사 자격증 한 번에 붙는 법

2021년 기준으로 기사 자격증 중에서 인기 TOP 5 안에 드는 정보처리기사는 최근 들어 점점 더 관심이 높아지고 있습니다. 국가기술자격증이며, 공기업 등에서 취업할 때 가산점을 주기 때문이죠. 4년제 대학교를 나왔다면 직종에 상관없이 바로 응시할 수 있기에 비전공자도 가능합니다.

난이도가 매우 높지는 않지만, 결코 쉽게 볼 수는 없는 자격증입니다. 2020년에 시험이 개정된 이후로 난이도의 갈피를 제대로 잡지 못하고 있는 상황이라 합격 보장을 하기 힘듭니다. 2020년 개정 후 첫 실기 시험은 5퍼센트라는 충격적인 합격률을 보여주기도 했죠.

제가 응시했던 2020년 제2회 실기 시험 합격률은 약 21퍼센트였으며, 현재까지도 쉽지 않은 자격증으로 여겨지고 있습니다. 하지만 철저히 준비한다면 비전공자도 얼마든지 단번에 딸 수 있습니다. 정보처리기사 자격증에 대해 더 자세히 알아보겠습니다.

1. 응시 자격

대학교 졸업자 혹은 기술 자격 소지자 중 하나의 요건만 갖추면 응시 자격이 주어집니다. 저는 4년제 대학교 졸업자 자격으로 시험에 응시했죠. 4년제 대학교 졸업자일 경우 학과와 관련 없이 응시할 수 있습니다. 2년제 대학교 졸업자일 경우 약 2년간 실무 경력이 있어야 가능하고, 대학교를 졸업하지 않은 사람의 경우 실무 경력이 4년 있어야 합니다.

기술 자격 소지자는 동일(유사) 분야 다른 종목 기사 보유자 혹은 정보처리산업기사이면서 실무 경력이 1년 있어야 합니다. 또는 정보처리기능사이면서 실무 경력이 3년 있어야 합니다.

2. 필기 시험 및 실기 시험

정보처리기사 시험은 필기 시험과 실기 시험으로 이루어져 있습니다. 필기 시험과 실기 시험을 포함해 기사를 취득하는 데는 약 3개월 정도 걸린다고 보면 됩니다. 저는 2020년 5월에 필기 시험을 등록하여 당해 6월 6일에 필기 시험을 치렀고, 6월 26일에 합격 통지를 받았습니다 실기 시험은 2020년 7월 25일에 치렀으며, 합격 통지는 8월 28일에 받았습니다.

저는 시험 신청과 동시에 공부를 시작해서 필기 시험 한 달, 실기 시험 한 달을 공부하여 합격했습니다. 사실 필기 시험까지는 시중에 나와 있는 문제집이나 강의를 들어 보면서 공부한다면 한 달 안에 충분히 합격이 가능합니다. 비전공생이라 해도 암기로 해결할 수 있는 문제가 대다수이기 때문이죠. 또한 회차마다 다르지만 필기 합격률은 절반 정도는 매번 합격하고 있습니다.

문제는 실기입니다. 합격률이 낮기 때문입니다. 저는 처음에 컴퓨터에서 직접 프로그래밍을 하며 정보를 처리하는 형식인 줄 알았는데 그게 아니었습니다. 실기도 필기처럼 똑같이 책상에 앉아서 시험지를 푸는 형태로 되어 있습니다. 필기 시험은 전부 객관식이지만 실기 시험은 전부 필답형(주관식)인 점이 다릅니다.

방대한 분량 속에서 주관식 20문제가 나오기에 난이도가 높습니다. 또한 프로그래밍 언어의 문제와 SQL 문제도 나오는데 이를 객관식으로 푸는 것과 주관식으로 푸는 것은 난이도가 많이 다릅니다. 어느 정도 쿼리문을 외워 놓은 상태여야 하고, 프로그래밍 언어도 구조를 알아야 주관식으로 쓸 수 있기 때문입니다.

저는 국비 지원 학원을 처음 등록할 당시부터 이미 기사 시험을 염두에 두고 있었습니다. 취업 시에 가산점을 준다는 이야기를 많이 들었기 때문입니다. 실제로 '잡코리아' 같은 취업 전문 사이트에서 '정보처리기사 우대' 요건이 써진 글을 확인할 수 있습니다.

하지만 필기와 실기 시험이 시험지의 문제를 풀어 내는 형식이기에 정보처리기사를 땄다고 해서 기업에서 '이 지원자가 코딩을 잘하는구나'라고 생각하지는 않습니다. '그래도 IT 기사 자격증이 있는 지원자구나' 정도로 인식합니다. 그럼에도 공기업 같은 곳에서는 확실히 인정하는 부분도 있기 때문에 기회가 닿는다면 취득해 두는 것이 좋습니다.

(1) 필기 시험

필기 시험에서는 5개의 과목이 있으며 과목당 20개의 문제가 있습니다. 문제 배점은 각 문항당 5점씩입니다. 또한 5개의 과목이 20개의 문제이고 총 100문제입니다. 5개의 과목은 모두 40점 이상을 넘어야 하므로, 하나의 과목이라도 40점 미만인 경우(하나의 과목에서 맞춘 문제의 개수가 7개 이하인 경우) 과락입니다. 또한 전체 평균은 60점 이상이어야 합니다.

필기 과목은 총 5개입니다. 소프트웨어 설계(20문제), 소프트웨어 개발(20문제), 데이터베이스 구축(20문제), 프로그래밍 언어 활용(20문제), 정보시스템 구축 관리(20문제)입니다.

5개의 과목 중에서 특히 프로그래밍 언어 활용 과목은 비전공생들에게 어렵게 다가올 것입니다. 코딩 지식을 물어보는 것이기 때문입니다. 그래도 객관식이기 때문에 기출 문제를 잘 살펴보면 어느 정도 비슷한 맥락의 문제들이 나옵니다. 그렇지만 어차피 실기에서도 프로그래밍 언어와 관련한 문제가 주관식으로 나오기 때문에 코딩 지식은 공부가 필요합니다.

시험 방식은 객관식이며 사지선다형입니다. 시험 시간은 총 150분입니다. 시험 현장에는 컴퓨터 사인펜, 검은 볼펜, 수험 번호표 및 주민등록증을 반드시 준비해 가야 합니다.

(2) 실기 시험

12개의 과목 중에서 20문제가 출제됩니다. 20문제 중에서 60점 이상을 맞으면 합격입니다. 문제는 하나당 5점일 수도 있고, 몇 문제는 가중치를 두는 경우도 있기에 실기 시험 문제 배점은 회차별로 다를 수 있습니다.

시험 방식은 주관식(필답형)입니다. 시험 시간은 총 150분입니다. 준비물은 검은 볼펜, 수험 번호표 및 주민등록증이 필요합니다. 실기 시험을 볼 때는 꼭 검은 볼펜만 사용하세요. 지인 중에 샤프로 쓰고 볼펜으로 덮어 썼다가 실격 처리된 사람이 있습니다. 주민등록증과 수험 번호표도 반드시 소지해야 합니다. 또한 시험 장소를 원하는 곳에서 보고 싶으시다면 꼭 시험 신청 당일에 시간에 맞춰 바로 신청하는 게 좋습니다. 큐넷 웹사이트(www.q-net.or.kr)에서 더 자세한 정보를 볼 수 있습니다.

(3) 비전공자가 단번에 합격한 비결

그럼 비전공자가 어떻게 한 번에 정보처리기사에 합격할 수 있었을까요? 독자 여러분이 가장 궁금해 하는 부분이 아닐까 하네요. 저만의 공부 방법이기 때문에 모두에게 통용될 수는 없지만 그래도 단번에 합격한 꿀팁 몇 가지를 나열해 보겠습니다.

• **필기 공부법**

저는 사실 다섯 과목 중에서 세 과목만 공부하고, 한 과목은 하루만에 벼락치기를 하였습니다. 매일 8시간씩 학원을 다니면서 병행하는 게 생각보다 쉽지 않더라고요. 심지어 한 과목에서 과락이 나와 떨어질 뻔했습니다. 그렇지만 다른 과목에서 높은 점수가 나와 합격할 수 있었습니다. 공부 기간은 약 3주 정도였습니다.

① 강의

저는 '두목넷'이라는 사이트에서 정보처리기사 인터넷 강의(인강)를 들었습니다. 비전공자이다보니 책으로만 공부하기에는 힘들었기 때문에 당시 여러 웹사이트를 살펴보다가 두목넷이 괜찮아 보여 선택했습니다. 필기와 실기 인강을 모두 들었는데, 개인적으로 필기 강의가 많은 도움이 되었습니다. 강의에 있는 내용을 위주로 공부했고, 책은 따로 구매하지 않았습니다.

무료 강좌를 찾는다면, '기사퍼스트 권우석' 님의 유튜브를 추천합니다.

권우석 님 유튜브 QR

② 기출 문제

기출 문제는 '수제비'라는 카페에서 공부했습니다. 정보처리기사를 공부하기로 마음먹었다면, 이 카페는 필수로 가입하는 게 좋습니다. 각종 예상 문제가 있으며, 데일리 문제도 있어 매일 문제를 풀 수 있습니다. 실제 시험 문제에 대해서는 총평을 남겨 주고 가채점을 할 수 있도록 도와줍니다. 또한 기출 문제만 모아서 풀고 싶다면 'comcbt.com'도 추천합니다.

수제비 카페 QR

comcbt QR

수제비 IT 커뮤니티와 comcbt 웹사이트를 참고해 보세요.

• 실기 공부법

실기는 공부가 많이 필요합니다. 두 번 떨어지고 포기한 전공자도 있을 정도로 난감한 문제들이 많습니다. 정말 방대한 백과사전 내용 중에서도 한 귀퉁이에 작게 쓰여 있는 부분을 시험으로 출제하는 것 같은 느낌이었죠. 따라서 최대한 많은 개념을 습득하는 것이 중요합니다.

기본적인 SQL은 외워야 하며 프로그래밍 언어 문제도 주관식이기 때문에 흐름을 이해하는 것을 넘어서 문제를 보자마자 답이 떠오를 정도로 공부해야 합니다. 공부 기간은 약 3주 정도 잡았습니다. 저는 당시에 국비 지원 학원을 통해서 SQL과 자바 개발 언어를 배우고 있던 때라, SQL 부분과 프로그래밍 언어와 관련된 문제는 어렵지 않게 풀 수 있었습니다. 하지만 처음 배우는 분들이라면 시간을 더 쏟아야 합니다.

① 강의

실기 강의도 두목넷에서 수강했지만 필기 강의에 비해서 크게 도움되지는 않았습니다. 그럼에도 혼자 공부하는 게 막막하다면 병행하는 것을 추천합니다.

② 책

당시 《수제비》 실기편으로 공부했습니다. 책에 실린 예상 문제는 크게 도움이 된 것은 아니지만, 개념을 잡기에는 좋았습니다.

③ 강의와 책을 단권화

저는 개정된 정보처리기사의 첫 개시 연도인 2020년에 시험을 봤기 때문에, 기출 문제가 1회차밖에 없었습니다. 물론 2018~2019년도 문제들을 참고하기는 했지만, 개정된 정보처리기사에 비해 난이도 차이가 난다는 것을 느꼈습니다. 그래서 문제를 마구잡이로 풀기보다는 '개념을 잘 습득하는 것'에 초점을 두었습니다. 따라서 인터넷 강의에서 배운 것과 책에 나온 개념을 하나의 책으로 정리하고, 이를 여러 번 반복해서 공부했습니다.

[그림 7-3] 단권화 필기 내용

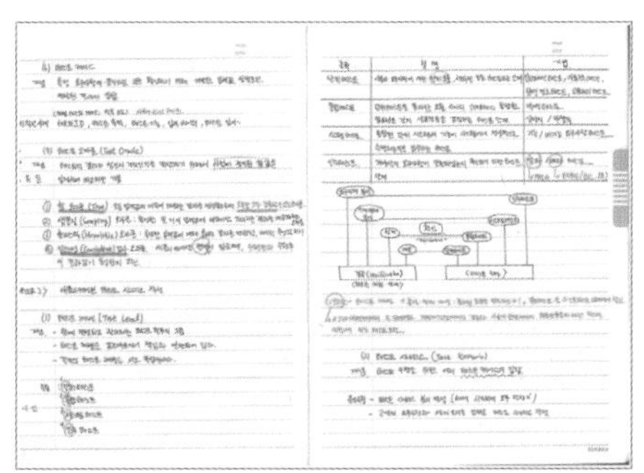

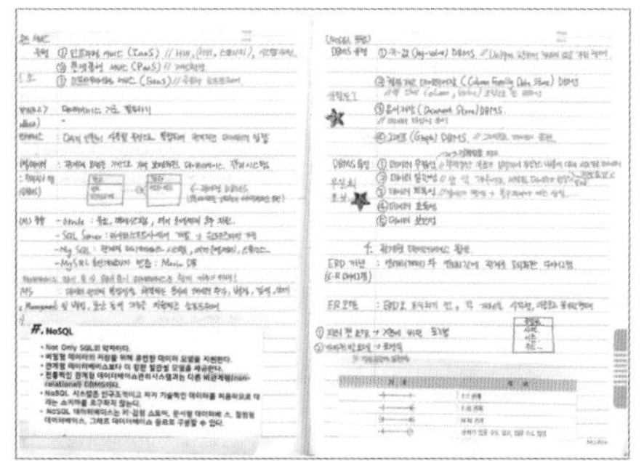

[그림 7-4] 단권화 작업한 책의 두께

④ 카페 이용

시중에 나와 있는 책의 내용만으로는 시험을 철저하게 준비하기 어렵습니다. 시험 범위가 워낙 양이 방대하기 때문인데요. 대안으로 수제비 카페의 '데일리 문제'가 도움이 많이 되었습니다. 당시 제가 시험을 봤을 때도 수제비 카페의 데일리 문제에서 한두 문제 출제되기도 했습니다.

이외에도 IT 관련 자격증에 대해 알아보면 다음 표와 같습니다.

[표 7-1] IT 관련 자격증

자격증 이름	해당 QR	자격증 설명
정보처리기사 정보처리산업기사 정보처리기능사	Q-net	국가기술자격증이며 IT 분야에서는 인정받는 자격증입니다.
웹디자인기능사		프론트와 관련된 유일한 자격증이지만, 난이도가 어렵지 않기 때문에 인정 받기는 힘든 자격증입니다. 웹 프론트엔드 개발자보다는 웹 디자이너, 웹 퍼블리셔에게 도움이 되는 자격증입니다.
SQL 개발자(SQLD) SQL 전문가(SQLP)	데이터자격검정	SQLP는 난이도가 많이 높은 데 비해 SQLD는 비전공자도 딸 수 있을 정도의 가벼운 난이도입니다. 요즘은 다양한 직군에서 스펙업을 위해 SQLD 자격증을 취득하곤 합니다.
빅데이터분석기사		국가기술자격증이며 얼마 전 신설된 자격증입니다. 실기는 정보처리기사와 다르게 실제로 프로그래밍을 해야 하는 작업형이며, 어렵다는 평가가 있습니다.
데이터분석(ADP/ADsP) 데이터아키텍처(DAP/DAsP)		ADsP와 DAsP는 난이도가 쉬운 편에 속하나, ADP와 DAP는 극악의 난이도라고 합니다. 데이터에 관심이 많다면 ADsP 또는 DAsP를 취득한 후에 ADP와 DAP에 도전하는 것을 추천합니다.

AWS (AWS Cloud Certification)	아마존(AWS)	클라우드에 대한 수요가 높아짐에 따라 인정해 주는 기업도 많아졌습니다. 잡코리아에서 찾아 보면 AWS 자격증 보유자를 우대하는 기업이 많습니다. 단계가 꽤나 세분화되어 있는데, 보통 SAA(Solutions Architect Associate)를 취득합니다.
리눅스마스터 2급	리눅스마스터	리눅스마스터는 국가공인 민간자격증이며, 1급과 2급으로 나뉩니다. 1급은 난이도가 높은 탓에 많이들 2급을 취득하는 편입니다.

8강

통과하는 이력서, 탈락하는 이력서

1 비전공자도 합격하는 이력서 작성법

코딩을 배우고, 정보처리기사 시험에 합격하고, 취업할 회사까지 알아보고 나서는 다시 한 번 어려움에 부딪혔습니다. 다름 아닌 이력서와 자기소개서 작성 단계입니다. 저는 이력서와 자기소개서 작성 단계가 취업 과정 중 가장 힘들었습니다. 그동안 개발에 대한 활동은 한 적이 없었기 때문이죠. 단지 코딩 학원을 다니는 6개월 동안 해 온 것들을 토대로 입사 지원서를 작성하기란 정말 어려운 일이었습니다.

보통 입사 지원서는 '이력서'와 '자기소개서'를 합친 것을 말합니다. 이력서는 현재까지 직무와 관련한 모든 스펙, 직장에서 일한 경험을 객관적으로 나열한 자료를 말합니다. 자기소개서는 말 그대로 나 자신을 표현하는 공간이며 주관적으로 작성한 자료를 일컫습니다. 자기소개서는 나름 글을 짜 내어 쓸 수 있지만 비전공자는 개발 쪽으로 어떠한 이력이 없었기에 이력서를 작성하는 게 어려웠습니다. "사회 경험이 있다는 것을 증명하기 위해 개발과 관련 없는 활동도 쓰는 게 낫지 않을까?"라는 생각도 했지만, 결과적으로 개발과 관련 없는 글은 쓰지 않는 게 오히려 취업에 도움이 되었습니다.

사실 이력서는 지원하려는 기업에서 제시하는 형식이 존재하는 경우가 많습니다. 하지만 중견·중소 기업의 경우에는 없을 수도 있습니다. 자유 형식으로 만들어서 지원하는 경우가 많은데, 분량은 3쪽을 넘기지 않는 것을 추천합니다. 개발자라면 이력서 분량은 1~2쪽을 유지하고 자세한 내용은 깃허브에 업로드하여 제시하는 게 유리합니다.

깃허브 포트폴리오 만드는 법은 9강에서 알아보고, 본격적으로 이력서를 어떻게 작성하면 좋을지 알아보겠습니다. 이력서에 들어갈 내용은 크게 신상 정보, 자격증, 보유 기술과 능력, 참여 프로젝트, 특기 사항입니다. 신상 정보는 말 그대로 나의 사진, 이름, 주소 등 개인 정보를 작성하는 공간입니다. 그다음 항목들을 차례로 살펴봅시다.(2024년을 기준으로 IT업계에 불황이 찾아오면서 서류 합격률도 많이 낮아졌습니다. 최신 이력서 작성법 및 포트폴리오 준비 방법을 '위캔코딩 네이버 카페'에 올릴 예정이니 참고해주시기 바랍니다.)

1. 자격증

앞서도 이야기했지만, 저는 학원을 다니면서 동시에 정보처리기사 자격증을 취득했습니다. 따라서 자격증 공간에 정보처리기사 자격증을 적어 넣었죠. 저처럼 준비하면 좋긴 하지만, 수업과 병행하기 힘들다면 굳이 따지 않아도 됩니다.

이력서의 공간에는 더 나아가 개발과 상관없는 자격증을 추가해도 됩니다. 자격증이라는 것은 없는 것보다는 있는 것이 낫고 요즘은 비전공자 개발자가 많기 때문입니다. 오히려 여러 자격증을 제출하면 회사측에서는 "이 지원자는 전공이 컴퓨터 쪽은 아니지만, 개발에 대한 열정이 많은 지원자구나."라는 메시지로 읽을 수 있습니다. 저 또한 정보처리기사를 제외한 자격증도 모두 적었습니다.

2. 보유 기술과 능력

비록 개발과 관련한 경력은 없더라도, 개발 교육 과정에서 어떤 기술들을 배웠는지 표로 정리하여 자신의 보유 기술 및 능력을 보여줄 수 있습니다. 다음의 [표 8-1]을 보겠습니다.

[표 8-1] 보유 기술 및 능력 예시

기술 및 능력	활용 수준	업무 연관성	기타 사항
JavaScript	상	상	개인 프로젝트에서 사용했습니다.
Oracle	중	하	-
HTML/CSS	중	상	-
React	하	상	현재 공부 중입니다.

기술·능력에는 내가 배운 기술들을 차례로 나열합니다. 활용 수준에는 얼마나 해당 기술을 알고 능숙하게 사용할 수 있는지를 상·중·하로 구분해서 적습니다. 업무 연관성 항목에는 지원하는 직무와 해당 기술이 얼마나 밀접하게 서로 연관되어 있는지 상·중·하 수준으로 적습니다.

예를 들어, 지원하려는 회사의 직무는 프론트엔드라고 해 봅시다. 이때 자바스크립트 기술은 프론트엔드 직무와 연관성과 높기 때문에 '상'으로 표현합니다. 기타 사항에는 해당 기술과 관련한 추가적인 코멘트를 적습니다. 기술에 대해 배운지 얼마되지 않아 활용 수준이 낮을 경우 '현재 공부 중'이라고 적을 수도 있습니다. 이렇게 적어도 회사 입장에서는 지원자가 본인이 지원한 직무를 얼마나 파악했는지, 기술을 얼마나 활용할 수 있을지 알 수 있습니다. 사실 회사에서는 표만 보고 지원자의 능력을 정확하게 유추하기는 힘들기에 자신의 코드를 올려놓은 깃허브 URL을 함께 첨부하면 더욱 좋습니다.

더 상세히 나의 기술에 대해 설명하고 싶다면 [표 8-2]와 같이 작성할 수도 있습니다.

[표 8-2] 자바스크립트 보유 기술 예시

자바스크립트 능력	활용 범위
비동기처리에 대한 로직이 가능	async~await, promise, promise all
배열의 기본적인 함수 사용이 가능	map, forEach, reduce, find, filter, flat, some 등
ES6 문법을 활용한 로직이 가능	전개연산자, 화살표함수, let, const 등
다양한 외부 라이브러리 활용이 가능	exceljs, lodash, full calendar
백엔드에게 API 호출하는 로직이 가능	fetch, ajax
DOM 활용 여러 함수 사용이 가능	clientHeight, scrollHeight 등
이벤트 핸들링 및 콜백과 관련된 기술이 가능	addEventListner, removeEventListener 등

이 경우에는 너무 많은 기술을 장황하게 표현하기보다는 해당 직무의 핵심 기술을 1~3개 정도만 적어 주세요. 또한 이력서에 적은 기술들은 모두 다 알고 면접에 임한다는 생각으로 작성해야 합니다.

지원자가 작성한 입사 지원서를 바탕으로 면접을 진행하는 경우가 많기 때문이죠. 면접관의 질문에 답변을 잘한다면 신뢰도가 올라갈 수도 있습니다. 하지만 반대로 막상 면접관이 물어봤을 때 제대로 답변하지 못하면 당연히 좋지 않은 인상을 남기겠죠.

3. 참여 프로젝트

참여 프로젝트 항목에는 내가 직접 수행했던 프로젝트에 대해 적습니다. 해당 프로젝트가 어떤 것인지를 보여 줄 수 있는 전체적인 개요를 작성하면 됩니다. 프로젝트를 하면서 느끼고 배운 점에 대해서는 자기소개서에 풀어서 쓰면 됩니다.

예시를 보겠습니다. 특히 '개발 환경' 칸에는 본인이 어떤 버전을 사용했는지 자세하게 작성하면 더욱 좋습니다. 또한 작업물을 깃허브에 올린 후 첨부하는 것을 추천합니다.

[표 8-3] 프로젝트 개요 예시

프로젝트명	베이커리 웹사이트 〈베이 베이커리〉		
개발 기간	2020.07.–2020.08.		
주요 기술	JSP, JavaScript, J–Query, Ajax	개발 인원 · 역할	4명 · 팀원
개발 환경	Windows 7, apache–tomcat–7.0.92, Eclipse		
개발 개요	현재 운영되고 있는 '제로 베이커리 사이트'를 모방한 웹사이트입니다. 가상 브랜드인 '베이 베이커리'를 설정하고, 그에 맞춰 로고 디자인 제작과 실제 페이지 기능들을 모두 구현했습니다.		
담당 업무	프로그램 코딩, 디자인 리더		
URL	깃허브 URL 첨부		

4. 특기 사항

특기 사항 항목에 어떤 것을 써야 하는지 모르는 사람들이 꽤 많습니다. 그래서 보통 아무것도 적지 않고 제출하는 경우가 많은데요. 사실 해당 공간을 비워 놓는 것보다는 적는 것이 좋습니다. 자신이 했던 경험 중에서 '공적으로 의미 있는 커리어'의 경우에는 적도록 합시다. 저는 공모전 수상 이력들을 적었습니다. 물론 공모전 이력은 제가 지원하는 개발과 관련되지 않은 것이었죠. 그럼에도 굳이 넣은 이유는 '적극적이고 매사에 열정적으로 임하는 지원자'임을 어필하기 위함이었습니다.

그리고 면접에서 공모전에 관한 질문을 받기도 했습니다. 면접관은 당시 '공모전에서 상도 받을 정도면 이전 직무에 많은 열정이 있었던 것 같은데 왜 개발 직무를 지원하게 되었는가?'와 같은 질문을 던졌습니다. 현실적으로 개발 직무에 지원할 수밖에 없었던 이유에 대해 솔직하게 대답했습니다. 이렇듯 개발과 관련되지 않은 프로젝트일지라도 면접관의 눈길을 한 번 끌 수 있는 나름의 포인트가 될 수 있습니다.

그렇다고 이력서에 아무거나 중구난방으로 적을 순 없습니다. 개발과 관련되지 않은 단순 아르바이트 경력(예, 음식점 서빙, 옷 판매 등)은 적지 않는 게 좋습니다. 이력서에는 '내가 무엇을 했고 어떤 능력이 있는지'를 한 줄로 보여 줄 수 있는 객관적인 정보만 넣는다고 생각하세요. 다만 아르바이트 경험들은 스토리로 풀어 쓸 수 있는 자기소개서에는 곁들일 수 있습니다. 어떤 경험에서 무슨 역량을 키웠는지 보여 줄 수 있기 때문이죠.

2 자기소개서 작성하는 꿀팁

이제 자기소개서 작성법을 알아보겠습니다. 자기소개서는 스토리 중심의 글자 제한이 있는 에세이와 같죠. 따라서 하나의 글을 작성하는 데에도 시간이 많이 걸립니다. 나의 경험을 중심으로 자기소개글을 미리 써 두면 나중에 입사 지원서를 쓸 때 유용하게 사용할 수 있습니다. 자기소개서를 쓸 때 지키면 좋을 꿀팁 몇 가지를 소개하겠습니다.

1. 두괄식으로 쓰기

자기소개서를 쓸 때에는 두괄식으로 시작해야 합니다. 한 마디로 글의 결론부터 먼저 이야기하고 시작하는 거죠. 두괄식의 장점은 결론이 처음에 나오기 때문에 읽는 사람에게 명확함과 확실한 인상을 줄 수 있습니다. 고난과 역경을 극복한 사례에 대해 설명하는 글이라 해 봅시다. 두 문장을 비교해 보면 확 다르게 느껴집니다.

"저는 IT 학원에서 팀원들과 마찰이 있었습니다. 2명과 의견이 달랐는데 어떻게 달랐는가 하면…"

"IT 학원에서 진행했던 팀 프로젝트를 통해 불가능해 보였던 어려움을 극복하고 성공적으로 끝마친 경험이 있습니다."

어떤가요? 첫 문장은 "팀원하고 문제가 있었다는데 그래서 프로젝트를 했다는 거야 못했다는 거야?"라는 부정적인 생각이 들죠. 반대로 두 번째 문장은 "지원자가 프로젝트에서 고난을 겪은 적이 있구나. 어떤 문제였고, 결국엔 어떻게 해결했을까?"라는 순수한 궁금증을 불러올 수 있습니다. 따라서 두괄식으로 글을 여는 습관을 들여야 합니다.

2. 숫자를 사랑하기

요즘 웹사이트에서 인기 있는 인터넷 강의나 기사의 제목은 이런 식으로 문을 엽니다.

- **평범한 직장인이 하루에 3시간만 투자하여 월 300만 원 버는 부업**
- **전업주부가 3개월만에 월 300만 원 벌게 된 사연**

자극적인 문구들은 클릭할 수밖에 없게 만듭니다. 가장 큰 역할을 한 것은 '월 300만 원', '하루에 3시간', '3개월만에'와 같은 정량적 표현이죠. 조금 다르게 생각해 볼까요? '직장인이 조금씩 투자하여 주식을 선도하는 방법', '전업주부의 작은 시간을 투자하여 주식 여왕이 되는 방법' 같은 문구를 보았을 때 앞의 문구보다는 덜 자극적으로 느껴질 수밖에 없습니다. '주식을 선도하다', '주식 여왕'이라는 단어가 추상적이기 때문입니다.

'조금씩'과 '작은 시간' 또한 마찬가지입니다. 이처럼 숫자를 잘 사용하면 설득력이 높아지고 확실한 느낌을 줄 수 있습니다. 자기소개서도 동일합니다. 예시를 보겠습니다.

- **저는 A 프로젝트를 진행하면서 코딩 기술을 접목시켜 팀원들에게 많은 도움을 제공했습니다.**
- **저는 A 프로젝트를 진행하면서 자바 기술을 접목시켜 전체 프로젝트 준비 시간 중 약 20시간을 절약할 수 있었고, 이 절약한 시간을 토대로 3개의 화면단을 추가로 구성했습니다.**

위의 두 문장을 놓고 보면 당연히 두 번째 문장을 쓴 지원자의 역량이 높다는 생각이 들지 않나요? 이처럼 똑같은 경험을 했다 하더라도 얼마나 구체적이고 정량적으로 작성하느냐에 따라 자기소개서의 설득력은 많이 바뀌게 됩니다. 추상적인 말보다는 구체적으로 작성하는 것이 좋으며, 숫자를 사용하는 것이 가장 좋은 방법입니다.

3. STAR 기법

STAR 기법이라는 유명한 공식이 있습니다. 자기소개서를 쓸 때 가장 많이 사용하는 전통적이고 깔끔한 글쓰기 방법으로 유명합니다. 자기소개글의 순서와 구성 요소, 분량을 나타내는데요. 정확한 의미는 다음과 같습니다.

- **Situation(상황): 사건 설명 20%**
- **Task(임무): 문제 인식 10%**
- **Activity(행동): 상황을 해결하기 위한 본인의 행동 50%**
- **Result(결과): 결과적으로 어떤 것을 얻을 수 있었는지 20%**

가장 먼저 ① 어떤 사건이 있었고, 이에 대해 ② 어떤 문제가 있다고 인지했으며 이 문제를 ③ 해결하기 위해 무슨 노력을 했는지 그리고 ④ 그 행동으로 인해 어떤 결과를 얻을 수 있었는지를 작성하는 것입니다. 결과를 작성하는 부분에는 숫자로 설명하기 방법을 사용하면 더욱 좋습니다.

또한 사건을 설명하는 처음 부분에서는 두괄식으로 정리할 수 있겠죠. 예로, "당시에 ○○○에 ○○○한 에러가 생겨서 프로젝트가 지체가 된 적이 있었습니다."처럼 시작하는 것보다는 "○○○를 통해 지체된 프로젝트를 성공적으로 해결한 경험이 있습니다. 당시에 ○○○는…"로 설명하여 결론을 앞에 제시하고 그 이후에 구체적인 이야기를 밝혀 말하는 것이 깔끔합니다.

4. 개복치 기법

개복치 기법, 처음 들어보시죠? 바로 제가 개발한 방법입니다. 개복치 기법은 '작은 것도 크게 생각하라는 것'을 말합니다. 개복치라는 물고기는 아주 작은 사건에도 매우 예민하게 반응하는 어류입니다. 자기소개서에 적용해보겠습니다. 바로 개복치처럼 '작은 사건도 크게 생각하라는 것'이죠. 예로, 면접관이 "인생에서 겪은 가장 큰 고난이 무엇인가요?"라는 질문을 했다고 합시다. 이때 의외로 '나는 인생에서 큰 고난을 겪어 본 게 없는 것 같은데….'라고 생각하는 사람들이 꽤 많습니다.

하지만 개복치 기법을 사용하면 이 질문에 쉽게 답할 수 있습니다. 생각해보죠. 고난이라는 것은 무엇일까요? 50명 규모의 팀원을 모집해서 스타트업을 창업하고 실패한 것만이 인생의 어려움일까요? 혹은 갑자기 사기를 당해서 모아 놓은 돈을 몽땅 날린 것만이 고난일까요? 아닙니다. '비전공자가 6개월 동안 개발 공부를 하게 된 것'도 고난이 될 수가 있고, '팀 프로젝트에서 팀의 상황이 좋지 않았던 것'도 고난이 될 수 있습니다. 중요한 것은 각종 상황을 어려움으로 인식했다는 점과 그것을 극복하기 위해 내가 무슨 행동을 했는지 함께 보여 주는 것입니다. 고난만 이야기하면 재미없으니까요. 어디든 극복해 내는 스토리가 극적이고 흥미로운 겁니다.

여기에는 제2법칙도 존재합니다. 개복치는 몸을 크게 부풀리기도 하죠. 즉, 내가 가진 역량이나 해결책이 조금은 작게 느껴질지라도 약간은 더 부풀려서 크게 보여 주는 것입니다. 이처럼 자기소개서를 작성할 때에는 작고 사소한 일이라도 크게 생각해 보는 마음가짐이 중요합니다.

3 실전! 자기소개서 작성해 보기

앞서 자기소개서를 작성할 때의 꿀팁에 대해 알아보았습니다. 이제는 실전에 들어가 봅시다. 기업이 요구하는 자기소개서 양식 중에서 대표적으로 많이 사용하는 양식을 위주로 작성해 보겠습니다. 우선 본격적으로 작성하기 전에 지켜야 할 가이드라인을 명시하겠습니다.

① 자기소개서는 500~800자 분량으로 작성합니다. 최근 들어 자기소개서의 분량을 줄이는 추세이고 요구하는 글자 수가 많다 하더라도 미리 500~800자로 작성한 자기소개서를 조금씩 늘려서 재작성하면 됩니다. 늘리는 것은 쉽지만 줄이는 것은 어렵습니다. 처음부터 이 글자 수에 맞춰 쓰기를 권장합니다.

② 모든 자기소개서의 첫 문장은 두괄식으로 작성합니다.

③ 모든 경험의 1순위는 코딩 프로그램 경험입니다. 코딩 학원에서 프로젝트를 했던 경험은 1순위로 작성하며, 개발과 관련 없는 아르바이트 경험은 2순위로 작성합니다.

④ 모든 문항은 개발 직무에 포커스를 맞추어 작성합니다.

⑤ 지원하는 직무에 필요한 역량을 바탕으로 작성합니다. '공통 컴포넌트 개발'이라는 직무를 봅시다. 이 직무는 사람들이 공통적으로 쓰고 있는 컴포넌트를 개

발하기 때문에, 유지 보수가 잘 되고 사용자가 쓰기 편리하게끔 하는 '효율성'이 가장 중요합니다. 이럴 경우 자기소개서에는 최대한 "나는 효율적인 사람"임을 강조합시다.

자기소개서를 다양한 형식으로 미리 만들어 놓으면, 추후에 여러 회사에 입사 지원할 때 편합니다. 다음에는 '지원 동기 및 입사 후 포부', '직무 적합성', '직선형 경험', '곡선형 경험', '강점 및 특기 사항', '성격의 장단점', '문제의 창의적 해결' 등 회사에서 많이 묻는 자기소개 질문으로 총 7개를 꼽았습니다. 각 질문에 맞춘 가이드라인과 샘플 자기소개서도 함께 작성했습니다. 참고해 보세요.

1. 지원 동기 및 입사 후 포부

회사에 지원하게 된 동기는 무엇이며, 입사 후 어떻게 성장해 나갈 것인지 기술하라는 문항입니다. 이 질문은 반드시 나옵니다. 지원 동기 가이드라인은 다음과 같습니다.

[1문단]

A 회사는 ○○○ 분야를 선도하는 기업입니다.

→ 자신이 가고자 하는 기업의 긍정적인 특징을 설명합니다.

A 회사의 기업 문화를 보고 자연스럽게 일원이 되고 싶은 열망이 생겼습니다. 뿐만 아니라 ○○○라는 직무에서 제가 가지고 있는 역량을 키울 수 있을 것이라 확신합니다.

→ 기업의 특징을 설명하여 기업에 입사하고 싶은 이유를 설명하고, 이 직무에 내가 적합한 인재임을 강하게 어필합니다.

[2문단]

○○○는 @@@가 중요한 직무입니다. 저는 B라는 경험을 통해 @@@에 대해 많은 고민을 해왔습니다. 항상 @@@하는 자세를 지켜 온 저의 특징과 제가 6개월 동안 배운 C 기술력을 결합시켜 ○○○ 직무에서 D라는 시스템을 개발하고 싶습니다.

→ 이 직무에서 가장 중요한 것을 설명하고, 그 중요한 직무에 자신이 걸맞은 인재라는 것을 경험을 통해 확신시킵니다.

[3문단]

A 기업에서 제가 가진 역량을 펼칠 수 있는 ○○○ 개발 담당자가 되어 저의 능력을 발전시키고 싶습니다. 독보적인 기술력으로 D를 제공하는 기업의 담당자가 되겠습니다.

→ 이 기업에 들어가 함께 성장해 나갈 미래를 제시합니다.

지원 동기 자기소개서 샘플은 다음과 같습니다. 제가 실제로 입사 지원에 사용했던 자기소개서입니다.

A 기업은 D 솔루션 업체에서 선두를 달리고 있을 뿐만 아니라 언택트 사회로 접어듦에 따라 미래 성장이 기대되는 기업이며, 실제로도 지속적으로 성장하고 있는 회사입니다. 끊임없이 앞으로 나아가는 행보를 보고 자연스럽게 A 기업의 일원이 되고 싶은 열망이 생겼습니다. 그뿐만 아니라, ○○○ 개발이라는 직무에서 제가 가지고 있는 역량을 키울 수 있을 것이라 확신합니다.

○○○ 개발 직무는 주어진 환경을 분석하고 정리하여 이를 효율적으로 재사용할 수 있는 직관적인 UI를 개발하는 것이 중요할 것입니다. 저는 주어진 과제에 대해 분석하여 해결책을 도출해 내는 것을 좋아하였고, 이는 저를 공모전 다수 수상으로 이끌었습니다.

평소 UI/UX에도 관심이 많아 하나의 UI를 볼 때도, 어떻게 하면 사람들이 더 직관적이고도 편리하게 UI를 받아들일 수 있을지 고민합니다. 항상 어디를 가든 디자인 역할을 도맡아 하고 인정받았던 저의 기술력과 현재 배우고 있는 IT 지식을 결합시켜 가장 편리하고 효율적인 공통 컴포넌트를 개발하고 싶습니다.

끊임없이 성장하는 기업인 A에서 제가 가장 역량을 펼칠 수 있는 ○○○ 개발 담당자가 되어 저의 능력을 발전시키고 싶습니다. 가장 편리하고 보기 좋은 UI 컴포넌트를 개발하여 모든 사람들과 기업들이 사용하는 프로그램을 제공하는 기업의 담당자가 되는 것이 제가 되고 싶은 모습입니다.

2. 직무 적합성

이 항목에서는 내가 지원한 직무는 무엇이며, 해당 직무에 관심을 갖게 된 계기와 이를 잘 수행할 수 있다고 생각하는 이유를 작성합니다. 주의할 점은 본인의 역량, 준비 과정, 관련 경험을 근거로 서술해야 한다는 것입니다. 가이드라인은 다음과 같습니다.

[1문단]

지원 직무는 ○○○입니다. 우연히 인터넷 강의를 듣다가 관심을 갖게 되었습니다.

→ 구체적일수록 좋습니다. 저는 직무 관련 강의를 듣다가 관심을 갖게 되었다고 작성했습니다.

[2문단]

직무에 걸맞은 인재가 되기 위해 프로그래밍을 배우고자 A 학원에서 6개월 동안 자바 웹 개발 직무를 습득하면서 실무 개발 기술에 대한 역량을 강화했습니다. 또한 개인적으로 B 프로젝트를 진행하며 ○○○ 기술에 대해 더 알아보았습니다.

→ 해당 직무와 관련된 기술을 터득하기 위해 어떤 노력을 해왔는지 작성합니다. 예로, 과거에 진행했던 프로젝트를 설명하고 어떠한 기술들을 습득했는지 나열합니다.

[3문단]

○○○ 개발자는 주어진 환경을 분석하여 요구 사항을 도출하고, 이를 프로그래밍 기술력을 통해 해결해야 할 것입니다. 저는 B 프로젝트를 통해 얻게 된 통찰력과 학원에서 습득한 기술을 결합하여 최적의 IT 웹 서비스를 만들고 싶습니다.

→ 실제 어떻게 이를 접목하여 회사에 기여할 것인지를 작성합니다.

3. 직선형 경험

직선형 경험이란 자신의 역량을 100% 활용하여 남들보다 더 잘 해낸 순간을 말합니다. 여기서 핵심은 '다른 사람과 비교했을 때 도드라지는 자신의 강점'입니다. 남들이 생각하지 못한 방향으로 문제를 해결한 경험을 녹여 내는 것이 좋습니다.

내가 어떤 목적을 달성하기 위해 남들과는 다른 방법을 사용했고, 결과적으로 커다란 성취감을 느꼈던 사례를 구체적으로 작성합니다. 가이드라인은 다음과 같습니다.

[1문단]

저는 A라는 문제를 풀기 위해서 2022년 학원에서 ○○ 역할을 한 경험이 있습니다. 저는 그 일을 하면서 ○○ 역할에 가장 집중했습니다.

→ 특정 기간 동안에 한 경험에 대해 설명하고, 어떠한 역할을 하고자 했는지 설명합니다.

[2문단]

당시 저는 ○○에 대한 목표가 있었고, ○○을 효율적으로 처리하기 위해 남들과는 다르게 B라는 생각을 했습니다. 특히 C라는 방법론을 함께 사용함으로써 부가적으로 D라는 경험도 할 수 있었습니다.

→ 그 목표를 위해 남들과 다른 어떠한 노력을 했는지 작성합니다.

[3문단]

그 결과, E라는 결과를 이끌어 낼 수 있었습니다. 이것을 통해 업무 효율성을 높일 수 있다는 것을 알게 되었습니다. 이 경험을 통해 배운 ○○ 역량은 앞으로 제가 ○○ 담당자로서 업무를 할 때 만나게 될 문제를 처리하는 데 많은 도움이 될 것입니다.

→ 목표를 이루면서 어떤 것을 익혔는지, 그리고 목표를 통해 실제로 어떠한 정량적 결과가 있었는지를 서술합니다. 마지막으로 이 경험을 기반으로 자신이 회사에서 어떠한 역할을 할 수 있는지 작성합니다.

직선형 자기소개서 샘플입니다. 참고해서 직접 자기소개를 작성해 보세요.

학교에서 배우는 이론적인 지식을 벗어나 실제 회사에서 어떤 실무적인 지식을 사용하는지 알기 위해 3학년 휴학 기간을 활용하여 패션 벤더 업체인 A의 B라는 팀에서 현장 인턴을 경험했습니다. 당시 인턴으로 일하면서 샘플 개발부와 디자인팀을 서로 연결하는 역할에 가장 집중했습니다.

그 이유는 학교에서 직접 접할 수 없는 경험일 뿐만 아니라 디자인팀의 원활한 업무 속도를 위해 제가 할 수 있는 역할이었기 때문입니다. 디자인팀과 샘플 개발부가 효율적으로 작업을 진행할 수 있도록 남들과는 다르게 샘플 관리 매뉴얼 및 샘플 개발부 지도를 만들어 정리했습니다. 총 50쪽의 인턴 매뉴얼을 만들어 정리함으로써 디자인팀 직원들뿐만 아니라 이사님에게까지 인정을 받기도 했습니다.

그 결과 약 30명의 디자인팀 직원 분들과 앞으로 인턴으로 일하게 될 1년당 20명의 인턴분들의 일의 효율성을 증대할 수 있게끔 도울 수 있었습니다. 실제로 회사 직원 분들이 인턴 인수인계 교육을 할 때 시간 절약에 도움이 되었다고 하였으며, 3년이 지난 지금까지도 사용되고 있다고 합니다.

이를 통해 체계화된 정리 습관이 회사의 업무 효율성을 높일 수 있음을 알게 되었습니다. 저의 이런 경험은 앞으로 디자인 담당자로서 일할 때 필요한 업무 효율성을 뒷받침해 줄 수 있는 역량이 될 것이라 자신합니다.

4. 곡선형 경험

곡선형 경험을 그대로 말하자면 구부러진 곡선처럼 밑으로 내려갔다가 다시 올라오는 모양을 가진 경험을 말합니다. 즉, 고난과 역경을 극복하여 무언가를 성취해 낸 경험이죠. 여기서 “나는 고난이라고 할 만한 경험을 한 적이 없다.”고 생각이 든다면 개복치 기법을 떠올려 봅시다. 예로, 팀 프로젝트에서 5명이 해야 하는 팀 프로젝트를 정황상 4명이 하게 되는 것도 고난이라고 할 수 있습니다. 혹은 하려고 했던 부분이 막혀서 원활하게 진행되지 않은 것도 어려움이라고 할 수 있습니다.

앞서도 이야기했지만, 중요한 것은 역경이나 어려움을 극복한 경험과 이를 통해 배운 점을 서술하는 것입니다. 곡선형 경험의 가이드라인은 다음과 같습니다.

[1문단]

A라는 곳에서 진행했던 B 프로젝트를 통해 불가능해 보였던 어려움을 극복하고 ○○○를 성공적으로 끝마친 경험이 있습니다.

→ 두괄식으로 어떤 고난을 겪었는지 정리하여 첫 번째 문장으로 멘트를 쓰고, 고난을 겪었던 상황을 자세하게 설명합니다.

[2, 3문단]

○○○라는 문제 상황을 해결하는 과정에서 저는 해결책을 찾아 적용해 보는 역할을 맡았습니다. 처음에는 힘들었지만, 결과적으로는 ○○○을 알아 가는 계기가 되었습니다.

이를 통해 ○○○의 상황이더라도 해결책을 찾아 차례로 적응한다면 어떠한 문제도 해낼 수 있다는 자신감을 얻고 방법론의 중요성을 얻을 수 있었습니다. 저의 이러한 경험은 앞으로 개발 직무 실무자로서 회사에 많은 도움이 될 것입니다.

→ 고난의 상황 속에서 내가 한 역할과 이를 극복하는 과정에서 느낀 점을 서술하고, 얻을 수 있었던 결과물을 정량적으로 작성합니다. 작성 분량이 많지 않다면 이에 대한 경험을 토대로 해당 회사에 어떻게 기여할 것인지도 작성하면 좋습니다.

곡선형 자기소개서 샘플입니다. 실제 지원했을 때 사용했던 내용입니다. 참고해 보면서 자신만의 곡선형 이야기를 써 보세요.

저는 IT 학원에서 진행했던 팀 프로젝트 경험을 통해 불가능해 보였던 어려움을 극복하고 프로젝트를 성공적으로 끝마친 경험이 있습니다. 팀 프로젝트 주제는 'JSP를 기반으로 웹 페이지 제작하기' 였습니다. 저희 팀은 처음부터 다른 팀에 비해 한 명이 부족한 상태로 프로젝트를 진행했습니다. 그렇지만 4명의 팀원들은 하고자 하는 의지가 강했고 참고 사이트와 주제 선정, ERD 구성까지 무난히 잘 나아갈 수 있었습니다.

하지만 모든 주제를 다 정한 후에 참조 사이트 코드를 가져와 쓸 수 있는 방법을 배울 수 있었는데 저희 팀이 참고 사이트로 정한 곳은 알고보니 코드가 복잡하고 나쁜 코드로 이루어진 사이트였습니다. 이미 모두 정했던 상황이라 어떻게 해야 할지 많은 고민과 함께 짧은 시간 안에 프로젝트를 성공적으로 끝마칠 수 있을지 걱정했습니다. 많은 고민 끝에 화면단부터 전부 직접 만들자는 의견이 나왔고, 팀원 모두가 배워 간다는 생각으로 팀원 모두의 동의하에 자신의 역할을 수행했습니다.

결과적으로 기한을 잘 지키면서도 팀원이 각자 맡은 역할을 다 해낼 수 있었습니다. 화면단부터 만든 팀은 저희 팀이 유일했으며, 이 경험을 통해 백엔드뿐만 아니라 프론트엔드도 많이 배워 볼 수 있는 계기가 되었습니다. 또한 강사님께서 가장 잘 한 프로젝트로 선정하여 다음 기수에게 예시로 보여주는 사이트로 사용되었습니다.

이를 통해, 불가능해 보여도 긍정적으로 열심히 자신의 역할에 임하고 팀원을 서로 돕는다면 어떤 결과물로든 만들어 낼 수 있다는 자신감을 얻을 수 있었습니다.

5. 강점 및 특기 사항

강점 및 특기 사항은 '객관적인 관점에서의 강점'을 말합니다. 즉, 누가 봐도 잘한다고 인정할 만한 강점이어야 합니다. 따라서 강점을 작성할 때는 그 강점으로 실제 어떤 경험을 이끌었고 어떤 결과를 성취했는지에 대해 자세히 작성해야 합니다. 그리고 이 강점을 지원하는 회사에서 어떻게 활용할 것인지에 대한 포부로 마무리하면 좋습니다. 가이드라인은 다음과 같습니다.

[1문단]

저는 A라는 강점이 있습니다. 이를 토대로 ○○ 기간 동안 B라는 회사에서 C로 일하면서 ○○ 역할을 해낸 경험이 있습니다. 당시에 ○○를 처리하는 데 직원분들이 어려움을 겪었습니다. 저는 A라는 자질을 살려서 이 문제를 해결하기 위해 여러 역할을 하였습니다.

→ 자신의 강점을 활용하여 이를 극복하는 과정을 설명합니다. 정량적인 결과물도 함께 언급합니다.

[2, 3문단]

제가 지원하는 개발 담당자에게는 ○○하는 자세가 필요할 것입니다. 저의 강점을 기반으로 주어진 문제에 대해 꼼꼼하고 효율적으로 일을 처리하는 모습을 보여 드리겠습니다.

→ 앞에서 작성한 내용들을 다시금 정리하면서, 나의 강점을 이 회사에서 어떻게 발휘할 것인지에 대해 작성합니다.

강점 및 특기 사항에 대한 자기소개서 샘플입니다. 실제 지원할 때 사용했던 내용입니다.

저는 일을 체계적이고 효율적으로 처리하는 강점이 있습니다. 실제로 2019년 A 기업에서 디자인팀 계약직으로 일하면서 인정을 받았습니다. 당시 디자인팀과 원단 창고 사이는 비교적 거리가 멀었고, 이 문제 때문에 직원들이 디자인을 할 때 어려움을 겪었습니다. 이를 해결하기 위해 저는 시간이 날 때마다 원단 디자인을 종류별로 정리했고, 원단을 작게 잘라 원단 북(book)을 만들었으며, 위치를 상세히 적어 직원들이 찾기 쉽게 정리했습니다.

계약 기간이 끝날 때에는 후임으로 오는 계약직 사원에게 효율적인 인수인계를 할 수 있도록 약 50장에 가까운 매뉴얼을 만들어 전달했습니다. 직원분들은 저의 이러한 노력을 인정해 주셨고, 출근 마지막날 케이크를 포함한 여러 선물과 롤링페이퍼를 한아름 안겨 주셨던 경험을 잊지 못합니다.

저의 강점은 현재 IT 웹 직무에 대해 배우고 있을 때도 이어져 왔습니다. 개발 학원을 다녔을 당시, 자바를 기반으로 오라클을 연동하여 CRUD를 토대로 프로그램을 만드는 개인 프로젝트 과제가 있었습니다. 저의 노력으로 만들어지는 프로그램인 만큼, 단순히 제출 용도가 아니라 실제로 유용하게 쓸 수 있을 만한 프로그램을 만들고 싶었습니다.

당시 하루에 공부만 8시간 넘게 하던 시절이라 공부할 때 쓰기 좋은 프로그램을 만들자고 생각했습니다. 이를 위해 저만의 백과사전 프로그램을 만들게 되었고 예제와 문법을 효과적으로 정리하여 실제로 공부를 하면서 많은 도움을 받아 공부 시간을 단축할 수 있었습니다. 또한 학원 강사님에게 실용적인 프로그램이라는 긍정적인 평가를 받을 수 있었습니다.

○○○ 개발 담당자라면 효율적인 모듈을 체계적으로 정리하여 개발하는 자세가 필요할 것입니다. 저의 강점을 기반으로 주어진 문제에 대해 꼼꼼하게 일을 처리하는 모습을 보여 드리겠습니다.

6. 성격의 장단점

내 성격의 장단점을 서술하라는 문항입니다. 가이드라인은 다음과 같습니다. 장점과 단점을 나누어 하나의 글에 자연스럽게 잘 녹이는 게 포인트입니다.

[1문단]

→ 내 성격의 장점에 대해 언급합니다. 이 장점이 주관적인 것이 아니라 객관적임을 뒷받침하기 위해 해당 장점으로 인해 얻을 수 있었던 결과물을 함께 작성합니다. 되도록이면 성격의 장점은 직무와 적합한 장점을 쓰는 것이 좋습니다. 예로, 개발 직무라면 요구 사항을 정확히 도출하여 분석하는 능력과 관련된 성격의 장점을 작성합니다.

[2, 3문단]

→ 단점에 대해 언급합니다. 다만 회복할 수 없는 건강적인 측면, 직무에서 지나치게 치명적일 것 같은 단점은 언급하지 않는 것이 좋습니다. 단점을 찾기 힘들다면 1문단에서 언급한 장점과 반대되는 것이 어떤 것일까 생각하면 쉽습니다.
예를 들어 장점을 추진력이라고 작성했다면 단점은 추진력으로 인한 강박 스트레스를 꼽을 수 있습니다. 항상 단점을 작성할 때는 이를 극복할 수 있는 대안책을 함께 제시해야 합니다. 추진력 있는 삶을 사느라 건강을 챙기지 못했다면 평상시에 건강 검진을 꾸준히 받고 영양제를 챙겨 먹는 습관을 들여 이를 극복했다고 작성할 수 있습니다.

성격의 장단점에 관한 자기소개서 샘플입니다. 참고용으로 읽어 보세요.

저는 추진력을 가지고 목표를 향해 나아가는 장점이 있습니다. IT 학원을 다니면서 관련 지식을 얻고자 정보처리기사 자격증까지 동시에 준비했습니다. 주위 사람들은 무리일 것 같다는 반응을 보였지만 4개월 동안 2개의 프로젝트를 성공적으로 마치고 자격증도 함께 취득하는 결과를 이끌어 냈습니다. 추진력 있는 저의 강점은 주어진 시간 내에 목표로 한 결과물을 창출해 내는 웹 개발 직무에서 빛을 발할 것입니다.

목표 지향적인 성격은 저를 발전시키기도 했지만 동시에 건강을 해치기도 했습니다. 이를 극복하고자 생기 있는 삶을 위해 가끔은 쉬어 가며 나 자신을 다독이는 시간을 갖고자 노력했고 비타민 B, C, D, 루테인 등 각종 영양제를 챙겨 먹기 시작했습니다. 그 결과 지금까지도 큰 병이나 잔병치레 없이 건강한 삶을 유지하고 있습니다.

저의 장점은 살리고 단점을 극복하려는 노력을 토대로 웹 개발 직무에서 주어진 목표를 향해 힘차게 나아가고 싶습니다.

7. 창의적 문제 해결

창의적 문제 해결은 자신에게 주어진 일이나 과제를 수행하는 데 있어 고정관념을 깨고 창의적으로 문제를 해결했던 사례에 대해 서술하는 문항입니다. 되도록 구체적으로 작성하는 게 좋습니다. 가이드라인은 다음과 같습니다.

[1문단]
A라는 프로젝트를 진행하면서 발생했던 B 이슈를 기존의 방법이 아니라 새로운 방법으로 해결한 경험이 있습니다. 당시 저의 상황은 이렇습니다.
→ 두괄식으로 결과를 작성 후 당시 상황을 설명합니다.

[2문단]
B 이슈를 해결하기 위해 기존에는 C라는 방법을 사용했으나, 환경의 변화와 기술의 발전으로 D 방법이 더 유용할 것이라고 판단하였습니다. 그래서 C 방법보다 D 방법이 우수한 점을 분석해서 팀원들을 설득했습니다.
→ 창의적인 방법을 모색하고 이를 접목하기 위한 노력을 설명합니다.

[3문단]
팀원들은 저의 의견을 만장일치로 받아들였습니다. D 방법을 접목시킨 결과, 기존에 걸리는 시간보다 3시간을 단축시킬 수 있었으며 기존의 C 방법을 따른 다른 팀들보다 더 높은 점수를 받을 수 있었습니다.
이를 통해 저는 유연하게 사고하는 힘을 깨달을 수 있었습니다. 이러한 경험을 토대로 ○○ 회사에서 개발의 역할을 수행하는 담당자가 되겠습니다.
→ 창의적인 방법으로 문제를 해결한 결과 및 긍정적인 결과들을 작성합니다. 정량적일수록 좋습니다. 또한 지원 회사에서 어떻게 활약을 할 것인지에 대해 작성합니다.

9강

포트폴리오와 면접 준비하기

1 비전공자가 포트폴리오 제작하는 방법

자, 이력서와 자기소개서까지 완성되었다면 이제는 중요한 포트폴리오가 남았습니다. 하지만 개발 경험이 적은 비전공자는 포트폴리오를 과연 어떻게 준비해야 할까요? 물론 이 방법이 무조건 좋다고는 할 수 없습니다. 다만 비전공자가 취직하기에는 좋은 방법이라고 자신합니다. 실제로 다음과 같은 방법을 적용해서 서류 합격에 성공한 지인이 있었습니다. 가이드라인을 알아보겠습니다.

1. 프로젝트의 단권화

만약 개발 관련 학원을 다니고 있는 중이라면 팀 프로젝트 결과물을 사이트로 만들거나 PPT로 발표할 수 있습니다. 이 프로젝트 사이트와 PPT는 비전공자에게 좋은 포트폴리오가 됩니다.

학원을 다니면서 만든 결과물을 어떻게 포트폴리오로 완성할 수 있을까요? 핵심은 '단권화'에 있습니다. 학원에 다니면서 진행했던 모든 프로젝트를 하나의 PPT로 깔끔하게 단권화시키는 것입니다. 팀 프로젝트를 진행했을 경우, 자신이 맡아 진행했던 부분을 뽑아 냅니다. 예로, 팀 프로젝트에서 자신이 만든 파트가 '결제 페이지', '장바구니 페이지'라면 해당 파트만 추출해서 PPT에 정리하면 됩니다.

제가 했던 방식을 순서대로 보겠습니다. 참고로 저는 개인 프로젝트 1개, 팀 프로젝트를 2개 수행했습니다.

[그림 9-1] 프로젝트별로 목차화

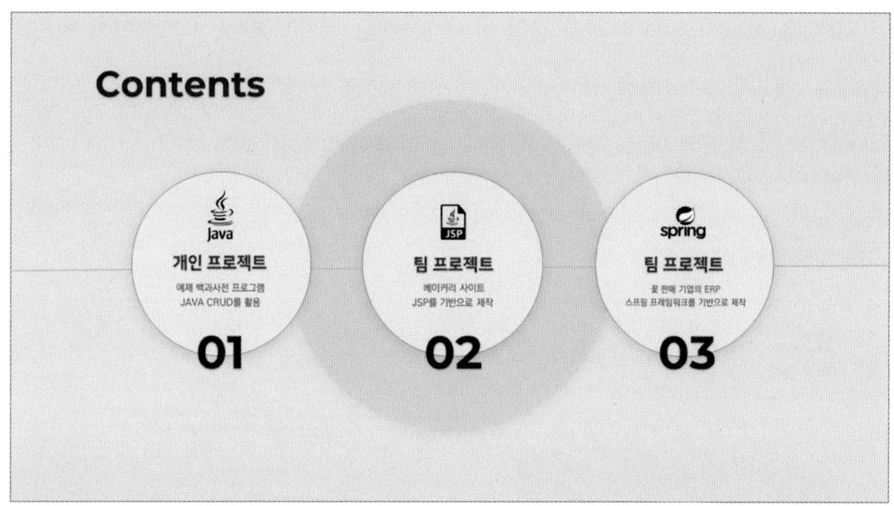

↑ 포트폴리오 첫 화면입니다.

[그림 9-2] 화면단과 코드 설명

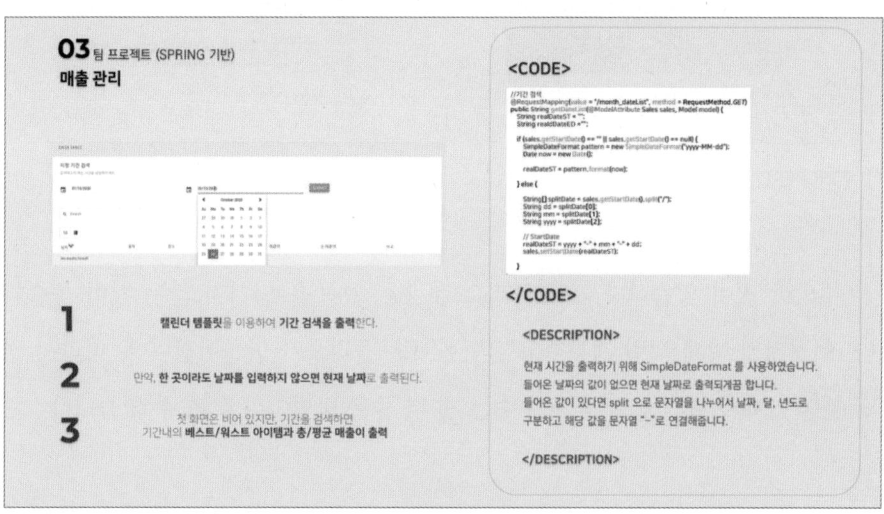

↑ 화면단을 구현하기 위해 중요한 부분만 간략하게 설명을 달아 줍니다.

또한 단순히 이미지만 넣는 것이 아니라 해당 화면단을 구현하기 위해 코딩한 것을 자세한 설명과 함께 적어 줍니다. 이때 모든 코드를 구구절절 쓴다는 느낌보다는 해당 기능을 구현하기 위해 어떠한 메소드, 기술 등을 사용했는지 간략하게 보여 준다는 느낌으로 적습니다.

코드를 적는 이유는 단순히 캡처 이미지만으로 결과물을 보여주지 않기 위해서입니다. 결과물을 '어떠한 코드로, 어떠한 메소드를 통해' 만들었는지에 초점을 두어 내가 적재적소에 맞는 코드를 작성할 수 있는 사람임을 보여 줄 수 있습니다.

[그림 9-3] 화면단과 쿼리

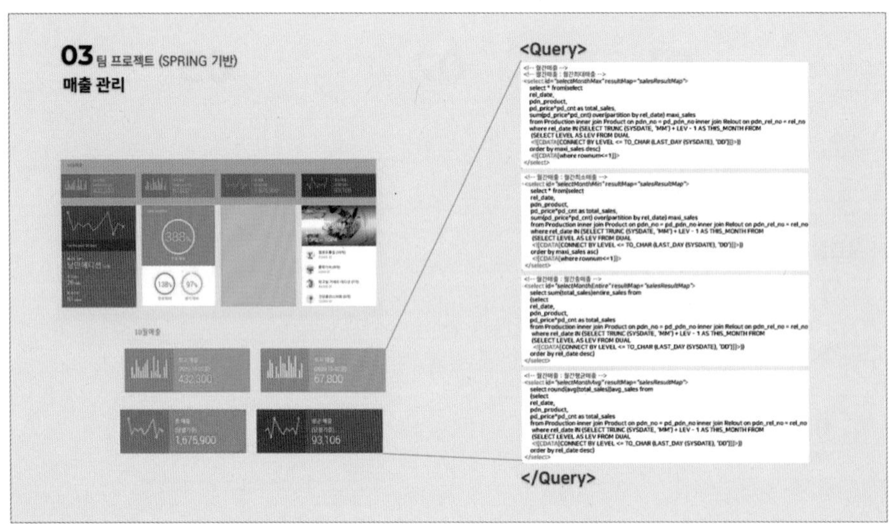

↑ 쿼리나 ERD 부분도 넣어 줍니다.

주의할 점이 있습니다. 포트폴리오 분량은 20쪽을 넘기지 않는 것이 좋습니다. 이것저것 넣게 되면 지루하고 산만한 포트폴리오가 만들어집니다. 따라서 적당 분량 안에서 나의 능력을 보여 주는 게 더 좋은 방법이라고 볼 수 있습니다.

2. 코드 결과물을 깃허브에 올리자

깃허브github라는 웹사이트에 대해 들어보셨나요? 개발자들이 코드를 공유하기도 하고, 문제가 생겼을 때 도움을 요청하면 해결책을 얻을 수도 있는 곳이죠. 개발자들의 '집단 지성'을 엿볼 수 있는 곳이라고 할 수 있겠네요. 특히 깃허브의 대표적인 서비스로 리포지토리Repository라는 공간이 있는데요. 프로그램 코드를 올리면 다른 개발자도 코드를 보거나 사용할 수 있습니다. 바로 이곳에 나만의 포트폴리오를 만들 수 있습니다. 내가 만들었던 코드를 전부 깃허브에 올려놓고 지원서에는 해당 링크를 첨부하면 됩니다. README를 활용하여 자신이 구현했던 코드를 링크로 걸어 북마크처럼 쏙쏙 찾아보는 형식으로도 만들 수 있습니다.

본격적으로 IDE 중에서 VS Code를 기반으로 깃허브에 코드를 올리는 방법을 이야기하겠습니다. 일단 깃Git(소스 관리 툴)을 설치해야 깃허브에 코드를 올리는 일이 가능합니다. 따라서 깃을 먼저 다운로드받아서 따라 해 보세요.

(1) 리포지토리 생성 후 프로젝트 올리기

깃허브에 회원 가입하고, 'Your repositories'를 보면 아무것도 없다고 나옵니다. 우리는 이 공간에 새로운 리포지토리를 만들고, 코드를 넣을 겁니다. 'New'를 클릭해 새로운 리포지토리를 만듭니다.

[그림 9-4] 새로운 리포토리지 생성

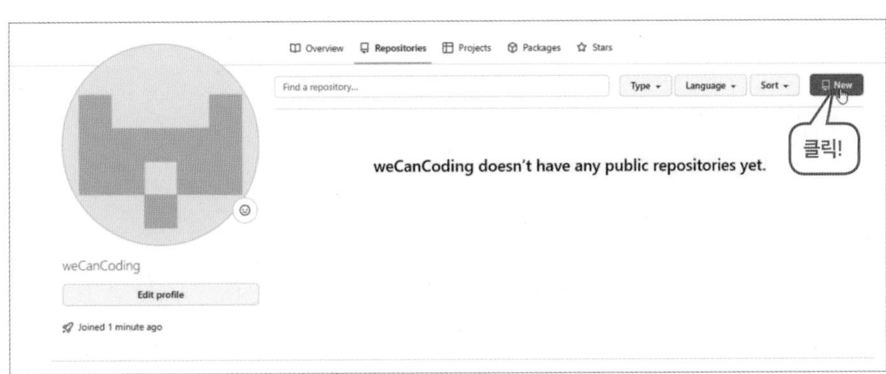

원하는 리포지토리의 이름을 적어 주고, 공개 여부(public·private)를 지정합니다. Add a README file을 클릭한 후, 'Create repository'를 누릅니다.

[그림 9-5] 리포지토리 생성 시 옵션 설정

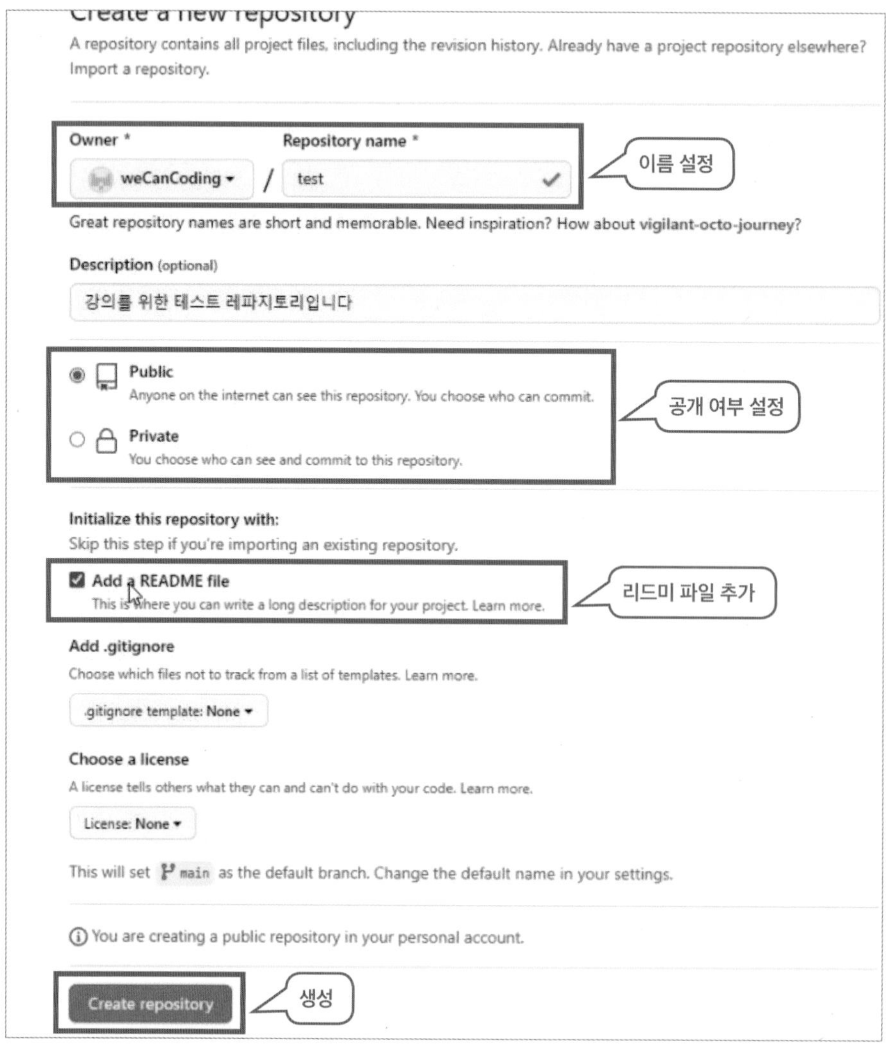

리포지토리가 추가된 상태입니다. 여기에 작성한 코드들을 넣어 봅시다.

[그림 9-6] 리포지토리가 생성된 결과

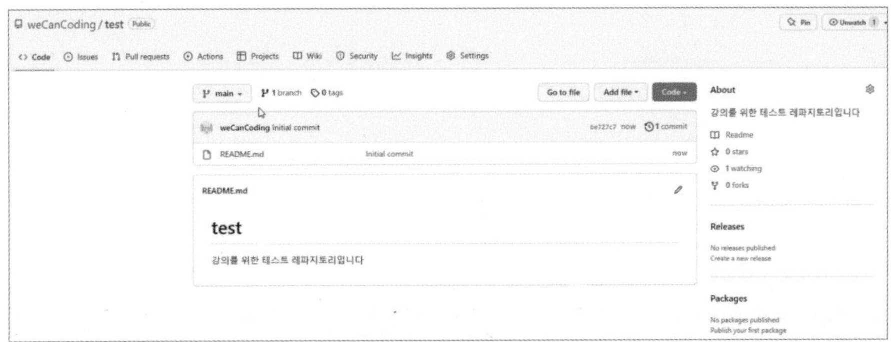

생성한 리포지토리에 원하는 코드가 담긴 폴더를 올리겠습니다. 다음으로 VS Code에서 깃허브로 올리고자 하는 폴더를 마우스 오른쪽 클릭 후, '통합 터미널에서 열기' 버튼을 선택합니다.

[그림 9-7] 프로젝트 선택하여 통합 터미널에서 열기

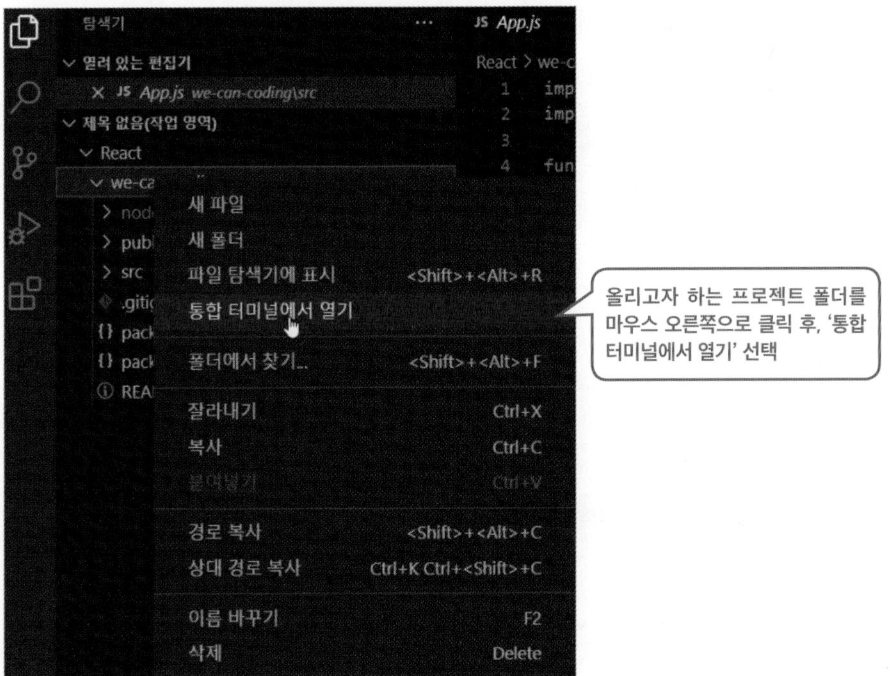

통합 터미널에 왔다면, git init 명령어를 사용하여 깃을 초기화해 줍니다.

```
git init
```

[그림 9-8] git init의 결과

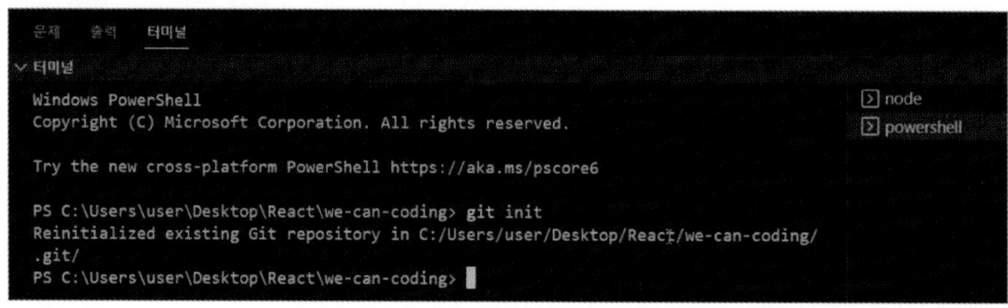

깃허브와 프로젝트 폴더를 연결하기 위해 remote 작업이 필요합니다. 깃허브에서는 보안을 강화하고자 토큰 방식으로 remote하는 것을 권장합니다. 따라서 토큰을 발급받는 방법부터 알아보겠습니다. 'setting → Developer setting → Personal access tokens' 순서로 들어갑니다.

[그림 9-9] Developer settings

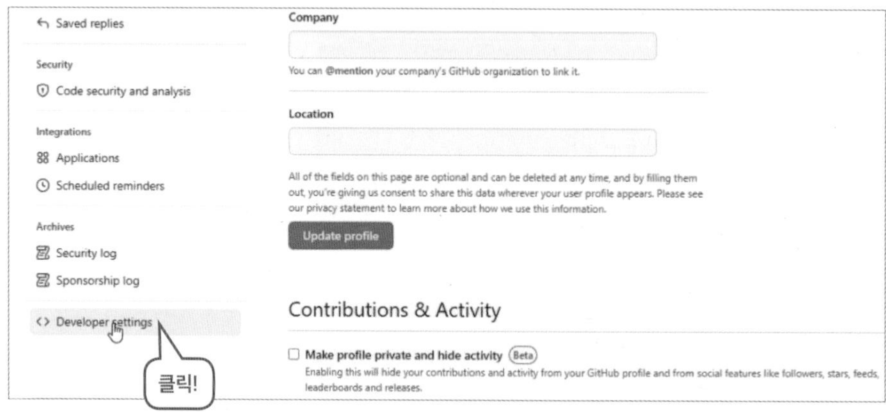

[그림 9-10] Personal access tokens

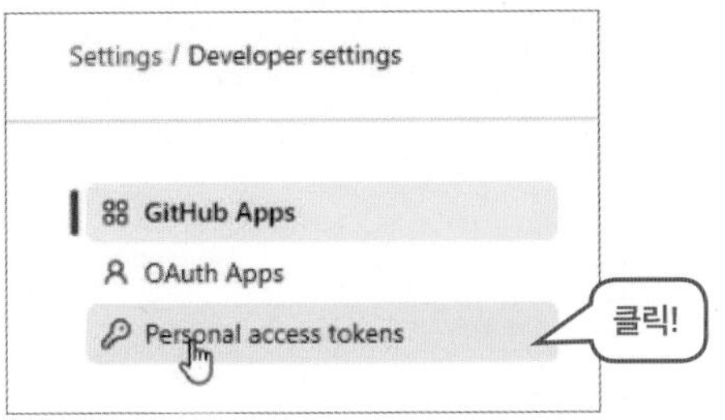

토큰을 만들 수 있게 됩니다. 원하는 토큰으로 설정 후에 'Generate token' 버튼을 눌러 토큰을 생성합니다.

[그림 9-11] 토큰 설정

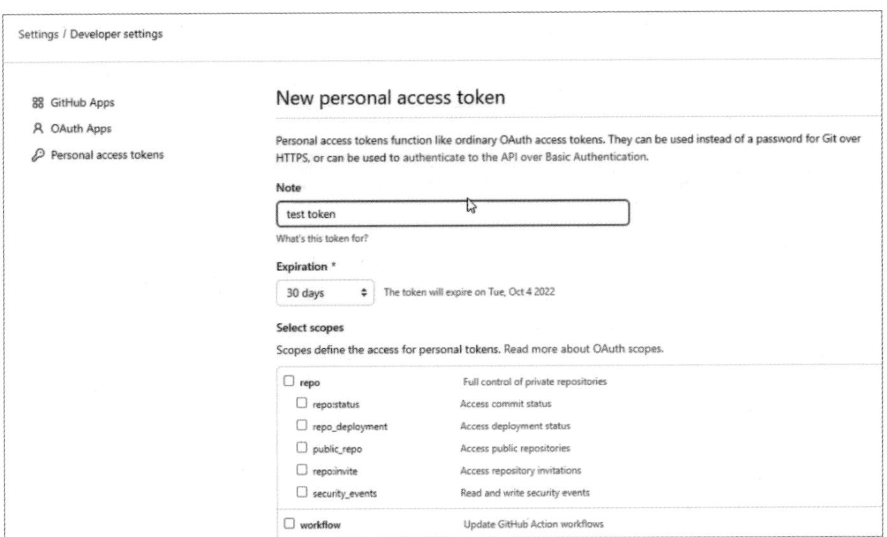

[그림 9-12] 토큰 생성

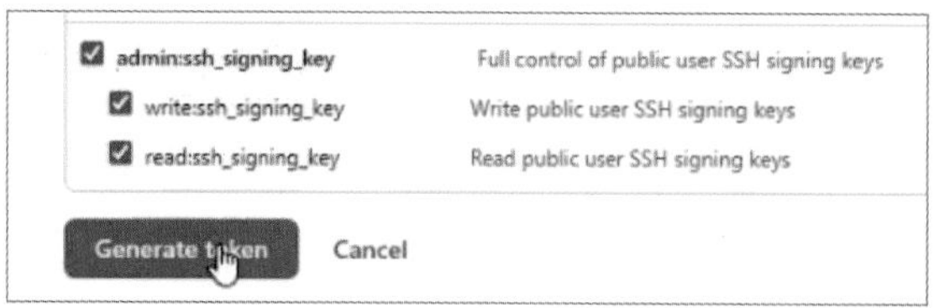

여러 토큰 설정을 하고 'Generate token' 버튼을 눌러 토큰을 추가합니다. 토큰 설정은 자신이 원하는 범위에 맞게 자율적으로 설정합니다. 토큰을 생성했다면, remote 준비가 다 된 것입니다. 앞의 터미널 창으로 돌아가서 다음과 같은 명령어를 입력하겠습니다.

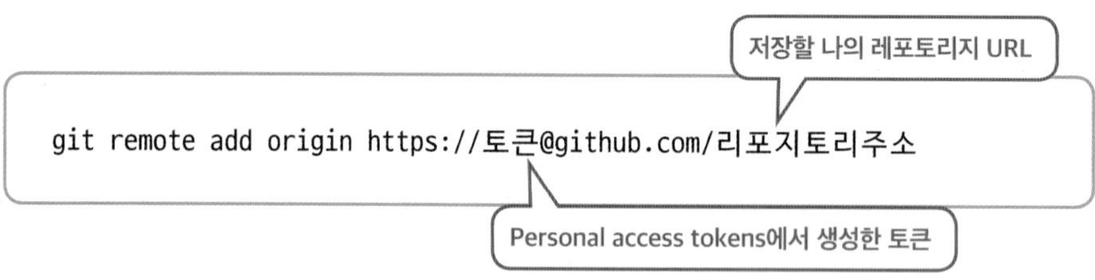

여기서 '토큰'은 'Personal access tokens'에서 생성한 토큰을 복사하여 넣으면 되고, '리포지토리주소'는 리포지토리 주소를 찾아 넣으면 됩니다.

[그림 9-13] 토큰 복사

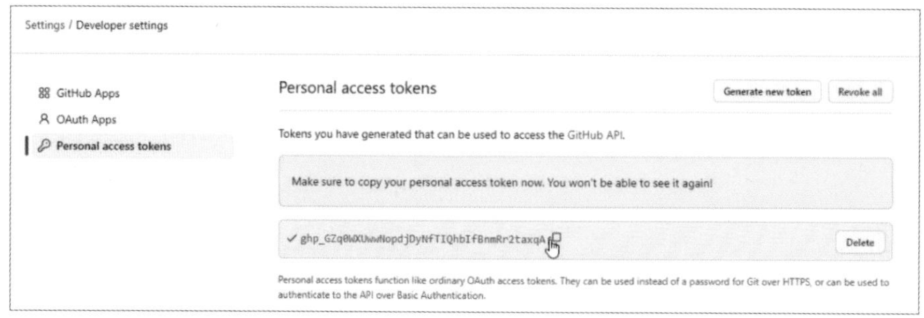

↑ 여기서 토큰을 복사하여 사용합니다.

[그림 9-14] 리포지토리 주소 복사

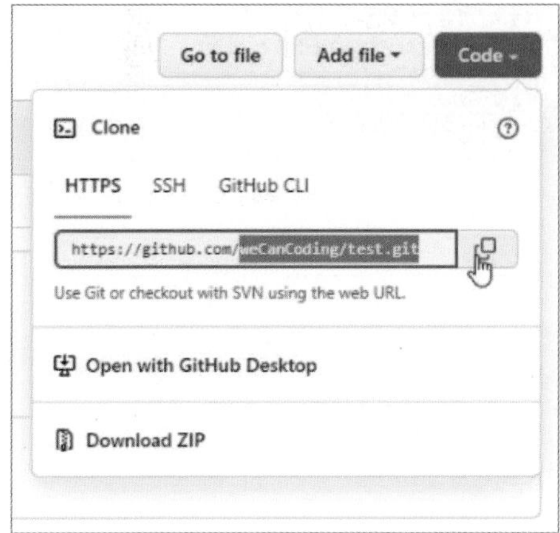

↑ 여기서 리포지토리 주소를 복사하여 사용합니다.

[그림 9-15] git remote를 작성한 모습

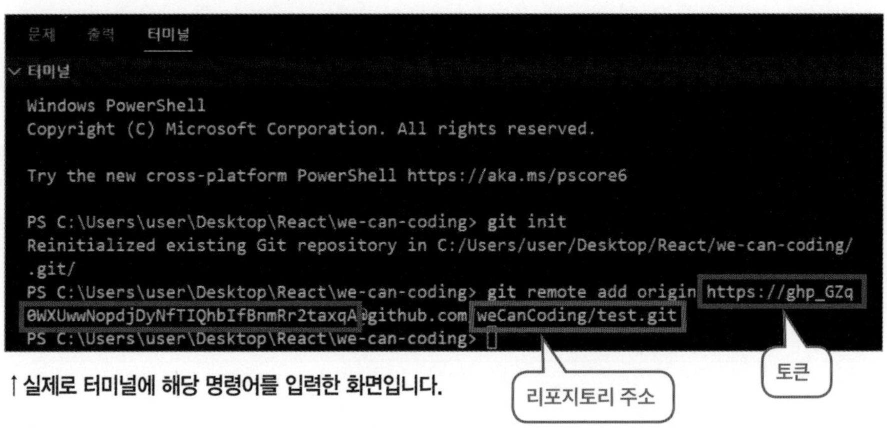

↑ 실제로 터미널에 해당 명령어를 입력한 화면입니다.

remote까지 완료하였다면, 제대로 remote가 되었는지 확인해 보세요. '소스 제어'에서 자신이 변경한 코드가 잘 보여지고 있다면 remote가 정상적으로 된 것입니다.

[그림 9-16] 소스제어 탭의 'Changes'

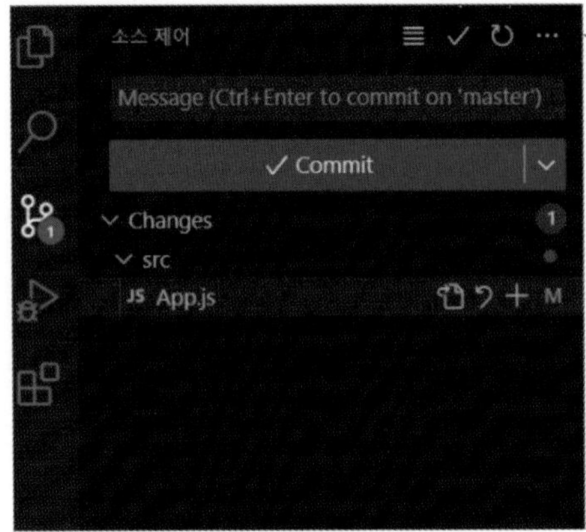

올릴 파일을 본격적으로 설정합니다. git add .를 하게 될 경우 현재 변경된 파일을 모두 넣을 수 있습니다. 만약 특정 파일만 올리고자 한다면 git add 파일명을 작성합니다. 보통은 한꺼번에 올리는 경우가 많아 git add .를 사용합니다.

```
git add .
```

↑변경한 모든 파일을 리포지토리에 올릴 준비를 합니다.

```
git add 변경할 파일
```

↑특정 파일만 올리고 싶을 경우 해당 방법으로 진행합니다.

[그림 9-17] git add

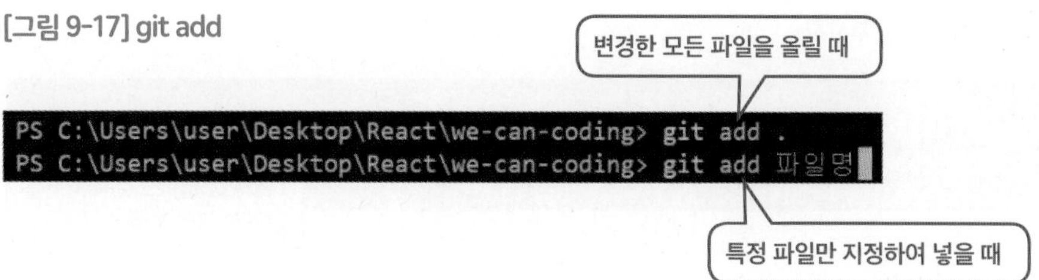

git add를 하게 되면 다음과 같이 리포지토리에 올릴 준비가 된 코드들이 'Staged Changes'에 적용됩니다.

[그림 9-18] 소스제어 탭의 'Staged Changes'

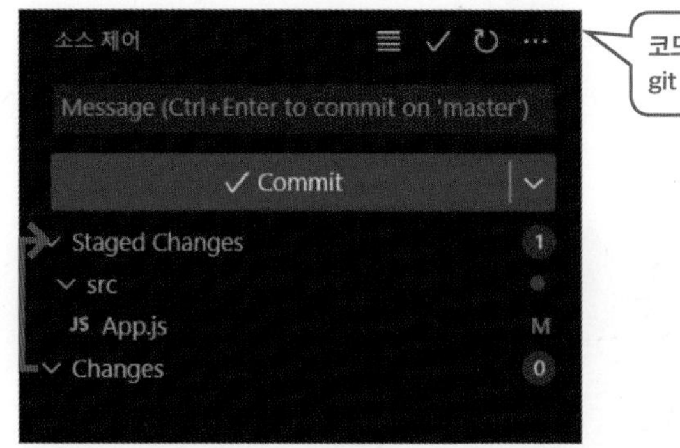

이제는 commit 작업을 통해 이 코드들을 리포지토리에 올릴 준비를 마칩니다. 커밋을 할 때는 항상 커밋 메시지와 함께 올립니다. 커밋 메시지는 자유롭게 작성하면 됩니다.

```
git commit -m "커밋 메시지 작성"
```

[그림 9-19] 커밋 메시지

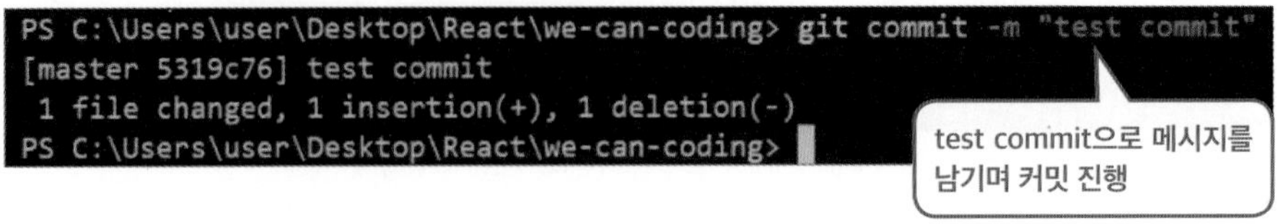

```
PS C:\Users\user\Desktop\React\we-can-coding> git commit -m "test commit"
[master 5319c76] test commit
 1 file changed, 1 insertion(+), 1 deletion(-)
PS C:\Users\user\Desktop\React\we-can-coding>
```

test commit으로 메시지를 남기며 커밋 진행

커밋을 했다면, push를 통해 리포지토리로 밀어 주도록 합니다. 다음과 같이 master 브랜치로 push합니다.

```
git push origin master
```

[그림 9-20] git push origin master

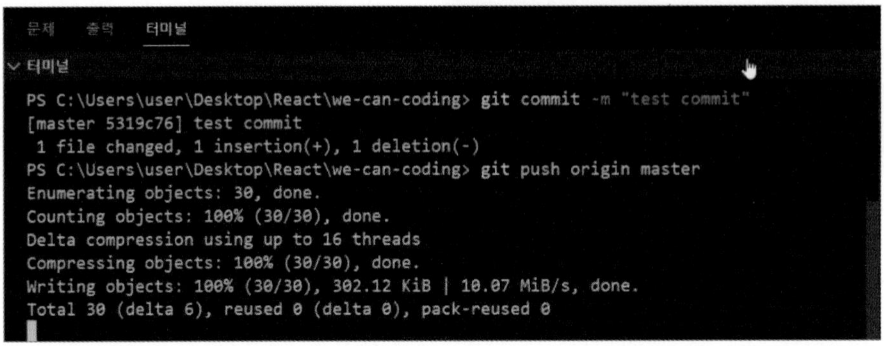

```
문제    출력    터미널
∨ 터미널
PS C:\Users\user\Desktop\React\we-can-coding> git commit -m "test commit"
[master 5319c76] test commit
 1 file changed, 1 insertion(+), 1 deletion(-)
PS C:\Users\user\Desktop\React\we-can-coding> git push origin master
Enumerating objects: 30, done.
Counting objects: 100% (30/30), done.
Delta compression using up to 16 threads
Compressing objects: 100% (30/30), done.
Writing objects: 100% (30/30), 302.12 KiB | 10.07 MiB/s, done.
Total 30 (delta 6), reused 0 (delta 0), pack-reused 0
```

비어 있던 리포지토리에 master 브랜치로 내가 작성한 코드가 올라와 있는 것을 볼 수 있습니다.

[그림 9-21] 코드 업로드

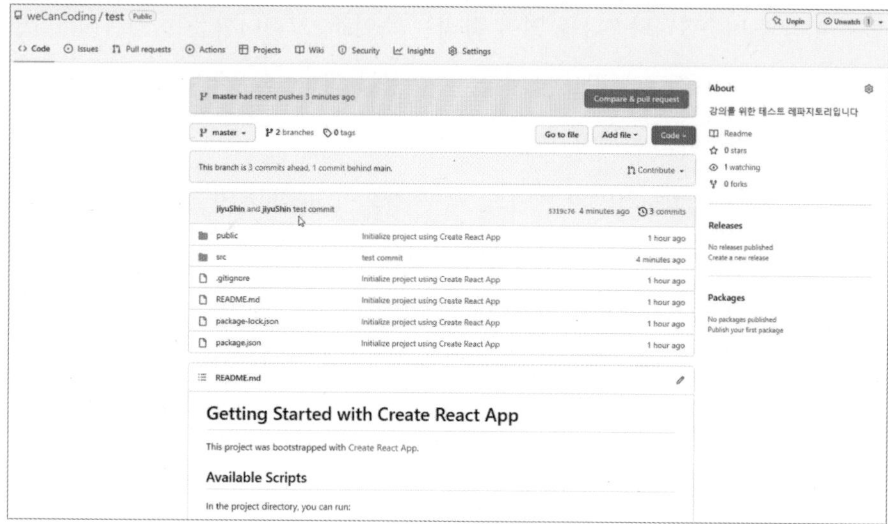

(2) README 파일로 포트폴리오의 완성도 높이기

앞서 'Add a README file' 체크 박스를 클릭하고 리포지토리를 생성했는데요. README 파일을 왜 만들었는지, 포트폴리오를 만들 때 얼마나 유용한지 보겠습니다.

[그림 9-22] 마크다운으로 작성한 깃허브 README 파일

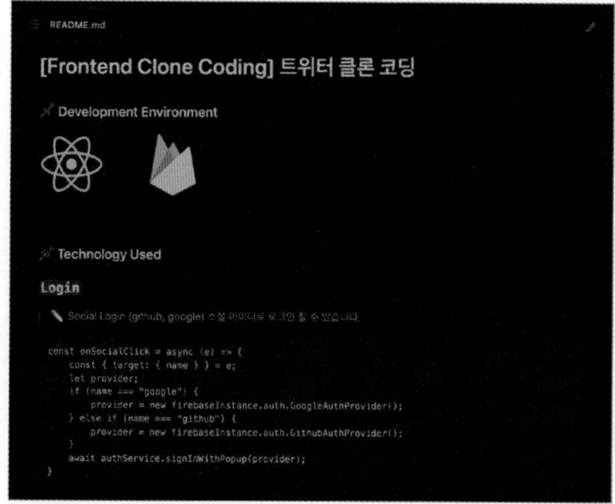

리포지토리에 들어가면, 바로 보이는 파일이 바로 README 파일입니다. 역할은 이름과 비슷합니다. '나를 읽어 줘'라는 뜻이죠. 그러니까 '읽히기 위한' 파일입니다. 해당 프로젝트에 필요한 사항, 특징 등을 담아 놓는 역할이죠. 문자와 부호로 작성된 마크다운 문서입니다.

마크다운은 텍스트 기반의 언어로, 특수 기호 및 문자를 이용하여 마치 HTML 태그를 생성하듯이 화면을 꾸밀 수 있습니다. 사용 방법도 간단합니다. 마크다운이 지원하는 문법에 맞춰 작성하면 됩니다. 마크다운은 해당 사이트에 잘 기재되어 있습니다.

마크다운 작성법 QR

그나저나 왜 포트폴리오에서 README가 중요한 문서일까요? 바로 책으로 치면 목차와 같은 역할을 하기 때문입니다. 프로젝트의 규모가 크거나 코드가 방대할 경우 보는 사람들은 어떤 프로젝트인지 감이 안 올 수도 있습니다. README는 이를 일목요연하게 정리하여 프로젝트에 어떠한 기술 스택이 사용되었고, 수준이 어느 정도인지 보여주는 역할을 하죠.

최근에는 이모지emoji와 함께 깔끔하게 정리하는 것이 트렌드입니다. 하이퍼링크를 걸 수도 있기 때문에 레포토리지의 나침반 역할도 톡톡히 수행합니다. README를 얼마나 잘 작성하느냐에 따라 깃허브 포트폴리오의 질이 달라질 수 있다고 봐도 과언이 아니죠.

VS code가 아니라 이클립스를 사용하게 될 경우 다음의 순서를 차근차근 따라가 보세요. SOO_VELY님의 개발 블로그에 자세히 나와 있어 사전 동의 후 링크를 첨부합니다.

window 10 깃 설치 QR

이클립스에서 깃허브로 프로젝트 올리기 QR

[표 9-1] 이력서, 자기소개서, 포트폴리오 체크리스트

[이력서]

- ☐ 개발 이외의 경력 사항을 넣지는 않았나요?
- ☐ 내가 어떤 기술을 배웠는지 한눈에 보이도록 만들었나요?
- ☐ 지원하고자 하는 직무에 대해 정확히 파악했나요?

[자기소개서]

- ☐ 개인적으로 쓰는 일기처럼 작성하지는 않았나요? (일기처럼 작성했다면 STAR 기법을 다시 한 번 살펴보세요.)
- ☐ 첫 문장을 두괄식으로 작성했나요?
- ☐ 경험에서 얻은 결과물을 정량적으로 작성했나요?
- ☐ 경험을 토대로 이 회사에서 어떻게 기여할 것인지 마무리 멘트를 작성했나요?

[포트폴리오]

- ☐ 팀 프로젝트에서 내가 아닌 다른 팀원이 작성한 분량도 함께 들어가 있나요?
- ☐ 실제로 구현한 화면 단과 실제 코드를 함께 첨부했나요?
- ☐ 포트폴리오를 깃허브에 업로드하고 URL을 첨부했나요?

3. 포트폴리오? 코딩테스트?

요즘 많은 기업에서 코딩테스트를 한다고 합니다. 쉽게 말해 각 기업에 입사를 하기 위해서 치르는 실기 시험이라고 보면 됩니다. 많은 비전공자들이 코딩테스트에 겁부터 먹고 시작하는 경우가 종종 있습니다. 하지만 미리 겁 먹고 좌절하지 않아도 됩니다. 대부분의 대기업에서 코딩테스트를 시행하는 것은 맞지만 중견기업에서는 코딩테스트를 보지 않는 경우도 많기 때문입니다.

물론 비전공자 출신의 개발자라면, 처음부터 코딩테스트에 통과하는 게 쉽지 않긴 합니다. 코딩테스트 문제를 풀어 보면서 공부하는 것도 좋지만, 중견기업에 지원하여 첫 단추를 꿰고 그 후에 차차 공부하면서 대기업으로 이직하는 방법도 추천합니다.

• 코딩테스트 웹사이트
다양한 난이도의 코딩테스트를 풀어볼 수 있습니다. 코딩테스트를 풀 때마다 기록이 남는데, 이를 이력서와 함께 제출하면 코딩테스트 실력을 어필할 수 있습니다. 프로그래머스 웹사이트 외에 백준 코딩테스트도 많이 사용하는 곳입니다.

2 인적성 검사, 생각보다 더 중요하다

인적성 검사를 시행하는 회사도 많습니다. 인적성은 인성 검사와 적성 검사를 합친 시험입니다. 적성 검사는 수리·언어·공간 능력을 측정하는 문제가 출제되며, 회사마다 문제 스타일이 다르기 때문에 보통 GSAT(삼성그룹 적성 검사)의 문제로 준비하는 경우가 많습니다. 또한 회사마다 인적성 반영 비율도 달라서 지원하는 회사에 인적성이 있다면 어느 정도의 비중을 차지하는지 찾아보는 게 좋습니다.

저는 인성 검사도 정말 중요하다고 생각합니다. 인성 검사로 기업에 맞는 인재상을 추려내기 때문입니다. 인성 검사를 풀다 보면 비슷한 맥락의 질문이 반복해서 나옵니다. 그렇게 수십 개의 문제를 풀다 보면 "전에 물어봤던 문제 아닌가? 왜 또 물어보지?" 같은 궁금증이 들기도 하죠. 왜 그럴까요? 바로 신뢰도를 측정하기 위해서입니다.

반복되는 질문임에도 문항마다 지원자가 다른 답변을 한다면, 해당 지원자의 신뢰성이 낮다고 판단하게 됩니다. 즉, 유사한 질문에 다른 답변을 하게 되면 회사가 원하는 인재상으로 보여지게끔 거짓으로 꾸미고 있다는 결과가 나오는 것이죠. 따라서 인성 검사는 솔직하게 하는 게 좋습니다. 다시 말해, 자신을 꾸미지 않고 솔직하게 답변을 해야 합니다.

중요한 점이 하나 더 있습니다. 인성 검사의 문항은 보통 다섯 가지로 구성됩니다. '매우 그렇다, 그렇다, 잘 모르겠다(보통이다), 그렇지 않다, 매우 그렇지 않다'의 답변이 있는 것이죠. 이때 중간에 있는 문항인 '잘 모르겠다' 같은 중립적인 답변을 자주하는 것은 좋지 않습니다.

실제 지인 중 한 명이 제가 재직하고 있는 회사로 지원한 적이 있습니다. 헌데 어쩌다 보니 제가 지인의 불합격 이유를 듣게 되었습니다. 인성 검사 결과서가 좋지 않아서 탈락한 건데 알고 보니 인성 검사의 답변의 대부분을 '잘 모르겠다', '보통이다' 같은 중립적인 답변만 했던 것입니다. 이런 답변을 많이 할수록 인성 검사에 성실하게 임하지 않은 것처럼 보여져서 좋은 인상을 남기기가 힘듭니다.

이처럼 인성 검사는 생각보다 중요합니다. 언어, 수리 등의 문제를 푸는 적성 검사가 상대적으로 어려워 적성 검사에만 집중하는 데, 인성 검사에도 주의를 기울여야 합니다. 인성 검사는 차분하게, 솔직하게, 그리고 중립적인 의견보다는 자신의 의견을 적당히 피력할 줄 알면 좋은 결과를 얻을 수 있습니다.

3 면접 볼 때 반드시 준비해야 하는 것

면접 볼 때 빼놓지 말고 준비해 가야 할 것이 있습니다. 바로 1분 자기소개 대본입니다. 자기소개는 5분이 넘어가면 길게 느껴집니다. 오히려 구구절절 말하는 것보다는 명료하게 내 할 말만 하는 게 더 낫습니다. 게다가 첫인상을 좌지우지하는 것이기 때문에 확실하게 외워 가는 것이 좋습니다. 짧은 시간 동안 '나'라는 사람을 영업한다고 생각하면 되겠네요.

내 옆의 경쟁자를 뽑지 않고 굳이 나를 뽑아야 할 만한 근거를 들어야 합니다. 짧고 강렬한 1분 자기소개를 준비하고 달달 외웁시다. 간단하게 설명하기 위해 1분 자기소개 대본이라고 설명했을 뿐, 약 1분에서 3분 정도의 분량이 적당합니다. 자기소개 가이드는 실제 1분 자기소개서와 자연스러운 흐름을 가진 자기소개서, 자신을 3개의 키워드로 설명하는 흐름으로 세 가지를 소개하겠습니다. 잘 따라와 주세요.

1. 1분 자기소개 가이드

1분 자기소개를 위한 가이드는 다음과 같습니다. 임의로 작성된 예시입니다.

안녕하십니까? 어떤 버그도 다 잡아 내겠다는 열망을 지닌, 웹 백엔드 직무에 지원한 ○○○입니다. 저는 끈기력을 가지고 문제 해결을 위해 창의적인 시도를 하는 자세를 가졌습니다. 이러한 자세야말로 프로그램 개발 능력을 향상시킬 수 있는 태도라 생각합니다. 실제로 저는 IT 개발 동아리에서 A 프로젝트를 한 경험이 있습니다.
→ 자신이 포인트로 잡은 것에 대한 (여기서는 끈기력을 가지고 문제 해결을 위해 창의적인 시도를 하는 자세) 경험을 적습니다. 시간적 여유가 된다면 경험을 두세 가지 정도 더 적습니다.

그래서 저는 이 역량을 살려 일할 수 있는 웹 백엔드 직무에 지원하게 되었습니다. 요구 사항을 도출하여 끈기 있게 상황을 해결해 나가야 하는 웹 백엔드 직무에서 실력을 인정 받는 직원으로 나아가는 모습을 보여 드리겠습니다. 감사합니다.
→ 자신의 경험과 지원 직무를 다시금 연결시켜 마무리합니다.

다음과 같은 형식으로도 작성할 수 있습니다. 즉, 자신을 나타내는 특징을 3개의 키워드로 정리해서 설명하는 흐름입니다.

안녕하십니까? 어떤 버그도 다 잡아 내겠다는 열망을 지닌, 웹 백엔드 직무에 지원한 ○○○입니다. 웹 백엔드 직무에 필요한 역량은 A, B, C라고 생각합니다. 이와 관련된 경험을 위주로 자기소개를 시작하겠습니다.
첫째, 저는 A를 갖추고 있습니다. 대학교 5대 발표 동아리 회장을 역임하며 이 능력을 더욱 키웠습니다.
→ 웹 백엔드 직무에 필요한 역량인 A를 가지고 있다는 근거를 실제 경험을 들며 설명합니다.

둘째, 저는 B를 갖추고 있습니다.
→ 동일하게 키워드와 경험에 의한 근거를 함께 설명합니다.

셋째, 저는 C를 갖추고 있습니다.
→ 동일하게 키워드와 경험에 의한 근거를 함께 설명합니다.

이와 같은 준비된 역량과 열정을 발휘하여 웹 백엔드 개발 직무의 핵심 인재로 성장하고 싶습니다. 감사합니다.

2. 1분 자기소개 대본

다음의 자기소개 대본은 실제 제가 면접에서 사용했던 것입니다. 참고용으로 읽어 보세요.

> 안녕하세요. 저는 A 개발 직무 지원자입니다. 저는 추진력을 가지고 목표를 향해 나아가는 자세를 지켜왔습니다. 이러한 자세야말로 저를 계속 발전시킬 수 있기 때문입니다.
>
> 실제로 개발 직무에 확신을 가진 이후 약 6개월 간 자바 개발자 전문 교육을 받았으며, 2개의 프로젝트를 진행하는 동안에도 정보처리기사 자격증을 취득하며 목표 지향적으로 나아갔습니다.
>
> 뿐만 아니라, 공모전이나 서포터즈와 같은 단체 활동에서 항상 디자이너 역할을 맡아 왔던 저는 눈으로 보이는 결과물을 만들어 내는 것에 강점이 있습니다. 그래서 이와 같은 역량을 살려 일할 수 있는 직무에 지원했습니다. 효율적이고 직관적인 UI를 개발하는 A 개발 직무에서 실력을 인정받는 직원으로 나아가는 모습을 보여 드리겠습니다. 감사합니다.

3. CS 면접 질문

개발자라면 기술 면접은 피해 갈 수 없습니다. 기술 면접이란 지원자가 지원한 직무와 관련된 기술에 대해 얼마나 알고 있는지 확인하는 자리입니다. 따라서 기술과 관련된 질문을 집중적으로 합니다. 이를 CSComputer Science 면접이라고도 부르죠. 답을 잘하기 위해서는 자신이 지원한 직무 기술과 관련된 지식을 평소에도 많이 보고 외우는 것이 좋습니다.

기술 면접과 관련해 참고하면 좋을 웹사이트는 다음과 같습니다.

① Technical Interview Guidelines for Beginners

각 개발자들이 면접에서 질문 받은 리스트를 서로서로 공유하는 웹사이트입니다. 개발자들 사이에서는 유명하죠. 면접 보러 갈 때 한 번씩 훑어보는 용도로 많이 사용합니다.

Technical Interview QR

② 지인 면접 질문 리스트

지인이 면접 질문으로 받았던 문항들을 모아 놓은 곳입니다. 웹 프론트엔드와 웹 백엔드 기술 면접 질문에 대한 내용이 담겨 있습니다.

지인 면접 질문 리스트 QR

③ 구글 웹사이트

CS 질문을 모아 놓은 웹사이트인데, 정말 잘 정리되어 있습니다. 블로그와 깃허브 사이트로 나뉘어져 있습니다.

규글 블로그 QR

규글 깃허브 QR

[표 9-2] 면접 보기 전 체크리스트

☐ 1분 자기소개 대본을 제대로 외웠나요?
☐ 자기소개서에 적은 경험담을 다시금 확인하고 외웠나요?
☐ 기술 면접을 대비해 자신이 지원한 직무 기술 면접 질문을 확인하고 암기했나요?

10강

개발자와 테크 기업의 생생한 현장

1 비전공자 출신 개발자의 현실 연봉

최근 들어 개발자의 연봉이 어마어마하게 높다는 말들이 종종 들리고는 합니다. 소위 '잘한다'고 이야기를 듣는 대기업에 속한 개발자들을 보면 맞는 말이기도 합니다. 다만 컴퓨터에 관심 없던 비전공자가 학원을 다녀서 바로 대기업에 취직하는 경우는 드물긴 하죠. 실제로 저와 친했던 동기들은 모두 취직했지만 대부분 연봉은 3,000만 원을 조금 넘겼습니다. 2020년 하반기 기준으로 동기들은 연봉 2,800~3,200만 원 사이로 취직을 했습니다. 생각보다 적다고요? 그렇게 보일 수 있지만, 이건 '첫 취직 때 받는 돈'입니다.

보통 개발자는 이직을 하면서 몸값을 불립니다. 지인의 경우 1년 정도의 경력을 채우고 직전 회사보다 연봉 500만 원을 올려서 이직했습니다. 그렇기에 개발을 하기로 했다면 처음부터 높은 연봉을 받겠다는 마음보다는 천천히 내 몸값을 높여 나가겠다는 생각을 하는 것이 낫습니다.

주변 개발자 지인들을 보면 이직으로 연봉이 상승한 케이스가 많습니다. 다음은 모두 제 지인들이며, 첫 취직 기업에서 약 1년 동안 일한 뒤 연봉을 올려 이직한 사례입니다.

· A군 SI 업체 초봉 2,800만 원 → 약 4,000만 원 정도를 주는 SI 업체

· B군 SI 업체 초봉 2,900만 원 → 1년 뒤 연봉 협상으로 3,300만 원 → 또 다른 회사로 이직하여 3,700만 원

· A양 솔루션 업체 초봉 3,000만 원+ 300만 원(파견 근무) → 이직 후 3,700만 원

· C군 솔루션 업체 초봉 3,000만 원 → 8개월 뒤 이직으로 3,300만 원 → 회사에서 개발자 연봉 전원 상승으로 3,500만 원

다른 업종들도 이직이 잦을 수 있으나 비교적 개발 쪽은 더욱 이직하기가 쉽습니다. IT 개발 직종은 미래가 유망하고 일자리도 풍부하여 신입이어도 회사를 골라 갈 수 있다는 장점이 있습니다. 그리고 개발자는 학벌보다는 실력 위주로 평가받기 때문에 '내가 하는 만큼 받는 직업'입니다. 역량이 있고 노력하면 성공할 수 있는 분야이기에 매력 있는 직종이라는 생각이 드네요.

② SI 업체와 솔루션 업체, 무슨 차이일까?

취직 전에 SI 업체인지 솔루션 업체인지를 잘 알아보아야 합니다. 지인의 절반이 넘게 SI 업체로 취직했습니다. 반면 저는 SI 업체를 재직하고 있지는 않지만 지인들에게 많은 정보를 들었습니다. 생각보다 SI 업체는 많습니다. 넓은 개념으로 봤을 때 약 70% 기업이 차지한다고 해도 과언이 아니죠. 비전공자 출신의 개발자들이 보통 국비 지원 학원 수료 후 취직하는 곳이 SI 회사인 것도 이 때문입니다. 이제부터 SI 업체에 대해 알아보겠습니다.

SI 회사는 한마디로 말하면 고객(기업이나 관공서 등)이 필요로 하는 시스템의 기획, 개발, 유지 보수 등을 대신해 주는 업체입니다. 여기서 눈여겨 봐야 할 내용은 '대신'이라는 말입니다. 한마디로 SI 업체는 다른 기업을 대신해서 그 기업에 맞는 시스템들을 직접 개발하고 적용해 주는 곳입니다. 그렇기 때문에 '갑'과 '을'이 명백하게 나뉘어지게 되죠. 그러면 개발자는 고객사의 요구를 다 맞춰야 하기 때문에 많은 업무량과 스트레스를 받게 됩니다.

또한 고객사측에 개발자를 파견을 보내기도 합니다. 이때 '경력 뻥튀기'라는 나쁜 관행이 등장하기도 하죠. 경력 뻥튀기란 고객사에게 개발자를 보낼 때 경력을 부풀려서 보내는 것을 말합니다. 즉, 1년차를 3년차로 둔갑하는 거죠. 고객사 측에서는 1년차를 3년차 개발자라고 안내 받게 됩니다. 그렇게 경력 뻥튀기로 들어간 1년차는 3년차와 동일한 메뉴 개발 프로젝트를 담당하게 되므로 매우 힘들죠.

SI 업체는 보통 한 회사에만 상주하는 것이 아니라 프로젝트 단위로 움직입니다. 따라서 프로젝트를 진행하는 고객 회사의 위치가 곧 자신의 근무지가 되는데, 이 말은 전국 어디에서나 일할 수 있게 된다는 게 됩니다. 실제로 SI 업체에 들어간 지인은 세종, 대전, 포항에 거주하며 개발 프로젝트를 진행했습니다. 회사에서 관사를 지원하기는 하지만 결국 자체 솔루션을 가지고 있는 회사로 이직했습니다.

또한 프로젝트 단위로 움직이기 때문에 프로젝트를 진행하는 동안은 매우 바쁘고, 프로젝트가 없을 때에는 스케줄이 비는 경우가 있을 수 있습니다. 악덕 업체는 이 점을 활용해서 프로젝트가 한참 진행되는 동안에는 연차를 쓰지 못하게 하는 경우도 있습니다. SI 업체에 들어갔던 한 지인은 프로젝트 없는 기간에만 연차를 전부 쓰게끔 회사에서 원해서 정작 쓰고 싶을 때 쓰지 못했다고 하네요. 절반이 넘는 개발 회사가 SI 형태라니 절망이 들 수도 있을 것 같습니다. 그렇지만 다양한 프로젝트를 해볼 수 있는 것도 SI 회사입니다. 또한 이직도 수월합니다. 실제로 제 지인들의 5명 정도가 SI 업체에서 근무했고, 1년 만에 500만 원 정도 연봉을 올려서 회사를 옮겼습니다. 1년, 2년 경력이 쌓이면 이직을 거듭하며 몸값을 올릴 수 있습니다.

반대로 솔루션 업체는 자체 프로그램을 개발하는 회사를 말합니다. 앞서 SI 업체는 고객사가 원하는 프로그램을 대신 만들어준다고 했죠. 솔루션 업체는 스스로 고유의 프로그램을 만들고 이를 여러 회사에 파는 구조입니다. 자체 솔루션 프로그램을 가지고 있는 회사는 대부분 연구 개발을 하기 때문에 고정된 사무실에서 출퇴근할 확률이 높습니다. 그렇다고 장점만 존재하는 것은 아닙니다. SI 업체에 비해서는 진행하는 프로젝트의 다양성이 적습니다. 즉, 개발하던 것만 계속 할 수 있다는 의미이기도 하죠. 또한 본인이 근무하는 회사가 다른 회사에서는 팔지 않는 독특한 솔루션을 팔고 있다면, 이직이 힘들 수도 있습니다.

이처럼 같은 직무더라도 SI 업체인지 솔루션 업체인지에 따라 일을 진행하는 형태가 매우 다릅니다. 자신이 지원하고자 하는 업체가 SI 업체인지 아니면 자체적인 솔루션을 기반으로 개발하는 곳인지를 파악해야 합니다. 하지만 모든 회사를 이분법적으로 나누기는 힘듭니다. 솔루션을 기반으로 개발하는 회사에서도 어떤 부서는 출장을 자주 다니는 SI 업체의 특성을 가지고 있을 수도 있습니다. 이러한 부분은 잡플래닛과 같은 웹사이트에서는 확인하기 힘들 수 있으니, 면접을 볼 때 직접 물어보는 것도 좋습니다.

[표 10-1] SI 업체와 솔루션 업체 차이

구분	SI 업체	솔루션 업체
사업 형태	고객사가 원하는 프로그램을 대신 만들어 주는 형태	회사만의 솔루션 프로그램을 제작한 후에 이를 다양한 고객사에게 파는 형태
장점	– 다양한 프로젝트를 경험할 수 있다. – 이직이 쉽고 일자리가 비교적 많다.	– 고정된 사무실에서 근무할 가능성이 높다. – 자체적인 솔루션을 가지고 있기 때문에 SI 업체에 비해서는 고객사로 인한 스트레스가 덜할 수 있다.
단점	– 프로젝트 단위로 움직이기 때문에 고정적인 장소에서 근무하는 것이 아니라 전국을 돌아다닐 수 있다. – 경력 뻥튀기 문제가 있다. – 갑과 을이 명확하여 고객사의 요구를 들어주는 상황에서 스트레스를 받을 수 있다.	– 다양한 프로젝트를 경험할 확률이 낮다. – 기존에 근무했던 솔루션이 어떤 제품이냐에 따라 이직이 어려울 수도 있다.

❸ 신나는 일이 가득? 스타트업 취직

스타트업에 취직한 개발자들은 어떤 삶을 살고 있을까요? 스타트업은 혁신적이고 재미있는 일을 잔뜩 할 것 같은 이미지가 있는데요, 지인 중 탈잉과 클래스101에 취직한 개발자가 있어서 그 생활을 잠깐 엿볼까 합니다.

2023년인 지금과 다르게 2017~2019년 즈음 탈잉과 클래스101은 작은 스타트업이었습니다. 탈잉에 근무한 지인 A는 탈잉이 스타트업 규모일 때 입사했는데요. 스타트업답게 정말로 많은 경험을 쌓을 수 있었다고 합니다. 경험을 바탕으로 현재는 본인의 회사를 차린다는 소식을 들었습니다. 스타트업에서 근무해서 그런지 사업에 대한 확신도 있었죠. 수많은 경험을 토대로 자신이 또 다른 스타트업을 세우게 된 케이스네요.

클래스101에 근무했던 지인 B와는 함께 밥을 먹을 기회가 있었습니다. 2019년 여름이었는데, 당시 B는 이런 이야기를 했습니다. "지금 클래스101은 딱 그런 시기인 것 같아. 도약의 받침대가 되는 기회가 있으면 진짜 이 업계에서 1등할 수 있는데, 받침대를 찾지 못해 도약하지 못하면 그대로 떨어질 수도 있는 그런 위치에 있어."

실제로 그 당시에 클래스101은 탈잉에 비해 인지도가 낮았고, '준비물을 챙겨주는 온라인 클래스'라는 문구로 브랜딩을 할 때였습니다. 저는 B는 개발 실력이 뛰어난데, 왜 스타트업에 들어갔을까 의아하기도 했습니다. 하지만 곧 의문은 풀렸죠.

밥을 먹고 있던 당시 약 20명 규모의 클래스101 직원분들이 회식하러 같은 가게에 방문한 것입니다. 그렇게 회사 직원들끼리 소통하는 모습을 보았고요. 서로 소통을 원활하게 하고, 업무 이야기를 할 때도 전문성이 있어 보였습니다. '일에 진심'이라고 할까요. 그러면서도 서로 친해 보여서 스타트업이 비록 소규모여도 회사 생활은 재미있겠다는 생각이 들기도 했습니다.

소규모였던 클래스101은 현재 많이 성장했습니다. 코로나의 영향으로 대면 강의를 하던 탈잉의 입지가 비교적 좁아지고 클래스101은 우뚝 솟았죠. 스타트업은 미래가 불투명하고 어떻게 뒤바뀔지도 모릅니다. 이는 스타트업이 단시간에 큰 기업으로 성장하게 될 수 있다는 말이기도 합니다. 내가 어떤 역할을 하느냐에 따라 달라지는 것입니다. 따라서 스타트업에 들어가면 내 손으로 모든 것을 개발하면서 회사를 키우는 재미를 느낄 수 있겠죠.

큰 기업은 보통 자기가 맡고 있는 일만 해내면 되기 때문에 내가 맡은 분야만 계속 반복하지만, 스타트업은 하나부터 열까지 다 해야 하기 때문에 성장하기는 좋은 환경이라고 할 수 있습니다.

다만 사수가 존재하지 않을 확률이 높다는 점이 있겠네요. 좋은 사수가 있다면 사수 밑에서 많은 것을 배울 수 있지만 반대의 경우가 있을 수도 있으니 이 점은 장점일 수도 있고, 단점이 될 수도 있겠습니다. 이처럼 스타트업에 재직하게 되는 것 또한 여러모로 장점과 단점이 함께 존재하네요.

4 자유롭게 일하는 프리랜서 개발자

개발자도 프리랜서로 일할 수 있습니다. 지인 중 실제로 프리랜서 개발자가 있는데, 심지어 회사에 소속되어 있을 때보다 더 높은 연봉을 받으며 일하고 있기도 합니다. 지인은 과거에 SI 업체에서 일을 했는데요. 공기업 프로젝트를 진행하던 중, 당시 PMProduct Manager이 지인을 추천했다고 하네요.

IT 쪽에서는 보통 하나의 프로젝트를 진행할 때 PM과 개발자가 함께 진행합니다. 프로젝트의 전반적인 것들을 기획하고 지시하고 설계하는 역할을 PM이 하며, 프로젝트를 개발하는 것은 개발자가 합니다. 프리랜서가 단독으로 활동하는 경우는 드물어서 '웹 에이전시' 구조처럼 중간에 업체를 끼고 진행하는 경우가 많다고 합니다. 즉, 직접 고객사와 1대1로 계약을 맺는 경우는 드물다고 하네요.

그렇기에 프리랜서 지인은 SI 업체에서 일하는 것과 프리랜서는 별 다를 바가 없다고 평했습니다. 다만 다른 점이 있다면, 프리랜서는 사업자이고 면목상 자신이 모든 것을 책임져야 하지만 SI 업체에서는 월급을 주고 책임은 회사가 진다는 점이 있다고 했습니다. 프리랜서의 장점으로는 능력만큼 잘 벌 수 있지만, 사업자로 일하는 것이기 때문에 그만큼 위험 부담이 크고 소속되어 일하는 것이 아니기 때문에 4대 보험이 되지 않는 것이 가장 큰 단점이라 말했습니다.

'위시켓'과 '프리모아'와 같은 웹사이트에서 직접 프로젝트를 구한 뒤 활동하는 프리랜서 지인도 있습니다. 이 경우 1대1로 계약을 맺는 경우도 있기는 합니다. 프리랜서 사이트가 어떤 것들이 있는지 간단하게 살펴보도록 하겠습니다.

① 위시켓

위시켓 QR

개발자 프리랜서 플랫폼 중에 가장 활발한 웹사이트입니다. 실제로 제가 가입한 당일에 바로 전화가 와서 매우 놀랐습니다. 개발자와 고객을 잘 이어 줄 수 있게끔 저의 개발 정보(연차, 사용하는 프로그래밍 언어 등)를 물어보았습니다. 제가 참고 삼아 정보를 얻기 위해 가입했다고 하니 프론트엔드와 관련된 프로젝트가 올라올 때 메일로 알림을 발송해 준다고 하더군요. 지금도 프론트엔드와 관련한 프로젝트에 대해 알림을 받고 있습니다. 클라이언트와 개발자 간에 이어 주려는 노력을 열심히 한다고 느꼈습니다.

② 프리모아

프리모아 QR

프리모아도 위시켓과 유사한 웹사이트입니다. 위시켓 못지않게 프로젝트 공고가 활발하게 업로드되는 웹사이트입니다.

③ 크몽, 숨고, 오투잡(재능 마켓)

크몽, 숨고, 오투잡은 들어본 적이 있을 것입니다. 위시켓과 프리모아는 고객이 직접 프로젝트를 올리는 것과 반대로, 재능 마켓은 자신의 재능을 판매한다는 성향이 강해서 개발자가 직접 자신을 먼저 홍보합니다. 고객은 홍보 내용을 보고 해당 개발자에게 의뢰를 하죠. 재능 마켓도 굉장히 큰 시장입니다.

5 변하고 있는 개발자의 환경들

1. 30세에 개발자로 커리어 전환

개발자로 직무를 바꾸어 옮기기 좋은 나이가 있을까요? 사실 이 질문은 개발자뿐만 아니라 많은 직업에 적용되는 말일 것 같네요. 그러면서 '너무 늦는 건 아닌지' 걱정을 하곤 합니다. 제 경험에 빗대어 말씀드리자면 30대 중반까지는 괜찮습니다. 학원을 다닐 때 서른 살이 넘는 동기들도 몇 명 있었습니다. 구직을 열심히 했던 동기들은 다 개발자로 취직이 되었기 때문에 직무를 옮기는 일은 30대 후반이 아니라면 가능해 보입니다.

내 나이가 늦었다고 생각이 든다면, 그만큼 더 좋은 포트폴리오를 만들고 나름의 전략을 세워야 할 것 같네요. 앞서 34세에 SAP 개발자로 전직하여 연봉 4,800만 원을 받게 된 지인의 경우가 있었죠. 그분은 SAP 시장에 개발자가 부족하다는 생각으로 희소성이 강한 분야를 선택한 케이스입니다. 현재 어떤 분야가 구인난이 심한지 파악하여 그 분야를 배워 보는 것도 좋은 전략이라고 보입니다.

2. 실제 개발자의 환경

'텀블벅' 웹사이트에서 펀딩을 진행하면서 받은 많은 메시지들 중에서 한 후원자님이 개발자의 실제 업무 환경과 여성 개발자에 대한 질문을 남겨 주었습니다. 그래서 저의 일과를 보여 드릴까 합니다.

① 출근하자마자 애자일 협업 툴인 지라JIRA로 들어온 업무가 있는지 파악합니다. 현재 업무가 진행되고 있는 상황을 전반적으로 볼 수 있습니다.

② 컴포넌트 유지 보수를 합니다. 만들어야 하는 컴포넌트가 있으면 설계자가 설계한 내용을 토대로 제작합니다. 디자인은 퍼블리싱 쪽에서 보내주는 제플린Zeplin을 바탕으로 CSS를 확인합니다.

③ VS Code를 토대로 개발을 시작합니다. 하루 종일 커다란 듀얼 모니터를 쳐다보면서 VS Code와 같은 IDE와 크롬 개발자 도구로 개발을 진행합니다.

④ 코드를 수정하다가 뭔가 잘 안 되기 시작하면 해당 오류가 왜 나는지 자세히 파악합니다. 때로는 하나가 풀리지 않아 하루 종일 매달리게 될 때도 있습니다.

⑤ 보통 사내 메신저를 통해 업무를 처리하는 편이고 따로 회의를 갖는 건 드뭅니다. 사내 메신저로 대부분을 소통하다 보니 실제 대화를 길게 하는 시간은 많지 않습니다.

⑥ 코드를 모두 수정 후에 사수에게 코드를 컨펌 받습니다. 모든 코드는 깃을 통해 공유됩니다. 또한 제작된 컴포넌트는 페러렐즈parallels를 통해 윈도우와 맥 환경에서 정상적으로 동작하는지 확인합니다. 참고로 저는 아이맥을 사용하고 있습니다. 보통 윈도우와 맥 환경을 모두 체크하기 위해서 컴퓨터는 맥을 사용하고 페러렐즈 프로그램을 통해 가상 윈도우를 사용하여 크로스 브라우징 작업을 합니다.

제가 몸담고 있는 팀의 성비는 60%가 남자, 40%가 여자로 구성되어 있습니다. 제가 입사했을 때보다 여성 개발자가 많이 늘어난 것을 보면 확실히 개발직도 점점 성비가 비슷해지는 추세를 보입니다.

요즘에는 비전공자 개발자도 늘고 있고 여성도 개발자로 많이 취직하게 되었죠. 지인의 회사에서 신입을 대략 13명을 뽑았는데 그중에서 남자는 단 2명이었다고 합니다. 회사 전체적으로 보면 남자 성비가 높은데 해당 연도에 입사한 신입들은 대부분이 여자였다는 것을 보면 이런 추세가 확실히 반영되지 않았나 싶네요. 개발 쪽에서는 남녀의 개념이 점점 허물어지고 있습니다. 성별과 상관없이 도전해 볼 수 있는 직업이라고 할 수 있죠. 개발자는 능력으로 자신을 뽐낼 수 있는 멋진 직업입니다.

네이버에서 '개발자'라는 키워드를 검색하면 개발자 수명 혹은 개발자 정년이라는 말이 심심치 않게 보입니다. 개발자는 나이가 들면 결국 치킨 집을 차리게 된다는 말이 가장 많이 보이는데 저는 이 말에 동의하지 않습니다. 우리나라 IT 개발이 시작된 건 얼마 되지 않았습니다. 심지어 컴퓨터를 제대로 쓰기 시작한 건 2000년도부터인데, 대략 20~30년 동안 많은 기술의 발전이 이뤄진 것입니다. 그렇기에 아직 발전할 게 무궁무진 남아있다고 보이네요.

앞서도 이야기했지만, 개발자는 계속 배워야 하는 직업입니다. 예전에는 웹 프론트엔드 기술에서도 제이쿼리가 사용하기 편리하여 제이쿼리만 사용할 것 같았죠. 그런데 페이스북(현 메타)에서 리액트를 선보이고 가상 DOM이라는 개념이 생기면서 제이쿼리는 철 지난 기술이 되었습니다. 또한 가상 DOM 기술의 후발 주자는 누구일지 아무도 모릅니다.

따라서 꾸준히 배우려는 자세만 있어도 은퇴 후에도 프리랜서로 일할 수 있고 IT 관련 강사가 될 수도 있습니다. 요즘 비전공자들이 코딩 학원을 많이 다녀서 코딩 강사도 각광 받는 직업이 되었습니다. 디지털 시대, IT 기술이 중요하다는 것은 변함없는 큰 축입니다. 따라서 개발자의 수명에 대해 걱정하기보다는 하나라도 더 배워 IT 경쟁력을 키우는 게 어떨까요?

쉬는 시간

10강 참고 웹사이트

1. 깃허브: 개발자들이 모인 웹사이트입니다. 서로의 코드를 공유하면서 정보를 얻고, 나의 포트폴리오도 만들 수 있는 공간입니다.

깃허브 QR

2. 벨로그: 포트폴리오용 블로그를 만들 때 이용하는 웹사이트입니다. 티스토리도 많이 사용하는 편입니다.

벨로그 QR

3. 노션: 노션은 개발 분야뿐만 아니라 타분야 직장인들도 많이 사용하는 툴입니다. 갖가지 정보를 정리하기 쉽게 되어 있습니다. 노션으로 정리해도 깔끔하고 보기 좋은 포트폴리오가 될 수 있겠네요.

노션 QR

4. 비사이드: 취준생보다는 실제 현업에서 일하고 있는 사람들이 많이 활동하는 웹사이트입니다. 이직 준비나 서비스를 직접 제작하는 등 '사이드 프로젝트'를 위한 툴이라고 할 수 있죠. 웹사이트를 통해 나와 함께 할 사람을 모을 수 있기도 합니다. 실제 이 웹사이트를 통해 론칭한 서비스도 있습니다. 약 25만 원의 비용이 듭니다.

비사이드 QR

5. 렛플: 렛플도 비사이드와 비슷합니다. 나와 함께 사이드 프로젝트를 진행할 사람들을 모집하는 곳이며 스터디 모집도 가능합니다. 다만 비사이드와는 다르게 무료로 진행할 수 있습니다.

렛플 QR

6. 개발자 필독서 55권 리스트: 개발자가 읽어보면 좋은 책 55권을 정리했습니다. 사실 이 리스트에 있는 책들은 대체로 심화 내용을 담고 있기 때문에 당장 배우는 입장에서는 어려울 수도 있습니다. 개발자로 일을 시작하고 나서 참고로 보는 것을 추천합니다. 비전공자의 입장에서 컴퓨터에 대한 이해도를 높이기 위해서는 《한 권으로 읽는 컴퓨터 구조와 프로그래밍》(책만, 2021)을 먼저 읽어보길 권합니다.

개발자 필독서 QR

에필로그

안녕하세요, 위캔코딩입니다. 이 책의 마지막 부분까지 읽고, 공부하신 독자분들 고생 많으셨습니다. 이제 어느 정도 코딩 용어와 흐름에 대해서 아셨으리라 생각합니다. 다른 개발 책을 읽거나 개발자와 이야기를 할 때에도 외계어를 듣는 것 마냥 힘들지는 않을 거예요. 이 책은 한 번 읽는 것보다는 여러 번 읽으면서 내용을 습득하기를 권합니다.

2022년 3월에 이 내용을 전자책으로 만들고, 또 지금의 실물 책으로 만들기까지의 여정은 정말 길었습니다. 이 책으로 인해 많은 사람들을 만날 수 있었고, 저 또한 많이 성장할 수 있었던 기회가 되었네요. 2022년에 가장 잘한 일이 있다면 부지런히 이 책을 썼다는 것입니다. 물론 회사를 다니고 주말에는 대학원을 다니며 집필하는 것이 쉽지는 않았습니다. 하지만 덕분에 후회 없는 한 해를 보냈고, 앞으로 제가 가야할 길에 대한 확신도 섰습니다.

이 책이 나오기까지 옆에서 도와 준 지인들을 보며, 제 곁에 소중한 사람들이 있다는 것을 다시금 깨달았습니다. 또 달라진 것이 있다면 2022년 4월부터 어린이를 위한 기부단체에 매달 소액 기부를 하게 되었다는 겁니다. 소액이지만 연말정산에 뜬 금액을 보며 뿌듯했습니다. 모두 전자책 후원자분들 덕분입니다. 이제는 인터넷이 아닌 서점에서 더 많은 독자분을 만날 수 있다는 사실에 더욱 기쁩니다.

코딩을 처음 접했을 때의 충격은 아직도 잊히지 않습니다. 너무 어려웠어요. 그리고 '원래 이렇게 밖에 설명하지 못하나 보다'라고 생각했지만 본격적으로 개발자로 일하게 되면서 그 생각이 사라졌습니다. 코딩과 개발 용어들을 충분히 쉽게 설명할 수 있음을 알게 되었죠. 저의 이 불만과 니즈를 충족시킬 수 있는 책을 만들고 싶었습니다. 텀블벅과 와디즈에 론칭한 전자책을 생각보다 많은 분들이 좋아해 주시는 것을 보고 저와 같은 생각을 지닌 분들이 많음을 깨달았어요. 사실 인기가 많은 제품들을 보면서 소비자들의 니즈를 정확히 충족하는 제품이라고 생각하고 부러워했는데, 저의 코딩 전자책이 그런 콘텐츠가 된 것 같아서 뿌듯했습니다. 앞으로도 코딩이나 개발 관련된 다양한 콘텐츠를 만들어볼 생각입니다.

그리고 기존 전자책에서 조금씩 덜어낸 부분이 있습니다. 이 내용은 모두 네이버 카페 '위캔코딩'에 올라갈 예정이니 꼭 카페에 들러주세요. 이외에도 책 내용에 대한 문의나 질문도 올려주셔도 됩니다. 카페에서 기다리고 있겠습니다.

다음 장을 넘기시면 두 가지 부록이 나옵니다. 제가 AI 빅데이터 진학을 목표로 하며 궁금했던 것들과 MBA에서는 어떠한 과목을 배우는지, 그리고 어떠한 역량이 필요한지 등을 적어놓았습니다. 또한 요즘 많은 IT회사에서 진행하는 코딩테스트에 대해서도 부록에 써놓았습니다. 코딩테스트가 어떤 건지 알아보고 입문용 코딩테스트를 자바스크립트로 풀어볼 거예요. 이 내용은 기존의 전자책에는 없는 내용입니다.

마지막으로 이 책이 나올 수 있도록 많은 도움을 주신 길벗 출판사 오수영 과장님 등 모든 분에게 진심으로 감사 인사를 전하고 싶습니다. 전자책이 아닌 종이책을 처음 쓰다 보니 부족한 점이 많았는데, 잘 짚어주시고 좋은 책으로 만들어주셔서 고맙습니다. 저의 첫 책을 길벗 출판사와 함께 할 수 있어 영광입니다. 그리고 이 책이 나올 수 있도록 응원해 준 가족과 지인들에게 정말 고맙다고 말하고 싶어요. 저의 일을 자신의 일처럼 여겨주고 많이 고민해줘서 진심으로 감사드립니다.

부록 1 개발자에서 데이터 사이언티스트로

1. 미래를 예측하는 기술, 빅데이터

최근 들어 기업은 점점 더 물건과 서비스를 판매하는 일이 어려워졌습니다. 경쟁 제품이 늘어나면서 시장도 커졌고, 경기도 어려워졌으며, 고객의 요구도도 높아졌기 때문입니다. 예측할 수 없는 불확실한 상황이 지속되고 특히 '초개인화 시대'가 오면서 사람들의 관심사 또한 세분화되었습니다. 더 이상 획일적이고 평범한 제품은 고객의 눈길을 끌지 못하게 된 것입니다. 기업은 고객이 정확히 원하는 제품을 만들지 못하면 도태되는 지경이 되었습니다. 따라서 어떤 제품이 잘 팔릴지 정확히 예측할 수 있는 근거와 기술이 있다면 기업은 이에 대한 투자를 아끼지 않을 것입니다. 그리고 이것을 가능케 한 것이 바로 고객 데이터입니다. 구매 데이터 등 수많은 빅데이터를 통해 사람들의 행태와 유행을 분석하여 제품을 판매하는 데에 적용할 수 있죠. 따라서 기업들은 생존본능에 이끌려 데이터를 이용하기 시작했다고 해도 과언이 아닙니다. 타깃의 데이터들을 매출 증대를 위해 사용하게 된 것입니다.

지금은 데이터를 수집하고 분석·가공해서 이용하는 게 당연한 일이 되었지만, 몇 십년 전만 하더라도 지금처럼 많은 사람들의 데이터를 수집할 수 있는 방법조차 없었습니다. 따라서 데이터를 기반으로 예측하기보다는 해외 등지에서의 성공 사례를 토대로 제품을 만드는 것에 주력했죠. 하지만 점차 핸드폰, PC가 발전하고 1인당 1대의 스마트폰을 지니고 다니기 시작하면서부터 기업들은 전 세계 사람들의 데이터를 수집할 수 있게 되었습니다. 하지만 문제가 있었죠. 여기서 수집한 데이터를 막상 사용하려고 하니 데이터가 너무 많아 어디서부터 어디까지 써야 하는지, 무엇이 정말 필요한 자료인지 알기 힘들었습니다. 또한 데이터를 제대로 다룰 수 있는 사람은커녕 직업조차 찾을 수 없었습니다. 새로 떠오르는 기술이었기 때문이죠. 이에 빅데이터를 다루는 직업의 수요가 높아졌습니다. 그리고 오늘날, 데이터가 더욱 더 방대해짐에 따라 클라우드 컴퓨팅이나 빅데이터 관련 직군의 필요성은 더욱 커지고 있습니다.

실제 IT 시장분석·컨설팅 기관인 한국IDCInternational Data Coeporation는 〈국내 빅데이터 및 분석 시장 전망, 2021-2025〉 보고서에서 빅데이터·분석 시장은 2025년까지 매년 평균 6.9퍼센트씩 성장해 매출 규모가 2조 8,353억 원에 이를 것이라고 전망했습니다. 이 흐름은 단순히 수치적으로만 보이는 게 아닙니다. 제 눈으로 직접 확인하기도 했습니다. 2019년 패션회사에 취직할 때 들여다봤던 잡코리아 웹사이트가 생각이 납니다. 패션회사 일자리를 찾다가 AI 빅데이터라는 생소한 분야가 신기해서 일자리가 몇 개인지 세어 보았는데요, 당시에 약 800개 정도였습니다. 현재는 약 2,000개가 넘는 것으로 확인됩니다. 일자리가 늘어나는 것만 봐도 데이터 관련 직군의 미래가 밝다는 것이 느껴지지 않나요?

2. AI 빅데이터, 그리고 코딩

AI라는 단어를 한 번도 들어보지 못한 사람은 아마 없겠죠. 그만큼 주목받고 있는 기술입니다. AI를 한 마디로 표현하자면 '인간의 두뇌와 행동을 흉내내는 기술'입니다. 머신러닝, 딥러닝 등의 기술을 통해 사람의 역할을 대체할 수 있는 똑똑한 프로그램과 기계를 만들어내는 것이 목적인 분야입니다. 미래에는 AI가 인간을 대체하는 분야가 많아질 것이라고 예측하고 있지만, 이미 지금도 많이 활용되고 있습니다. 테슬라Tesla를 필두로 애플Apple, 현대자동차까지 뛰어들고 있는 자율주행차량, 유튜브의 알고리즘 추천 시스템 등이 AI 기술이 적용된 분야입니다.

그렇다면 AI는 빅데이터와 무슨 관계가 있을까요? 생각보다 굉장히 밀접한 관계가 존재합니다. AI가 '조금 더 똑똑해질 수 있도록' AI에게 주는 영양 만점의 먹이와 같은 것이라고 빅데이터를 표현할 수 있어요. 무슨 이야기냐고요? 인간에 빗대어 설명하겠습니다. 우리는 살면서 많은 일들을 겪고, 경험을 토대로 학습하여 사건에 대해 어느 정도 예측하는 능력을 가지고 있어요. 예를 들어, 더운 여름에 차가운 슬러시를 한 번에 마시면 머리가 깨질 것 같이 띵하고 아프다는 것을 알고 있죠. 이 '차가운 슬러시'에 대한 경험을 했고, '한 번에 마시면 머리가 아플 것이다'라는 것을 예측할 수 있기에 우리는 많은 양의 슬러시를 한 번에 먹지 않으려고 할 것입니다. 여기서 하나 더 생각해 봅시다. 만약 난생처음 보는 과일이 눈앞에 있다고 하겠습니다. 우리는 한 번도 먹어 본 적이 없는 과일이니 먹었을 때 무슨 맛이 나는지, 몸에 어떤 영향을 미칠지 예측할 수 없습니다. 경험을 하지 못했기 때문이에요.

AI도 마찬가지입니다. 사람은 경험에 비추어 예측할 수 있는 것처럼, AI도 데이터를 토대로 여러 가지를 분석하고 예측합니다. 따라서 많은 경험을 주는 것이 중요합니다. 그래야만 AI도 예측률이 올라가고 정확해집니다. AI의 예측률을 높이기 위해서는 많은 경험, 즉 데이터가 필요합니다. 이럴 때 사용하는 게 바로 빅데이터인 것입니다. 빅데이터와 AI가 어떤 관계인지 이제 아시겠죠?

여기서 하나 더 생각해 보겠습니다. 코딩이 인공지능과 빅데이터에 꼭 필요한 기술이라는 사실도 아시나요? 코딩은 인공지능과 빅데이터를 다루기 위해 반드시 알아야 하는 기술입니다. 다음과 같이 데이터를 표현할 때 코딩이라는 기술을 활용합니다.

```
    fig, axes = plt.subplots(
        nrows=7, ncols=2, figsize=(15, 20), dpi=80, facecolor="w", edgecolor="k"
    )
    for i in range(len(feature_keys)):
        key = feature_keys[i]
        c = colors[i % (len(colors))]
        t_data = data[key]
        t_data.index = time_data
        t_data.head()
        ax = t_data.plot(
            ax=axes[i // 2, i % 2],
            color=c,
            title="{} - {}".format(titles[i], key),
            rot=25,
        )
        ax.legend([titles[i]])
    plt.tight_layout()


show_raw_visualization(df)
```

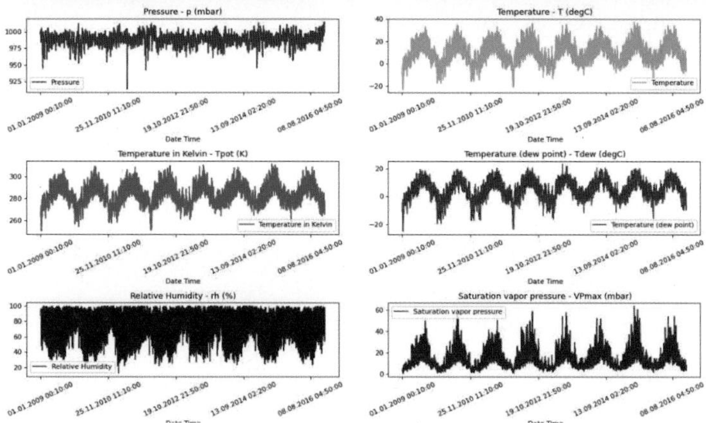

위의 그림은 날씨를 예측하는 시계열 데이터를 한눈에 볼 수 있도록 시각화한 것입니다. 수많은 데이터를 하나하나 시각화 작업하려면 시간도 많이 걸리고 오류가 생길 확률도 높을 거예요. 따라서 데이터 시각화뿐만 아니라 머신러닝, 딥러닝을 구현할 때에도 코딩을 사용합니다. 주로 파이썬과 R로 구현해요.

현재 저도 AI 빅데이터 MBA 과정을 배우고 있는데, 코딩 기술을 알고 있어서 수업 듣는 것이 한결 수월하다고 느끼고 있습니다. 개발 직무가 아닌 지인은 코딩을 몰라서 수업 진도에 따라가기 힘들다는 말을 하기도 했죠. 이처럼 코딩은 개발 직무뿐만 아니라 데이터 관련 분야에서도 필요한 기술임을 알 수 있습니다.

3. MBA? 일반대학원?

AI 빅데이터 분야는 MBA 과정과 일반대학원으로 나뉩니다. 저도 지원 당시에 어떤 차이점이 있는지 잘 몰랐습니다만, 자세히 찾아 보니 MBA와 일반대학원은 많이 달랐습니다. 따라서 대학원에 진학하려면 '내가 뭘하는 것이 무엇인지' 정확히 알고 지원해야 합니다. MBA 과정은 직장인에 촛점을 맞춘 커리큘럼을 갖고 있고, 일반대학원은 대학 학과의 연장선으로 더 깊은 배움을 원하는 학생을 위한 커리큘럼을 갖고 있습니다.

MBA부터 어떤 특징이 있는지 알아보겠습니다.

1) MBA 과정

MBA Master of Business Administration 경영학 석사학위를 뜻합니다. 따라서 일반 대학원은 학문 위주로 수업이 구성되지만, MBA는 학문뿐만 아니라 실무 능력, 경영 능력을 함께 가르칩니다. 경영학 관련 강의들(재무관리, 인사조직, 경영통계 등)을 함께 배울 수 있습니다.

MBA는 아무래도 직장인이 수업을 들을 수 있는 시간에 맞춰 스케줄이 짜여 있는 경우가 많습니다. 근무 시간이 아닌 평일 오후 6시 이후 저녁 시간대 혹은 주말에 강의가 잡혀 있죠. 직장인의 편의를 위해 대면 강의와 온라인 강의를 섞어서 하는 경우도 있습니다. 제가 현재 다니고 있는 대학원에서 조 구성표를 본 적이 있는데, 역시나 회사에 다니는 직장인이 대부분이었습니다. 이름, 회사명, 직책 등을 살펴보니 CEO로 재직하는 분도 있었습니다. 이렇듯 현업에 종사하는 사람이 많기 때문에, 실제적으로 도움 받을 수 있는 인맥을 만들 수도 있습니다.

또한 재직하는 회사에서 MBA 비용을 지원하기도 합니다. 지인 중 은행권에 다니는 사람이 있는데, 회사에서 비용을 지원해 준다고 하더라고요(물론 5년 간 이직 금지 요건이 있습니다). 지원 관련한 내용은 회사마다 다르니 사전에 잘 확인해야 합니다.

MBA는 일반대학원과 달리 교수님 컨택을 하지 않는 경우가 많습니다. 실제 저도 교수님 컨택을 진행하지 않고 지원서와 면접만으로 MBA에 합격했습니다. 또한 논문 집필 대신에 경영, 창업과 관련한 프로젝트를 진행한다면 논문을 쓰지 않아도 졸업을 할 수 있습니다

2) 일반대학원

일반대학원은 MBA와는 조금 다릅니다. 직장인보다는 일반 대학생의 비율이 더 높습니다. 수업 시간 자체가 평일 오전, 오후 시간대로 짜인 경우가 많아 보통의 직장인이 다니기는 어렵습니다. 따라서 대학생 중에서 더 깊이 배우고 싶은 사람이 진학하는 경우가 많죠. 또한 MBA보다 배울 수 있는 과목의 개수가 더 많습니다.

일반대학원에서는 MBA와 달리 교수님 컨택을 하는 경우가 많습니다. 네이버 카페 '대학원 입학을 준비하는 사람들의 모임'에서 교수님 컨택을 하는 분들은 모두 일반대학원 진학자였습니다.

일반대학원의 경우 대부분 졸업을 위해서는 논문을 작성해야 합니다. 논문을 쓰는 일은 무척 힘들지만 그래도 연구를 하고 결과물을 내는 것이므로 해당 과목에 대한 이해도는 더 높아질 수 있을 겁니다.

저는 회사를 다니면서 대학원을 다녀야 했기 때문에 MBA에 진학했습니다. 경제활동을 하면서 대학원을 다니고 싶다면 MBA가 적합한 선택이라고 생각합니다만 병행하는 일이 쉽지는 않습니다. 저는 토요일 전일제로 다니고 있으며, 오전 9시부터 오후 9시까지 수업을 듣는 경우도 있습니다.

반대의 경우라면 일반대학원 진학을 추천합니다. 보다 학문적인 내용을 많이

배우고 논문을 써서 졸업하기 때문입니다. 이처럼 AI 대학원에 관심이 있다면 자신의 상황에 따라 MBA와 일반대학원 중에서 현명하게 선택해 보세요.

■ AI 빅데이터 관련 대학원 리스트

- 서울대학교 데이터사이언스 대학원
- 서울대학교 인공지능학과
- 고려대학교 정보통신대학원 빅데이터융합학과
- 경희대학교 대학원 빅데이터응용학과
- 한양대학교 인공지능학과
- 서강대학교 데이터사이언스 인공지능학과
- 서강대학교 AI 빅데이터 MBA
- 포항공과대학교 인공지능대학원
- 카이스트 정보미디어 MBA
- 카이스트 AI 대학원
- 연세대학교 SMBA
- 연세대학교 인공지능학과
- 성균관대학교 데이터사이언스 융합학과
- 국민대학교 경영대학원 AI 빅데이터 MBA

대학원 리스트 QR

출처 '업무연구원 님'

4. 대학원 합격 팁과 준비 방법

대학원의 입학 시기는 학교마다 다르지만 제가 다니는 대학원은 3월이 입학 시즌입니다. 3월이 입학월일 경우 전년도 9~11월 사이에 입학 원서를 지원할 수 있습니다. AI 대학원을 론칭하는 학교가 점점 많아지고 있기 때문에 여러 군데를 찾아보고 지원하는 것을 추천합니다. 대학원에 입학하기 위해서는 서류와 면접 단계를 거치는데, MBA는 보통 교수님 컨택을 하지 않아도 되기에 저는 별도로 컨택을 진행하지 않았습니다.

1) 서류 접수

서류는 대학교마다 다릅니다. 이 책에서는 제가 다니고 있는 대학원을 기준으로 이야기하겠습니다. 토익 점수는 없으면 제출하지 않아도 되는 선택 사항이었습니다. 입학 지원을 할 때 동봉해야 하는 서류는 다음과 같습니다.

① 업적 및 경력 계획서(취업할 때 제출하는 자기소개서와 비슷합니다)

② 입학 지원서(취업할 때 제출하는 이력서와 비슷합니다)

③ 재직 증명서

④ 출신 대학 성적 증명서

⑤ 출신 대학 졸업 증명서

여기서 업적 및 경력 계획서, 입학 지원서에 대해 조금 더 자세히 살펴보겠습니다.

(1) 입학 지원서

진학사 웹사이트에서 원서 접수를 진행하므로, 이 웹사이트에서 입학 지원서를 작성하면 됩니다. 주어진 양식이 있으므로 맞춰서 쓰면 됩니다. 취업할 때 작성하는 이력서처럼 사실적인 내용을 적으면 됩니다. 입학 지원서에는 근무했던 회사와 그 경력에 대해 적는 칸이 있습니다.

(2) 업적 및 경력 계획서

업적 및 경력 계획서는 취업할 때 작성하는 자기소개서라고 볼 수 있습니다. 여기에는 ①업적 ②지원동기 ③경력 계획 등 세 가지를 적어 넣으면 됩니다.

저는 업적을 적는 공간에 다섯 가지를 적었습니다. 패션학과 재학 시절 공모전 수상 경력까지 모두 작성했습니다. 업적이라는 것을 아주 대단히 생각하지 않고 "이 정도면 내 업적이다!"라고 여기고 써 넣었어요.

지원동기와 경력 계획은 분량이 너무 길면 읽는 사람이 지루해 할 것 같아 약 800자 정도 최대한 성심성의껏 작성했습니다. 비전공자 출신 개발자의 생각은 어떤지, 빅데이터에 대한 배움의 열망이 얼마나 있는지, 향후에 어떤 사람이 되고 싶은지 등 솔직하면서도 명료하게 썼습니다.

2) 면접

면접 방식은 ZOOM 화상면접으로 진행되었습니다. 면접을 진행하는 교수님들이 두 팀으로 나누어 진행했음에도 약 10분 정도로 짧게 면접을 봤습니다. 짧은 시간 안에 저를 어필하려고 하니 힘들었던 기억이 납니다.

면접 시작 후에는 '현재 업무와 연관 지어서 자기소개를 해달라.'고 요청 받았습니다. 보통 1~2분 자기소개는 어떤 면접이든 기본으로 물어보기 때문에 외우는 것을 추천합니다. 또한 면접 질문으로 개발과 관련된 질문이 나올 줄 알았는데 본업이 개발자이다 보니 따로 개발 지식은 물어보지 않았습니다. 오히려 데이터 쪽으로 지원하게 된 이유가 무엇인지, 최종적으로 어떤 인물이 되고 싶은지, 수업을 잘 따라올 수 있을지 등 원초적인 질문들을 주로 받았습니다. 10분이 채 되지 않는 시간이 지나고 면접이 종료되었습니다. 그때는 허무함과 함께 제 자신이 부족하다는 생각이 들었습니다. 그래서 떨어질 것이라고 생각했는데, 합격을 하게 되어서 정말 기뻤습니다.

대학원에 첫 발을 내딛고 나서, 함께 수업을 듣는 분들을 보니 개발 관련 직무는 오히려 찾기 힘들었고 아예 다른 직군인 금융권에 종사하거나 통계 전공자가 많이 보였습니다. 따라서 AI 빅데이터 대학원은 다양한 분야의 종사자나 개발 지식이 아예 없는 사람이어도 충분히 합격할 수 있다는 것을 몸소 깨달을 수 있었죠. 지식이 아주 많은 사람보다는 "대학원에 성실히 다니고, 계속 성장하려고 노력하는 사람"을 주로 뽑는 것이라고 보였습니다.

하지만 지인이 다니고 있는 어느 한 대학원은 면접에서 파이썬 지식에 대해 강하게 물어보기도 했다고 합니다. 이처럼 대학원마다 면접 진행 방식과 질문이 다를 수 있으니 손품을 팔아서 미리 알아보기를 권합니다.

5. 배우는 과목들

제가 그간 대학원에 다니며 배운 과목은 다음과 같습니다.

① 데이터마이닝

데이터를 탐색하고 분석하여 의미 있는 패턴이나 규칙을 발견하는 과목입니다. 주로 의사결정트리Decision Tree, 군집 분석 등을 다룹니다.

② 텍스트마이닝

여러 텍스트를 분석하며 유의미한 정보를 추출합니다. 또한 텍스트를 얻기 위해 크롤링에 대해서도 배우며, 정보를 분석하기 위해 토큰화, 빈도분석, 원핫인코딩 기술을 활용합니다.

③ 파이썬 프로그래밍

대학원에서 가장 처음에 들었던 과목이 파이썬 프로그래밍입니다. 데이터를 다룰 때 라이브러리가 가장 다양한 파이썬을 위주로 프로그래밍합니다.

④ 예측분석 및 통계

데이터 분석을 위해 기본적으로 배워야 하는 과목이 바로 통계입니다. 기초 통계는 빅데이터 분석에 가장 근간이 되는 이론입니다.

⑤ 머신러닝 및 딥러닝

머신러닝과 딥러닝에 사용하는 여러 기술을 배웁니다. 즉, 손실함수, 활성화함수, 시계열 분석 등 다양한 이론을 배우게 됩니다. 케라스Keras와 텐서플로우TensorFlow 같은 라이브러리를 활용하여 프로젝트를 진행하기도 합니다.

⑥ 데이터시각화

데이터를 단순히 텍스트로 인지할 때 데이터가 어떤 흐름을 갖고 있는지, 그리고 이 흐름이 무엇을 말하는지 단번에 알아보기 힘듭니다. 이때 유용하게 사용하는 것이 바로 데이터시각화 기법입니다. 데이터가 어떤 내용인지, 그래서 어떤 효용이 있는지를 나타내어 실제 데이터를 사용할 때 올바른 판단을 할 수 있도록 도와줍니다.

많은 과목을 배우지만 주로 R과 파이썬을 다루고, 머신러닝 및 딥러닝도 배우고 있습니다. 저는 그래도 개발 지식이 있기에 프로그래밍 언어를 터득하는 것이 크게 어렵지 않았지만 개발을 처음 배우는 대학원 지인분은 많이 힘들어했습니다. AI 빅데이터 대학원에 관심이 있다면 단순히 대학원에 합격하기 위해서가 아니라 수업을 잘 따라가기 위해 코딩을 배우는 것을 추천합니다. 물론 대학원에 다니면 비용과 시간적인 측면에서 부담되는 것이 사실이지만, 관련 지식을 배움으로써 나의 미래가 하나 더 밝아지기에 한 번 도전해 보는 것은 어떨까요?

부록 2 코딩테스트 입문

1. 코딩테스트란?

최근 IT기업에서 입사지원자들을 대상으로 코딩테스트를 진행하고 있습니다. 말 그대로 코딩 실력을 측정하기 위해 치르는 기업 시험과 같은 겁니다. 코딩테스트가 단순히 문제를 푸는 것처럼 보이지만, 사실은 개발자에게 반드시 필요한 역량인 '논리력'을 시험하는 것과 같습니다. 즉, 알고리즘적인 사고가 얼마나 뛰어난지 살펴보는 것이죠. 보통은 기업마다 코딩테스트 문제를 별도로 만들고 일정을 맞춰 시험을 치르게 합니다. 기업이 직접 만든 웹사이트에 있는 코딩테스트 문제를 풀어낸 지원자라면 코딩테스트 전형 자체를 건너뛸 수 있습니다. 이미 해당 기업이 원하는 수준의 문제를 풀었다는 게 증명이 되기 때문입니다. 이렇게 요즘은 기업들이 직접 코딩테스트 웹사이트를 만들기도 하는데, 대표적으로 현대 기업에서 운영하는 소프티어Softeer라는 웹사이트가 있습니다. 또한 경력자가 이직할 때에도 코딩테스트는 생략하고 포트폴리오로 심사하기도 합니다.

코딩테스트 문제를 풀 때에 사용하는 언어는 많습니다. 자바, 자바스크립트, 파이썬, C++ 등 다양한 언어로 테스트할 수 있습니다. 기업에서 요구하는 언어가 있을 수도 있고, 지원자가 다루기 편한 언어로 코딩테스트를 진행하는 경우도 있습니다. 최근에는 파이썬의 편리한 라이브러리가 많아 코딩테스트를 파이썬으로 진행하는 경우가 많습니다.

어렵고 까다로운 문제를 만난다면 개발자로 오래 일했을지라도 코딩테스트가 어려울 수도 있습니다. 따라서 시간이 날 때마다 풀어 보는 것이 중요합니다. 처음부터 어려운 문제를 풀기보다는 쉬운 단계부터 차근차근 해나가는 것이 좋습니다.

앞서 코딩의 기초부터 개발 심화와 개발자 이직 내용까지 잘 따라온 독자라면 아마 규모가 큰 기업에 지원해서 코딩테스트에 도전하는 분도 있겠죠? 이에 코딩테스트의 구조를 알아보고 간단한 문제풀이도 하는 시간을 가져보겠습니다.

2. 코딩테스트의 구조

코딩테스트는 단순히 줄 글로 이루어진 문제가 아닙니다. 줄 글로만 문제를 설명하기엔 지원자가 다소 이해하기 어려운 부분도 있기에 "만약 이럴 때는 이런 답이 나와야 해!" 같이 간단한 정답 예시를 알려주는 경우가 많습니다. 따라서 문제 설명, 제한사항, 입출력 예시, 해결 코드 등의 구조로 되어 있습니다. 가볍게 훑어보고 코딩테스트 문제를 풀어볼게요.

① 문제 설명

문제를 문장형의 줄 글로 설명하는 구간입니다. 매개변수(혹은 조건)을 설명합니다.

② 제한사항

주어진 매개변수 혹은 조건에 제한을 걸어 주는 부분입니다. 매개변수는 제한사항에 있는 구간을 넣을 경우 모두 정답에 맞아야 합니다.

③ 입출력 예시

매개변수에 해당 값을 넣었을 때 어떤 답이 나와야 하는지 예시를 보여줍니다.

④ 해결 코드

해결 코드는 일단 자바스크립트를 기준으로 설명 드리겠습니다. 보통 코딩테스트 문제는 다음과 같은 형태로 주어집니다.

```
function solution(n, t) {
    var answer = 0;
    return answer;
}
```

이 코드를 보겠습니다. solution이라는 함수로 해결 코드를 실행할 함수가 만들어지며, 답을 리턴하는 구조로 되어 있습니다. 이 코드는 n, t라는 2개의 매개변수를 받아 답을 작성하는 형태의 코드네요. 매개변수의 개수는 문제마다 다르게 설정되어 있으며, '대략 해결 코드를 이런 방식으로 작성하면 된다'는 정도로 이해하면 되겠습니다.

3. 코딩테스트를 풀어보자

본격적으로 코딩테스트 문제를 풀어보겠습니다. 코딩테스트는 초급부터 고급까지 난이도가 다양한데요, 이 책에서는 초급보다도 쉬운 입문 정도의 문제를 예시로 들겠습니다. 요즘은 코딩테스트에서는 파이썬을 많이 사용하는 추세이지만, 자바스크립트도 종종 사용되긴 합니다. 따라서 우리가 본문에서도 계속적으로 사용했던 언어인 자바스크립트로 코딩을 하겠습니다. jsfiddle 프로그램을 실행한 뒤, 코딩을 시작해 보세요.

문제 설명과 제한사항을 보고 어떻게 하면 해결할 수 있을지 먼저 생각해 보세요. 힌트는 문제 하단에 있는 해시태그에 나와 있습니다. 그리고 직접 코드를 작성한 뒤에 해결 코드를 보고 답을 맞춰 보면 됩니다.

1) 작고 귀여운 용돈

#산술연산자 #Math #객체만들기

① 문제 설명

매달 받는 용돈이 정해져 있는 코린이 친구는 어느 날 평소에는 먹지 못하던 피카츄의 치즈 케이크 빵이 편의점에 입고되었다는 소식을 들었습니다. 생각보다 많은 양이 입고되어 피카츄의 치즈 케이크를 사려고 합니다.

피카츄의 치즈 케이크는 하나당 1,500원입니다. 매개변수로 money가 주어질 때, 코린이가 구매할 수 있는 빵의 개수와 잔돈을 순서대로 객체 형태로 담아 리턴하도록 solution 함수를 완성해 보세요.

② 제한사항

money는 정수이고, 출력결과도 정수입니다. money는 0보다 크고 50,000보다 작거나 같습니다.

0 〈 money 〈= 50,000

③ 입출력 예시

money	8000

result	{
	구매개수: 5,
	남는돈: 500
	}

money	500

result	{
	    구매개수: 0,
	    남는돈: 500
	}

④ 해결 코드

해결 코드는 다음과 같습니다. 한 줄씩 해석해 보겠습니다.

```
JavaScript + No-Library (pure JS) ▼

1  function solution(money) {
2    let pickaBread = 1500;
3
4    let num = Math.floor(money / pickaBread);
5    let change = money % pickaBread;
6
7    let answer = {};
8    answer["구매개수"] = num;
9    answer["남는돈"] = change;
10
11   return answer;
12 }
```

- 1라인

solution 이름의 함수를 정의하고, 매개변수로는 money를 받을 것입니다.

- 2라인

pickaBread라는 변수에 피카츄의 치즈 케이크 가격인 1,500원을 넣어 줍니다.

• 4라인

매개변수로 money가 주어졌을 때, 최대로 구매할 수 있는 피카츄 치즈 케이크의 총 개수를 찾기 위해 num이라는 변수를 선언합니다. '총용돈(money)을 개당 가격(pickaBread)'으로 나누어 준 값을 num에 넣습니다. 개수가 딱 떨어지면 좋겠지만 0.33333 같이 구매 개수가 소수점으로 나올 수 있습니다. 이를 방지하기 위해 자바스크립트에 존재하는 내장객체인 Math를 사용합니다. Math.floor는 소수점 이하를 버림하는 함수입니다. 만약 0.3이 나왔다면 3을 제외한 0만 나타나는 것입니다. 우리가 총 구매한 개수를 따져보려면 반올림을 하면 안 되겠죠. 그렇게 되면 '총용돈/개당가격'에서 0.6이 나왔을 경우 실제로는 하나를 구매하지 못하더라도 1개로 반올림되기 때문입니다. 따라서 여기서는 Math.floor를 사용합니다. Math 내장객체의 메서드는 많은데요, 그중에서 대표적으로 사용되는 세 가지 메서드는 다음과 같습니다.

Math.floor(): 소수점 이하를 버림한다.

Math.ceil(): 소수점 이하를 올림한다.

Math.round(): 소수점 이하를 반올림한다.

• 5라인

남은 돈을 계산하기 위해 나머지 연산자를 사용합니다. % 연산자는 나누기한 후의 남은 값을 구하는 나머지 연산자입니다. 해당 결과를 change라는 변수에 담아 저장합니다.

• 7라인

결괏값을 담아 놓을 객체를 생성합니다.

• 8라인

'구매개수'라는 속성을 만들고 앞서 계산한 num을 구매속성으로 넣어 줍니다.

• 9라인

'남는돈'이라는 속성을 만들고, 앞서 계산한 change를 해당 속성에 넣어 줍니다.

보통 코딩테스트를 풀 때에는 해설은 제외하고 코드만 제출하면 됩니다. 코드를 제출하면 입력된 값과 출력 값이 동일한지 체크하는데, 이것으로 과락이 갈립니다. 테스트 환경마다 다르지만 속도가 너무 느리게 나올 경우 통과하지 못하는 경우도 있습니다.

우리는 단순히 jsfiddle에서 진행했기 때문에 입력된 값과 출력 값을 확인하기 어려운데요. 따라서 다음과 같이 콘솔에 간단하게 찍어서 확인하겠습니다.

```
console.log(this.solution(8000));
console.log(this.solution(500));
```

↑ 코드의 바로 아래 부분에 해당 코드를 삽입합니다. 8,000원을 매개변수로 줄 때와 500원으로 줄 때를 테스트합니다.

```
>_ Console (beta)

{
  구매개수: 5,
  남는돈: 500
}

{
  구매개수: 0,
  남는돈: 500
}
```

입출력 예시와 동일한 값이 나오는 것을 볼 수 있습니다. →

2) 마법의 모자

 # for 문

① 문제 설명

마법의 모자가 있습니다. 이 모자에 토끼를 넣으면 1시간에 3배만큼 마리 수가 늘어납니다. 처음 토끼의 마리 수가 n마리라고 가정했을 때, 5시간 후 토끼의 마리 수를 리턴하도록 solution 함수를 완성해 주세요.

② 제한사항

n은 정수입니다. n은 1보다 크거나 같고, 10보다 작거나 같습니다.

1 <= n <= 10

③ 입출력 예시

n	5
result	5시간 뒤의 토끼는 무려 1,215마리입니다.

n	3
result	5시간 뒤의 토끼는 무려 729마리입니다.

④ 해결 코드

우선 이 문제를 풀기에 앞서, 문제를 분석하겠습니다. 1시간에 3배씩 증가하므로 for 문을 통해 3씩 곱하는 코드를 사용하면 될 것 같은데요. 간단한 예시를 들어보겠습니다.

n이 5일 경우,

1시간이면 5*3 = 15마리

2시간이면 15*3 = 45마리

3시간이면 45*3 = 135마리

4시간이면 135*3 = 405마리

5시간이면 405*3 = 1,215마리

따라서 총 5번 돌아가는 for 문을 작성해야 겠네요. 3을 곱하기 해서 나온 결괏값에 다시금 곱셈을 하는 방식입니다. 문제 분석이 끝났으면 실제 코드를 작성하겠습니다.

JavaScript + No-Library (pure JS) ▼

```
1  function solution(n) {
2    let answer = "";
3
4    for(let i=0; i<5; i++) {
5      n*= 3;
6    }
7
8    answer = `5시간 뒤의 토끼는 무려 ${n} 마리입니다.`
9    return answer;
10 }
```

• 1라인

solution 이름을 가진 함수를 정의하고, 매개변수로는 최초 토끼의 마리 수인 n을 받습니다.

• 2라인

리턴할 최종 answer를 선언합니다. 우리는 '5시간 뒤의 토끼는 무려 1,215마리입니다.' 같은 문자열을 리턴할 것이라 " "로 초깃값을 주었습니다.

- 4라인

for 문을 통해 본격적으로 토끼를 증식하는 코드입니다. i의 초깃값은 0으로 지정했고 i〈5까지 반복합니다. 즉, 총 5번 반복하는 코드입니다. i의 초깃값을 1로 두고 i〈=5로 사용해도 결과는 똑같습니다.

- 5라인

토끼는 계속적으로 3배씩 마리 수를 불려 나갈 것입니다. 기존의 토끼 수에서 3을 곱한 값을 또 다시 곱하는 형태이므로 n*=3과 같이 복합 대입 연산자를 사용할 수 있습니다. n = n*3과 동일한 뜻이며, n*3 값을 또 다시 n에 넣어 3을 반복적으로 곱할 수 있습니다.

- 8라인

이제 우리가 구한 토끼 마리 수를 바탕으로 문자열과 함께 결합하여 answer에 넣어 줍니다.

- 9라인

답을 담은 문자열 answer를 리턴합니다.

해설을 보았으니 1번 문제와 동일하게 콘솔로 입출력 테스트를 진행하겠습니다.

```
console.log(this.solution(3));
console.log(this.solution(5));
```

↑ 코드의 바로 아래 부분에 해당 코드를 삽입합니다. 3과 5를 매개변수로 줄 때 어떤 값이 나올지 확인합니다.

```
>_ Console (beta)   ⓘ 4  ⓘ 0  ⚠ 0  ⓘ 0

"5시간 뒤의 토끼는 무려 729 마리입니다."

"5시간 뒤의 토끼는 무려 1215 마리입니다."
```

↑ 입출력 예시와 동일한 값이 보이는 것을 알 수 있습니다.

3) 우리는 삼각형이 되고 싶어요

#if 문 #비교연산자

① 문제 설명

3개의 막대로 삼각형을 만들려고 합니다. 하지만 조건이 있습니다. 2개의 짧은 막대 길이의 합이 긴 1개의 막대 길이보다 커야 합니다. 이 조건을 활용하여 3개의 막대 길이가 매개변수(a, b, c)로 주어졌을 때 해당 막대로 삼각형을 어떻게 만들 수 있는지 방법을 boolean으로 리턴하도록 solution 함수를 완성해 주세요.

② 제한사항

3개의 수 a,b,c는 모두 정수입니다. a,b,c는 1보다 크거나 같고, 100보다 작거나 같습니다.

1 <= 3개의 수 a,b,c <= 100

③ 입출력 예시

6,7,11	true
13,33,17	false

④ 해결 코드

함수 코드와 해설을 살펴보겠습니다.

```
JavaScript + No-Library (pure JS) ▼

1  function solution(a, b, c){
2      let answer=true;
3      let max;
4      let total=a+b+c;
5  
6      if(a>b) max=a;
7      else max=b;
8      if(c>max) max=c;
9  
10     if(total-max<=max) answer=false;
11 
12     return answer;
13 }
```

• 1라인

solution 함수를 정의하고, 파라미터로는 총 3개를 받습니다.

• 2라인

answer의 값을 초기화합니다. 이 문제에서는 초깃값을 true로 주도록 하겠습니다. 만약 삼각형을 만들 수 있는 조건이라면 해당 answer가 그대로 나올 것이고, 그렇지 않다면 if 조건문에 걸리면서 answer 값을 false로 넣어 줄 것입니다.

• 3~4라인

3개의 막대 중에서 가장 길이가 긴 막대를 max로 하여 변수를 만들어 줍니다. 그리고 파라미터로 넘어오는 총 3개의 값을 합친 a+b+c를 total이라는 변수에 담아 줍니다.

• 6~8라인

가장 긴 막대 길이를 찾는 작업을 진행합니다. max에 a〉b이면 a, 그렇지 않으면 b를 넣어 a와 b 둘 중에 가장 큰 값을 넣어 줍니다. 그다음으로 a와 b중에서 가장 컸던 값과 c를 비교합니다. c가 더 크면 최종적으로 c가 max, 그렇지 않다면 a와 b 중에서 가장 큰 값이었던 값을 max에 넣어 줍니다. 이렇게 하면 3개의 매개변수 중에서 가장 큰 값이 어떤 값인지 찾을 수 있습니다.

• 10라인

본격적으로 3개의 값으로 삼각형을 만들 수 있는지 여부를 살펴봅니다. 모든 값을 더한 total(a+b+c)에서 가장 큰 값인 max를 뺐을 때 이 값은 짧은 2개의 값입니다. 2개의 짧은 값이 max보다 커야 하므로 total - max 〈= max 이라면 앞서 true로 초기화한 answer 변수에 false라는 값을 넣어 줍니다. 즉, 10라인은 삼각형의 조건에 부합하지 않는 경우가 됩니다.

• 12라인

최종 답을 리턴합니다.

같은 방식으로 콘솔을 통해 입출력 테스트를 진행하겠습니다.

```
console.log(this.solution(6,7,11));
console.log(this.solution(13,33,17));
```

↑ 길이가 6, 7, 11인 막대가 주어졌을 때와 13, 33, 17이 주어졌을 때의 값을 구합니다. 첫 번째는 6 + 7 〉 11이므로 삼각형 조건에 부합하여 true가 반환될 것 같네요. 두 번째는 13 + 17 〈 33이므로 조건에 부합하지 않아 false가 반환될 것 같고요.

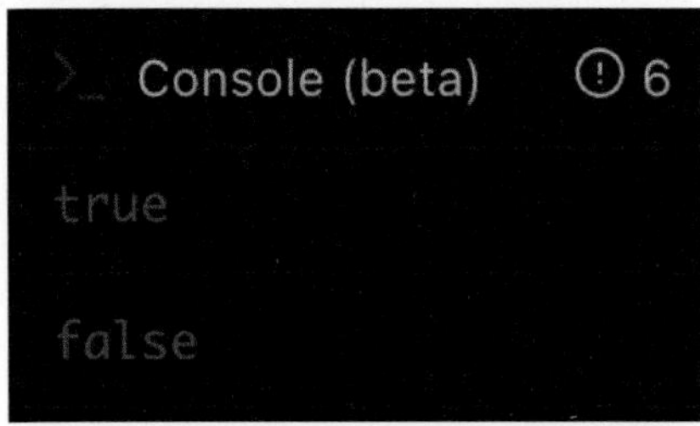

↑ 예상대로 첫 번째는 true, 두 번째는 false가 출력되었습니다.

세상에서 가장 쉬운 코딩책

초판 1쇄 발행 · 2023년 2월 15일
초판 3쇄 발행 · 2024년 5월 15일

지은이 · 위캔코딩
발행인 · 이종원
발행처 · (주)도서출판 길벗
주소 · 서울시 마포구 월드컵로 10길 56(서교동)
대표전화 · 02)332-0931 | 팩스 · 02)322-0586
출판사 등록일 · 1990년 12월 24일
홈페이지 · www.gilbut.co.kr | 이메일 · gilbut@gilbut.co.kr

기획 및 책임편집 · 오수영(cookie@gilbut.co.kr), 유예진, 송은경 | **제작** · 이준호, 손일순, 이진혁
마케팅 · 정경원, 김진영, 최명주, 류효정 | **영업관리** · 김명자 | **독자지원** · 윤정아

디자인 · 유어텍스트 | **본문 일러스트** · 만베 | **교정교열** · 정재은
CTP 출력 및 인쇄 · 예림인쇄 | **제본** · 신정문화사

ISBN 979-11-407-0321-0 (03000)
(길벗 도서번호 090223)

정가 28,800원

독자의 1초까지 아껴주는 길벗출판사

(주)도서출판 길벗 | IT교육서, IT단행본, 경제경영서, 어학&실용서, 인문교양서, 자녀교육서 www.gilbut.co.kr
길벗스쿨 | 국어학습, 수학학습, 어린이교양, 주니어 어학학습, 학습단행본 www.gilbutschool.co.kr

---